BAEDEKER MAGISCHE MOMENTE

## MAGISCHE MOMENTE



## ÜBERRASCHENDES

In Hermanus können Sie die sanften Meeresriesen sogar von Land aus beobachten.

# D
# DAS IST ...

## *Kapstadt*

Die fünf großen Themen
rund um die Mutterstadt Südafrikas.
Lassen Sie sich inspirieren!

Den schönsten Blick auf die Zwölf-Apostel-Berge hat man vom Camps Bay Beach aus. ►

BAEDEKER

# K

# KAPSTADT

---

»
Dieses Kap ist
das schönste, das
wir auf der ganzen Welt
gesehen haben.
«

*Sir Francis Drake*

baedeker.com

# DAS IST KAPSTADT



# TOUREN

## LEGENDE

**Baedeker Wissen**

● Textspecial, Infografik & 3D

**Baedeker-Sterneziele**

★★ Top-Sehenswürdigkeiten

★ Herausragende Sehenswürdigkeiten

## SEHENSWERTES IN KAPSTADT

## ZIELE RUND UM KAPSTADT

## HINTERGRUND



## ERLEBEN & GENIESSEN



## PRAKTISCHE INFORMATIONEN



## ANHANG



## PREISKATEGORIEN

**Restaurants**
3-Gänge-Menü ohne Getränke

| | |
|---|---|
| €€€€ | über 400 Rand |
| €€€ | 250 – 400 Rand |
| €€ | 100– 250 Rand |
| € | bis 100 Rand |

**Hotels**
Doppelzimmer mit Frühstück

| | |
|---|---|
| €€€€ | über 3000 Rand |
| €€€ | 2000 – 3000 Rand |
| €€ | 1300 – 2000 Rand |
| € | bis 1300 Rand |

# »DAS SCHÖNSTE ENDE DER WELT« ...

... notierte Sir Francis Drake 1577 im Logbuch seiner Erstumsegelung des Kaps der Guten Hoffnung. Heute ist die Millionenstadt zwischen Ozean und Tafelberg das schönste Tor zu Südafrika. Und ganz gleich zu welcher Jahreszeit Sie nach Kapstadt kommen, die »Mother City« ist mehr als eine Reise wert!

**SEIT** ein paar Tagen ist Frühling im Kapland. Jede aufspringende Knospe verrät es. Die Luft ist warm, würzig, fast mediterran. Blau glüht der Fels an den Flanken von **Tafelberg** und Lion's Rump, dem Körper des Löwen. Zwischen beiden Bergmassiven blickt die magische **»Mutterstadt Südafrikas«** aufs Meer. Dunst schwebt über den Kais am kilometerlangen Hafen. Draußen liegen Schiffe auf Reede im friedlichen **Atlantik**. Doch der Schein trügt. Keinem von Mandelas Gefährten gelang es, die 12 km von Robben Island herüber zu schwimmen. Und rund ums Kap der Guten Hoffnung zeugen Wracks aller Nationen von den berüchtigten Stürmen an der **Südspitze des Kontinents**.

## Welterbe, Wein & Widersprüche

Kapstadt hat alles: Berge, Meer, Kultur und Inspiration. Die Weltstadt ist voller Leben, Farben, Licht, ein einzigartiger **Schmelztiegel der Kulturen** und das schönste Tor zur Regenbogennation. Mutig und erfindungsreich versucht die Stadt das Nebeneinander von Erster und Dritter Welt zu meistern. Kapstadts Köche kombinieren abwechslungsreich und außergewöhnlich Rezepte aus aller Welt. Auf Besucher warten legendäre Clubs, relaxte Cafés und viel Platz zum Entspannen. Am alten Hafen herrscht neue Leichtigkeit, punktet die pulsierende **V & A Waterfront** als Amüsier- und Shoppingmeile mit dem jungen Zeitz MOCAA als Kathedrale der Kunst. Die Schönen und Reichen treffen sich gern an den **Traumstränden** von Clifton und Camps Bay – auch für immer mehr Deutsche die neue Heimat.

**Fynbos** nennt sich das artenreichste Pflanzenreich der Erde, zu dem die Königsprotea gehört, Südafrikas Nationalblume. In allen Farben lässt sie sich im Kirstenbosch-Garten bewundern, einer blühenden Arche Noah. Auf dem **Greenmarket Square** heißt es feilschen um Holzschnitzereien, Perlenschmuck und bunte Stoffe aus ganz Afrika. Angesagte Ausgehmeile in der City ist die **Long Street**, im Viertel **Woodstock** boomt die kreative Szene. Zum Sundowner fahren die Captonians gern auf den **Tafelberg** mit dem schönsten Blick auf das Lichtermeer. Die Gondelfahrt zum Gipfel des Giganten ist ebenso ein Muss wie der Bummel durch das bunte **Bo-Kaap-Viertel** und die kurvige Panoramastraße rund um die Kaphalbinsel.

Zwischen Paarl, Stellenbosch und Franschhoek keltern **ambitionierte Winzer** edelste Weine, speist man in kapholländischen Herrenhäusern Haute Cuisine aus heimischen Produkten. Endlose weiße Sandstrände, verwunschene Lagunen und malariafreie Big Five-Safaris – die **Garden Route** ist für viele krönender Abschluss. Oder ein Grund unbedingt wiederzukommen, mit viel mehr Zeit, weil man dem Zauber Afrikas schon längst erlegen ist.

BAEDEKER DAS IST …

### OLD BISCUIT MILL

Frisches Brot, süße Törtchen und deftige Spezialitäten der Region – der **Neighbourgoods Market** in Woodstock bietet Sa. von 9 bis 15 und So. von 10 bis 15 Uhr ein kulinarisches Fest! In den Ateliers und Shops nebenan finden Sie kreative Designer (www.theoldbiscuitmill.co.za).

OBEN: Bo-Kaaps Häuser, bunt wie Bonbonnieren
UNTEN LINKS: Gut gelaunt am Greenmarket chatten
UNTEN RECHTS: Proteen sind Fynbos-Welterbe.

DEFEND
OUR
SAVE SA

# MANDELAS TRAUM

Dreißig Jahre nach dem Ende der Apartheid ringt das Land am Kap erneut um eine bessere Zukunft. Ungleichheit, Arbeitslosigkeit, Korruption – die Probleme Südafrikas sind gewaltig. Ist Nelson Mandelas Traum von einer Regenbogennation gescheitert?

◂ Wirtschaftlicher Aufschwung, Bildung und Jobs statt Vetternwirtschaft und Parolen – die junge Demokratie steht vor Mammutaufgaben.

Nur mit bezahlbarer Bildung lässt sich die Spaltung in Arm und Reich, Schwarz und Weiß, auflösen.

**BEI** den ersten demokratischen Wahlen 1994 war **Mandelas** Regierungspartei des African National Congress (**ANC**) mit dem Slogan angetreten »a better life for all«. 25 Jahre später klafft die Schere zwischen Arm und Reich weiter auseinander als je zuvor. Die Kaprepublik ist heruntergewirtschaftet und der ANC zu einer Versammlung alter Männer verkommen, die von ihrem Heldentum im Anti-Apartheidkampf zehren und sich dabei rücksichtslos bereichern. Als neuer Hoffnungsträger gilt **Cyril Ramaphosa**, der 2019 die Staatsgeschäfte übernommen hat. Vor ihm liegen gewaltige Aufgaben mit engem Handlungsspielraum, allein schon wegen der immensen Staatsschulden, die ihm sein Vorgänger, der hemmungslose Kleptokrat Jacob Zuma, nach neun Jahren im Amt hinterlassen hat.

»

Bildung ist die mächtigste Waffe, um die Welt zu verändern.

«

*Nelson Mandela*

Für die Jurastudentin Zolile ist die **Regenbogennation** nicht mehr als ein Mythos. Sie gehört zur Generation, die nach Ende der Apartheid geboren wurde. »**Born Free**« werden sie genannt. Geschützt von einer demokratischen Verfassung, die allen Südafrikanern gleiche Bürgerrechte zugesteht, sollte in ihrem Leben die Hautfarbe keine Rolle mehr spielen. Die Realität sieht anders aus. Die Wirtschaft lahmt, Schwarz und Weiß sind sich noch immer fremd, und die politischen Erben Mandelas kümmern sich hauptsächlich um ihr eigenes Wohl. Aufgewachsen in einem der besseren Wohngebiete des Kapstädter Township Langa als Tochter einer Lehrerin und eines Pfarrers, waren Zoliles Chancen für eine erfolgreiche Schul- und Berufskarriere nicht schlecht. Dennoch steht sie mit gehöriger Wut im Bauch in Woodstock vor Maklones Graffiti des gütig lächelnden Madiba und schimpft: »Wat is verby is verby – was vorbei ist, ist vorbei! Hat Mandela sich das gut überlegt? Ausgerechnet diesen Satz zu sagen, ausgerechnet in Afrikaans, ausgerechnet bei seiner Amtseinführung? Nelson Mandela war so besessen von der Idee der Aussöhnung, dass er den Weißen, einfach nicht wehtun wollte. Und wir zahlen dafür jetzt den Preis.« Wie Zolile denkt eine ganze Generation. Tatsächlich entstand nach Ende der Apartheid ein neuer, schwarzer Mittelstand mit erfolgreichen Anwälten, IT-Spezialisten, Touristikunternehmern und Finanzfachleuten. Doch die Ungleichheit in Südafrika beginnt bereits im **desolaten Bildungssystem**. 60 Prozent der schwarzen Südafrikaner leben unterhalb der Armutsgrenze, über die Hälfte der jungen Leute haben keinen Job. So kann sich nur ein knappes Fünftel der Schwarzen eine Hochschule leisten, aber fast 50 Prozent der Weißen. In keinem G20-Land ist die Einkommensverteilung so ungleich wie in Südafrika. Nach wie vor sind 70 Prozent des Landes in weißer Hand. »I'm over Mandela« meint Sash, ein junger, erfolgreicher Modedesigner gegenüber der Süddeutschen Zeitung. Und so klingen viele der »born free«.

Die Lösung? Für die einen ist es Julius Malema, der linkspopulistische Führer der Economic Freedom Fighters EFF, der auf entschädigungslose Enteignungen drängt und die Partei mit seinen radikalen Forderungen 2024 auf 9,5 % der Stimmen puschte. Eine erfolgreiche **Landreform** wird allerdings auch Farmer mit Knowhow, Geld und Zugang zu den Märkten brauchen. Andere zeigen ihre politische Meinung durch Demonstrationen und Streiks. Vor allem in den Townships und an den Universitäten mehren sich die Protestaktionen als Ausdruck der Verzweiflung und Wut.

## Südafrika am Scheideweg

Einer der Studentenproteste, der sich schnell unter dem Hashtag #RhodesMustFall in ganz Südafrika ausbreitete, begann am 9. März 2015 in Kapstadt. Ein Student bewarf das vor der Uni aufgestellte Denkmal für Cecil Rhodes mit Fäkalien und forderte »Rhodes muss weg«! Gemeint war nicht nur das Denkmal, das die Studenten einen Monat später vom Sockel stürzten, sondern der ihrer Meinung nach immer noch vorhandene Rassismus Seither explodierte der Unmut immer wieder in den **Townships** wegen überhöhter Wasserrechnungen, Stromausfällen und fehlendem Zugang zu sauberem Trinkwasser. Zolile hat absolutes Verständnis für diese Proteste. Und findet es bedrückend, dass wieder Polizisten auf Township-Bewohner einprügeln – fast wie vor 1994.

Ob der im Jahr 2024 nur mit knapper Mehrheit wiedergewählte Präsident Cyril Ramaphosa die Korruption beenden und neues Vertrauen in allen Generationen gewinnen kann, ob er Reformen durchsetzen, den wirtschaftlichen Niedergang aufhalten und die Nation auf den Wachstumspfad zurückführen wird, bleibt abzuwarten.

BAEDEKER DAS IST …

### VISION ODER UTOPIE?

Street Art von Mak1one schmückt im ehemaligen District Six die Giebelwände des Hauses Ecke Canterbury / Constitution Street: Auf einer Seite Zitat und Porträt Mandelas, auf der anderen die Utopie: Ein schwarzer Junge und ein weißes Mädchen fliegen gemeinsam einer ungewissen Zukunft entgegen. Street-Art-Touren durch Woodstock führt z. B. jumaarttours.co.za

# EDLE TROPFEN

Die Winzer der Winelands sind im Aufbruch. Immer mehr Individualisten machen sich neben den Großkellereien einen Namen. Und immer mehr Farbige und Schwarze treten mit fein komponierten Tropfen ins Licht der Öffentlichkeit.

◄ Traditionell keltern die Güter am Kap Rotweine aus den Rebsorten Cabernet Sauvignon, Shiraz, Merlot und Pinotage.

**NTSIKI** Byelas große Leidenschaft gilt dem Bordeaux. Die französische Kunst der Assemblage, der Kombination verschiedener Sorten und Terroirs, hat es der Winzerin so angetan, dass sie sogar nach Frankreich reiste, um sie zu erlernen. Ntsiki war eine der **ersten schwarzen Winzerinnen Südafrikas**. Und in dieser Kombination, Schwarz und Frau, hat sie eine erstaunliche Karriere hingelegt in dem traditionell von weißen Männern dominierten Weinbusiness am Kap. Als Ntsiki 1998 eines der begehrten Stipendien der South African Airways für ein Studium in Stellenbosch erhielt, war sie erstmal enttäuscht: Chemie, Ntsikis Traum, war es nicht. Stattdessen Önologie. Für eine Frau aus KwaZulu-Natal, die noch nie einen Schluck Wein getrunken hatte und kein Wort Afrikaans sprach, eine echte Herausforderung. Der sich Ntsiki mit Elan, Ehrgeiz und Geschick stellte. Dem Studienabschluss folgte 2005 der Posten des Winemakers beim angesehenen Stellenboscher Gut **Stellekaya** (www.stellekaya.com). Und die Presse berichtete enthusiastisch über die junge Ausnahme-Winzerin am Kap.

## Die Dinge ändern sich

Die ersten selbstständigen Schritte schwarzer Winzer hatte 1999 die Genossenschaft **New Beginnings** aus 16 schwarzen Arbeiterfamilien im Norden von Paarl unternommen. Eine folgerichtige Entwicklung, bildeten und bilden farbige und schwarze Mitarbeiter doch das Gros der Angestellten auf den Weingütern. An Know-how mangelt es also nicht. »Produziert, gereift und abgefüllt im neuen Südafrika«, stand stolz auf den Pinotage-Flaschen der ersten Abfüllung. Doch das Projekt scheiterte. **Thandi Wines** im Elgin-Tal war da erfolgreicher: Es etablierte sich 2009 als erstes »schwarzes« Weingut im Rahmen des »**Black Economic Empowerment**« (BEE) zur Gleichstellung aller ethnischen Gruppen, das Schwarzen den Weg in die Eigenständigkeit ermöglichen soll. Thandi gehört zu 55 % einer Gesellschaft von 250 farbigen Landarbeiterfamilien, wurde als erste Weinkellerei der Welt mit dem **Fair-Trade-Siegel** ausgezeichnet und erhält regelmäßig Bestnoten in Platter's Weinbibel (Tasting Mo. – Do. 10 – 16, Fr. bis 15 Uhr, Anmeldung unter 021 881 32 90).
2019 zählte Südafrikas Winzervereinigung unter ihren 470 Kellereien rund 60 schwarze oder farbige Mitglieder – eigenes Land oder Reben hat aber kaum einer von ihnen. Eine der wenigen schwarzen Weinproduzentinnen ist **Thembi Tobie**, deren Name Zuversicht bedeutet. Gegen alle Widerstände brachte sie couragiert den nach ihr benannten

### SISTERS OF SUCCESS

Die sieben Brutus-Schwestern der **Seven Sisters Vineyards** in Stellenbosch stammen ursprünglich aus dem Fischerdorf Paternoster und führen eines der wenigen von Women of Colour geleiteten Güter. Die Verkostung von 5 Weinen, begleitet von Käse-, Wurst- und Schinkensnacks kostet um R300, Tel. 021 879 19 96, www.sevensisters.co.za; ▶S. 216).

Leidenschaftliche Weinmacherin: Ntsiki Byela war bereits »Winzerin des Jahres«.

Fair-Trade-Betrieb von einstigen Landarbeitern nach oben. Die weißen Kollegen, meint Thembi, seien heute »viel offener und hilfsbereiter als früher – sie haben gesehen, was wir in den letzten Jahren erreicht haben« (www.thembiwines.co.za). Dass Können sich durchsetzt, bestätigt auch **Carmen Stevens**, die erste schwarze Önologin des Landes. Ihr Shiraz und Cabernet Franc machten das Weingut Amani zu einem der besten am Kap, bevor Carmen sich 2018 mit Naked Wines selbstständig machte (www.nakedwines.com).

**Ntsiki Byela**, in ihrer Zeit auf Stellekaya als »Woman Winemaker of the Year« ausgezeichnet, wagte 2016 die Selbstständigkeit. Selbstbewusst präsentierte sie ihre ersten eigenen Tropfen auf der **CapeWine** 2018, der führenden Weinmesse in Kapstadt. Sie hat sie nach ihrer Großmutter Aslina benannt. Noch kauft sie die Trauben für ihre Weine von befreundeten Winzern an. Etwa 14 000 Flaschen produziert sie im Jahr: Cabernet Sauvignon, Sauvignon Blanc, Chardonnay und den im Bordeaux-Stil ausgebauten Blend »Umsasane«, wie der Spitzname ihrer Großmutter lautete. Im eleganten Tasting Room lassen sich die feinen Tropfen verkosten (nur nach Anmeldung (www.aslinawines.co.za).

# DIE KUNST IM FOKUS

Was war zuerst da? Das spektakuläre Zeitz MOCAA oder Kapstadts dynamische Kunstszene? Das Museum zeitgenössischer afrikanischer Kunst wäre ohne den Kreativpool der Kapstädter Galerien nicht zu denken und hat umgekehrt die Community beflügelt.

Auch Fotokunst findet in Kapstadt ihr Publikum: Ausstellung in der Eclectica Contemporary Art Gallery ►

**SCHAREN** von Menschen schlendern durch Kapstadts Zentrum von Galerie zu Galerie. Die Stimmung ist fröhlich, neugierig und gelöst wie bei einem Happening. In der **99 Loop Gallery** Ecke Church und Loop Street zeigt Ilené Bothma verstörend-geheimnisvolle Frauenporträts. Gleich um die Ecke ist die schmale, goldene Fassade der **CHURCH Projects** kaum zu übersehen. Innovation und Experiment lautet das Motto der Galerie (www.churchprojects.co.za). Im **Ground Art Café** in der Strand Street wetteifert liebevoll gebrühter Kaffee mit afrofuturistischen Fotografien. Es ist **First Thursday** in Kapstadt: Jeden ersten Donnerstag im Monat öffnen die Galerien gratis bis 21 Uhr. Geschäfte, Cafés, Bars schließen sich mit selbst kuratierten Ausstellungen und Aktionen an.
https://firstthursdays.co.za/cape-town

## Neue Kunstmetropole

Noch zu Beginn des 21. Jh.s hätte niemand die Metropole am Kap mit spannender zeitgenössischer Kunst verbunden. Mit seinen majestätischen Bergen, schneeweißen Stränden und hügeligen Weinbergen war Kapstadt immer viel zu schön, um ernst genommen zu werden. Doch nach Ende der Apartheid wuchs hier wie in anderen südafrikanischen Großstädten eine Generation heran, die nicht mehr in Schwarz-Weiß-Kategorien dachte und mit dem Austausch zwischen Weißenghettos und Townships explosive, kreative Energie generierte. Zugleich änderte sich der Kunstmarkt und rückte Afrika international in den Fokus. Nirgends ist dieses neuentdeckte Interesse so mitreißend wie in Kapstadt. Die Mutterstadt erwies sich als profitabler Netzwerker mit florierender **Galerie-Szene**, Kunstmessen und Kontakten zu afrikanischen Künstlern wie internationalen Sammlern. Eine wichtige Drehscheibe wurde das Trendviertel **Woodstock**, das heute ganze Straßenzüge der Street Art, Galerien und Künstlerateliers widmet.

## Art Spaces

Kapstadts Berufung zur **Design Capital 2014** war nur einer von vielen Schritten, die in einem Superlativ mündeten: Ex-Puma-Manager Jochen **Zeitz** beschloss, seine Sammlung zeitgenössischer afrikanischer Kunst nicht nach London oder Nairobi, sondern ans Kap zu vergeben. 2017 eröffnete er das **Museum of Contemporary African Art** (MO-

Das Zeitz MOCAA, die spektakuläre Heimat der zeitgenössischen Kunst Südafrikas

**CAA**), das größte Kunstmuseum auf dem Kontinent. Kaum war die Entscheidung gefallen, reagierte der Kunstmarkt: Monna Mokoena, Eigentümer der Johannesburger Galerie MOMO, verzeichnete einen signifikanten Anstieg internationaler Kuratoren bereits Monate vor Eröffnung. »Im MOCAA«, meint sie, »ermöglicht Zeitz uns Afrikanern, unsere eigene Geschichte zu erzählen und das, was wir besitzen, zu bewahren«. Und das gilt nicht nur im MOCAA, sondern und vor allem in den vielen Art Spaces, Galerien und Ateliers, die die internationale Kunstszene immer wieder überraschen mit der Ausdruckskraft Südafrikas.

BAEDEKER DAS IST ...

## NORVAL FOUNDATION

Südlich von Constantia spannt seit 2018 eine der größten Privatsammlungen zeitgenössischer Kunst Südafrikas den Bogen von Irma Sterns expressionistischen »Arab« von 1939 bis zur »Why Should I Hesitate«-Skulptur von William Kentridge von 2019. Dazu eine sich der Landschaft transparent öffnende Architektur, einfach grandios! (▶S. 93)

# FÜNF IN FREIER WILD-BAHN

Wohl kaum ein Erlebnis ist so bewegend wie die Begegnung mit den »Big Five«. Nationalparks und Game Reserves im Ostkap bieten die einmalige Gelegenheit, Südafrikas majestätische Wildtiere in malariafreien Naturschutzgebieten zu beobachten.

Zwerge und Riesen an einer Wasserstelle im Addo Elephant Park ►

**IM** offenen Geländewagen kurvt Joseph Mkuze mit vier Fahrgästen durch den **Addo Elephant Park** nordöstlich von Port Elizabeth. Schon auf dem Weg zum ersten Wasserloch lassen sich Kudus mit herrlich geschraubten Hörnen, Warzenschweine und eine kleine Gruppe Büffel beobachten. Dichte Dornbüsche, Speck- und Mopanebäume säumen die Schotterpisten. Eine Garantie auf Sichtungen gibt es nicht, aber in Addo sind die Chancen groß, den **Big Five** zu begegnen. Der Begriff der »Großen Fünf« stammt aus der Kolonialzeit. Gemeint waren damals die begehrtesten Jagdtrophäen von Löwe, Leopard, Büffel, Nashorn und Elefant. Sie alle leben im drittgrößten Nationalpark des Landes, wo es **keine Malaria** gibt. Besucher können Addo auf geführten Safaris mit Guide (►S. 176) oder auf eigene Faust erkunden, solange sie das Fahrzeug nicht verlassen – das birgt den Reiz des Entdeckens und das Risiko des Scheiterns.

## Treffpunkt Wasserloch

Plötzlich hält Joseph das Fahrzeug an und holt sein Fernglas heraus. Er hat etwas erdeckt. Dann nimmt er eine Abzweigung, die für Selbstfahrer verboten ist. Im Schatten einer Akazie halten zwei schwarzmähnige **Kalahari-Löwen** ein Verdauungsschläfchen – ohne die geübten Augen des Rangers wären sie unbemerkt geblieben. Einen Loop weiter öffnet sich das Dornendickicht und gibt den Blick frei auf eine weite Ebene. Kaum hundert Meter entfernt grasen Zebras und Elenantilopen. Obwohl es noch Vormittag ist, brennt die Sonne heiß, als der Jeep am Wasserloch stoppt. Wie in Zeitlupe bewegt sich aus den Büschen am Hügel eine große Gruppe **Elefanten** zum Tümpel, um ihren Durst zu stillen. Deutlich ist die kapitale Leitkuh zu erkennen. Die Truppe schwenkt die Rüssel und fächelt sich in der flirrenden Hitze mit den Ohren Luft zu. Gebannt blicken alle auf die grauen Giganten – es hat etwas von einer Fata Morgana. Später kreuzen noch Spitzmaulnashörner, Strauße und Schakale den Weg. Nur der Leopard lässt sich nicht blicken.

## Die Letzten ihrer Art

Ende des 19. Jh.s waren die meisten Wildtiere Südafrikas durch Jagd, Landwirtschaft und Trockenheit eliminiert. Die gnadenlose Elfenbeinjagd und Verfolgung, weil sie in den Zitrusfarmen wilderten, hatten am Ostkap nur elf Elefanten überlebt. Zu ihrem Schutz wurde 1931 Addo ins Leben gerufen. Heute zählt der Park rund 600 Elefanten, Tendenz steigend. Daher ist eine Erweiterung des Parks in Planung.
Außerhalb der **staatlichen und privaten Game Reserves** bekommen Reisende kaum Wild zu Gesicht. Das Land ist dicht besiedelt. Umso wichtiger sind Schutzgebiete, in denen sich das Wild innerhalb großzügig gesetzter Zäune frei bewegen kann. Um **neue Populationen** aufzubauen, wurden Löwen, die es im Ostkap nicht mehr gab, aus anderen Reservaten eingeführt. Ebenso Nashörner, die hier eine geschütztere Heimat fanden, denn Addo wird streng mit Infrarotkameras und Bewegungsmeldern von militärisch gedrillten Wildhütern bewacht. Vorfahrtschilder schützen den kleinsten Parkbewohner, der mit den Dickhäutern in Symbiose lebt: Der schwarze Mistkäfer verarbeitet die kolossalen Kothaufen zu nährstoffreichem Dünger. Daher fahren die Guides mitunter Slalom – damit bloß kein **Pillendreher** unter die Räder kommt!

OBEN: Besser nicht stören ...
UNTEN: Der Sugarbird liebt den süßen Nektar der Königsprotea.

BAEDEKER DAS IST ...

## SHAMWARI GAME RESERVE

Das preisgekrönte private Wildreservat Shamwari ist Heimat von Löwen, Geparden und Leoparden. Im Grasland leben Büffel und Giraffen, im subtropischen Dickicht können Sie Elefanten und Spitzmaulnashörner sichten. Luxuriöse Unterkünfte bieten Komfort (www.shamwari.com, ►S. 178).

# T

# TOUREN

*Durchdacht, inspirierend, entspannt*

Mit unseren Tourenvorschlägen
lernen Sie Kapstadts beste Seiten kennen.

Das bunte Bo-Kaap-Viertel versprüht
den Charme vergangener Zeiten. ►

MEULEN

# UNTERWEGS IN KAPSTADT

**Bummeln, schauen, shoppen**

Vor allem in der Hochsaison sollte man Flug und Hotel in Kapstadt **rechtzeitig vorab buchen** – das spart jede Menge Zeit, Geld und Ärger. Eine zweistündige Stadtrundfahrt im offenen **City-Sightseeing-Bus** präsentiert die Highlights von der Waterfront bis zum Tafelberg im Schnelldurchlauf – bei der Tour im Doppeldeckerbus kann man nach Belieben aus- und zusteigen. Schnell, regelmäßig und kostengünstig verbinden die **MyCiTi-Busse** die City mit Flughafen, Tafelberg und Camps Bay. Die nur 4 km² große Innenstadt lässt sich **gut zu Fuß** erkunden. Durch Aufschüttungen wurde der Tafelbucht zwar zusätzliche Fläche abgerungen, doch gen Süden verhindert der Tafelberg jede Ausdehnung. Umso erstaunlicher ist es, dass die Wende der 1990er eine pulsierende Metropole schuf, die auch Platz für kleine

Ein Segeltörn beginnt an der V & A Waterfont: Nur mit der Kraft des Windes durch die Wellen in der weiten Tafelbucht zu gleiten, gehört zu den schönsten Ausflügen.

Läden der boomenden Kunst- und Designerszene ließ. **Bummeln** Sie durch das farbenfrohe Bo-Kaap-Viertel, über den bunten Flohmarkt am Greenmarket Square und durch die schicken Shopping Malls an der V&A Waterfront. **Schlemmen** Sie am Hafen frische Meeresfrüchte und fahren Sie zum Sundowner auf den **Tafelberg**. Den sollte man bei schönem Wetter sowieso als Erstes ansteuern, da häufig der »Cape Doctor« den Gipfel in weiße Wolken hüllt. In der City sichern Parkhäuser und uniformierte Parkplatzwächter den **Mietwagen**. Relativ preisgünstig sind **Taxis** – abends ein absolutes Muss! Ihr Hotel oder Restaurant bestellt einen zuverlässigen Fahrer. Sehr zu empfehlen sind **Bootsausflüge** ab der V& A Waterfront. Wanderer und Mountainbike-Fahrer sollten immer in Gruppen unterwegs sein.

# KAPSTADT KLASSISCH

Start und Ziel: vom Castle of Good Hope zum »Nellie« | **Dauer:** 1 Tag

Tour 1

*Beim Spaziergang durch die City erleben Sie hautnah, wie aus einem Gemüsegarten am Fuß eines Lehmforts eine der schönsten Städte der Welt geworden ist. Das Panorama vom Castle of Good Hope, der Bummel über den quirligen Greenmarket Square, das Shopping an der Long Street und der Besuch des District Six Museum lassen die oft erschütternde Vergangenheit, aber auch die aufbruchsfrohe Zukunft der Mother City lebendig werden.*

Im Zentrum der Geschichte

Der Rundgang durch die City beginnt bei einem der ältesten Steingebäude Südafrikas, dem ❶★★**Castle of Good Hope** mit der sehenswerten William-Fehr-Ausstellung – und nicht vergessen: werktags um 12 Uhr ist Wachablösung. Vom einstigen multikulturellen sechsten Stadtbezirk, der Ende der 1960er zwangsgeräumt und niedergerissen wurde, erzählt das ❷★**District Six Museum** an der Buitenkant Street 25a. Auf der ❸ **Grand Parade**, die sich Mittwoch und Samstag in einen großen Trödelmarkt verwandelt, ist die Lage des ersten Lehmforts der VOC rot markiert. Neun Tage nach seiner Freilassung hielt Nelson Mandela gegenüber auf dem Balkon der **City Hall** vor Hunderttausenden seine berühmte Rede an die Nation.

Kirchen, Jazz und gutes Essen

Nur bis 14 Uhr (Sa. geschl., So. bis 11 Uhr) kann man die ❹★**Groote Kerk** besichtigen, Südafrikas älteste Kirche, mit einer Teakholzkanzel des Freiburgers Anton Anreith. Natürlich darf ein Abstecher zum ❺★★**Greenmarket Square** nicht fehlen, mit Händlern aus ganz Afrika und Kapstadts schönstem Art-déco-Gebäude, das ★**Old Town**

Victoria
Wharf
Market Square
★★V & A Waterfront
Fort Wynyard
Green Point Common
Cape Town Stadium
Athletics Track
Cape Medical Museum
Alfred Mall
Watershed
African Trading Port
Clock Tower
Clock Tower Centre
Alfred Basin
TOUR 2
★Two Oceans Aquarium
★★Zeitz MOCAA
Duncan Dock
De Goede Verwachting
St. Margaret Mary
Old Malay Cemetery
KAPSTADT
Roggebaai Canal
★De Waterkant
Sacred Heart
Cape Town International Convention Centre
500 m
©BAEDEKER
St. Andrew's
Jamai Mosque
★★ BO-KAAP
Rose Street
Lion's Rump
CENTRAL
Artscape Theatre Centre
St. George's Mall
Riebeeck Statue
Sending. Museum
★Pan African Market
★Iziko Bo-Kaap-Museum
St. Stephen
★Iziko Koopmans-de-Wet House
Civic Centre
Railway Station
SCHOTSCHE KLOOF
★★Greenmarket Square
★Church Street
Old Town House Museum
Grand Parade
St. George's Cathedral
★Groote Kerk
★Long Street
National Library
★Iziko Slave Lodge
City Hall
Parliament
TOUR 1
★Company's Garden
De Tuynhuys
★★Castle of Good Hope
★District Six Museum
★★Iziko SA Museum
★★Iziko SA National Gallery
Little Theatre
★Belmont Mount Nelson
★Iziko Bertram House
SA Jewish Museum & Holocaust Centre
Iziko Rust-en-Vreugd
Western Cape Archives
Cape Technicon
ZONNEBLOEM (DISTRICT SIX)
Café Paradiso
Mill St.
Jutland Avenue
Rondebosch
★★Kirstenbosch National Botanical Garden

**House** mit der renommierten Michaelis Collection flämischer Meister. Ansehen sollten Sie sich die Ausstellung zur Sklaverei in der 6 ★**Slave Lodge**. Hinter der Kurve zur Wale Street erhebt sich Desmond Tutus »Kirche des Volkes«, die anglikanische 7 **St. George's Cathedral**. Nur wenige Schritte entfernt punktet die 8 ★**Long Street** mit angesagten Bars, Cafés, jungen Boutiquen und dem ★**Pan African Market**, der eine Riesenauswahl an traditionellem Kunsthandwerk vom ganzen Kontinent hat. Ob Rind, Strauß, Fisch oder vegetarisch, in der **Royale Eatery** gibt's die besten Burger der Stadt (▶ S. 314).

Rosen, Kunst und Fünf-Uhr-Tee

Mächtige Eichen säumen die Fußgängerzone der Government Avenue durch den herrlichen 9 ★**Company's Garden** mit einem Rosengarten und einem Denkmal für **Cecil Rhodes**, Diamantenmagnat und ab 1890 Premierminster der Kapkolonie. Südafrikanische Künstler der Moderne und fantasievolle Township Art zeigt die 10 ★★**South African National Gallery**. Wale, Dinos und die verschiedenen Kulturen Südafrikas werden im 11 ★★**South African Museum** vorgestellt. Jenseits der verkehrsreichen Annandale Road erhebt sich das Portal des noblen Art-déco-Hotels 12 **Belmond Mount Nelson** – die Sandwiches, Torten und Petit Fours beim Afternoon Tea sind unerreicht (▶Magischer Moment S. 62). Oder bummeln Sie die angesagte ★**Kloof Street** runter bis zum hübschen 13 **Café Paradiso** mit mediterraner Küche und einem lauschigen Garten (Nr. 110, www.cafeparadiso.co.za).

# SCHMELZTIEGEL DER KULTUREN

**Start und Ziel:** vom Hauptbahnhof zur V & A Waterfront
**Dauer:** 1 Tag

Tour 2

*Township Art, maritimes Flair, junge Viertel und erlesene Kunst – das alles verbindet diese unterhaltsame Tour durch die Shopping- und Szeneviertel. Der Weg ist kurz, aber nehmen Sie sich Zeit zum Gucken, Staunen, Entdecken!*

Kunsthandwerk und Szenekneipen

Die Tour startet nur wenige Schritte von der **Cape Town Railway Station** entfernt in der Fußgängerzone der 1 **St. George's Mall**, die von den Ständen kleiner Straßenhändler gesäumt wird. Ältester, umtriebigster und einer der schönsten Plätze Kapstadts ist der kopfsteingepflasterte 2 ★★**Greenmarket Square**. Mit Ausnahme von

Holzschnitzereien, Perlenpuppen, Specksteinschalen – auf dem Greenmarket Square im Herzen der Stadt finden Sie Souvenirs aus ganz Afrika.

Sonntag wird hier immer um Kunsthandwerk aus ganz Afrika gefeilscht. Um die Ecke an der ★ **Long Street** liegen Szenekneipen wie das **Mama Africa** – reservieren Sie abends einen Tisch (▶ S. 314) – und der ❸★**African Craft Wholesale Market (Nr. 91)** mit Holzschnitzereien, Township Art und bunten Stoffen auf drei Etagen. Antikes, junge Kunst und Trödel bietet die ❹★**Church Street** – wie wär's hier mit einem entspannten Lunch mit Springbok Carpaccio bei **Mozart on Church** (Nr. 37, https://mozartonchurch.co.za)? Absolut hipp ist der Sonntagbrunch bei **Mulberry & Prince** um 10 bzw. 12.30 Uhr, den Sie in der Pepper Street 12 genießen (www.mulberryandprince.co.za).

Aus einer anderen Zeit

Zurück geht es über den alten Gemüsemarkt die Burg Street hinauf zum ❺★**Koopmans-de-Wet House** aus dem 18. Jahrhundert., das zuletzt den Schwestern De Wet gehörte, deren Vater der erste Präsident des gesetzgebenden Rats in Kapstadt war. Mit Möbeln, Gemälden und Kleidung entführt es in die elegante Welt des 19. Jahrhunderts.

Bunte Häuschen und junge Szene

Die 6 **Rose Street** ist eine der typischen Straßen des farbenfrohen ★★**Bo-Kaap-Viertels** mit seinen denkmalgeschützten bunten Häuschen. Die Geschichte der Kapmalaien erzählt das 7 ★**Bo-Kaap-Museum** an der Wale Street 71. Die scharf gewürzten Gerichte der kapmalaiischen Küche serviert u. a. das **Bo-Kaap Deli** (114 Church Street). Der **Bo-Kaap Bazaar** liegt mit kunterbunten afrikanischen Designs, z. B. auf Handy-Hüllen, voll im Trend (94 Wale Street). Eine urbane Kulturnische mit netten Restaurants, hippen Clubs, Bars und Cafés ist das junge Trendviertel 8 ★**De Waterkant.** Von der Dachterrasse der **Sky Bar** im Grand Daddy Hotel liegt Ihnen mit der Long Street das Epizentrum von Kapstadts Nachtleben zu Füßen (► S. 290).
Besuchermagnet und krönender Abschluss ist die 9 ★★**V & A Waterfront** mit dem maritimen »Duft der weiten Welt«. Seit der Eröffnung des spektakulären 10 ★★**Zeitz MOCAA** zum Thema zeitgenössische Kunst gehört die Waterfront zu den Topsehenswürdigkeiten auf dem afrikanischen Kontinent. Bummeln Sie nach dem Museumsbesuch entspannt durch die Waterfront mit charmanten Kneipen und Gourmetrestaurants, zahlreichen Einkaufsmöglichkeiten, Riesenrad, Two Oceans Aquarium, Theatern und Museen – vielleicht buchen Sie hier zum Dinner eine Bootstour oder bestaunen den Tafelberg und das Kap bei einem Helikopterrundflug (►Magischer Moment S. 132).

# EINMAL RUND UMS KAP

Start und Ziel: Kapstadt – Kap der Guten Hoffnung – Constantia Valley | **Länge / Dauer:** ca. 150 km / 1 Tag

Tour 3

*Auf zum schönsten Ende der Welt! Über die spektakulärste Küstenstraße des Kontinents, zu farbenprächtigen Fynbos-Proteen, Straußen, Pavianen, Pinguinen und herrlichen Sandstränden. Krönender Abschluss: ein Dinner in der Winzerhochburg Groot Constantia. Und Badesachen nicht vergessen!*

Zum Kap der Guten Hoffnung

Fahren Sie frühmorgens los, bevor die Reisebusse das Kap der Guten Hoffnung ansteuern. Rund 20 km südlich von 1 ★★**Kapstadt** erreichen Sie 2 **Hout Bay**, wo alle halbe Stunde Boote zur Robbeninsel Duiker Island ablegen. Tolle Essensstände, lokale Künstler und individuelle Mitbringsel verspricht an jedem Freitag, Samstag und Sonntag der ★**Bay Harbour Market**.

Hinter fast jeder seiner insgesamt 114 Kurven eröffnet der berühmte ③★★**Chapman's Peak Drive** atemberaubende Aussichten. Halten Sie auf einem der Park- und Picknickplätze, mit etwas Glück können Sie von hier sogar Wale sehen. Busse befahren die mautpflichtige, wegen Steinschlag immer wieder gesperrte Strecke nur von Nord nach Süd. Über Kommetjie und Scarborough führt die M 65 auf der fantastischen Cape Point Route hinunter zum Kap der Guten Hoffnung (www.capepointroute.co.za). Das Cape of Good Hope Nature Reserve kostet Eintritt außer für Wild-Card-Inhaber. Zu Fuß oder mit der Standseilbahn »Flying Dutchman« geht es hinauf zum windumtosten Leuchtturm des ④★**Cape Point**, mit Terrassenrestaurant, Souvenirshop und Panoramablick auf das Kap der Guten Hoffnung. Machen Sie ein Picknick am Cape Point oder wandern Sie in 45 Minuten zum ⑤★★**Cape of Good Hope** – mit dem obligatorischen Erinnerungsfoto.

Strauße, Pinguine und edle Tropfen

Auf der Rückfahrt durch das ⑥★**Cape of Good Hope Nature Reserve**, das zum ★★**Table Mountain National Park** gehört, beeindrucken die unzähligen Proteen-, Orchideen- und Erikaarten des Fynbos. Im Süden des Parks leben Buntböcke und Bergzebras. Vorsicht vor den Pavianen – nicht füttern oder anfassen! Catherina Coelle züchtet auf ihrer ⑦★**Cape Point Ostrich Farm** nördlich des Park Gate Richtung Smitswinkel Bay bis zu 800 Strauße, verkauft Eier und schöne Lederwaren. Sehr lecker und typisch südafrikanisch ist das Braai im Restaurant – es wird gegrilltes Straußenfilet mit Backkartoffeln serviert (http://capepointostrichfarm.com).

Von erhöhten Aussichtsplattformen kann man am ⑧★**Boulders Beach** eine ganze Kolonie afrikanischer Brillenpinguine beobachten. Nutzen Sie die Gelegenheit, am angrenzenden Strand in den Fluten der False Bay zu schwimmen. Bummeln Sie danach durch die Antiquitätenläden von ⑨★**Kalk Bay** oder setzten Sie sich noch eine Runde an den weiten ⑩★**Sandstrand von Muizenberg**. Seine kunterbunten viktorianischen Badehäuschen sind eines der beliebtesten Fotomotive am Kap.

Den krönenden Abschluss bildet ⑪★★**Groot Constantia**, eines der ältesten Weingüter Südafrikas. Sechs Jahre nachdem Simon van der Stel als neuer Kap-Gouverneur an Land ging, erhielt er 1685 das herrliche Anwesen als Privatresidenz. Besichtigen Sie das heute unter Denkmalschutz stehende kapholländische Herrenhaus und das Weinmuseum – die letzte Kellerführung startet um 16 Uhr. Kosten Sie edle Tropfen und die aromatische Kapküche im Jonkershuis oder Simon's Restaurant – wir empfehlen die Muscheln in Weißwein und das kapmalaiische Lammcurry (▶ S. 63).

★★Kapstadt
★★Groot Constantia
Hout Bay
★★Chapman's Peak Drive
★Muizenberg
★Kalk Bay
★Boulders Beach Pinguine
★Cape Point Ostrich Farm
★Cape of Good Hope Nature Reserve
★★Cape of Good Hope
★Cape Point
Table Mountain
Kirstenbosch Botanical Gardens
Silvermine Nature Reserve
Table Mountain National Park
Cape of Good Hope N.R.
False Bay
Atlantic Ocean
Capetown International Airport
Cape Flats
Seal Island
5 mi
5 km
©BAEDEKER
90 Entfernungsangaben in km

# WINZERSTÄDTCHEN FÜR GOURMETS

Start und Ziel: Kapstadt – Stellenbosch – Franschhoek – Paarl – Kapstadt | **Länge/Dauer:** ca. 180 km / 2 Tage

Tour 4

***Endlose Eichenalleen und schneeweiße Herrenhäuser, wunderbare Weine und exquisite Kochkunst – ein Ausflug in die Winelands sollte zu jeder Kapstadt-Reise gehören.***

Gourmettempel und Studentenkneipen

Von ① ★★**Kapstadt** fährt man über die N 1 Richtung Paarl bis zum Abzweig der R 304 und erreicht nach knapp 50 km ② ★★**Stellenbosch**, die zweitälteste Siedlung Südafrikas, deren Name für die berühmteste Weinregion des Landes steht. Ihr besonderer Charme liegt im Zusammenspiel von quirliger Campusatmosphäre und historischem Ambiente. Parkplätze gibt es am alten Markt (Die Braak). Schauen Sie sich auf einem Spaziergang die weiß getünchten kapholländischen Häuschen im Rhenish Complex und das einmalige Altdorfmuseum an. Schlendern Sie anschließend durch die hübsche Dorp Street und werfen Sie dann einen Blick auf die Arbeiten zeitgenössischer südafrikanischer Künstler im Rupert Museum, im Stellenbosch University Museum und der Red Teapot Gallery.

Zauberhafte Weinfarm

Die R 310 Richtung Franschhoek führt zum 1685 gegründeten Weingut ③ ★**Boschendal**, einem Juwel kapholländischer Architektur mit feinster Landhausküche. Bestellen Sie dazu einen Shiraz, oder warum nicht mal Champagner zum Lunch? (►Magischer Moment S. 155).

Franzoseneck mit Spitzenküche

Nach 35 km erreicht man ④ ★★**Franschhoek,** ein charmantes Winzerstädtchen am Fuß der Hex River Mountains. Schlendern Sie durch die kleinen Geschäfte an der Huguenot Road bis zum Hugenottendenkmal für die ersten Siedler. Setzen Sie sich auf die Terrasse des bezaubernden Lokals **La Petite Colombe** (►S. 150). Kulinarische Höhenflüge verspricht auch die Übernachtung mit Dinner im Restaurant des Weinguts ⑤ ★**Grande Provence** mit traumhaften Suiten und einem gefeierten Jungtalent am Herd (► S. 151). Die Kellertour dort sollte man nicht auslassen.

Die Perle und das Afrikaans

Mit den ersten Sonnenstrahlen des nächsten Tages können Sie in einem Heißluftballon über das Weinland schweben – gefrühstückt wird danach im wunderschönen ⑥ ★**Grande Roche** (►S. 195) im Weinbauzentrum ⑦ ★**Paarl**, das über die R 303 nach 30 km schnell erreicht ist. Riesige Fässer voll guter Brände lagern im KWV an der

Kohler Street – um 10.15 Uhr starten deutschsprachige Kellertouren. Das Afrikaans Language Museum widmet sich einer der elf offiziellen Sprachen des Landes. Total angesagt auch bei den kulinarisch verwöhnten Kapstädtern ist in Paarl das **Noop**, dessen junges Team für frische Küche und informelle Atmosphäre sorgt. Spätestens beim zarten Kalahari-Springbock mit Waldpilzen und weißem Trüffel werden Sie dahinschmelzen (►S. 194).
Danach empfiehlt sich ein Verdaungsspaziergang durch die weitläufigen Gärten von 8 ★**Babylonstoren** (►S. 199), bevor Sie die knapp 60 km auf der N 1 nach 1 ★★**Kapstadt** zurückfahren. Wer bleiben möchte: Es gibt hier auch hübsche Cottages und ein schickes Hotel mit Spa.

## TAKE A WALK ON THE WILD SIDE

Game Drive zum Sonnenaufgang: Tau glitzert im Gras, würziger Fynbos-Duft liegt in der Luft, nur vereinzelte Vogelstimmen durchbrechen die Stille. Die Karoo mag wie ein Meer aus Steinen und Büschen erscheinen, wie die Mitte des Nirgendwo. Doch genau hier im **Sanbona Wildlife Reserve** kann man ihn spüren, den Herzschlag Afrikas. Wo das Volk der San Jahrtausende frei lebte, sind heute die »Big Five«, Zebras, Giraffen und viele Antilopenarten heimisch. Eine Garantie auf Sichtungen gibt es nie, aber die Chancen sind groß, Elefanten, Nashörnern und Großkatzen zu begegnen. Plötzlich hält der Ranger das Fahrzeug an und holt sein Fernglas heraus. Nicht weit von der Piste hat er sie entdeckt: drei Geparden – ein unvergesslicher Moment im Einklang mit der Natur (270 km/vier Autostunden von Kapstadt, Tel. 021 010 00 28 https://sanbona.com).

# WEITERE AUSFLÜGE

Topreiseziele rund um Kapstadt

Aber nicht nur Weingüter warten in der Umgebung von Kapstadt. Segler und Surfer schwärmen von der ★**West Coast**, wo sich die Wellen des Atlantiks brechen. Die ★**Cederberge** besitzen bizarre Felsformationen und uralte Felsmalereien der San. Die reizvolle **Route 62** führt zur Straußenhochburg Oudtshoorn und zu den gewaltigen Cango Caves. Nirgendwo auf der Welt kann man Wale von Land aus so gut beobachten wie in ★★**Hermanus**. Die ★★**Garden Route** erschließt eine der schönsten Küsten Südafrikas mit endlosen Sandstränden am Indischen Ozean, verwunschenen Lagunen, üppigen Regenwäldern und malariafreien Safaris.

# S

# SEHENS-WERTES IN KAPSTADT

*Magisch, aufregend, einfach schön*

Alle Sehenswürdigkeiten sind alphabetisch geordnet. Sie haben die Freiheit der Reiseplanung.

Der Clock Tower trennt neue und alte V & A Waterfront mit einer schwenkbaren Fußgängerbrücke. ►

Emily's
POWER
WINE BAR

# ADDERLEY STREET

**Lage:** City Bowl von Heerengracht bis Government Avenue

***Eine Schönheit ist sie nicht: An der Adderley Street zwischen Heerengracht und ►Company's Garden rauscht vierspurig der Verkehr, schlägt hektisch der Puls des Finanz- und Geschäftszentrums von Kapstadt. Doch zwischen modernen Banken- und Versicherungspalästen ducken sich historische Highlights.***

Großes und kleines Business

Benannt wurde der obere Abschnitt der Heerengracht 1849 nach dem britischen Politiker Charles Bowyer Adderley (1814 – 1905), der die Einrichtung einer Strafkolonie am Kap verhindert hatte. Die Adderley Street bildet das **Herz des CBD** (Central Business District) mit großen Bürogebäuden. Mit den ab 1900 im Art-déco-Stil erbauten Komplexen, wie dem Colosseum Building an der Ecke zur Riebeeck Street und der 1913 von Sir Herbert Baker entworfenen neoklassizistischen First National Bank, kontrastieren wenig ansprechende Glas- und Betonbauten. Neben dem Bus Terminal erhebt sich seit den 1970ern das Einkaufszentrum Golden Acre – beim Bau wurde ein Wasserreservoir von 1663 freigelegt. Ein kunterbuntes Farben- und Duftspektakel liefert unter der Woche von 7 bis 20 Uhr der **Adderley**

Die Iziko Slave Lodge widmet sich der Geschichte der Sklaven am Kap.

**Street Flower Market** am Trafalgar Place zwischen Strand und Darling Street, der hier seit 1860 besteht. Einige der Blumenfrauen sitzen am selben Platz wie schon ihre Großmütter. Blickfang ist die Protea, Südafrikas Nationalblume, die in den Wintermonaten blüht.

### Besinnung im Trubel

★ Groote Kerk

Ein erster Vorläufer der **ältesten Kirche Südafrikas** stand 1678. Ab 1700 folgte unter Gouverneur van der Stel ein Neubau mit Glockenturm. Bis 1841 erhielt die »Große Kirche« ihr heutiges Aussehen durch den Bremer Hermann Schütte. Stolz ist das Mutterhaus der holländisch-reformierten Kirche (Nederduitse Gereformeerde Kerk) auf seine Orgel aus den 1950ern mit 5917 Pfeifen. Schmuckstück ist die mit Löwen verzierte, 1789 geweihte Kanzel, die Jan Graaff und der Freiburger Anton Anreith aus burmesischem Teakholz schnitzten.

Mo. – Fr. 10 – 14, So. 10 – 11 Uhr

### Am Sklavenbaum

★ Iziko Slave Lodge

Die schlichte, runde Betonplatte auf der Verkehrsinsel an der Spin Street gegenüber dem Church Square ist leicht zu übersehen. Und doch markiert sie einen Ort, der über Jahrhunderte Kapstadts Entwicklung prägte und sein Wachstum vorantrieb: Den Standort jenes Baums, unter dem bis zum 01.12.1834 Sklaven versteigert wurden. Eine neu gepflanzte Eiche ein Stück weiter symbolisiert heute die **Abschaffung der Sklaverei**.

Im **Kulturhistorischen Museum** in der Adderley Street 49 widmet sich eine Ausstellung im Erdgeschoss der Geschichte der Sklaverei. Archäologische Grabungen belegen, dass bis zu 1000 Menschen gleichzeitig das 1679 als Sklavenunterkunft errichtete Gebäude bewohnten. Im Ostflügel lag eine Krankenstation für Khoikhoi-Frauen und Sklavinnen. Das Obergeschoss zeigt altägyptische Funde, europäisches Tafelsilber des 18./19. Jh.s, chinesisches Porzellan der Tang-Dynastie und eine viktorianische Apotheke. Vor dem Eingang steht ein Denkmal für Jan Christiaan Smuts, der 1919 und 1939 als Premierminister Südafrikas amtierte.

**Museum:** Mo. – Sa. 9 – 17 Uhr | Erw. R 60 | www.iziko.org.za

### Palmen, Denkmäler und Kongressarchitektur

Herrengracht

An der Heerengracht Fountain auf Höhe der Hans Strijdom Street ändert die Adderley Street ihren Namen in Heerengracht. Der ursprünglich so genannte Kanal verlief vom Hafen bis auf Höhe des Belmond Mount Nelson Hotels und wurde im 19. Jh. verfüllt. Zwei Bronzestatuen sollen an den ersten Landgang des Stadtgründers am 6. April 1652 erinnern: John Tweeds Statue von **Jan van Riebeeck** (▶Interessante Menschen) war ein Geschenk von Cecil Rhodes an die Stadt. Riebeecks Gattin Maria de la Queillerie wurde 1952 im Auftrag der van Riebeeck Society zur 300-Jahr-Feier Kapstadts mit einer

Statue des Niederländers Dirk Wolbers geehrt. Am Kreisverkehr zur Coen Steytler Avenue wird **Bartolomeu Diaz** mit einer Statue gewürdigt, der 1488 als erster Europäer das Kap umrundete. Den Abschluss der zur Jahrtausendwende bis zum Duncan Dock verlängerten Heerengracht bildet das Internationale Kongresszentrum **CTICC**. Von hier gelangt man mit Hop-on-Hop-off-Sightseeing-Booten auf dem Roggebaai Canal zur ►V & A Waterfront.

# ★★ BO-KAAP

**Lage:** zwischen Long Street und Signal Hill, Zugang via Wale Street

***Kubische Häuser in leuchtendem Gelb, zartem Mintgrün, frechem Pink – der kunterbunte Bo-Kaap-Bezirk wirkt wie ein übermütig ausgemaltes Bilderbuch. Das hügelige Viertel, dessen Name »über dem Kap« bedeutet, erscheint in der geschäftigen Sachlichkeit Kapstadts wie ein Fremdkörper. Dazugehört hat es ja auch lange nicht, lebten hier doch verschleppte Sklaven, aus Asien und Ostafrika Zugewanderte, viele davon Muslime. Heute erobern junge Boutiquen und Kunstgalerien die charmanten Kopfsteinpflasterstraßen. Und mit ihnen der Schatten der Gentrifizierung.***

Exotische Welt

Erste Einwanderer – fälschlicherweise nur als »**Kap-Malaien**« bezeichnet – kamen bereits ab 1658 als politische Exilanten, Sklaven oder Strafgefangene aus Indonesien, Sri Lanka, Indien und Ostafrika. Früheste europäische Siedlungsspuren gehen auf Jan de Waal und seine Gründung Waalendorp, ein Dorf für seine Sklaven, um 1760 zurück. Über Jahrhunderte war Bo-Kaap ein **Schmelztiegel** unterschiedlichster Kulturen und Religionen, bis sich die Bezeichnung Malay Quarter durchsetzte, auch wenn nur etwa ein Prozent des heute mehrheitlich von Coloureds bewohnten Viertels tatsächlich aus Malaysia stammt. Erst Anfang des 20. Jh.s überwog der Anteil der Muslime, und der Group Areas Act zwang Menschen anderer Religionen und Ethnien zur Abwanderung. Den Großteil der rund 10 000 Bewohner stellen bis heute **muslimische Handwerker und Händler**. Die denkmalgeschützten bunten Häuschen entstanden Ende des 18. bis Mitte des 19. Jh.s. Seit einigen Jahren entwickelt sich das Viertel zu einem begehrten Wohn- und Spekulationsgebiet, droht die Gemeinschaft durch steigende Immobilienpreise zu zerbrechen. Immer wieder demonstrieren Anwohner gegen den Ausverkauf. Seit April 2019 gehört Bo Kaap zum städtischen Kulturerbe und ist damit vor ehemals geplanten Neu- und Großbauprojekten geschützt.

OBEN: Bo-Kaaps bonbonfarbene Häuschen sind ein Besuchermagnet. UNTEN: Von klein auf dabei: Beim Minstrel Carnival tanzen bunte Narren durch die Straßen von Bo-Kaap.

Zentrum des Nachtlebens ist die Long Street im Herzen der Stadt.

**Bummeln, Staunen, Genießen**

Charmantes Stadtviertel

Erleben Sie die sympathische Atmosphäre, Farben, Gerüche und Genüsse des Bo-Kaap in der Wale, Rose, Leeuwen oder Chiappini Street. Probieren Sie ein kapmalaiisches Curry im **Biesmiellah** an der Wale Street 2 (http://biesmiellah.co.za) oder die frittierten süßen Koeksisters im **Bo Kaap Deli** an der Church Street 114. Galerien, Kunsthandwerksläden, häufig mit sozialen Projekten beispielsweise zugunsten von Aids-Waisen, sind oder waren hier beheimatet. Manch ein Geschäft wich den durch die Gentrifizierung steigenden Mieten. Dafür macht sich Designermode breit, so wie das **Bo Kaap Artisan House** in der Church Street 120. Biogemüse, köstliche Kuchen und Kunsthandwerk finden Sie am ersten Samstag im Monat von 10 bis 14 Uhr auf dem **Bo-Kaap Food and Craft Market** an der Upper Wale Street. Ein besonderes Erlebnis sind die Bo-Kaap-Führungen von **Free Walking Tours**, die bei der Motherland Coffee Company starten. Die aromareiche kapmalaiische Küche können Sie bei einem privaten Kochkurs von Gamidah mit Familienrezepten in der **Lekka Kombuis** (www.lekkakombuis.co.za) oder auf **Cooking Tours** mit Zainie Misbach (www.bokaapcookingtour.co.za) kennenlernen. Höhepunkt des Jahres ist der **Minstrel Carnival** am 2. Januar (▶ BaedekerWissen, S. 318).

**Free Walking Tours**: Motherland Coffee Company | Mandela Rhodes Place | Führungen tgl. 14 und 16.20 Uhr | kostenlos, Spenden erbeten
http://freewalkingtourscapetown.co.za/bo-kaap-walking-tour

### Geschichte und Alltag

★ Bo-Kaap Museum

Das Museum in der Wale Street 71 erinnert an die kapholländischen Anfänge: **Jan de Waal** ließ das Gebäude 1763 – 1768 errichten. Ab 1862 diente es als Wohnsitz für Abu Bakr Effendi, einem einflussreichen muslimischen Geistlichen. Die Ausstellung widmet sich den Sklaven und Zuwanderern, die den Grundstein für Bo-Kaap legten, beleuchtet die historische und soziale Topographie des Viertels und präsentiert islamische Dekoration und Kunst aus Südafrika. Eine Abteilung fragt nach den Ursprüngen und besonderen Riten des **Minstrel Carnival**.

Sehenswert ist auch der 20-minütige Film mit Interviews früherer und heutiger Bewohner des Viertels.

Mo. – Sa. 9 – 17 Uhr | Erw. R 60 | www.iziko.org.za

### Muslime am Kap

Auwal Mosque

Keine 200 m trennen das Museum von Südafrikas ältester Moschee, die ab 1795 an der Dorp Street errichtet wurde – Besuch nur nach vorheriger Vereinbarung. Der Gründer Tuan Guru (»Unser Lehrer«) kam 1780 als sunnitischer Religionsgelehrter von den Molukken ans Kap. Begraben ist der somit erste Imam Südafrikas auf dem ältesten islamischen Friedhof Tana Baru.

Kontakt über http://auwalmasjid.co.za

### Shoppingmeile und Szenetreff

★ Long Street

Die über 300 Jahre alte »Lange Straße« war früher die Grenze zwischen Bo-Kaap und City Bowl. Neun weitere Moscheen stehen in und um die Long Street, darunter seit 1881 die **Hanafee-Moschee** Ecke Long und Dorp Street. Eine Palme ist das Symbol der zweitältesten Kapstädter Moschee, der **Palm Tree Mosque** an der Long Street 185. Sie war auch Wohnhaus des Imam.

Kapstadts historische Vergnügungsmeile ist heute Treffpunkt der multikulturellen Szene mit kleinen Cafés, Restaurants und Bars, jungen Modeboutiquen, Galerien, Antiquitätenläden, Musik- und Secondhandgeschäften. Im **African Craft Wholesale Market** im Haus Nr. 91 ist auf drei Etagen Kunsthandwerk aus ganz Afrika versammelt. Das **Urban Hive Backpackers** in der Long Street 208 schmücken Balkone und schmiedeeiserne Verzierungen der viktorianischen Zeit. Typisch afrikanische Küche und Livemusik gibts im legendären **Mama Africa** in Nr. 178 (► S. 314). Fantastische hochwertige Designermode und Schmuck aus Afrika versammeln **Merchants on Long** (34 Long Street, https://merchantsonlong.co.za).

Die restaurierten **Long Street Baths**, zu finden Ecke Long und Buitensingle Street, bieten in türkischen Dampfbädern der 1930er-Jahre wohltuende Wellness.

**Long St Baths:** tgl. 7 – 16, nur Frauen Di. 10 – 14
Erw. R 35 (Schwimmbad), R 75/Std. (Dampfbad)

# ★★ CAPE OF GOOD HOPE

**Lage:** Südspitze der Kap-Halbinsel | **http://capepoint.co.za**

***34° 21' 25" Süd, 18° 28' 26" Ost – das sind magische Koordinaten. Sie stehen für das Kap der Guten Hoffnung, vor dem Seefahrer bis heute großen Respekt haben. Nicht umsonst nennt man es auch »Kap der Stürme«. Und da es nichts von seiner Wildheit eingebüßt hat, heißt es nun: Windjacke an und Kaputze auf!***

Wasser, Wind und Weite – einmal am Kap der Guten Hoffnung stehen!

Ob im Mietwagen oder Sightseeing-Bus: das laut Sir Francis Drake »**schönste Ende der Welt**« ist Höhepunkt der durch den ▶Table Mountain National Park führenden Ein- oder Mehrtagestour um die Kaphalbinsel (▶Tour 3, S. 36). Machen Sie ein **Picknick am Cape Point** und wandern Sie in 45 Minuten zum Kap der Guten Hoffnung – mit dem obligatorischen Erinnerungsfoto. Oder Sie erklimmen die Stufen zur Aussichtsplattform des **Cape Point Lighthouse** mit einmaligem 360°-Panorama. Ganz gleich, wie Sie sich dem legendären Kap nähern – es wird ein ebenso stürmischer wie erinnerungswürdiger Tag.

Rund ums Kap

★ Cape of Good Hope Nature Reserve

**Spektakuläre Kulisse und ein blühendes Königreich**

Im 1939 gegründeten Naturreservat gedeihen mehr als 1200 Arten von **Fynbos**, dem kleinsten »Floral Kingdom« der Welt (▶Baedeker

# WRACKS DER GUTEN HOFFNUNG

*Nicht umsonst nannte der portugiesische Seefahrer Bartolomeo Diaz das Kap der Guten Hoffnung zunächst »Kap der Stürme« – Cabo Tormentoso. Wer konnte, segelte weiträumig um die gefährliche Südspitze Afrikas. Aber viele Schiffe zerschellten an den Klippen. Das berühmteste von ihnen ist der »Fliegende Holländer«, dessen Kapitän Hendrik van der Dekken trotz stürmischer See am Kap seine Mannschaft 1680 zwang weiterzusegeln ... und sei es bis zum jüngsten Tag.*

▶ **Die Kapumrundung und ihre Alternative**

▶ **Ausgewählte Schiffsunglücke (Ort und Jahr)**

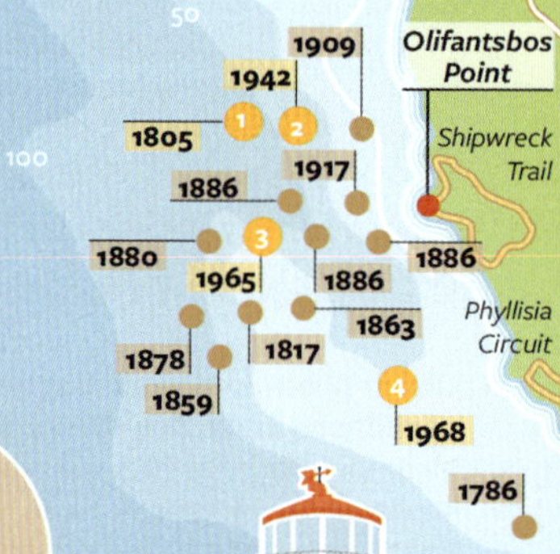


▶ **Geschichte des Kaps**

**1488**
Erste bekannte Umfahrung durch **Bartolomeo Diaz**

**1497**
**Vasco da Gama** findet den Seeweg nach Indien.

**1859**
Eröffnung des **ersten Leuchtturms** am Cape Point

**Shipwreck Trails**
Entdeckungspfade am Olifantsbos Point zu den von der Küste aus sichtbaren Wracks: capepoint.co.za/cape-points-shipwreck-trails

### ▶ Heute sichtbare Schiffswracks

1. **Le Napoléon:** Das französische Piratenschiff wurde von der Royal Navy verfolgt und lief dabei auf Grund.
2. **Thomas T. Tucker:** Das mit Kriegsgerät beladene Schiff sank am Albatross Rock bei dichtem Nebel. Kriegsbedingt war der Leuchtturm außer Betrieb.
3. **Nolloth:** Der holländische Coaster havarierte am Felsen Duikerklip. Die Besatzung konnte per Hubschrauber gerettet werden.
4. **Phyllisia:** Der Dampfer sank, nachdem er mit einem Felsen kollidiert war. Alle Seeleute konnten gerettet werden.
5. **Shir Yib:** Der iranische Schwimmkran strandete, weil das Abschleppkabel riss, mit dem er zur Reparatur abtransportiert werden sollte. Zwei Seeleute ertranken.
6. **SS Lusitania:** Das portugiesische Schiff sank unmittelbar am Cape Point nach einer Kollision mit dem Bellows Rock. Vier Menschen kamen dabei ums Leben.

### ▶ Eine unheimliche Begegnung

Im Logbuch von König Georg V. vom 11. Juli 1881 heißt es:
*»Ein seltsames rotes Licht wie von einem glühenden Geisterschiff, vor dem sich Masten, Spieren und Segel der etwa 200 Yards entfernten Brigg klar abzeichneten, als sie von Backbord sich näherte ... Insgesamt 13 Personen sahen das Schiff. ... Um 10 Uhr 45 stürzte der Matrose, der in der Frühe den »Fliegenden Holländer« gesichtet hatte, von der Saling der Vor-Marsstenge und wurde völlig zerschmettert.«*

**1869**
Eröffnung des **Suezkanals**

**1881**
Der spätere englische König Georg V. sichtet den **Fliegenden Holländer.**

**1914**
Eröffnung des **zweiten Leuchtturms** am Cape Point

**2009**
**Ausbau des Suezkanals für größere Schiffe**, für die sich der Begriff **»Capesize«** etabliert hatte, da sie wegen ihres Tiefgangs bis dahin gezwungen waren, das Kap zu umfahren.

Wissen, S. 244). Seeschwalben, Austernfischer, Webervögel und Rotschwingenstare, Strauße, Zebras, die seltenen Buntböcke, Chakma-Paviane und Schildkröten sind hier heimisch. Von Mai bis November tummeln sich Wale und Delfine vor der Küste. Zentral liegt das in einem Farmhaus der 1740er eingerichtete **Buffelsfontein Visitor Centre** mit Snackbar und Souvenirshop. Hier können geführte Touren wie der zweitägige, 34 km lange Rundkurs des **Cape of Good Hope Hiking Trail** oder der 7 km lange **Shipwreck Trail** gebucht werden. Außerdem wird hier das €€ **Olifantsbos Cottage** im Süden des Reservats vermietet mit drei Doppelzimmern, Küche und direktem Zugang zum Strand. Auch im €€ **Eland** und **Duiker Cottage** ist Platz für je sechs Personen. Vorsicht vor den allgegenwärtigen Pavianen, sie kennen keine Scheu und klauen alles Essbare.

Tgl. Okt. – März 6 – 18 April – Sept. 7 – 17 Uhr
Erw. R 455, Kinder R 225 | http://capepoint.co.za

### Entdecker und Ungeheuer

Kap der Stürme

In Richtung Platboom Bay ragt eine Kopie jener »**Padrões**« mit Kreuz und Portugals Wappen auf, die der erste europäische Kapumsegler nahe Lüderitz/Namibia und bei Port Elizabeth hinterließ: Es war **Bartolomeu Diaz**, der 1488 das »**Cabo Tormentoso**« zum Kap der Stürme erkor. Portugals König João II. war über Diaz' Reisebericht so entzückt, dass er es zukunftsfroh in **Cabo de Boa Esperança** umtaufte. Ebenso mit einem Padrão geehrt ist **Vasco da Gama**. Sein Denkmal steht in Richtung Bordjiesrief Bay. Dort und an der **Buffels Bay** liegen geschützte Badebuchten. In seinen »Lusiaden« ersann Portugals Nationalpoet Camões 1572 den grässlichen Kapgeist »**Adamastor**« samt kohlrabenschwarzem Rachen, gelben Zähnen und ungekämmtem Bart. Der mythisch vorantike Gigant unterlag laut Dichter der Meeresnymphe Thetis und wurde zum Berg verwandelt. Als furchtbare Sturmwolke über dem Kap erschreckte das Ungeheuer Vasco da Gama am 22. November 1497. André Brink nahm die Spuklegende als Parabel für seine tragische Liebesgeschichte »Cape of Storms: The First Life of Adamastor« Vintage TB 2000 oder als E-Book, Random House 2011).

### Mit der Seilbahn zum Leuchtturm

★ Cape Point

In Cape Point sorgen mehrere Souvenirshops und das **Two Oceans Terrassenrestaurant** mit fantastischem Panoramablick auf die False Bay für Unterhaltung und Wohl der Besucher. Zu Fuß über 130 Stufen oder bequemer mit der Standseilbahn des **Flying Dutchman** geht es auf 238 m Höhe zum 1859 erbauten **Leuchtturm**, der dank einer Bürgerinitiative saniert wurde. Bis zu 450 Personen pro Stunde befördern die Seilbahnkabinen des »Fliegenden Holländers« hinauf. Die nahe **Global Weather Station**, eine von 20 Wetterwarten weltweit zur Untersuchung des Erdklimas, wird vom deutschen Fraunhofer-Institut unterstützt. Wolken und Nebel machten das alte Leuchtfeuer 900 Stunden im Jahr unsichtbar, so auch beim Schiffbruch der »**Lusitania**« am 18. April 1911. Nur durch das beherzte Eingreifen des Leuchtturmwärters, der am Strand eine Petroleumlampe schwang, konnten 774 Menschen gerettet werden. Danach wurde bis 1914 am Diaz Point der **neue Leuchtturm** 87 m über Normalnull erbaut. Sein Licht strahlt heute 63 km weit über die See.

**Standseilbahn:** April – Sept. 9 – 17, Okt. – März 9 – 17.30 Uhr | Retourticket Erw. R 105, Kinder R 55 | **Two Oceans Restaurant und Shop:** tgl. 11 – 17 Uhr | http://capepoint.co.za

# ★★ CASTLE OF GOOD HOPE

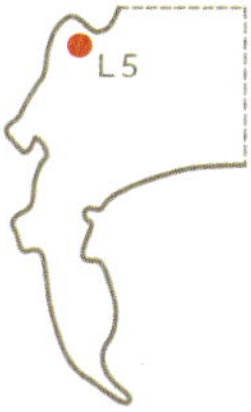


**Lage:** City Bowl, Zugang via Buitenkant St gegenüber Grand Parade

***Das älteste Steingebäude Südafrikas, wie gerne behauptet, ist die fünfzackige VOC-Festung zwar nicht, doch dank ihrer spannenden Wachablösung ein Publikumsmagnet ersten Ranges.***

Kommen Sie unter der Woche mittags zur Wachablösung vor dem Castle.

# CASTLE OF GOOD HOPE

*Breite Wassergräben und mächtige Mauern umgeben die weltweit besterhaltene Festungsanlage der Holländisch-Ostindischen Handelskompanie (VOC). 1666 wurde der Grundstein gelegt, 1674 bezogen die ersten Soldaten Quartier.*

Tgl. 9 - 16, Führungen: tgl. zw. 10 und 12; 14 und 15 Uhr, Key Ceremony (Schlüsselübergabe und Wachablösung) Mo. bis Fr. 10 und 12, Cannon Firing (Signalschüsse) Mo.-Sa. 10, 11 und 12 Uhr | Erw. R 50, Kinder R 25
**https://castleofgoodhope.co.za**
**www.iziko.org za** (William Fehr Collection)

**❶ Wachwechsel**
Kommen Sie unter der Woche um 10 zur Schlüsselübergabe und der Wachablösung in historischen Uniformen um 12 Uhr.

**❷ Iziko William Fehr Collection**
Höhepunkt ist die Kunstsammlung des deutschstämmigen William Fehr in der 1695 erbauten ehemaligen Offiziersresidenz. Die Gemälde zeigen holländische Händler, Könige der Xhosa und Zulu, Khoikhoi und Gouverneure vom Ende des 17. bis ins frühe 19. Jahrhundert. Ausgestellt sind Stinkwood-Möbel aus heimischem Holz und Silberwaren des 18. und 19. Jh.s, ein chinesischer Porzellanleuchter der Ming-Dynastie um 1400, japanische Vasen des 17. Jh.s und holländische Kristallgläser von 1745 mit dem Monogramm der VOC. Ölgemälde erzählen von schmucken Dreimastern und Handelsbeziehungen bis nach Asien, ►Abb. S. 58.

**❸ Glockenturm**
Einst erklang stündlich eine Glocke im Turm, die 1697 in Amsterdam von Claude Frémy gegossen worden war und 300 kg wog – das Geläut konnte man 10 km weit hören.

**❹ Haupteingang**
Im Giebeldreieck des klassizistischen Torbogens ist das Wappen der Niederlande mit seinem gekrönten Löwen und den sieben Einheitsspeeren abgebildet. Darunter sind die Wappen holländischer Städte wie Delft und Amsterdam zu sehen, in denen die VOC einen Amtssitz hatte.

**❺ Sonnenuhr**
Die Zeit wurde mit Sonnenuhren bestimmt. Nachts und bei Bewölkung verwendete man Sanduhren, die stündlich ein »Rondeganger« umdrehte, der auch die Glocke läuten musste.

**❻ Castle Military Museum**
Der einstige Zugang von See ist heute Eingang zum Militärmuseum. Hier kann man sich über die Besiedlung und das Kapregiment informieren. In der Ausstellung über die Burenkriege wird auch der Khoikoi gedacht, die im Dienst der Briten standen, und der vielen Frauen und Kinder, die in den britischen Konzentrationslagern interniert waren (►Abb. S. 58) – schlechte Ernährung, mangelnde Hygiene und Krankheiten kosteten 26 000 von ihnen das Leben.

**7 Dolphin Pool**
Nach Skizzen, die Lady Anne Barnard 1793 vom ersten Delfin-Brunnen gezeichnet hatte, konnte der Springbrunnen der »mythischen Meeresbewohner« 1985 rekonstruiert werden.

**8 Restaurant**
Im Re 5 speisen Sie Tapas und Snacks in historischen Räumen – ideal für die Pause zwischendurch.

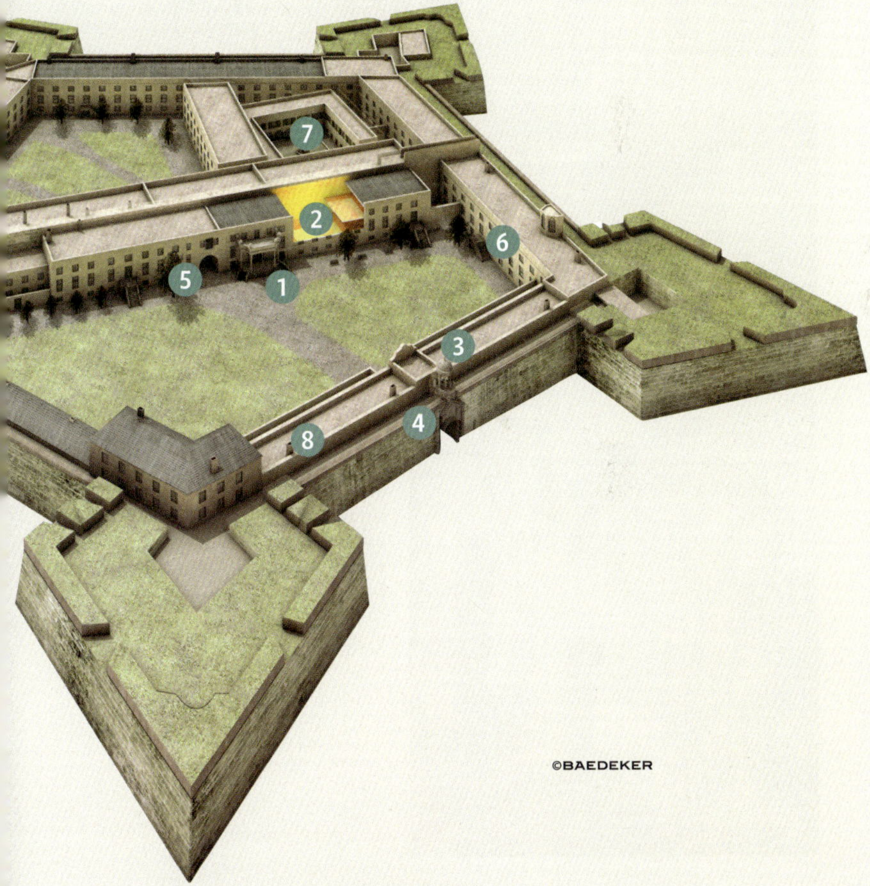

OBEN: Die William-Fehr-Kollektion zeigt historische Möbel und Gemälde vom Kap.
UNTEN: Das Militärmuseum erzählt auch vom harten Leben in den britischen Konzentrationslagern während der Burenkriege.

Das immer noch militärisch genutzte **Casteel de Goede Hoop**, das ab 1666 nach Plänen des französischen Festungsbaumeisters Vauban entstand, lag einst direkt am Meer. Die fünf Bastionen der nie attackierten Burg wurden 1679 nach den wichtigsten Provinzen von Prinz Wilhelm II. von Oranien benannt. Die Schieferplatten im Pflaster stammen aus Steinbrüchen am ►Signal Hill und auf ►Robben Island. Die meisten Balken sind aus Pinienholz, das damals aus dem Baltikum zum Kap verschifft wurde. Hauptattraktion ist die **William Fehr Collection**, die Gemälde, Porzellan, Glas und Möbel der **Vereenigde Oost-Indische Compagnie (VOC)** zeigt. Lady Anne Barnards Ballsaal aus dem späten 18. Jh. präsentiert feinen, weißen Lebensstil. Das Castle Military Museum zeigt Uniformen des Kapregiments der VOC, Schiffsmodelle und Wrackfunde aus der Frühzeit der Seefahrt. Der Delfin-Brunnen, die alte Schmiede, »Het Backhuys«, das ehemalige Backhaus und das Burgverlies sind ebenfalls sehenswert. Wenn die altehrwürdige Kanone dreimal am Tag geladen und abgeschossen wird – so signalisierte man einst die Ankunft eines Schiffes – halten Sie sich besser die Ohren zu!

Bollwerk der VOC

# ★ COMPANY'S GARDEN

**Lage:** City Bowl, zwischen Queen Victoria Street und Government Avenue | im Sommer tgl. 7 - 20.30, im Winter 7 - 19 | Eintritt frei, Vorsicht nach Einbruch der Dunkelheit | **www.heritage.org.za**

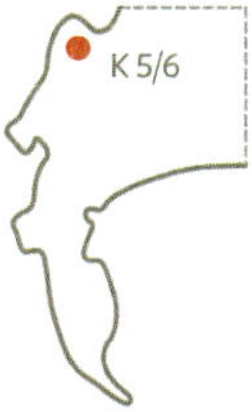


***Vieles wurde aus anderen Ländern nach Südafrika importiert, so auch die Eichhörnchen, deren Vorfahren Cecil Rhodes aus Nordamerika mitbrachte und die heute fröhlich in »the Gardens« toben. Kapstadts grüne Lunge ist ein prachtvoller Park, ideal zum Bummeln, in der Sonne sitzen oder um an den Souvenirständen das eine oder andere Mitbringsel zu erwerben.***

Mit Gärtner **Hendrik Boom** machte sich Jan van Riebeeck 1652 im Auftrag der VOC daran, die Versorgung einlaufender Handelsschiffe mit frischem Obst und Gemüse zu sichern. Die rechteckigen Felder des **Kompaniegartens** wurden mit Myrtengewächsen vor Wind geschützt und durch ein ausgeklügeltes Grabensystem mit Süßwasser vom Tafelberg versorgt. Die 6 ha der heutigen Anlage machen nur etwa ein Viertel der ursprünglichen Größe aus. Hendrik Boom musste nicht allein zum Spaten greifen. Ein Brief vom 11. April 1658 legt offen, dass 75 Sklaven für die VOC am Kap arbeiteten. Ein Drittel von ihnen widmete sich der Pflanzenpflege und wohnte in einem Sklaven-

Wo alles begann

haus am Feldrain. Bis 1714 dienten Sklaven auch als Wächter gegen Pflanzendiebe und arbeiteten in den Privathaushalten der VOC – die **Sklavenglocke** im Park erinnert an sie.

### Wein für die Kolonie

Erste Reben

Trotz anfänglicher Widrigkeiten konnten die holländischen Handelsschiffe bald zufriedenstellend mit frischen Produkten versorgt werden. Auch erste Weinbauversuche gelangen. Schösslinge der französischen **Rebsorte Muscat d'Alexandrie** kamen 1655 in Segelzeug eingenäht ans Kap, wo die weißen Muscat-Trauben **Hanepoot** genannt wurden – am 2. Februar 1659 notierte Jan van Riebeeck stolz die erste Kelterung in seinem Tagebuch.

### Exoten, Rosen und Denkmäler

Von der Brache zum beliebten Park

In der Inventarliste der VOC für die neuen britischen Herren wurden 1795 nur noch vier Gärtner unter 534 Sklaven aufgeführt. Die VOC war bankrott, die Felder lagen brach. Bis 1848 blieben sie als **Government Garden** dem britischen Gouverneur vorbehalten. 1892 übernahm die Stadt das Gelände und ermöglichte den freien Zugang. Spaziergänger schlendern heute zwischen exotischen Gewächsen aus aller Welt, bewundern den Japanischen Steingarten, den Rosengarten und die wieder angelegten Gemüsebeete. Im Delville Wood Memorial Garden erinnert ein Denkmal an die Gefallenen des Ersten Weltkriegs. Die Bronzestatue für **Cecil Rhodes**, Diamantenmagnat und Premierminister der Kapkolonie, weist nach Norden auf das »Hinterland gen Kairo«. Das **Visitor's Centre** im Westteil des Parks, das mit interessanten Broschüren und Souvenirs als informativer Anlaufpunkt fungierte, ist leider seit längerem geschlossen..

### Im Reich der Bücher

National Library of South Africa

Am Nordende des Kompaniegartens in der Queen Victoria Street 5 steht die 2025 geschlossene **Nationalbibliothek von Südafrika** – sie teilt sich diesen Titel mit der Staatsbibliothek von Pretoria/Tshwane. 1818 verfügte Lord Charles Somerset die Errichtung dieser ersten öffentlichen Bibliothek am Kap, finanziert wurde sie durch eine Weinhandelssteuer. Erste Heimstatt des schon 1761 von Joachim Nicolaus von Dessin begründeten Bücherberges wurde 1822 die heutige Slave Lodge (► S. 45). 1857 erschloss Gouverneur Grey den Baugrund am Company's Garden, 1860 eröffnete Prinz Alfred die Bibliothek. Großzügige Schenkungen folgten wie Mittelalter- und Renaissance-Manuskripte. Zu den Schätzen gehören auch Zeitungen der Kolonialära, frühe Reiseberichte, alte Landkarten, Aufzeichnungen von Khoikhoi und die Skizzen der Kap-Flora von Heinrich Claudius.
Noch im Aufbau befindet sich das angeschlossene **Centre for the Book** in einem Prachtbau von 1906 an der Victoria Street 62. Es widmet sich vorrangig der Förderung von Kindern, jungen Literaten und

BAEDEKER ÜBERRASCHENDES

# 6X DURCHATMEN

*Entspannen, wohlfühlen, runterkommen*

## 1. AUSZEIT

Europäer haben Uhren, Afrikaner haben Zeit – setzen Sie sich zwischen den exotischen Pflanzen des **Company's Garden** auf eine Holzbank im Schatten und beobachten Sie flanierende Menschen und die Eichhörnchen – das macht den Kopf frei. (► **S. 59**)

## 2. PUDERFEINER SAND, ...

... wohltempertiertes Meer und Sonne satt versprechen einen unendlich entspannten Tag am **Brenton Beach** gegenüber von Knysna. (► **S. 167**)

## 3. BALANCE HALTEN

Das ist das Wichtigste beim Stand Up Paddling auf den ruhigen Wassern der warmen **Lagune von Langebaan**. Ist das äußere Gleichgewicht gefunden, stellt sich auch das innere ein. (► **S. 229**)

## 4. ZUM SONNTAGSAUSFLUG

... oder auch an jedem anderen Tag. In den Gärten von **Babylonstoren** duften Kräuter, Heilpflanzen und Obstbäumchen um die Wette. Dazu ein buntes Blümchenkleid anziehen, und das Gartenglück ist perfekt. (► **S. 199**)

## 5. CHIFFREN DER KUNST

Rätselhafte Symbole auf Glas, die raue Architektur des ehemaligen Getreidesilos, am Himmel tanzende Möwen – die Terrasse des **MOCAA** lädt ein zu Ruhe und Besinnung. (► **S. 138**)

## 6. WEITE & MEER

Warum sich aufregen, wenn es so viel Wunderbares zu entdecken gibt? Wandern Sie auf dem **Tafelberg**. Bei der atemberaubenden Aussicht kann niemand an Stress denken. (► **S. 133**)

## IN EINER ANDEREN ZEIT

Im Hintergrund spielt leise Klaviermusik, während Fingerfood vom Feinsten auf langen Windsor-Tischen der eleganten Lounge alle kulinarischen Wünsche erfüllt. Kommen Sie zum Tee ins viktorianische **»Nellie«**, wie das noble Belmond Mount Nelson Hotel südwestlich vom Company's Garden liebevoll genannt wird. Genießen Sie auf der Gartenterrasse Lachssandwiches, Schokotörtchen, Scones, Milk Tarts und das Gefühl, in einer anderen Zeit zu sein (76 Orange St, Tel. 0800 183 07 81, Tea 11 – 15 Uhr, R 350 – 595/Pers., Reservierung empfohlen, www.belmond.com).

Kleinverlegern sowie der Bekämpfung des Analphabetentums – mehr als 8 Mio. Südafrikaner sind davon betroffen. Das elegante Ambiente des Zentrums wird gern für Hochzeiten, Filmaufnahmen oder Modenschauen genutzt. Während der Kapstädter Buchmesse finden hier auch Lesungen statt.

**NLSA:** seit Mitte 2024 wegen Umbaus geschlossen
**Centre for the Book:** Mo. – Fr. 8 – 16.30 Uhr

# ★★ CONSTANTIA VALLEY

**Lage:** Südlicher Vorort Kapstadts | **Anfahrt:** M 3 nach Muizenberg bis Exit 14, dann M 41 Richtung Constantia; ▶ Karte S. 37

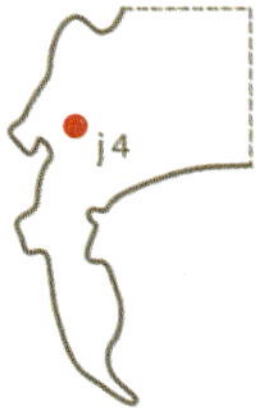


***Helles Zitronengelb oder dunkles Ziegelrot, frische Säure oder erdiges Aroma, Sauvignon Blanc, Merlot oder lieber Pinotage? Die Wine Route im noblen Villenvorort Constantia führt zu den ältesten Weingütern Südafrikas – probieren Sie die erlesenen Tropfen bei einer Kellerführung am Kap.***

★★ Groot Constantia

### Önologische Erfolgsstory

Sechs Jahre nachdem **Simon van der Stel** 1679 als neuer Kap-Gouverneur an Land ging, erhielt er östlich des Tafelbergs 250 ha in bester Lage als Privatresidenz und taufte das Land nach der Enkelin eines VOC-Gönners, Constantia van Goens, Groot Constantia. Das herrliche Anwesen ist somit eines der ältesten Weingüter Südafrikas und steht heute unter Denkmalschutz. Ab 1778 produzierte man hier süße Dessertweine, die schon Bismarck, Ludwig XVI. und Napoleon beeindruckten. Der Niedergang kam im 19. Jh. mit der Reblauskrise, 1885 ging das Gut in staatliche Hände über. Erst 100 Jahre später begann die Wiederbelebung, heute ist Groot Constantia ein Touristenmagnet. Auf 90 ha werden jährlich über 570 000 Flaschen Pinotage, Shiraz, Merlot, Cabernet Sauvignon, Chardonnay und Sauvignon Blanc produziert. Diese gewinnen regelmäßig internationale Preise, allein 2024 waren es 14 bei den südafrikanischen National Wine Awards, u. a. ein Grand Cru Award für den 2020-Merlot. Im neu angebauten Taste Room können Sie diese und andere kostbare Tropfen verkosten. Im **Simon's Restaurant** lässt sich vorzüglich mit den passenden Weinen tafeln (www.simons.co.za), im **Bistro Jonkershuis** sitzen Familien entspannt beim Lunch – die Kinder spielen, die Eltern können in Ruhe ein Bobotie oder kapmalaisches Curry probieren (www.jonkershuisconstantia.co.za).

Eine mächtige Eichenallee führt zum 1818 erbauten Herrenhaus im kapholländischen Stil, das jetzt als **Iziko Groot Constantia Manor House Museum** mit eleganten Möbeln des 18. Jh.s eingerichtet ist. Werfen Sie einen Blick in Studierzimmer, Speisesaal, Küche und Kupferschmiede. Vom Schlafzimmer im Ostflügel hat man einen traumhaften Blick auf den Garten und die Rebberge. Schautafeln erläutern außerdem Kultur und Lebensweise der San, der ersten Bewohner dieser Region. Im Weinmuseum, dessen Ziergiebel Meister Anton Anreith schuf, kann man Fässer, Weingläser und Dekantiergefäße von der Antike bis zum 20. Jh. bewundern. Im Kutschenhaus am Jonkershuis sind Mühlkarren, Sechsspänner und Vortrekker-Karren zu sehen.

# LOGENPLÄTZE FÜR GENIESSER

*So stellt man sich eine Tour durch die Weinberge am Kap vor: Ein weiß getünchtes Gutshaus im kapholländischen Stil inmitten grüner Rebhänge, dazu spannende Verkostungen edler Weine und charmante Adressen für beste südafrikanische Küche. Wie schön, wenn man dann nicht mehr weiterfahren muss, sondern ein Zimmer wartet, das mit so viel Flair eingerichtet wurde, dass man sich einfach wohlfühlen muss.*

Nur 20 Autominuten trennen die Mutterstadt Südafrikas von der ältesten Weinfarm am Kap: **Steenberg** im Constantia Valley, das bereits 1682 gegründet wurde. Und das von einer Frau! **Catharina Ustings Ras** kam als junge Witwe aus Lübeck und wurde eine der schillerndsten Persönlichkeiten ihrer Zeit. Mit ihren fünf Ehemännern hatte sie zwar wenig Glück, dafür fand sie in Gouverneur Simon van der Stel einen Gönner. 1688 durfte Catharina ihre Farm als erste in Südafrika offiziell registrieren – und nannte sie Schwanenweide.
Heute stehen über 70 ha unter Reben, produziert Steenberg preisgekrönte Sauvignon-Blanc-, Merlot- und Semil-

Sanfte Herbsttöne, wie mit dem Lineal gezogene Rebstockreihen, dazwischen elegante weiße Farmhäuser im kapholländischen Stil – schöner geht nicht!

lon-Weine. Im Sommer 2019 wurde Elunda Basson als Kellermeisterin berufen, die mit Küchenchefin Kerry Kilpin und Managerin Catherine Schulze sehr erfolgreich in die Fußstapfen von Catharina Ras getreten ist. Variationen von Räucherlachs, Austern und Ziegenkäse begleiten die Premium-Verkostungen. Bis Herbst 2019 wurden die Zimmer und Suiten im denkmalgeschützten Herrenhaus des €€€€ **Steenberg Hotel & Spa** neu gestaltet. Im Spa kann man sich nach der Runde Golf eine Being-in-Balance-Massage gönnen, bevor man im neu gestylten Restaurant €€€€ **Tryn** Platz nimmt, wo ausgesuchte Weine bei optimaler Temperatur lagern. Kerry Kilpin begeistert mit saisonalen Rezepten – unser Tipp sind ihr Schweinebauch Sous Vide und der Cape Malva Pudding. Im €€€ **Bistro Sixteen 82** serviert Kilpin leichte Gaumenfreuden wie zum Beispiel knusprige Tempura-Garnelen mit Koriander oder Beef Tataki mit Rucola. Und sonntags? Da sitzt man ganz entspannt beim Jazz Brunch auf der Terrasse oder wandert durch die wunderbaren Weinberge.
Der **Championship-18-Loch-Golfplatz** gehört zu den Top Ten am Kap (Steenberg Hotel, Tokai Road, Constantia, Tel. 021 713 22 11, Verkostungen: tgl. 10–18, ab R 120 pro Person, nur nach Voranmeldung, www.steenbergfarm.com).

## Meister am Herd

Kulinarische Höhenflüge garantiert auch der Besuch auf dem **Silvermist Organic Wine Estate**, auf dem Gregory Brink Louw Bio-Weine keltert und mit seinem Silvermist Sauvignon und dem Rocketdog Blend aus Shiraz- und Cabernet Sauvignon-Trauben sehr erfolgreich in die Liga hochqualitativer Tropfen eingestiegen ist. Silvermist gelang es auch, das preisgekrönte Restaurant €€€€ **La Colombe** an sich zu binden. Hier serviert der junge und hoch talentierte James Gaag modern interpretierte Traditionsgerichte wie Karoo-Lamm mit Harissa auf allerhöchstem Niveau; zum Bio-Konzept des Weinguts passt, dass Gaag zudem ein vegetarisches Menü offeriert – fast noch besser als der Klassiker. Vielleicht steht Ihnen nach dem Mahl der Sinn danach, Silvermist noch intensiver zu erkunden? Die sechs Luxussuiten des Hotels sollten allerdings zeitig gebucht werden (Tel. 021 794 23 90, www.lacolombe.restaurant, Wein & Hotel Tel. 021 110 54 20, https://silvermistestate.co.za).

## Jenseits aller Erwartungen

Die Geschichte des Weinguts **Buitenverwachting** begann 1793, als 80 ha Land von Groot Constantia an Cornelius Brink gingen. 30 Jahre später wurden 90 000 Weinstöcke gepflanzt. 1980 kauften Christine und Richard Müller das heruntergekommene Gut, renovierten es und setzten neue Rebstöcke. Die Wiederbelebung brachte schon im ersten Jahr 100 t Ernte und wurde so dem Namen »Jenseits aller Erwartungen« mehr als gerecht. Höchstprämierte Weine sind heute der spritzige Buiten Blanc und der im Bordeaux-Stil erzeugte, rubinrote Christine. Im €€€ **Coffee BloC** gibt es unwiderstehliche Croissants, Muffins und Kuchen – ein Muss: der Cheesecake. Beim Picknick-Lunch sitzt man unter schattigen Eichen vor dem reetgedeckten €€€€ **Beyond.** Hier zaubert Peter Tempelhoff dreierlei Austern, gegrillten Springbock an Portwein oder weißes Schokoladenmousse in Baumkuchen – der Österreicher gehört zu den Top Ten der südafrikanischen Kochkünstler. Reservieren Sie einen Platz im Wintergarten mit Blick auf die Weinberge (Klein Constantia Road, Constantia, Tel. 021 794 51 90, Tasting Mo. – Sa. 10 – 17 Uhr, ab R 100; Restaurant, Tel. 021 794 03 06, www.buitenverwachting.com, https://beyondrestaurant.co.za).

## Poesie auf dem Teller ...

... verspricht das noble **The Cellars-Hohenort**. Das hier von Daniel Blignaut geführte, um eine riesige, über 200 Jahre alte Eiche erbaute €€€ **The Conservatory** glänzt neben Spezialitäten wie Tartar vom Strauß aus der Kleinen Karoo oder Tandoori-Curry mit Meeresfrüchten mit einem veganen Menü. Im lichten Wintergarten kommen Klassiker aus aller Welt wie Paul Nashs berühmtes Cheese Souffle auf den Tisch. Sehr stilvoll ist auch der High Tea (93 Brommersvlei Road, Constantia, Tel. 021 794 21 37, www.thecellars-hohenorthotel.com).

## Schon Mark Twain, ...

Cecil Rhodes und George Bernard Shaw logierten in dem 1714 erbauten €€€€ **Alphen Boutique Hotel**. Seit 1850 im Besitz der Familie Cloete, bilden deren Originalmöbel und Gemälde

Im La Colombe zaubert James Gaag Gaumenfreuden auf allerhöchstem Niveau.

einen musealen Schatz. Das kapholländische Manor House mit 19 traumhaften Suiten kombiniert geschickt Nostalgie und Avantgarde. Beim Frühstück sitzt man unter knorrigen Eichen im €€€ **La Belle Bistro & Bakery**, es duftet nach selbst gebackenem Brot und köstlichen Kuchen, zum Lunch werden leichte Gerichte serviert. Im €€€ **Blanko** kommt Ihnen die kulinarische Welt italienisch vor – kein Wunder bei all den köstlichen Pastas und Pesces! Das €€€ **Incognito** bietet zu feinen Cocktails den Blick auf einen wunderschönen Garten. Auf der Südterrasse lud einst Lord Somerset zum Jagdfrühstück. Hier duellierte sich zudem Josias Cloete mit James Barry (1795 bis 1865), der in Kapstadt erste Kaiserschnitte durchführte – nach dem Tod des Armeearztes entdeckte man, dass Barry eine Frau war. Wanderer sollten den Alphen Hiking Trail am Deep River laufen (Alphen Boutique Hotel, Alphen Drive, Constantia, Tel. 021 795 63 00, www.alphen.co.za).

Das Groot Constantia Manor House Museum zeigt elegante Möbel des 18. Jh.s.

Das **Iziko Orientation Centre** im einstigen Sklavenquartier erzählt von der Fronarbeit der Sklaven – die ersten kamen 1661 aus Angola und Benin, später aus Madagaskar, Mosambik und Südostasien. Anhand der Schicksale von Hendrik Cloetes Butler August van Bengale und der Kammerzofe Sabina van de Kaap wird deren Geschichte wieder lebendig. Zum Abschluss führt ein kurzer Spaziergang durch die Rebgärten bergan zum Historical Bath, einer Art frühem Swimmingpool aus dem 18. Jahrhundert.

**Groot Constantia** Groot Constantia Road, Constantia | Tel. 021 794 51 28 | Verkostung tgl. 10 – 16 | Erw. R 155 | Schokolade & Weinprobe Erw. R 230 | Kellerführungen tgl. 10 –17 jede volle Stunde www.grootconstantia.co.za

**Iziko-Museen**: tgl. 10 – 17 Uhr | Erw. R 30, 6 –18 Jahre R 15

### Süßer Seelentröster

★ Klein Constantia

Als Constantia 1716 dreigeteilt wurde, entstand dieses kleinere Weingut, das ebenfalls ein hübsches Herrenhaus aus dem 18. Jh. besitzt. Im Grabmal, dem Kramat am Eingangstor, ist ein 1661 aus Sumatra ans Kap verbannter, islamischer Würdenträger beigesetzt, der von den Muslimen tief verehrt wird. Angebaut werden 70 % weiße und 30 % rote Rebsorten – 2022 erhielt der **Vin de Constance** 2018 in John Platter's Wine Guide 5 Sterne. Eine Verkostung sollte unbe-

dingt dem aromatischen Sauvignon Blanc und dem im Barrique ausgebauten roten Marlbrook gelten. Ein schönes Mitbringsel sind die Halbliterflaschen des legendären Vin de Constance, einem honigfarbenen, süßen Dessertwein mit einem Hauch von Muskat, dessen Vorläufer schon Friedrich der Große und Napoleon sehr zu schätzen wussten. Jane Austen beschreibt den feinen Tropfen in ihrem Roman »Verstand und Gefühl« gar als heilkräftig für ein enttäuschtes Herz.
Klein Constantia Road, Constantia | Tel. 794 51 88, Verkostung nach Voranmeldung ab R 250 p. P. | www.kleinkonstantia.com

# ★ DISTRICT SIX MUSEUM

**Lage:** 25A Buitenkant Street, Zonnebloem | Mo. – Sa. 9 – 16, So. n. V., Tel. 021 466 72 00 | Erw. R 60, mit Führung R 75 | Themenrundgänge durch das Viertel, R 130 n. V., Tel. 021 466 72 00
**www.districtsix.co.za**

*Seit 1994 ist die Apartheid Vergangenheit, doch ihre Folgen sind bis heute nicht zu übersehen. Wohl jeder Südafrika-Besucher fragt sich, wo diese für Millionen Menschen verheerende Entwicklung ihren Anfang nahm. Das District Six Museum gibt Antworten mit Fotos, alten Straßenschildern, Alltagsszenen und Augenzeugenberichten.*

Sechster Bezirk

Die um 1800 beginnende Parzellierung des Farmlandes unterhalb vom Devil's Peak läutete die Geschichte des District Six ein, auch kurz **D 6** genannt. Schon 1840, als man Kapstadt in zwölf Stadtteile gliederte, wohnten hier 3000 Menschen in schmucken, meist zweigeschossigen Häusern. 20 Jahre später wurde in dieses Gebiet das **Zonnebloem College** verlegt, in dem Söhne und einige wenige Töchter von Xhosa-Oberhäuptern zu schwarzen Ladies und Gentlemen erzogen wurden. 1867 teilte der Municipal Act die Stadt in sechs Bezirke, der **Sixth Municipal District** war geboren. Laut Zensus von 1865 lebten damals in Kapstadt 28 400 Weiße sowie 13 300 »Hottentotten und Kaffer«. Die Statistik wies 9000 Arbeiter, 1400 Händler, 3200 Handwerker und 2300 Hausangestellte aus.

**Die fleißigen Hände vom District Six**

Pulsierendes Stadtviertel

Ein Großteil dieser Arbeiterschaft lebte im armen **District Six**, der ab 1880 auch zum Auffangbecken für Neuankömmlinge wurde. **Ein-**

**wanderer** aller Kontinente, Hautfarben und Religionen siedelten rings um die nicht mehr existierende **Hanover Street** und veränderten das Viertel binnen Kurzem zum **multikulturellen Schmelztiegel**. Die hier ab 1870 in ausgefallenen Kostümen abgehaltenen Paraden markieren die Geburtsstunde des **Minstrel Carnival**, des Neujahrskarnevals (▶ Baedeker Wissen S. 318). Auch die Wurzeln des südafrikanischen **Jazz** lagen in dieser »fantastischen Stadt in der Stadt« (▶ Baedeker Wissen S. 288). Die Bevölkerung arbeitete in den Textil- und Tabakfabriken von ▶Woodstock und am Hafen, das Public Wash House an der Hanover Street galt als Kapstadts Waschküche. Fleißig wurden dort Krinolinen gebügelt und Hemdkragen gestärkt. Nach der Pockenepidemie von 1882 und der Beulenpest 1901 führte die Angst vor Ansteckung 1901 zur Ausweisung aller Schwarzen aus dem District Six. Wohlhabende Weiße zogen weg und bald bildeten Farbige und Einwanderer die Mehrheit. 1914 wütete die Tuberkulose in D 6, vier Jahre später tötete die Spanische Grippe fast 6400 Kapstädter.

### Wiedergutmachung für 60 000 Vertriebene

Nicht-Weiße unerwünscht

Doch erst das **Apartheidregime** sollte das Schicksal des Viertels besiegeln: Am 11. Feb. 1966 wurde der District Six zum Gebiet nur für Weiße erklärt. »Die Menschen in D 6 seien kriminell und gefährlich, der Bezirk selbst ein Slum und Hort der Spielsucht, Trunkenheit und Prostitution«, hieß es in der Begründung für die Zwangsumsiedlung in die unwirtlichen **Cape Flats**. Fast 60 000 Farbige wurden bis 1982 in die berüchtigten ▶Townships 25 km weiter südlich umgesiedelt und ihre Häuser dem Erdboden gleichgemacht. 1985 erhielt D 6 offiziell den Namen **Zonnebloem**, Sonnenblume. Nun wohnten hier rund 3500 Weiße, zumeist Staatsangestellte. Seit 2003 wird an der Rekonstruktion des Viertels gearbeitet. Die ersten 24 Häuser gingen an ehemalige Bewohner – Nelson Mandela persönlich übergab die Schlüssel 2004 an den 87-jährigen Ebrahim Murat und die 82-jährige Dan Ndzabela. Mit rund 2000 neu erbauten Häusern sollte das Viertel vertriebenen Familien bis 2018 die Rückkehr ermöglichen. Tatsächlich wurden ganze 139 Einheiten fertiggestellt und übergeben.

### Hands off? hands on!

Die Wunde schließt sich nicht

Bis heute zeigt das Brachland von D 6 das Werk von Abrissbirne und Bulldozer. Nur durch heftige internationale Proteste konnten die Moschee in der Muir Street und die **Holy Cross Church** nahe der Keizersgracht – der Nachfolgerin der Hanover Street – erhalten werden. Dort erinnert auch die Wandmalerei »The earth cries out« von Peggy Delport an die Hendricks-Familie, die als Letzte ihr Haus räumte. Die Kirche steht heute auf dem Areal der Cape Peninsula University of Technology, mit über 33 000 Studenten die größte Universität der Western Cape Province (www.cput.ac.za).

Das District Six Museum erinnert an den sechsten Bezirk, in dem einst Menschen aller Kontinente, Hautfarben und Religionen lebten.

**Noch können Zeitzeugen berichten**

Tiefer schürfen ...

Das District Six Museum ist in der 170 Jahre alten **Methodist Mission** an der Buitenkant Street 25A untergebracht, die als Freiheitskirche im Kampf gegen die Apartheid gilt. Eine Erweiterung befindet sich in der Buitenkant Street 15. Ehemalige D 6-Bewohner managen heute die Sammlung, in der die Multimedia-Ausstellung »**Digging deeper**« mit Fotos, Gemälden, Straßenschildern und Alltagsgeschichten die legendäre Atmosphäre des Viertels erahnen lässt. Zum Museumsfundus gehören über 14 000 historische Aufnahmen renommierter Fotografen wie Jackie Heyns, Jimi Matthews und Cloete Breytenbach. Einmalig ist das von Jazzfan Ants Kirsipuu aufgebaute Tonarchiv. Bücher zum Thema D 6 sind im Little Wonder Bookshop erhältlich, der auch Startpunkt für geführte **Thementouren** durch den District Six ist. Im Museumscafé erzählen einstige Bewohner Anekdoten aus dem Viertel. Sich der Führung eines dieser Ehemaligen anzuschließen, ist besonders empfehlenswert. Die Ausstellung erwacht durch die geschilderten Erlebnisse erst so richtig zum Leben. Und es ist möglich, Fragen zu stellen.

# GOVERNMENT AVENUE

**Lage:** City Bowl, zwischen Adderley Street und Orange Road

***Die mächtigen Eichen entlang Kapstadts Vorzeigepromenade haben Vieles kommen und gehen gesehen, doch was nach den Wahlen am 27. April 1994 passierte, mag selbst diese uralten Baumriesen erstaunt haben. Erstmals in der Geschichte Südafrikas betraten frei gewählte Vertreter aller Volksgruppen die ehrwürdigen Hallen der Houses of Parliament. Eine neue, demokratische Ära hatte begonnen.***

Besuch bei den Volksvertretern

Seither tagt **Südafrikas Parlament** am Nordende der Government Avenue im **Houses of Parliament**, während die Exekutive in Pretoria arbeitet. Über einen Umzug der Volksvertreter in die Hauptstadt/Tshwane wird seit Jahren erbittert debattiert. Eine Stunde dauern die kostenlosen Führungen – Reisepass nicht vergessen! Nach der Grundsteinlegung 1875 durch Sir Henry Barkly begleiteten Querelen 1885 die Eröffnung des neoklassizistischen Gebäudes mit korinthischen Säulen. Erst Henry Greaves vollendete den Bau. Den Garten ziert eine Statue von Queen Victoria. Im Sitzungssaal ereignete sich am

Im Houses of Parliament hielt Nelson Mandela 1994 seine berühmte Antrittsrede als erster schwarzer Präsident des neuen Südafrika.

6. Sept. 1966 ein Polit-Thriller: Der Parlamentsangestellte Demitrios Tsafen ermordete den Apartheid-Chefideologen und Ministerpräsidenten Hendrik Verwoerd durch vier Messerstiche. Das **De Tuynhuis**, die **Residenz des Staatspräsidenten**, kann nicht besichtigt werden. 1701 als Gästehaus errichtet, erhielt das »Gartenhaus« 1795 sein heutiges Aussehen. Anton Anreith schuf den Ziergiebel mit Neptun, Merkur und den Insignien der VOC, dem ältesten Firmenlogo der Welt.

**Besuchereingang des Parlaments:** 100 Plein Street | Führungen: Mo.–Fr. zur vollen Stunde 9 – 12 Uhr | Anmeldung mindestens eine Woche vorher unter Tel. 021 403 22 66 (Tours Office) | Eintritt frei 2025 waren die geführten Parlaments-Touren bis a. W. ausgesetzt

**Kolonialästhetik und zukunftsweisende Kunst**

Iziko Bertram House Museum

Einblicke in den **kolonialen Lebensstil des 19. Jh.s** gibt das Bertram-Museum am Südende der Government Avenue. Älteste Berichte über den spätgeorgianischen Klinkerbau datieren auf 1794, ab 1839 soll der Notar John Barker das heutige Anwesen errichtet und es nach seiner Gattin Ann Bertram Findlay benannt haben. Ein spiralförmiger Treppenaufgang führt in das Museum mit Möbeln aus der zweiten Hälfte des 18. Jh.s sowie kostbarem englischen und chinesischen Porzellan. Am Piano von 1906 erklingt im Sommer Kammermusik. Nur ein paar Schritte entfernt in der Orange Street 37 liegt mit der **Michaelis Art School** die Topadresse im Bereich der Kunstausbildung. Nebenan am Hiddingh Campus begeistert das kreative **Little Theatre** mit aufregenden Produktionen (beide https://humanities.uct.ac.za).

**Iziko Bertram House:** Tel. 481 39 72 | Do., Fr. 9 – 16 Uhr | Erw. R 40 www.iziko.org.za

# GRAND PARADE

**Lage:** City Bowl, zwischen Darling und Castle Street

*Wie ein Platz für große Emotionen und fröhliche Feste sieht die Grand Parade nicht unbedingt aus, ist sie doch häufig hoffnungslos zugeparkt. Aber wenn Märkte anstehen, Fußballfeiern oder Pop-Events, schauen die altehrwürdigen edwardianischen Bauten, die den Platz säumen, wohlwollend dem bunten Treiben zu.*

Politik und Feste

Der Trafalgar Place mit seinem bunten **Blumenmarkt** öffnet den Zugang von der ▶Adderley Street zum »Großen Paradeplatz«, auf dem Mittwoch und Samstag ein großer **Kleider- und Lebensmit-**

**telmarkt** veranstaltet wird. An der Seite zur Plein Street markieren rote Linien den Standort des ersten, von Jan van Riebeeck errichteten Lehm- und Holzforts. Die Grand Parade dient politischen Kundgebungen oder Events wie Popkonzerten oder den Umzügen der Tweede Nuwe Jaar Cape Town Street Parade als Verarnstaltungsort.

**Bühne für Mandelas legendäre Freiheitsrede**

City Hall

Mehr als 100 000 Menschen hörten am 11. Februar 1990 Nelson Mandela (►Interessante Menschen) zu, als er direkt nach seiner Freilassung vom Balkon des **Rathauses** seine berühmte Freiheitsrede hielt – »Madiba« forderte Frieden und das Wahlrecht für die schwarze Mehrheit. Das aus Tafelberg-Sandstein im Stil der Neorenaissance erbaute Rathaus an der Darling Street wurde 1905 fertiggestellt. Zur Innenausstattung gehören kunstvolle Mosaike, Marmortreppen und eine von Norman Beard gebaute Orgel mit 3165 Pfeifen, die König Edward VII. und Königin Alexandra gewidmet ist. Im 60 m hohen Glockenturm erklingt seit 1923 ein Glockenspiel nach Vorbild des Londoner Big Ben. Regelmäßig gibt das **Cape Town Philharmonic Orchestra** (CPO) in der City Hall hervorragende klassische Konzerte. Das ambitionierte Cape Town Philharmonic Youth Orchestra fördert Jugendliche aller Hautfarben, im Masidlale Grasroots Project besonders Kinder aus den Townships.

**Tickets für das Cape Philharmonic Orchestra:** Tel. 021 001 09 03
www.cpo.org.za

# ★★ GREENMARKET SQUARE

**Lage:** City Bowl

*Art-déco und afrikanische Schnitzkunst – geht das zusammen? Am quirligen Greenmarket Square allemal. Herden von hölzernen Nashörnern treten gegen die elegante Sandsteinfassade des Kimberley-Hauses an, und Recyclingkunst spiegelt sich in den Art-déco-Fenstern des Namaqua-Hauses. Genießen Sie beides!*

Mitbringsel für alle

Buntes Treiben wartet auf dem kopfsteingepflasterten, **ältesten Marktplatz des Landes**, der seinen Namen dem früheren Gemüsemarkt verdankt. **Händler aus ganz Afrika** bieten auf dem pulsierenden Herz der »Mother City« Einiges auf, um Ihren Besuch unterhaltsam zu gestalten: Holzmasken, bunte Ketten, farbenfrohe Tücher

und Kleidung. Doch Vorsicht! Nicht alles stammt vom schwarzen Kontinent – viele Souvenirs werden inzwischen in Fernost hergestellt. Auf Nummer sicher gehen Sie bei Townshipkunst. Hübsch sind die aus Draht und Perlen gefertigten Weihnachtsbaum-Dekorationen oder aus Telefondraht geflochtene Körbchen. Zum Einkaufserlebnis gehört das Feilschen, aber übertreiben Sie es nicht.
Greenmarket Square: Mo. – Sa. 9 – 16 Uhr

**Flämische Schätze am Kap**

★ Iziko Old Town House

Unter der Ägide des populären Gouverneurs Rijk Tulbagh entstand 1755 – 1761 das **alte Rathaus** im Kap-Rokoko-Stil, zunächst als Sitz der Stadtwache, dann auch von Magistrat, Gericht und Polizei. Nachdem das neue Rathaus an der ▶Grand Parade fertig war, zog hier 1916 Kapstadts älteste Kunstsammlung ein. **Sir Max Michaelis** wird mit einer Bronzebüste im Innenhof geehrt und ist durch Spenden für ein Krankenhaus, Büchereien und die Michaelis School of Fine Arts als Mäzen Kapstadts bekannt. Die Umwandlung zum Kunsttempel dankt Kapstadt indes Lady Florence Philipps: Sie animierte den Sammler Sir Hugh Lane, alte niederländische Meister zu kaufen, und überzeugte Sir Max, Südafrika diese Sammlung zu schenken. In der **Michaelis Art Collection** sind Werke niederländischer und flämischer Maler des 16. – 18. Jh.s zu sehen, darunter Studien von 1639 zu **Rembrandt van Rijns** Selbstporträt, das »Porträt einer Dame« von **Franz Hals** und das Porträt »Johan Oxenstierna« aus der Werkstatt van Dycks. Einen ausgezeichneten Ruf genießen auch die Konzerte und Wechselausstellungen zeitgenössischer Kunst.
Derzeit geschlossen | www.iziko.org.za

**Junges Afrika**

★ Church Street

Antiquitäten und **zeitgenössische südafrikanische Kunst** finden Sie in den kleinen Läden und Kunstgalerien der Church Street wie die AVA Gallery (Nr. 35), The Cape Gallery (Nr. 60) oder WORLDART (Nr. 54). Ein **Straßenmarkt** bietet im Sommer tgl., im Winter Do. bis Sa. 9 – 14 Uhr Antikes, Kitsch und Secondhand. Tipp für eine Shoppingpause: das **Café Mozart** (Nr. 37, https://mozartonchurch.com).

**Niederländisches Erbe**

Van Riebeeck Square

Keimzelle Kapstadts ist der **van Riebeeck** Square, wo der Stadtgründer einst seine ersten Zelte aufschlug (▶Interessante Menschen). Die St. Stephen's Church von 1799 diente zuerst als Theater, Oper und Schule, ehe sie 1839 zur holländisch-reformierten Kirche wurde. Nur lautstarker Bürgerprotest verhinderte Mitte der 1990er gegenüber am **Heritage Square** den Abriss der historischen Gebäude. Den Platz säumen Bars und kleine Cafés wie das populäre Rosetta Rostery Café mit feinsten Kaffee-Kreationen (101 Bree St. an der Ecke zur Shortmarket Street (▶S. 313).

Irgendwann landet jeder Besucher auf dem Greenmarket Square,
wo Händler aus ganz Afrika fantasievolles Kunsthandwerk anbieten.

# GREEN POINT & SEA POINT

**Lage:** Nordwestlich der V & A Waterfront

***Ein altes Krankenhaus, ein Gefängnis, ein Fort – das ehemalige Hafengelände in Green Point prägten lange Zweckbauten in verschiedenen Stadien des Verfalls, bis die hippe Szene den historischen Mauern Leben einhauchte. Heute sind Green und Sea Point beliebte Wochenendziele und das Cape Town Stadium ihre unverwechselbare Landmarke.***

### Die Kunst der Heilens

Cape Medical Museum

Von der ►V & A Waterfront fahren MyCiTi-Busse nach Green Point und weiter zur Seepromenade von Sea Point. Einen ersten Stopp lohnt das Cape Medical Museum im Old City Hospital Complex in der Portswood Road: Es widmet sich **westlicher und afrikanischer Medizin**. Kräuterwissen und Heilriten der San, Nguni- und Muti-Medizin der Xhosa und Zulu-Sangoma oder die asiatischen Heiltraditionen der Kapmalaien werden ebenso vorgestellt wie ein Krankenzimmer und eine Zahnarztpraxis der viktorianischen Zeit. Auch über verheerende Epidemien und Aids wird informiert.

Mo. – Fr. 9 – 16 Uhr | Eintritt auf Spendenbasis
www.capetownmuseum.org.za

### Ein Gefängnis für den Hafenbau

Breakwater Lodge

Gegenüber stand einst das **Breakwater Prison**. Das Gebäude ist heute teils Hotel, teils Graduate School of Business der Universität. Das erste Gefängnis wurde 1859 mit 60-Mann-Schlafsälen für zum Hafenbau abkommandierte Häftlinge errichtetet. Der heutige Bau geht auf 1902 zurück, als Häftlinge bereits nach Hautfarbe getrennt waren. Ab 1926 wohnten hier farbige Hafenarbeiter. Aus der Zeit sind noch einige Graffiti an der Wand unweit der Einzelzellen erhalten.

### Die Fußball-WM und ihre Folgen

DHL Stadium

Das zur Fußball-**WM 2010** für 280 Mio. Euro errichtete teuerste Stadion des Landes hat mit seiner ungewöhnlichen Silhouette das Viertel Green Point neu geprägt. Wie eine gigantische fliegende Untertasse ragt es vor dem Tafelberg auf (►Abb. S. 8/9). Nachts wird »Die Diva von Kapstadt« in unterschiedlichen Farben angestrahlt. 33 Monate dauerte es, bis das Wunderwerk der Architektur realisiert war: Fiberglas, ummantelt mit Teflon, dient als Außenfassade. Durch 72 Radialseile werden die 9000 nahezu frei schwebenden Glasscheiben des Daches dirigiert, die je nach Witterung eingesetzt werden. Realisiert

Nicht nur das Meer im Blick: Schicke Cocktailbars, fangfrischen Fisch und entspannte Atmosphäre verspricht die Strandpromenade von Camps Bay.

wurde das Stadion von den Hamburger Architekten Gerkan, Marg & Partner. Abgesehen von den wenigen nationalen Spielen der beiden Fußball-Erstligisten Cape Town City und Stellenbosch FC, großen Rubgy- und Cricket-Events und einigen Musikveranstaltungen bleiben die 68 000 Sitze aber meist unbesetzt. Die jährlichen Instandhaltungskosten des Stadions belaufen sich auf über 7 Mio. Euro! Sonntags ist 8.30 bis 17 Uhr **Flohmarkt** zwischen Stadion und Western Boulevard.
**Stadium Tour:** https://dhlstadium.co.za, n. V. | Erw. R 288,75

**Wo Walfett zu Tran verkocht wurde**

Fort Wynyard

1861 beorderte General Robert H. Wynyard, Kommandeur der britischen Truppen in Südafrika, 100 Gefängnisinsassen zu Erd- und Maurerarbeiten an die Artilleriestellung »**Kyk in die Pot**«. Die Stellung befand sich oberhalb einer Walfangstation, auf deren Trantöpfe die Soldaten blickten – daher der Name »Guck in den Topf«. 68-Pfünder wurden zur Sicherung auf die Table Bay ausgerichtet und die Festung in Fort Wynyard umgetauft. Heute wacht es über die Segel- und Motorboothäfen der **Granger Bay**. Bereits 1824 stand der 20 m hohe

## PINK LADY & CO.

Es ist schon ein wenig Magie im Spiel, wenn beim **Gin Tasting** in der Leopard Bar die Verbundenheit mit der heimischen Natur durch Süßholz, Rooibusch, Koriander, Hibiskus und andere Zusätze zelebriert wird. Aber auch exotische Botanicals wie australische Zitronenmyrte, Tonkabohne und Tahiti-Vanille überraschen im Wacholderdestillat mit ungeahntem Nuancenreichtum. Rund um Kapstadt boomen Drinks mit der angesagten Spirituose, mehr als 135 Gins werden heute in Südafrika produziert n. V., R 675 p. P., www.12apostleshotel.com).

Leuchtturm am **Mouille Point**, hundert Jahre später kam das Nebelhorn hinzu. Das Leuchtfeuer strahlt 55 km weit, konnte aber weder den Untergang der »Athens« 1865 noch die Havarie des Frachters »Seafarer« 1966 verhindern.

### Skaten, Joggen und Flanieren

★ Sea Point

Während der Apartheid war Sea Point ein rein weißer Bezirk, heute befindet sich der dicht besiedelte Stadtteil im Umbruch. Seine über 10 km lange **Seepromenade**, die abends von bunten Lichterketten beleuchtet wird, ist beliebte Rennstrecke der Skater und Jogger, hier flanieren Touristen aus aller Welt, sieht man Straßenmusiker, wohlsituierte Senioren oder auch Stadtstreicher, die »Bergies«. Im Rahmen der »World Design Capital« 2014 erhielt die Promenade Kunstinstallationen wie Michael Ellions »Perceiving Freedom«, eine überdimensionale **Ray-Ban-Brille** als Symbol für Nelson Mandela, der dieses Modell gerne trug. Statt eines Sprungs in den eiskalten Atlantik kann man an der Lower Beach Road im 24 ° C warmen Meerwasserbecken des **Sea Point Pavilion** baden. Sonntagvormittag trainieren hier passionierte Langstreckenschwimmer, während es sich Feinschmecker bei **Harveys** gut gehen lassen. Das Restaurant des eleganten viktorianischen **Winchester Mansions** Hotel zählt zu den besten Adressen an der Promenade, beliebt auch zum Sundowner.

**Sea Point Pavilion**: Dez. – April tgl. 10 – 18, Mai – Nov. 9 – 17 Uhr
Erw. R 34,50, Kinder R 20 | www.capetown.gov.za

**Harveys**: Winchester Mansions Hotel | Beach Road 223
www.winchester.co.za

**Elegante Fluchten**

★ Camps Bay, Clifton Bay

Südlich von See Point liegen **Kapstadts Nobelvororte** Camps Bay und Clifton. Beide Badeorte gelten als beliebte Residenzen deutscher Urlauber und Auswanderer. **Schick shoppen** lässt es sich an der Promenade von Camps Bay mit trendigen Bars und Restaurants (►Abb. S. 79). Am **schneeweißen Sandstrand** trifft man sich gern zum Surfen und zum Beachvolleyball. Jede Sünde wert sind die köstlichen Eissorten im **Gelato Mania** im Promenade Centre neben dem jungen Boutiquehotel The Marly. Internationale Künstler präsentiert Pieter Toerien im **Theatre on the Bay** (www.pietertoerien.co.za). Das von Feinschmeckern geschätzte The Lawns im **Roundhouse** diente einst Lord Charles Somerset als Jagdsitz (https://thelawnsct.com).

Über der Victoria Road türmen sich die mächtigen Gipfel der **Twelve Apostles**, die der gleichnamigen Nobelherberge ihren Namen gaben (►S. 338). Exklusive Villen säumen südlich auch die Berghänge von **Llandudno**.

# HOUT BAY

**Lage:** 20 km südlich von Kapstadt, ►Karte S. 37

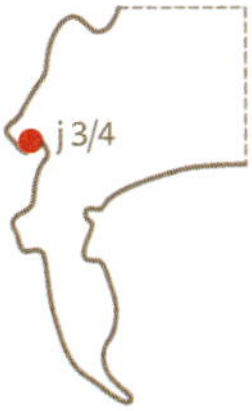


*Die Fahrt auf dem Chapman's Peak Drive gehört einfach dazu, und diese ebenso atemberaubend schöne wie kurvenreiche Strecke startet in Hout Bay. Stärken Sie sich mit Snoek, Sushi oder Fish & Chips im Dunes Beach Restaurant direkt am Strand. Dann noch ein Bummel an der Uferpromenade und los geht's!*

## HOUT BAY ERLEBEN

### TOURIST INFORMATION
Ticket Office, 4 Harbour Road
Tel. 27 81 75 37 75
www.houtbaytourism.org

### SNOEK DERBY
Wer den größten Snoek – eine Art Seehecht – fängt, ist Sieger beim alljährlichen Snoek Festival im August.

### THE LOOKOUT DECK €€€
Toller Logenplatz mit Blick auf die Bucht und Chapman's Peak. Zu guten Fischgerichten paddeln manchmal auch Robben vorbei.
65 Harbour Road
Tel. 021 790 09 00
www.lookouthoutbay.co.za

### DUNES BEACH RESTAURANT €€/€€€
An der Mündung des Hout Bay River. Unbedingt Snoek-Paté oder Springbock-Carpaccio probieren – mit Blick auf Chapman's Peak und Meer.
1 Beach Road
Tel. 021 790 18 76
www.dunesrestaurant.co.za

### THE WHARFSIDE GRILL €€/€€€
Im populären Fischlokal wird der Fang des Tages lecker zubereitet.
Mariner's Wharf, Harbour Road
Tel. 021 790 11 00
www.marinerswharf.co.za

### FISH ON THE ROCKS €
Fish & Chips, Kalamari, Snoek oder Pfeffersteak Pie gibt es tgl. 9 – 20 Uhr am Ende der Harbour Road.
www.fishontherocks.co.za.

### HOUT BAY MANOR €€€€
Hinter der kapholländischen Fassade überrascht ein Feuerwerk der Farben: Kap-Künstler der Moderne, Xhosa-Masken, Zulu-Schmuck. Bestellen Sie im edlen »Eat« Prawn-Spieße oder die sanft geschmorte Lammschulter.
Baviaanskloof, Off Main Road
Hout Bay 7872, Tel. 021 790 01 16
www.houtbaymanor.com

### WATERLAND LODGE €€€
Die sieben charmanten Cottages (auch für Familien) liegen eingebettet in üppiges Grün und sind hübsch und praktisch eingerichtet.
Longkloof Road, Hout Bay
Tel. 082 602 10 05
www.brightwaterlodge.co.za

### POSEIDON GUEST HOUSE €€
Danie und Janni besitzen ein charmantes Gästehaus oberhalb vom Hafen. Sechs sehr geschmackvolle Zimmer verwöhnen mit Meer- oder Bergblick. Ausritte, Wanderungen und Wassersport werden gerne organisiert. Üppiges, gesundes Frühstück.
15 Marlin Crescent, Hout Bay
Tel. 021 791 08 68
www.poseidonhouse.com

### DUIKER ISLAND CRUISES
Auf den Klippen der winzigen Duiker-Insel tummeln sich Tausende von Pelzrobben. Glasbodenboote und Katamarane fahren alle 30 Min. von Hout Bay dorthin (um R 150).
Circe Launches, www.circelaunches.co.za; Drumbeat Charters, http://drumbeatcharters.co.za; Nauticat Charters, www.nauticatcharters.co.za

OBEN: Am Hafen von Hout Bay lassen sich Seehunde füttern.
UNTEN: Am Wochenende wird auf dem Hout Bay Market Kunst und Kurioses angeboten.

Ein Hochgenuss: per Rad oder im Oldtimer über den Chapman's Peak Drive fahren

Traum-bucht & steile Felsen

In seinen Tagebüchern beschrieb Jan van Riebeeck 1652 den einstigen Waldreichtum der Bucht, die er »Houtbaai«, **»Holzbucht«** taufte. Heute, da der Wald verschwunden ist, punktet Hout Bays Reiz mit seiner fantastischen Lage und der weißen Bucht, eingerahmt von fast senkrechten Wänden des Sentinel und Chapman's Peak. Die Kanonen in den Ruinen des um 1800 errichteten East Fort erinnern an die Rivalitäten der Kolonialmächte. Im **Hout Bay Museum** ist der Bau des spektakulären Chapman's Peak Drive dokumentiert. In der **Mariner's Wharf** am Hafen können Sie geräucherten Snoek und frische Austern essen. Hier starten auch die Schiffstouren um den Hausberg Sentinel zur **Robbeninsel Duiker Island** (►S. 82). Im **Ye Olde Shipwreck Shoppe** lässt es sich herrlich in maritimen Artefakten, Krimskrams und Büchern stöbern. Lokale Kunst, super Essensstände und nette individuelle Mitbringsel bietet am Wochenende der beliebte **Bay Harbour Market** am Hafen (Fr. 17 – 21 inkl. Livemusik, Sa. und So. 9.30– 16 Uhr, www.bayharbour.co.za).

**Hout Bay Museum**: St. Andrews Road 4 | Mo – Fr 8 – 16 Uhr | Spende erbeten |https://houtbaymuseum.co.za

### Marabus, Störche und Pinguine

★ World of Birds

Mit 4 ha sind die riesigen, begehbaren Volieren nördlich an der Valley Road **Afrikas größter Vogelpark** mit über 3000 Vögeln aus allen Teilen der Erde. Besucher spazieren vorbei an Heiligen Ibissen und Paradies-Kranichen, genießen eine Erfrischung im Tropenwald mit geflügelten Bewohnern vom südamerikanischen Kontinent. Pelikane, Schwäne und Flamingos dümpeln auf den malerisch angelegten Seen, während Webervögel hektisch an ihren Nestern bauen. Kinder haben ihren Spaß mit den lustigen Erdmännchen und den flinken Äffchen von Monkey Jungle, die sich gelegentlich als geschickte Taschendiebe entpuppen. Ein Café und ein Restaurant sorgen fürs leibliche Wohl; Erlöse aus dem Souvenirshop kommen Arterhaltungsprojekten zugute. Spannend sind auch die Fütterungen (Zeiten s. Website).

Tgl. 9 - 17 Uhr, Monkey Jungle 11.30 - 13, 14 - 15.30 Uhr
Erw. R 130, Kinder R 50 | www.worldofbirds.org.za

### Neun Kilometer, die es in sich haben

★★ Chapman's Peak Drive

Am Südende der Hout Bay beginnt **eine der spektakulärsten Küstenstraßen der Welt.** In siebenjähriger Bauzeit sprengten italienische Gefangene die Trasse bis 1922 in den Berg. Ihren Namen verdankt die Panoramastraße dem englischen Seemann John Chapman, der hier 1607 an Land ging. Über 9 km windet sich die **mautpflichtige** Traumroute in Höhen bis zu 150 m über dem Meer nach **Noordhoek**, das nette kleine Läden, Restaurants und einen 5 km langen Strand bietet, der als Surferparadies gilt. Am Beginn des Chapman's Peak Drive blickt seit 1963 von einem Felsen ein Bronzeleopard über die Flora Bay – der letzte Leopard wurde 1930 erlegt. Hinter jeder der insgesamt 114 Kurven öffnen sich neue atemberaubende Ausblicke, die auch deutsche Automobilhersteller gern für ihre Werbung nutzen. Höhepunkt der zahlreichen Parkbuchten ist der **Chapman's Point**. Trotz Lawinennetzen und Renovierungen führen Steinschlag oder Schlechtwetter immer wieder zu Sperrungen. Der Chapman's Peak ist auch Teilstrecke des alljährlichen **Two Oceans Marathon** (►S. 320) und der **Cape Town Cycle Tour** (►S. 317).

Maut R 64 pro Auto | www.chapmanspeakdrive.co.za

### Ein entspannter Nachmittag mit Kunst und Natur

Kommetjie

Der kurzzeitig eingesetzte Gouverneur der VOC, Baron Gustav Wilhelm van Imhoff, vermachte das Gebiet von Kommetjie 1743 der Witwe Christina Rousseau, die mit ihrer Farm »Zwaansweide« sehr erfolgreich die VOC belieferte. Heute kann man auf der **Imhoff Farm** in verschiedenen Restaurants gut essen, in mehreren Künstlerateliers Kunstwerke aus der Region erwerben, Strandausritte unternehmen und im Peacock's Roost übernachten. Shaun und Tracey sind engagierte und charmante Gastgeber.

Kommetjie Road | tgl. ab 9 Uhr | http://imhofffarm.co.za

# ★★ KIRSTENBOSCH NATIONAL BOTANICAL GARDEN

**Lage:** Rhodes Drive, Newlands (Kapstadt) | **Sept. – März tgl. 8 – 19, sonst bis 18 Uhr** | **Führungen:** 90 Min. ab Visitor's Centre (Gate 1): Mo. – Fr. 10, 11, 14 Uhr | Erw. R 230 Kinder R 40 | Tea Room, Café und Restaurant tgl. geöffnet | Übernachtung im Manor House, DZ ab R 1900 | Mehrmals tgl. halten die roten Hop-on-Hop-off-Doppeldeckerbusse von City Sightseeing am Haupteingang des Gartens
**www.sanbi.org**

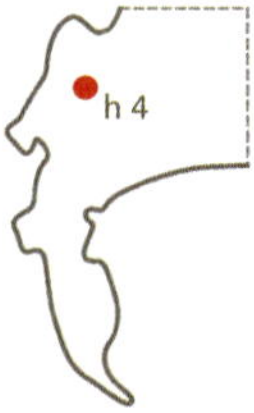


***Als Teil des Cape Floral Kingdom ist Kirstenbosch Weltkulturerbe. Zu den schönsten weltweit wird der Botanische Garten gezählt und als Genbank gefeiert, die das Überleben der geschützten Kapflora sichert. Genießen Sie den Besuch der bunten Blütenkaskaden, Heckenlabyrinthe und Baumriesen, nehmen Sie sich Zeit zum Bewundern und Staunen! Es wird ein ganz besonderer Tag.***

BAEDEKER MAGISCHE MOMENTE

## UNTER FREIEM HIMMEL

Livekonzerte an lauen Sommerabenden haben etwas Zauberhaftes, erzeugen Gänsehaut und kitzeln den Verstand. Packen Sie den Picknickkorb mit Schlemmereien und einer guten Flasche Wein vom Kap und kommen Sie zu einem der **Summer Sunset Concerts** im Kirstenbosch Botanical Garden. Suchen Sie sich ein schönes Plätzchen auf den großen Rasenflächen und lauschen Sie afrikanischem Pop, Jazz oder einer Symphonie von Mozart – Stunden später gehen Sie beschwingt nach Hause, versprochen! Dez. – März, So. 17.15/17.30, Einlass ab 16 Uhr, Tickets über www.webtickets.co.za oder an der Kasse am Parkeingang, Erw. ab R 235, www.sanbi.org).

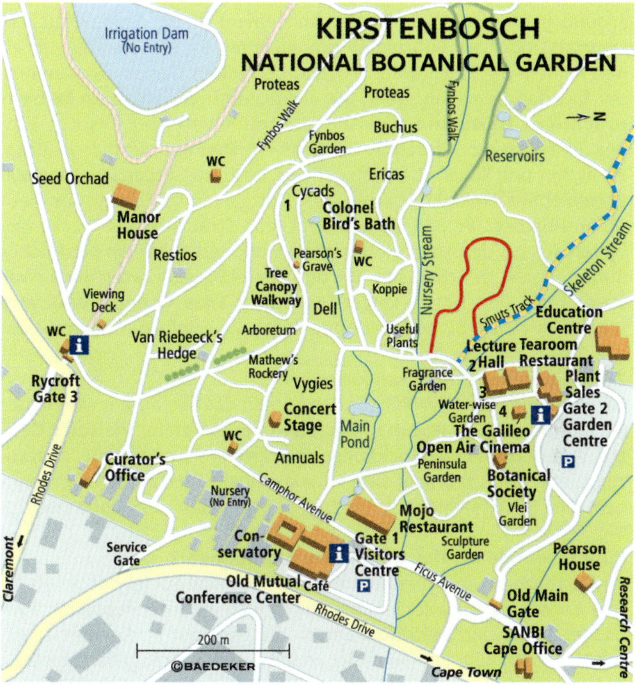


Silvertree Trail
Yellowwood Trail
Braille Trail
Boekenhout Trail
Stinkwood Trail

1 Baumfarnkräuter und Schatten liebende Pflanzen
2 Mustergärten
3 gefährdete Pflanzen
4 Unkrautgarten

Im Jahr 1660 wurden die Grenzen der kleinen Kapkolonie mit einer Hecke aus Wildmandelbüschen markiert. Reste dieser Hecke bilden als **van Riebeeck Hedge** den ältesten Teil der Anlage. In der Senke **The Dell** liegen das im Scherenschnitt eines gefiederten Zweibeiners mit viel britischem Humor von Christopher Bird 1811 angelegte Vogelbad, der Otterteich und das Cycad Amphitheatre mit den frühesten Anpflanzungen. Die wahre Geburtsstunde des Gartens schlug aber erst 1895, als Cecil Rhodes das Gelände erwarb. Nördlich des heutigen **Visitor's Centre** ließ der Gouverneur 1898 zu Ehren Queen Victorias die Rhodes Avenue mit seltenen Bäumen aus allen Winkeln des British Empire anlegen, die jetztige **Camphor Avenue.**

*Ein Kontinent in einem Garten*

Nach Rhodes' Tod 1902 gelangte das Areal in Staatsbesitz. Ein Jahr später begann Prof. Harold Pearson als erster Direktor mit dem Gartenaufbau, dessen gestalteter Bereich heute 36 ha umfasst. Sein Grab in der Senke trägt das Epitaph »If ye seek his monument, look around you« – das können Sie mit einem Audio Guide (auch in Deutsch) oder auf Führungen tun. Nehmen Sie sich mindestens einen halben Tag Zeit, um durch den herrlichen Garten zu wandern, der fast das ganze Jahr über, vor allem aber im Frühling ein **farbenprächtiges Blütenmeer** ist. Berühmtester Vertreter des Kap-Fynbos (►Baedeker Wissen S. 244) ist die **Protea**, die hier in Rosa, Weiß, Rot und Silbern bis Gelb gedeiht. Im Erica Garden wachsen 600 verschiedene Heidekrautarten, der Duftgarten betört mit aromatischen Pflanzen, im Steingarten sieht man Sträucher aus Trockengebieten des Landes. Über Holzplanken läuft man durch ein natürliches Sumpfgebiet, im Arboretum werden über 450 Baumarten Südafrikas vorgestellt. Der 130 m lange **Centenary Tree Canopy Walkway** schlängelt sich in bis zu 12 m Höhe durch die Wipfel der Baumriesen.

**Zum Genießen und Schmökern**

Karoo-Lamm und Rooibos-Tee

Für das kulinarische Wohlbefinden sorgen das Restaurant **Moyo,** der **Kirstenbosch Tea Room** und das **Vida e Caffee** im **Visitor's Centre**, wo auch eine Buchhandlung, ein Souvenirshop und eine Skulpturengalerie untergebracht sind – neben einem Pfefferbrotbaum erinnert eine Büste an Nelson Mandela, der den Baum 1996 pflanzte.

**Eine Strelitzie für das heimische Blumenbeet?**

Kirstenbosch Garden Centre

Im Gartenzentrum der renommierten Botanical Society of South Africa (www.botanicalsociety.org.za) finden Pflanzenliebhaber Fynbosgewächse und **seltene Samen**, die per Post in die Heimat gesandt werden können – wie wäre es mit der blau-orangenen Strelitzie »Mandela's Gold«? Die alljährliche **Plant Fair** wird im Feb./März veranstaltet. Vor dem Protea Village öffnet im Sommer am letzten So. im Monat von 9 bis 15 Uhr ein **Kunsthandwerkermarkt**.

## Rund um Kirstenbosch

**Nationale Leidenschaft**

Newlands Cricket Ground

Der 1888 gegründete Cricket Ground im Kapstädter Vorort Newlands zählt zu den ältesten Cricket-Stadien der Welt und ist mit Sicherheit das Stadion mit der faszinierendsten Kulisse. Über die Zuschauerränge und die VIP-Pavillons wachen die schroffen Silhouetten von Tafelberg und Devil's Peak. Das 25 000 Zuschauer fassende Stadion ist Heimat der Mannschaften von Western Province und MI Cape Town. Auch Spiele der südafrikanischen Nationalmannschaft, der Proteas, finden gelegentlich statt (zuletzt Endspiel der Weltmeisterschaft 2024, das die Proteas knapp gegen Indien verloren).

146 Campground Road | Stadiontouren sind seit einigen Jahren ausgesetzt; Infos dazu auf der Homepage oder einfach vor Ort versuchen | https://newlandscricket.com/newlands-cricket-ground

Auch Südafrikas Nationalblume, die Protea, wächst im Kirstenbosch-Garten.

**Kunsthandwerk und Mode**

Shoppen

In den Ateliers des **Montebello Design Centre** produzieren mehr als 50 Künstler und Kunsthandwerker Musikinstrumente, Keramik und Schmuck. Schick shoppen kann man täglich in den mehr als 200 Modeboutiquen des **Cavendish Square**.

**Montebello Design Centre**: 31 Newlands Ave., Newlands | Di. – Fr. 9 – 17, Sa. bis 16, So. bis 15 Uhr | www.montebello.co.za

**Cavendish Square**: 1 Dreyer Street, Claremont | Mo. – Sa. 9 – 19, So. 9 – 17 Uhr | www.cavendish.co.za

# ★ MUIZENBERG

**Lage:** 35 km südlich der City | **Einwohner:** 38 900

*Man schrieb das Jahr 1922, als eine Engländerin am Strand von Muizenberg die hölzernen Boards der südafrikanischen Wellenreiter testete. Ihr Name war Agatha Christie, und sie zeigte sich begeistert von der Leichtigkeit, mit der man hier surfen konnte. Bis heute ist der kilometerlange, breite Sandstrand des Seebads beliebt bei Surfern wie bei Sonnenanbetern. Die viktorianischen Villen an der Strandpromenade sorgen wie die Badehäuschen für einen guten Schuss Nostalgie.*

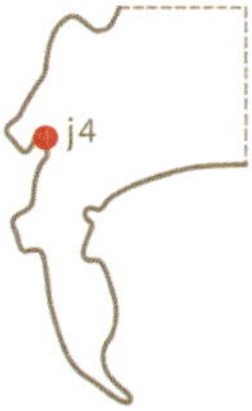

OBEN: Surfers Paradise am Strand von Muizenberg: Die heute kunterbunt bemalten Badehäuschen stammen aus viktorianisch-prüderer Zeit.
UNTEN: Kite-, SUP- und Surfkurse gibt der Surfstore Africa in Muizenberg.

## MUIZENBERG ERLEBEN

Derzeit keine Tourist-Info. Hilfreich ist das Personal von »Save our Beach Huts« am Surfer's Corner.

### TORTUGA LOCA €€

Mexikanische Snacks für den schnellen Hunger etwas abseits vom Strandrummel – trendy und immer gut besucht.
141 Main Road
Muizenberg
Tel. 087 095 57 33

### LIVE BAIT €€/€€€

Auf den Uferfelsen und mit viel Glas – man fühlt sich buchstäblich auf dem Meer, und die frische Fisch- und Sushi-Küche bestärkt einen noch darin.
Main Road, Kalk Bay
Tel. 021 788 41 33
https://livebait.co.za

### DIE PERFEKTE WELLE

Die Surferszene trifft sich in Muizenberg seit Jahren in **Gary's Surf School** an der Beach Road 90 (2-std. Kurs, Erw. R 700 geübt wird bei Ebbe; www.garysurf.com). In der benachbarten **Roxy Surf School** gibt es Einzel- und Gruppenkurse und Holiday Surf Camps für Kids (1-std. Kurs, Erw. ab R 470, http://surfemporium.co.za). Im **Surfstore Africa** an der Beach Road 48 kosten Kitesurfing, SUP- und Surfkurse ab R470 für einen 1,5-std. Grundkurs, www.surfstore.co.za).

### KALK BAY

Farbenfrohe Keramik, maritime Souvenirs und handbemalte Kerzen von Kunsthandwerkern der Region findet man in Kalk Bay entlang der Main Road in vielen kleinen Geschäften.

**Bunte Badehäuschen, Kanonen und Haie**

★ Bathing Boxes

Muizenberg liegt an der fast 40 km breiten **False Bay** und ist bekannt als Heimat großer **Seehund- und Robbenkolonien** und für Weiße **Haie**, denen man beim Käfigtauchgang gefahrlos ins Auge blicken kann (www.apexpredators.com). Mai bis Nov. tummeln sich auch Wale in dem vom Agulhas-Strom erwärmten Wasser der False Bay. Sie trägt ihren Namen, weil frühe Navigatoren sich fälschlicherweise bereits in der Table Bay jenseits des Kaps der Guten Hoffnung wähnten. Sehr fotogen sind am Strand die bunten, **viktorianischen Umkleidehäuschen**, die eine Privatinitiative instand hält. Mit dem Kauf von Souvenirs am Surfer's Corner kann man sie unterstützen.
Ein weitaus martialischeres Denkmal stellt das restaurierte Kanonenareal zwischen Main Road und Boyes Drive dar, das an die **Schlacht von Muizenberg** zwischen 1600 Briten und 800 Niederländern am 7. August 1795 erinnert, die mit dem Sieg der Engländer endete. Nicht weit entfernt befindet sich am Boyse Drive der **Shark Spotters Lookout Point**, an dem Freiwillige Alarm auslösen, wenn Haie in der Nähe des Strands gesichtet werden.

**Mondäner Treffpunkt der besseren Gesellschaft**

Casa Labia

Die zartgelbe Villa in der Main Road 192 wurde 1929 für den italienischen Diplomaten Prinz Natale Labia und seine Gattin Ida Louise erbaut. Sohn Graf Natale Labia verwandelte den **venezianischen Prachtbau** 1985 samt Originalmobiliar aus Europa in eine Eventlocation, die für besondere Anlässe vermietet wird. Das gleichnamige Restaurant im Haus ist zur Zeit geschlossen. Lange dem Verfall preisgegeben, werden die Gründerzeitvillen an der Main Road nach und nach restauriert. Zur **Historical Mile** zählt auch das Het Posthuys, 180 Main Road, seit 1673 Pferdewechselstation – 70 Jahre später wurde der Militärposten Muysenburg gegründet.
http://casalabia.co.za

**Cecil Rhodes' Altersruhesitz**

Rhodes Cottage Museum

Drei Jahre vor seinem Tod erwarb **Sir Cecil Rhodes** das reetgedeckte Landhaus an der Main Road 246 – er starb hier am 26. März 1902. Möbel, persönliche Dinge und seine Kutsche sind zu besichtigen. Im Teehaus wird High Tea zelebriert. Die für Rhodes geplante Villa **Rust-en-Vrede,** Main Road 232, stellte Sir Herbert Baker 1905 für den Kunstmäzen Sir Abe Bailey fertig.
Sommer: Do. – So. 10 – 15.30 Uhr | Eintritt frei | rhodescottage.co.za

## Rund um Muizenberg

**Frischer Fisch, Austern und Champagner**

★ Kalk Bay

Ende des 17. Jh.s entstand 3 km südlich von Muizenberg die kleine Walfangstation Kalk Bay, benannt nach den vielen Brennöfen, in denen man einst aus Muschelkalk Baumaterial für Kapstadt brannte. Mittags kann man beim **Fischmarkt** am Hafen den Tagesfang direkt vom Kutter kaufen. Einen tollen Blick auf die False Bay hat man im €€/€€€ **Harbour House Restaurant** – probieren Sie die Champagner-Austern oder die in Weißwein gedünsteten Muscheln von der Westküste. Nehmen Sie sich auch Zeit für einen gemütlichen Bummel durch die Main Road mit nostalgischen **Antiquitätenläden** und kleinen Kunstgalerien.
**Harbour House:** Tel. 021 788 41 33 | www.harbourhouse.co.za

**Auf Pirsch nach Kapstadts Hippos**

★ Rondevlei Nature Reserve

Nur 5 km nordöstlich von Muizenberg wurde im **Zeekoevlei-Marschland** ein 220 ha großes Feuchtgebiet unter Naturschutz gestellt, das zusammen mit dem benachbarten Rondevlei Nature Reserve zum Schutzgebiet des **False Bay Ecology Park** gehört. Die von Dünen umgebene Salzwasserlagune ist Vogelschutzgebiet, in dem Besucher von zwei Türmen aus Flamingos, Ibisse, Webervögel und weiße Pelikane beobachten können. Stars aber sind die **Flusspferde** in Rondevlei.
Tgl. 7.30 – 18 Uhr | Erw. R 20 Kinder R 15 | www.zeekoevlei.co.za

# ★ NORVAL FOUNDATION

**Lage:** 4 Steenberg Road, Steenberg Estate | Mi. – Sa. 10 – 17, So. bis 16 Uhr | Erw. R 300, unter 18 J. frei | **www.norvalfoundation.org**

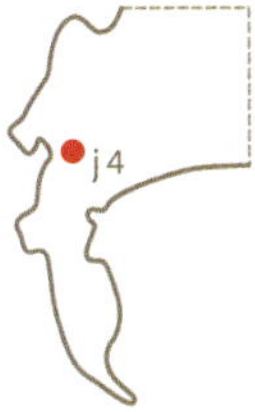


***Fast unbemerkt von der Öffentlichkeit und im Schatten des spektakulären Museum of Contemporary African Art ►Zeitz MOCAA öffnete 2018 ein weiteres sensationelles Kunstmuseum seine Pforten in Kapstadt. Die Sammlung der Norval Foundation fasst Werke des 20. und 21. Jh.s zu einer Gesamtschau des kreativen Schaffens in Südafrika. Die transparente Architektur lässt die Grenzen zwischen Innen und Außen verschwinden.***

Kunst trifft Natur

Allein die Lage inmitten eines mit Fynbos-Flora bepflanzten Skulpturengartens und die Architektur des Kunstpavillons mit seinem geschwungenen Dach wirken genial gewählt. Hohe Glaswände lassen den Blick von den Museumsräumen über die Landschaft schweifen bis hin zum Tafelberg. Anliegen des Museums ist es nicht nur, Kunst zu vermitteln, sondern auch einen Bezug zur Natur herzustellen, wobei gelegentlich der Eindruck entsteht, die Kunst dominiere die Natur. Der **Skulpturengarten** mit seinen überdimensionalen Stein- und Metall-Werken steht in einer fast brutalen Intensität der von

Nach dem Kunstgenuss finden Sie im Museumsshop der fantastischen Norval Foundation geschmackvolle Mitbringsel für Zuhause.

kapholländischen Häusern gesprenkelten ländlichen Idylle gegenüber. Umgekehrt verführt überall dort, wo sich das Museum mit Glasflächen der Landschaft öffnet, deren Schönheit dazu, sich von der ausgestellten Kunst ablenken zu lassen.

**Privatsammlung mit hohem Anspruch**

Moderne Künstler Südafrikas

Der Immobilienmillionär **Louis Norval** – er zählt übrigens auch zu den Mäzenen des MOCAA – und seine Familie haben im Laufe der Jahre eine außergewöhnliche Sammlung zusammengetragen, die u. a. das Werk des ersten international bekannten, schwarzen Künstlers **Gerard Sekoto** umfasst. Die Expressionistin **Irma Stern** ist vertreten, der Bildhauer Brett Murray, der Fotograf David Goldblatt mit seinen stillen Schwarzweißaufnahmen der Apartheid-Ära und Dumile Feni mit seinen expressiven Anti-Apartheid-Zeichnungen. In regelmäßig wechselnden Ausstellungen werden Werke einzelner Künstler präsentiert.

**Edel-Bistro und Designershop**

Grub & Vine

Lange galt Norval mit seinem Fine-Dining-Restaurant Skotness als Top-Adresse für Gourmets. Inzwischen ist mit dem **Grub & Vine** anspruchsvolle Bistroküche eingezogen. Verantwortlich ist Starkoch Matt Manning, der ein gleichnamiges Restaurant in Kapstadt führt. Auf der Karte stehen Austern, Straußen-Carpaccio oder Kartoffelgnocchi. Nebenan im **Museumsshop** gibt es wundervoll designte Mitbringsel für Zuhause (►Abb. S. 93).

4 Steenberg Road, Tokai, Tel. 087 654 59 00,
https://grubandvine.co.za/food-norval

# ★★ ROBBEN ISLAND

**Lage:** Insel vor der Table Bay | **Fähren:** tgl. vom Nelson Mandela Gateway, V & A Waterfront, 9, 11 und 13 Uhr. Die Überfahrt dauert 30 Minuten, die letzte Fähre verlässt Robben Island gegen 18 Uhr. Bei Starkwind wird der Fährverkehr eingestellt. | Standardtour 3,5 Std., Erw. R 600, Kinder R 310 | Tickets sollte man rechtzeitig vorab buchen unter **www.robben-island.org.za**, **www.webtickets.co.za**.

●h4

*Kaum jemand, der Südafrikas Freiheitskämpfer und ersten frei gewählten Präsidenten Nelson Mandela nicht bewundert. Nach einem Besuch der ehemaligen Gefängnisinsel sieben Seemeilen vor den Toren Kapstadts, auf der er fast 20 Jahre seines Lebens zubrachte, wird diese Bewunderung noch steigen.*

Zukunft braucht Erinnerung: Auch frühere Häftlinge führen heute durch das ehemalige Gefängnis für Apartheidgegner.

Symbol der Freiheit

Das ebenso beeindruckende wie bedrückende Zeugnis der Geschichte ist heute nationale Gedenkstätte und UNESCO-Weltkulturerbe. Für Südafrikaner symbolisiert Robben Island vor allem die Brutalität, mit der das rassistische Apartheidregime jeden Widerstand unterdrückte, und erinnert an den Sieg über den unmenschlichen Staatsterror. Südafrikas erster schwarzer Präsident **Nelson Mandela** (▶Interessante Menschen) war hier fast zwei Jahrzehnte inhaftiert. Auf Robben Island, seinerzeit auch »Mandelas University« genannt, wurde er zu »**Madiba**«, dem Vater der Regenbogennation. Hier entstand auch ein Teil seiner Memoiren »Der lange Weg zur Freiheit«, die 2013 verfilmt wurden.

### Eine erschütternde Begegnung

Gefängnisalltag

Nach der Ankunft steigen die Besucher am Inselhafen in Minibusse. »Wir dienen mit Stolz« prangt noch das Wärter-Motto auf Afrikaans über dem Gefängnistor. Besichtigt wird die nur 6 m² große **Einzelzelle Mandelas** – mit seinem Geschirr, seiner Decke, seiner Einsamkeit. Bis 1974 mussten die Häftlinge im **Kalksteinbruch** arbeiten. Der Strafvollzug war besonders in den ersten Jahren so furchtbar, dass die Gefangenen 1967 in einen unbefristeten Hungerstreik traten: für lange Hosen, mehr Decken, besseres Essen und die Erlaub-

## MADIBAS MAGIE

Was machte diesen Mann so furchtlos und unbeugsam? Woher nahm er die Zuversicht und Kraft zum Widerstand und zur Versöhnung? Der Schlüssel liegt auf Robben Island in einer kahlen Zelle, drei mal zwei Meter eng. Mintgrüne Betonwände, Fäkalienkübel, Filzmatratze. Durch das vergitterte Fenster fällt der Blick auf den Vorplatz, wo die Gefangenen Steine klopfen mussten. 18 Jahre dauerte für den Häftling Nr. 46664 »Der lange Weg zur Freiheit«. Als **Nelson Mandela** 1984 nach Pollsmoor aufs Festland verlegt wird, läutet dies das Ende der Apartheid ein. Zehn Jahre später führt er als Präsident sein hasszerfressenes Land gewaltfrei in die Demokratie.

nis, im Gefängnishof Fußball und Rugby spielen zu dürfen – der Streik war erfolgreich. »Each one teach one« schlug Mandela vor und organisierte den gegenseitigen Unterricht der Inhaftierten. So lernten Analphabeten während ihrer Haft Lesen und Schreiben, selbst Wärter wurden später einbezogen. Die **Führungen leiten auch ehemalige Häftlinge**, die bewegend von ihrem Gefängnisalltag erzählen.

**Ort der Strafe und Ausgrenzung**

Berüchtigter Verbannungsort

Seit der Besiedlung der Kapkolonien durch die Holländer im 16. Jh. diente Robben Island als **Gefängnisinsel**. Einer der ersten Häftlinge war ein Oberhaupt der Khoikhoi, Autshumato. Als 1658 zwischen den weißen Siedlern und den Ureinwohnern des Kaps ein Krieg ausbrach, wurde Autshumato nach Robben Island deportiert. Ein Jahr später konnten er und ein Mitgefangener mit einem Ruderboot entkommen – die Einzigen, denen je die Flucht gelang. Zu Beginn des 19. Jh.s legten im kleinen Inselhafen Murrays Bay auch **Walfangschiffe** an. 1843 schloss man das Gefängnis, dafür wurden nun **Lepra- und Geisteskranke** auf die Insel verbannt. Erst 1931 siedelte man die letzten Aussätzigen nach Pretoria um. Kurz vor Beginn des Zweiten Weltkriegs errichtete das Militär einen Stützpunkt auf der Insel, schwere Geschützstellungen im Inselinneren zeugen noch heute davon. Während der Apartheid wurde Robben Island 1961 zum berüchtigten **Hochsicherheitsgefängnis** für Schwerverbrecher und politische Gefangene ausgebaut. Fast alle **ANC-Führer** waren hier inhaftiert – elf von ihnen berief Mandela 1994 in sein Kabinett.

**Von Pinguinen und Antilopen**

Harsche Natur

Bunt-, Stein- und Springböcke teilen sich das Herz der 574 ha großen Insel mit Tausenden von **afrikanischen Pinguinen**. Unter Artenschutz stehen zahlreiche Vögel wie die Hartlaubs-Möwen, schwarze Austernfischer und Eilseeschwalben. Vor der rauhen Küste sind vier **Schiffswracks** sichtbar, mindestens sieben weitere liegen unterhalb der Wasseroberfläche. Strände, die zum Baden einladen, gibt es nicht. Die Wassertemperatur übersteigt aufgrund der kalten Atlantikströmung nie 14 °C, oft weht auch im Hochsommer ein frischer Südwestwind. Im Inseldorf »The Village« leben nur knapp 120 Menschen, die für das Gefängnismuseum arbeiten.

# RONDEBOSCH

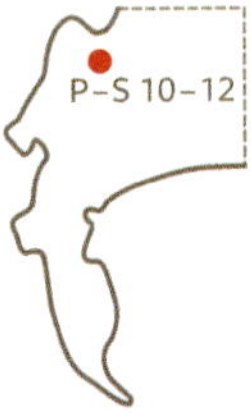


**Lage:** 5 km südöstlich der City | **www.rondebosch.net**

***Zentrum des beschaulichen Universitätsviertels ist die Rondebosch Fountain an der Ecke Main und Belmont Road, wo Blumenstände, kleine Läden und Cafés für studentisches Flair sorgen.***

Oxford in Südafrika

Wie ein Tempel der Weisheit breitet sich das von klassizistischen Bauten gesäumte Areal des Upper Campus am Hang vom Devil's Peak hoch über Rondebosch aus. Die 1928 eingerichtete renommierte **University of Cape Town** auf dem ehemaligen Besitz von Cecil Rhodes wirkt mit ihren efeubewachsenen Institutsbauten ungemein nostalgisch, und niemand hat etwas dagegen, wenn Besucher hier spazierengehen. Das **Baxter Theatre** an der Main Road ist eine wichtige Kulturinstitution – 2007 sorgte das Haus mit »Impepe Yomlingo«,

Mozarts »Zauberflöte« in Xhosa, für Furore. Nebenan erinnert das **Rustenberg House** an die Anfänge Rondeboschs, als sich 1657 die ersten sieben Siedler am Ufer des Amsel River niederließen. Später logierte hier Gouverneur Simon van der Stel.

★ Irma Stern Museum

### Südafrikanische Expressionistin

Die in ihrer Heimat zeitlebens umstrittene **Künstlerin Irma Stern** (1894–1966) lebte ab 1909 in Berlin, wo sie die »Brücke«-Maler Ernst Ludwig Kirchner und Max Pechstein kennenlernte. Nach Studien in Weimar kehrte sie 1920 ans Kap zurück. Gleich die erste von mehr als 100 Einzelausstellungen wurde von den Kritikern mit »Hässlichkeit als Kult« betitelt. In ihrem eleganten Wohnhaus sind heute über 200 Gemälde und Skulpturen ausgestellt, die expressionistische mit afrikanischen Einflüssen verbinden. Inspiriert wurde die Malerin auch von ihrer außergewöhnlichen Sammlung mit Kunst aus dem Senegal, Sansibar und dem damaligen Belgisch-Kongo. Im ersten Stock finden Wechselausstellungen **junger Kapstädter Künstler** statt. Am Ende der Rhodes Avenue dreht sich seit 1796 die **Mostert's Mill**, eine holländische Windmühle, deren Mahlwerk noch funktioniert.
21 Cecil Road | Mi. – Fr. 10–17, Sa. bis 14 Uhr | Erw. R 65
https://irmasternmuseum.co.za

Rhodes Memorial

### Wo Kapstadt Cecil Rhodes gedenkt

Zehn Jahre nach dem Tod von **Cecil John Rhodes** (1853–1902) wurde sein Denkmal enthüllt. Vorbild für die Monumentalanlage war der griechische Tempel von Segesta auf Sizilien. 49 Stufen, jede für ein Lebensjahr, führen hinauf zur Rhodes-Büste, die John Macallen Swan schuf. Von ihm stammen auch die acht flankierenden Bronzelöwen. Das Reiterdenkmal »Energy« kam von George Frederic Watts. Wanderwege führen hinter dem Memorial zum **King's Blockhouse** an der Tafelberg Road. Eine Inschrift geht auf das Gedicht »Burial« von Rudyard Kipling zurück, der einige Zeit im **Woolsack House** lebte.
Zufahrt via Princess Anne Avenue (ausgeschildert) | Eintritt frei

Groote Schuur (Genadendal)

### Residenz des Präsidenten

Cecil Rhodes erwarb Groote Schuur 1891. Im Haupthaus regierten 1910–1984 Südafrikas Premierminister, im benachbarten **Westbrooke House** residierten bis 1961 die Generalgouverneure, dann Südafrikas Präsidenten. 1990 fand hier das historische Treffen zwischen P. W. Botha und Nelson Mandela statt. Es endete mit der Unterzeichnung des **Groote-Schuur-Protokolls**, das die Freilassung aller politischen Gefangenen und die Rückkehr der ANC-Führung vorsah. 1994 nannte Mandela den erneuten Präsidentensitz in Genadendal um, nach der Herrnhuter Mission im nahen ▶Overberg, die bereits im 18. Jh. die einheimische Bevölkerung in Lesen und Schreiben unterrichtete. Eine Besichtigung ist nicht möglich.

# ST. GEORGE'S CATHEDRAL

**Lage:** : 5 Wale Street, City Bowl | Di.-Do. 9-16, Fr. bis 15, So. 9 bis 11.30 Uhr | **Gottesdienste** Mo.-Fr. 12 Uhr Angelus, Messen Mi. 13.15, Fr. 7.15, Sa. 8, So. 7, 9.30, 18 Uhr | einstündige **Führungen** auf Anfrage | **Konzert**karten z. B. für die Reihe »Unplugged« unter **www.quicket.co.za** | **www.sgcathedral.co.za**

***Gebet und Musik gehören in traditionellen afrikanischen Gesellschaften untrennbar zusammen – das gilt auch für Südafrikas älteste anglikanische Kirchengemeinde in der St. George's Cathedral. Und sie erweist sich nicht nur als äußerst musikalisch, sie engagierte sich schon frühzeitig im Kampf gegen die Apartheid. Als Hauskirche von Erzbischof Desmond Tutu erlangte die St. George's Cathedral weltweite Aufmerksamkeit und Unterstützung; in ihr fand Tutu auch seine letzte Ruhe.***

Kapstadts Kathedrale: Tolerant und offen für alle Menschen war Desmond Tutus Hauskirche auch zu Zeiten der Apartheid.

Kirche des Volkes

Auf die Verschärfung der Apartheid ab 1948 reagierte der Kirchenvorstand schon Mitte der 1950er-Jahre mit Anti-Apartheid-Transparenten an den Fassaden der Kirche. Die Kathedrale blieb stets für Menschen aller Hautfarben geöffnet, war immer wieder mit protestierenden Oppositionellen gefüllt. Als das südafrikanische Fernsehen auf eine vorherige Prüfung von Predigt und Gebet auf politische Inhalte bestand, wurde dies von der Kirchenleitung abgelehnt – Resultat war die Absetzung der bis dato landesweit im TV übertragenen Gottesdienste. **Erzbischof Desmond Tutu** (▶ Interessante Menschen) vermittelte zwischen 1986 und 1996 wiederholt zwischen Demonstranten und Polizei, die häufig das Kirchenareal mit Wasserwerfern umstellte. Der Friedensnobelpreisträger hielt selbst öffentlich Reden und gewährte Flüchtlingen wochenlang Kirchenasyl, ohne dass der Messdienst unterbrochen wurde. Heute trägt die Kathedrale den Ehrentitel »**The People's Church**«.
Am 6. Dezember 2013 hielt Desmond Tutu in der Kathedrale eine Totenmesse für Nelson Mandela. Nach seinem Tod am 26. Dezemebr 2021 wurden Desmond Tutus sterbliche Überreste während einer feierlichen Totenmesse am 1. Januar 2022 in der St. George's Cathedral beigesetzt.
Liturgische Kompositionen von Haydn, Schubert und Beethoven, aber auch zeitgenössische Musik stehen auf dem Programm der drei Kirchenchöre. Das Gewölbe garantiert beste Akustik für Livekonzerte.

**Odyssee einer Orgel**

Baugeschichte

Der Bischof von Kalkutta segnete hier 1827 eine erste Kirche, die ab 1847 den Titel Kathedrale führte. Den Grundstein des jetzigen neogotischen Sandsteinbaus legte 1901 der Duke of Cornwall, der spätere König Georg V. von England. Architekt war Herbert Baker. Die berühmte **Hill-Orgel** ist ein Umbau der Orgel von St. Margaret nahe Westminster Abbey in London, die erstmals im Jahr 1675 erklang und über mehrere Erweiterungen und Stationen in England schließlich 1909 am Kap landete. **Orgelkonzerte** internationaler Interpreten brachten der Kathedrale einen ausgezeichneten Ruf als Konzertstätte ein. Sonntagabend singen Chöre.
Vor der Kirche kann man täglich zwischen 7 und 17 Uhr das **Siyahamba-Labyrinth** erforschen, eine Replik des 1220 entstandenen Kirchenlabyrinths der Kathedrale von Chartres.

**Bart Simpson in Afrika?**

Shoppingmeile St. George's Mall

Flanieren Sie durch die 1 km lange **Fußgängerzone** mit ihren bunten Ständen, Boutiquen und Cafés, großen Kaufhäusern, Brunnen und lebendiger Straßenmusik. An der Ecke zur Waterkant Street bewegt seit der Jahrtausendwende die Bronzeplastik »**Africa**« die Gemüter: Die Arbeit des Kapstädter Künstlers Brett Murray trägt sieben knallgelbe Köpfe von Bart Simpson.

# ★ SIGNAL HILL & LION'S HEAD

**Lage:** zwischen City und Sea Point | **www.sanparks.org**

*Ein bisschen Kondition brauchen Sie, um diesen traumhaften Blick auf die City von Kapstadt, ▶Greenpoint, die ▶V & A Waterfront und den gewaltigen ▶Table Mountain zu genießen. Der Aufstieg auf die Bergrücken von Lion's Head und Signal Hill lohnt die Mühe, aber Vorsicht: In letzter Zeit mehren sich Überfälle.*

High Noon über Kapstadt

Über die Kloof Nek Road lässt sich der **350 m hohe Signal Hill** vom Zentrum aus leicht mit dem Auto erreichen. Oder man geht zu Fuß durch ▶Bo-Kaap über die Longmarket Street den Berg hinauf. Unterhalb des Parkplatzes steht auf einer kleinen Plattform die **Kanone**, deren Signalschuss dem Berg 1902 seinen Namen verlieh, als Ochsenkarren zwei 1794 gegossene Kanonen der Royal Navy vom ▶Castle of Good Hope hierher transportierten. Auf der Burg waren sie seit 1803 erst zur Dämmerung, dann um 13 Uhr, schließlich Schlag Mittag abgefeuert worden. Seither ertönt auf dem Signal Hill täglich außer sonn- und feiertags Punkt 12 Uhr die **Noon Gun**. Die zweite Kanone steht nur für den Fall der Fälle bereit. Der anwesende Feuerwerker jagt 1,5 kg Schießpulver in den Himmel, 13 Sekunden später erschallt das Echo vom anderen Ende der Tafelbucht.

### Frau van Riebeeck und der König der Tiere

Der Rumpf des Löwen

Der nördlichste Ausläufer des ▶Table Mountain besteht aus 540 Mio. Jahre altem Malmesbury-Ölschiefer. Der Form des Bergrückens verdankt der populäre Hügel seine ursprüngliche Bezeichnung **Lion's Rump**. Tatsächlich war hier einst der Panthera Leo melanochaitus, der **schwarzmähnige Kaplöwe** heimisch. Größer als seine nördlichen Artgenossen und mit einer gewaltigen Mähne, die Schultern und Bauch bedeckte, lehrte er die ersten Siedler das Fürchten. 1653 stromerten Kaplöwen nachts auf der heutigen ▶Grand Parade ums erste Lehmfort. Mit ihrem markerschütternden Gebrüll raubten sie Frau van Riebeeck den Schlaf. Als schließlich Schafe unter die Löwenpranken gerieten, verlor Jan van Riebeeck die Geduld. Fortan wurden die Tiere gejagt und 1858 der letzte Kaplöwe erlegt. Ausgestopfte Exemplare sind heute im ▶South African Museum zu bestaunen. Rembrandt van Rijn zeichnete den Kaplöwen 1650 für die Nachwelt.

### Kleine Kletterpartie

Lion's Head

Das 668 m aufragende »**Löwenhaupt**«, das bei Sonnenuntergang angestrahlt wird, ist auf einer zweieinhalb bis dreistündigen Wande-

BAEDEKER ÜBERRASCHENDES

# 6x

## EINFACH UNBEZAHLBAR

*Erlebnisse, die für Geld nicht zu bekommen sind*

### 1. SUNSET

Kommen Sie früh samt kleinem Picknick und suchen Sie sich ein abgelegeneres Plätzchen auf den **Signal Hill**, um einen sensationellen Sonnenuntergang zu erleben mit fantastischem Blick auf die erleuchtete Mutterstadt. (▶ **S. 103**)

### 2. FÜTTERN ERLAUBT

Verträumen Sie den Nachmittag im **Company's Gardens** und füttern Sie dort die niedlichen Eichhörnchen – das kostet nichts außer ein paar Nüssen. (▶S. 59)

### 3. PINGUINE

Bei Simon's Town an der False Bay können Sie auf dem kostenlosen Steg parallel zur Küste und am Strand zwischen den Felsen des **Boulders Beach** Brillenpinguinen »Hallo« sagen. (▶ **S.105**)

### 4. KOSTENLOS INS MUSEUM

Die Iziko Museen wie das **South African Museum** und die **South African National Gallery** bieten oft an Feiertagen freien Eintritt zu ihren umfangreichen Sammlungen zur Natur und Kunst Südafrikas. (▶ **S. 107, 108**)

### 5. SEA POINT PROMENADE

Zu einem Trip nach **Sea Point** gehört immer ein langer Spaziergang an der wunderschönen Seepromenade, wo sich gern Fitnessfans treffen. Zuschauen ist gratis – fast wie in Venice Beach. (▶ **S. 80**)

### 6. DIAMANTEN

Wie aus Rohdiamanten funkelnde Juwelen werden »to be a girl's best friend«, erfahren Sie auf der spannenden **Shimansky Diamond Tour**. Diese ist gratis, die schönen Steinchen leider nicht. (▶ **S. 136**) rung mit einigen leichten Kletterpassagen zu erreichen. **Picknickplätze** sind eingerichtet und der Aufstieg ist ab dem oberen Ende der Kloof Nek Road gut markiert. Beliebt, aber wegen der eingeschränkten Sicht nicht ganz ungefährlich, sind Bergbesteigungen bei Vollmond. Der auf alten Karten fälschlich auch als »Zuckerhut« bezeichnete Berg besteht aus hartem Kapgranit. Der Verein Friends of Lion's Head & Signal Hill (FLASH) kümmert sich um das Gebiet.

# SIMON'S TOWN

**Lage:** Auf der Kaphalbinsel, 50 km südlich der City, ▶Karte S. 37

***Hat Simon's Town es verdient, stets nur in einem Atemzug mit der Kriegsmarine genannt zu werden? Klar, es ist Hauptquartier der südafrikanischen Flotte – aber da gibt es noch mehr: Bezaubernde viktorianische Architektur, eine etwas renitente Dogge und die Brillenpinguine am benachbarten Boulders Beach.***

Ihren Namen verdankt die Stadt Gouverneur Simon van der Stel, der die windgeschützte Bucht 1687 entdeckte und der Ostindienkompanie als Winterankerplatz empfahl. Seit 1743 Winterhafen von Kapstadt, bot Simon's Town ab 1806 Quartier für die Royal Navy, die von hier aus auch Napoleon auf St. Helena bewachte. 1840 folgten die Stadtrechte. Der alte Bahnhof erinnert daran, dass 1890 die Eisenbahn nach Kapstadt gebaut wurde. Aus der zweiten Hälfte des 19. Jh.s stammen die viktorianischen Stadthäuser an der St. George's Street, das British Hotel, die Holländisch Reformierte Kirche, St. Simon und das Schulhaus.

Haupt-quartier der Navy

### Eine Dogge mit Charakter

Simon's Town Museum

Das Stadtmuseum im 1777 erbauten Winterpalais des Gouverneurs der Ostindienkompanie an der Court Road erzählt die Geschichte der Simon's Bay. Ein eigener Saal ist dem legendären **Marinehund »Just Nuisance«** gewidmet. Die Dänische Dogge im Gefreitenrang erhielt ihren Namen, weil sie stets im Wege und wahrlich kein Engel war. Sie fuhr schwarz mit der Bahn, schlabberte Unmengen Bier, war aber den Uniformierten stets treu ergeben. Auf dem **Jubilee Square**, dem alten Marktplatz, ist sie mit einem Bronzedenkmal geehrt. Das Museum bietet Führungen zum Grab auf dem Red Hill, wo das Hundeleben 1944 endete – zum Gedenken wird jedes Jahr am 1. April die Just Nuisance Day Parade abgehalten. Das angeschlossene **Heritage Museum** im Amlay House von 1858 am King George Way informiert über

## SIMON'S TOWN ERLEBEN

### BOOTSAUSFLÜGE, RADELN UND TAUCHEN

Bootsausflüge zum Cape Point und Seal Island samt Walbeobachtung veranstaltet die **Boat Company** ab Waterfront (Tel. 083 257 77 60, http://boatcompany.co.za), Törns zum Hochseeangeln findet man unter www.bigbluefishingcharters.com. **Radtouren** organisiert Awol Tours (www.awoltours.co.za), geführte **Kajaktouren** rund ums Kap bietet Kayak Cape Town (Tel. 082 501 89 30, http://kay akcapetown.co.za). Infos über Tauchgänge am Castle Rock und zu Schiffswracks vor der Küste findet man unter www.scubashack.co.za

### BERTHA'S €€/€€€

Auf der Terrasse am Jachthafen schmecken fangfrische Meerestiere, würzige Satays und leckere Brownies.
1 Wharf Rd, Tel. 021 786 21 38
http://berthas.co.za

### QUAYSIDE €€€

Maritimes Ambiente direkt am Hafen – resevieren Sie in Balkonzimmer mit Rundblick über die False Bay
St. George's Street, Simon's Town
Tel. 021 786 38 38
https://quayside.co.za

die Geschichte der **kapmalaiischen Gemeinde** im Ortsteil Oceanview, insbesondere über die Zeit ab 1967, als Simon's Town zum »Gebiet nur für Weiße« erklärt wurde. Hochzeitsschmuck, Fotos und Kochutensilien erinnern an die einst 7000 schwarzen Bewohner.

**Simon's Town Museum:** Mo. - Fr. 10 - 16, Sa. bis 13 Uhr | Erw. R 20, Kinder R 5 | http://www.simonstownmuseum.org.za | **Simon's Town Heritage Museum:** Amlay House, King George Way, tgl. 9.30 - 15 Uhr Spende erbeten | Tel. 083 462 58 46 | https://amlay.co.za

**Schiffsmodelle, Kanonen und Torpedos**

SA Naval Museum

... sowie Rettungsgerät und die Kommandobrücke eines U-Boots zeigt das **Marinemuseum** im alten Masthaus der viktorianischen Werft an der St. George's Street.

**SA Naval Museum**: tgl. 9.30 - 15.30 Uhr, Spende erbeten

## Rund um Simon's Town

**Badefreuden für Familien**

Fish Hoek

Der **windgeschützte Sandstrand** von Fish Hoek 5 km nördlich eignet sich gut für Familien mit Kindern. Wer an der großen Promenade entlangschlendert, kann direkt am Strand einen Stop im **Galley Fischrestaurant** einlegen oder sich im **Beachcomber Bistro** unter die Einheimischen mischen.

**€€ Galley Restaurant**: 3 Peter Creese Way | www.fishhoekgalley.com

Am Boulders Beach tummeln sich die lustigen Brillenpinguine.

**Putzige Herrschaften im Frack**

★ Boulders Beach

Im Schutz von riesigen Granitblöcken lebt 3 km südlich der Stadt am Boulders Beach eine fast 3000 Schnäbel zählende Kolonie **afrikanischer Brillenpinguine**, deren Brutgebiet Teil des ▶ Table Mountain National Park ist. Die Pinguine wurden hier Mitte der 1980er-Jahre heimisch. Vor 80 Jahren gab es noch 1,5 Mio. Pinguine an den Küsten Südafrikas. Um den Artenschutz kümmert sich heute die South African Foundation for the Conservation of Coastal Birds (www.sanccob.co.za). Die Tiere können von **erhöhten Aussichtsplattformen** aus beobachtet werden. Zufahrt zu den Parkplätzen von der Seaforth Street oder Bellevue Road. Im Restaurant der €€€ **Boulders Beach Lodge** dominiert entsprechend Fisch die Speisekarte (www.bouldersbeachlodge.com). Ein unvergessliches Erlebnis ist der Bootsausflug nach **Seal Island** – auf der Insel leben über 50 000 Seehunde. Häufig werden hier auch Weiße Haie und in der Saison Wale gesichtet.

# EINE SCHULE FÜRS LEBEN

BAEDEKER WISSEN

*»Viele konnten nicht einmal schwimmen, als sie herkamen. Jetzt lieben sie das Wasser. Sie schwimmen, segeln und gewinnen Selbstvertrauen. Und genau das brauchen wir für unsere Gesellschaft ... «*

So der Leiter des Marinestützpunktes in Simon's Town, Admiral Louw, der die **Izivunguvungu-Segelakademie** unterstützt, wo er kann. Gegründet wurde die renommierte Schule vor 15 Jahren von dem Profisegler und mehrfachen Weltmeister **Ian Ainslie**, der dreimal bei den Olympischen Spielen in der Finn-Boot-Klasse für Südafrika antrat. Das Zulu-Wort »Izivunguvungu« bedeutet »starker Wind«. Ainslie weitete die zunächst Gymnasiasten vorbehaltenen Segelkurse auf **Kinder aus den Townships** Oceanview, Red Hill und Masiphumelele aus. Heute trainieren 60 Jugendliche nach der Schule in der steifen Brise der Simon's Bay. Fr. und Sa. finden Regatten in gestifteten Lazer-Jollen und 420ern des Royal Cape Yacht Club und der Marine statt.

## Mutig nach vorn

2007 wurde vor Valencia für Solomon Dipeere und Teamkamerad **Golden Mgedeza** – »Südafrikas Segler des Jahres« – ein Traum Wirklichkeit. Beide segelten für die Regenbogennation auf der Jacht »**Shosholoza**« im **America's Cup**. Ursprünglich aus dem Township Kwa-Thema bei Johannesburg, hatten sie fünfzehnjährig ein Stipendium an der Simon's Town High School ergattert, wo Segelsport Pflicht ist. Mit Ian Ainslie, dem Chefstrategen der »Shosholoza« (in Xhosa »Mutig nach vorn«), kam der richtige Trainer zur rechten Zeit. »Es geht hier nicht nur ums Segeln«, so Ainslie, »die Jungs lernen, sich Ziele zu setzen und sie lernen, dass man dafür arbeiten muss, sie zu erreichen.«
Auch die Izivunguvungu-**Musikakademie** sorgt dafür, dass Jugendliche dem Kreislauf aus Armut und Kriminalität entkommen können. Dafür ist die **Izivunguvungu MSC Foundation for Youth** dringend auf Spenden angewiesen: **https://izivungu.org.za**

April – Sept. 8 – 17, Feb., März, Okt., Nov. 8 – 18.30 Dez. – Jan. 7 bis 19.30 | Erw. R 215, Kinder R105 | www.sanparks.org | **Seal Island Trip:** Harbour | Abfahrt in der Saison 10.30, 14 Uhr | Dauer 90 Min. | R 800 | www.boatcompany.co.za

**Meeresfrüchte und beste Aussicht**

Klassiker am Miller's Point

Seit über 40 Jahren verwöhnt das in einer liebevoll restaurierten, alten Walfangstation untergebrachte €€€ **Restaurant Black Marlin** seine Gäste mit Austern, Kingklip, Kap-Hummer und erlesener Weinkarte. Von der Terrasse kann man Wale in der False Bay sehen.
**Black Marlin:** Tel. 021 786 16 21 | http://blackmarlin.co.za

# ★★ SOUTH AFRICAN MUSEUM (IZIKO)

**Lage:** 25 Queen Victoria St | tgl. 9 – 17 Uhr | Erw. R 60, keine Ermäßigung für Kinder oder Studenten | **Planetarium:** Di. – So. 9 – 17 Uhr | Erw. R 100, keine Ermäßigungen | **www.iziko.org.za**

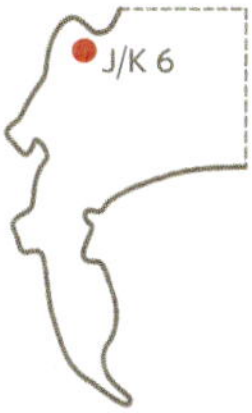


***Eine südafrikanische Wunderkammer – genau das ist das Flaggschiff der Iziko-Museen: Es zeigt über eine halbe Million Exponate zur Natur und Kulturgeschichte des Kontinents. Das sollte aber nicht abschrecken, denn die einzelnen Ausstellungen sind geschickt und spannend zusammengestellt und erlauben Besuchern einen faszinierenden Blick auf die Naturgeschichte Südafrikas.***

Haie, Dinos und Felsmalereien

Bereits 1825 verfügte Gouverneur Somerset die Einrichtung des Museums. Die früheste Sammlung bestand aus Mineralien und Meteoriten, Muscheln, Fischen, Reptilien, Vögeln und Säugetieren. 1897 wurde der jetzige Bau eingeweiht. Unbedingt ansehen sollten Sie sich »Die Welt der Haie« mit dem Riesengebiss eines **Megalodon**, dem mit 20 m größten Hai aller Zeiten, der vor 3 Mio. Jahren lebte. Zum Modell eines Kelp-Waldes gehören ein 5 m langer **weißer Hai** und ein Riesenkalmar – das bis zu 18 m lange Seeungeheuer wurde auch »Meermönch« genannt. Noch größer als beim Tyrannosaurus Rex ist der gewaltige Kopf eines Carcharodontosaurus aus der Kreidezeit in der **Dinosaurier-Ausstellung**. Lauschen Sie dem Gesang der Wale und bestaunen Sie das 20 m lange **Skelett eines Blauwals**, der ca. 180 000 kg wog. Über 250 Mio. Jahre alt sind die Fossilienfunde aus der Karoo.
Einzigartig ist die Ausstellung über die verschiedenen **Kulturen Südafrikas** seit der frühen Eisenzeit, darunter die Jäger der Kalahari, ein

Nama Camp des 19. Jh.s und Schaukästen zur Lebensweise der Xhosa, Zulu, Sotho und Tswana. Anschaulich wird über die **Felsmalereien der San**, ihren Glauben und ihre Heilkunst informiert. Zwei Figuren einer 1917 auf der Linton-Farm am Eastern Cape gefundenen Felszeichnung zieren seit 2000 den Schild im neuen Wappen Südafrikas. Auch der Wahlspruch »Einheit in Unterschiedlichkeit« entstammt der San-Sprache (▶Abb. S. 264).

**Wunder des Universums**

Planetarium

Planetarium & Digital Dome bieten mittels top-moderner 3D-Digitalprojektion **audiovisuelles Himmelstheater** und spektakuläre Vorführungen zum Sternenzelt über der Karoo, die von einem der weltgrößten Teleskope dort aufgefangen werden. Die Reise zu den Wundern des Universums dürfen 140 »Anhalter durch die Galaxis« in bequemen Sesseln antreten. Die genauen Show-Termine werden auf der Homepage bekanntgegeben.

# ★★ SOUTH AFRICAN NATIONAL GALLERY (IZIKO)

**Lage:** Government Avenue, Company's Garden | Tgl. 9 – 17 Uhr
Erw. R 60, keine Ermäßigungen | wechselnde Sonderausstellungen
**www.iziko.org.za**

*Eigenwillig, das (fast) Nebeneinander einer Sammlung englischer Jagdgemälde des 19. Jh.s und Mary Sibandes grotesker Befreiungsskulpturen des 21. Jh.s. Kunst der Kolonialzeit, der Apartheidsära und der Generation von Malern und Bildhauern, die sich kritisch mit der Vergangenheit und dem Alltag im neuen Südafrika auseinandersetzen, ist hier unter einem Dach vereint und repräsentiert so den komplizierten Weg des Landes zur Selbstbestimmung.*

Gestern und heute

Vor dem schneeweißen Museumsbau aus den 1930er-Jahren erinnert eine Statue an den Premierminister **Jan Smuts** (1870 – 1950). Die Nischen neben dem Eingang sind von Isa Kabini im farbenfrohen Stil der **Ndebele** designt worden. Zur permanenten Sammlung gehören Vertreter des New English Art Club sowie der Bloomsbury Group vom Beginn des 20. Jh.s. Von Irma Stern ist »Der goldene Schal« von 1945 zu bewundern, daneben Werke von John Walker,

OBEN: Die South African National Gallery zeigt Südafrikas Maler der Moderne.
UNTEN: Traditionelle Tracht eines Sotho im South African Museum

BAEDEKER ÜBERRASCHENDES

# 6X UNTERSCHÄTZT

*Genau hinsehen, nicht daran vorbeigehen, einfach probieren!*

## 1. COOLE LOCATION

Büroangestellte, Banker oder Backpacker, alle finden ihren Lieblingsplatz in den jungen Lokalen, Cafés und Boutiquen an der **Bree Street.** (▶S. **112**)

## 2. DIE LETZTEN AUGENZEUGEN

Von einem ehemaligen Bewohner des **District Six** durchs Museum geführt, erleben Sie Geschichte mit der Intensität derer, die verjagt und ausgegrenzt wurden. (▶S. 69)

## 3. DAS LEBEN DER ANDEREN

Vielleicht ist in **Knysna** die richtige Gelegenheit, bei einer Führung mit Ella zu erfahren, wie die Menschen im **Township** leben. Denn eine so begeisterte Botschafterin ihrer Kultur wie sie ist selten. (▶ **S. 164**)

## 4. IM SCHATTEN DES SILOS

Alles dreht sich ums MOCAA. Sensationell! Fantastisch! Grandios! Fast unbemerkt hat sich kurz nach dessen Eröffnung ein zweiter Kunsttempel auf Kapstadts Landkarte geschlichen: die **Norval Foundation**. Und verdient möglicherweise noch mehr Superlative! (▶ **S. 93**)

## 5. BAHN-GESCHICHTE

Kaum jemand kann sich der Faszination der riesigen, mit historischen Zügen und Fahrzeugen vollgestopften Hallen von Georges **Outeniqua Transport Museum** entziehen. Lokomotiven und Waggons sind so nostalgisch! (▶ **S. 160**)

## 6. FLUSSPFERDE

Es gibt sie wirklich! Eine kleine Kolonie lebt in den Gewässern des **False Bay Ecological Park**, kaum mehr als 20 km südlich von Kapstadts Zentrum. (▶ **S. 92**)

Michael Porter und Alan Davi. Zur Schenkung des südafrikanischen Minenmagnaten und Finanz-Tycoons Sir Abe Bailey (1865 – 1940), der den Lebensstil englischer Landlords und die Jagd liebte, gehören die Gemälde wie »Shooting Grouse« von D. Wolstenholme oder »The Grey Hunter« von G. Towne.

**Von Unterdrückung und Befreiung**

Zeitgenössische Sammlung

Mit erschütternder Eindringlichkeit verkörpert die 1985/1986 entstandene Figurengruppe der »**Butcher Boys**« von Jane Alexander die grausame Deformierung des Menschen während der Apartheid. Alexander malte 1995 auch das Porträt von Steve Biko, dem Begründer der Black-Consciousness-Bewegung. Der 1956 in Montagu geborene Willie Bester schildert mit seinem 9 x 15 m großen Wandgemälde »**Challenges Facing the New South Africa**« die Konflikte und Widersprüche des aufstrebenden Landes. Vertreten sind ferner Wayne Barkers mit »Blue Colonies« (1995) und der Autodidakt Trevor Makhoba mit den Werken »Things will happen« und »Azibuye Emassweni«, beide 1991. »Meine Arbeit beschäftigt sich oft mit Frauen der Gesellschaft, die nicht im Zentrum der Aufmerksamkeit stehen, nämlich Hausangestellten«, sagt **Mary Sibande**. Der Förderkreis der Freunde der Nationalgalerie erwarb 2013 Sibandes Skulptur »Die Herrschaft« von 2010. Kontraste bilden die ausgestellte **Township Art**, Perlen-Figurinen von Zulu-Frauen, Textil- und Fotoarbeiten sowie Installationen neuer Medien. Kataloge und Souvenirs sind im Galerieshop erhältlich. Im **Galeriecafé** trinkt man den Tee mit Blick auf naive Kunst des Malers Andrew Murray.

# STRAND STREET

**Lage:** Verbindung zwischen City Bowl und Waterkant-Viertel

***Was hat die Strand Street außer einem hübschen Frauen-Haus mit Geschichte zu bieten? Die ehemalige »Uferstraße« zwischen dem ►Castle of Good Hope und dem angesagten De Waterkant Village präsentiert relativ untouristischen Kapstädter Alltag.***

Mitten im Zentrum

Anno 1790, als Kapstadts Straßen offiziell benannt wurden, erhielt auch die Strand Street ihren Namen. Sie folgte damals der historischen Küstenlinie, bis die Aufschüttung von 40 Mio. m³ Sand und Erde den Strand 2 km nordwärts versetzte, um 145 ha für **Foreshore** zu gewinnen. Um 1700 avancierte die Strand Street zur schicken Adresse. Mitte des 19. Jh.s wohnten hier die Familien wohlhabender Reeder und Kaufleute aus den Kontoren der nahen Heerengracht.

★ Iziko Koopmans-De Wet House

**Frauenpower**
Viktorianische Kapmöbel, dekorative Wandmalereien und Delfter Porzellan machen den Besuch des Hauses Nr. 35 zum Erlebnis. Seine letzten Besitzer, **Marie Koopmans-de Wet** und ihre Schwester Margaretha, führten hier Mitte des 19. Jahrhunderts einen angesagten Salon. Marie hatte sich Verdienste als Kunstmäzenin und im Burenkrieg erworben – als sie Lebensmittelpakete für die Frauen in den englischen Konzentrationslagern organisierte, stellte man sie unter Arrest. Im Jahr 1806 erwarb die Witwe Smuts Grundstück und Haus, das schon 14 Vorbesitzer kannte. Vermutlich waren es Louis Thibault und der Freiburger Anton Anreith, die um 1790 die neoklassizistische Fassade schufen. Von den Haussklaven der Witwe Smuts sollen noch Jonas van de Caab, ein Böttcher, und der Koch Kito als Gespenster spuken.
Do., Fr. 9 – 16 Uhr | Eintritt Erw. R 60, keine Ermäßigung
www.iziko.org.za

★ Bree Street

**Hippe Hochburg der Mittagspause**
Ob Büroangestellte, Banker oder Backpacker, alle finden mittags ihren Lieblingsplatz in der trendigen Bree Street, die sich im Zentrum mit der Strand Street kreuzt. Gleich an der Ecke können Sie im **Dapper Café** (www.dappercoffeeco.co.za) den Lunch oder auch einfach nur einen ausgezeichneten Kaffee zwischen polierten Oldtimern einnehmen. Schnell, frisch und lecker kommt das mediterrane Mittagsmenü im sympathischen **Vixi Social House** auf den Tisch (Nr. 49, https://vixi.co.za). Im relaxten **Chefs Warehouse & Canteen** gibt es unter der Woche tolle Tapas aus regionalen Zutaten (Nr. 92, www.chefswarehouse.co.za/bree). In Matt Mannings **Grub and Vine Bistro** lässt sich zu wunderbaren Weinen speisen – oder kommen Sie samstags zum Brunch (Nr. 103, www.grubandvine.co.za). Die farbenfrohen Bucket Hats (Fischerhüte) von **Skinny laMinx** (Buiten St. Ecke Bree St.) sind nicht nur in Südafrika angesagt. Jeden Sonntag verwandelt sich die Bree Street in eine quirlige Fußgängerzone.

★ De Waterkant Village

**Clubs, Bars und Lifestyle Shops**
Das Viertel zwischen Strand Street und ▶ V & A Waterfront hat sich zu einer der begehrtesten Adressen Kapstadts entwickelt. Hier warten trendige Lokale wie das **Café Charles** mit aussichtsreichem Frühstück(137 Waterkant St, www.charles.capetown), das Bistro **Hemelhuijs** (▶ S. 313) und **Sky Bar** (▶ S. 290), Kunstgalerien, Boutiquen und das Einkaufszentrum **Cape Quarter** (72 Waterkant St). Das Viertel ist auch Treff der **Gay-Szene** – seit 2008 können gleichgeschlechtliche Paare in Südafrika heiraten. Parade, Party und Straßenfest in einem ist das bunte **Cape Town Pride Festival** im Februar (https://cptpride.org).

# ★★ TABLE MOUNTAIN

**Lage:** 1086 m über der Tafelbucht

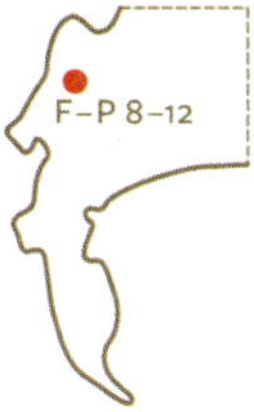


***Klappt es oder klappt es nicht – diese bange Frage stellen sich wohl so gut wie alle Kapstadt-Besucher, wenn sie einen der Reisehöhepunkte, die Fahrt oder Wanderung hinauf auf den Tafelberg planen. Wird sich das Bergplateau in sein gefürchtetes »Tischtuch« hüllen oder ist der Wettergott gnädig gestimmt und gibt den Blick frei auf eines der tollsten Panoramen der Welt?***

BAEDEKER MAGISCHE MOMENTE

## DER BERG RUFT

Der schönste Blick auf das Ende der Welt wartet nach fünf Minuten Seilbahnfahrt auf dem Tafelberg. Die Sonne geht langsam über Camps Bay unter, in der Stadt blitzen erste Lichter auf. Das Farbenspiel der Berge und das Leuchten der Mutterstadt vor dem glitzernden Meer und einem immer dunkler werdenden Horizont sind einmalig! Kommen Sie 2 Std. vor Sunset, Sie werden die Zeit genießen – letzte Talfahrt im Winter 18, im Sommer 22 Uhr.

Eines der tollsten Panoramen der Welt: Bei klarem Wetter sehen Sie vom Tafelberg aus das Oval des Fußballstadions, die City und den Hafen mit der V & A Waterfront.

*Berg im Meer*

Nicht umsonst zählt der Tafelberg seit 2012 zu den »Sieben Weltwundern der Natur«! Für den ersten Weißen, der ihn bestieg, war er allerdings kaum mehr als ein Ausguck: Als der Portugiese **Antonio de Saldanha** 1503 hinaufkletterte, hatte er sich (mal wieder) »verfahren« und war anstatt das Kap zu umrunden in der heutigen Tafelbucht gelandet. Von oben sah er die Kaphalbinsel und erkannte den Irrtum. Seine Benennung »**Taboa da Caba**« (Tafel des Kaps) für Kapstadts Wahrzeichen setzte sich durch. Siedlungsspuren belegen jedoch die weitaus frühere Anwesenheit der San rund um ihren »**Hoeri ’kwaggo**«, den »Berg im Meer«. 1085, 1086 oder 1087 m – an der höchsten Plateauerhebung, dem **Maclear’s Beacon** mit einem Kriegerdenkmal, scheiden sich die Mess-Geister bis heute.

### Zeugen der Erdgeschichte

Entstehung des Giganten

Der aus mächtigen Sandsteinschichten über einem älteren Sockel aus Granit und Quarzit aufgebaute Tafelberg bildet das nördliche Ende der Kaphalbinsel. Das gewaltige Küstengebirge ist über 650 Mio. Jahre alt und war einst fünfmal so hoch wie heute. Nach wiederholtem Auftürmen und Abtragen durch Tektonik und Meeresspiegelschwankungen begann vor 180 Mio. Jahren die Erosion durch Wind und Wasser, die dem steinernen Koloss sein jetziges Aussehen verlieh – Risse, Rinnen und Spalten im Gipfelbereich zeigen, dass dieser Prozess noch längst nicht abgeschlossen ist. Durch den südöstlichen Sommerwind, den »**Cape Doctor**«, legen sich häufig Wolken wie ein weißes Tischtuch über den Gipfel des Tafelbergs.

### Mit der Bahn auf den Berg

Table Mountain Aerial Cable Way

Fünf bis zehn Minuten brauchen die Gondeln für die 703 Höhenmeter von der Talstation bis zum Gipfel. Dabei drehen sie sich einmal um ihre eigene Achse. Mehr als 25 Mio. Gäste sind seit der Eröffnung 1929 mit der Tafelbergbahn gefahren. Die beiden Kabinen der 1997 in Betrieb genommenen Seilbahn – ein Schweizer Fabrikat – können 900 Besucher pro Stunde transportieren. An der Gipfelstation befinden sich zwei Shops und ein Self-Service-Restaurant – wer will, kann eine Postkarte vom Gipfel schicken.

**Anfahrt**: Mit dem Auto erreicht man die Talstation an der Table Mountain Road vom Stadtzentrum aus über die Buitengracht Street und Kloof Nek Road. MyCiTi-Busse und die roten Doppeldeckerbusse von City Sightseeing fahren von der V & A Waterfront bis hinauf zur Talstation. Kostenloser MyCiTi Shuttle Service von der Kloof Nek Road bis zur Talstation. | **Seilbahn**: tgl. Mai – Aug. 8.30 – 18, Sept., Okt. 8.30 – 19, Nov., Feb., März 8 – 20, Dez., Jan. 8 – 21, April 8 – 19.30 Uhr | bei starkem Wind wird der Betrieb eingestellt.
im Juli/Aug. meist 4 Wochen geschlossen wegen Wartungsarbeiten.
**Retourticket** je nach Tageszeit Erw. R 370 – 490, Kinder R 185 – 210
http://tablemountain.net | www.sanparks.org

**Plateauwege durchs Paradies**

Markierte Wanderwege

Mit über 1500 Pflanzenarten ist der Berg ein botanisches Paradies, das man auf drei markierten Wegen erkunden kann. Den Klippschliefern ist der **Dassie Walk** gewidmet mit spektakulären Ausblicken zu den Zwölf Aposteln. Die kaninchengroßen Tiere (rock dazzies) sind mit den Elefanten verwandt – beide haben zwei ständig nachwachsende Zähne im Oberkiefer. Der populäre **Agama Walk** bietet ein Rund-um-Panorama über Kapstadt und die Kaphalbinsel. Der **Klipspringer Walk** führt zur Plateaukante an die Platteklip Gorge. Viele Wege führen auf den »Hoeri 'kwaggo«, doch nur die markierte Strecke durch die Platteklip-Schlucht wird empfohlen – auch Antonio de Saldanha nahm 1503 diesen Weg. Wer ihm folgen will, braucht eine gute Kondition, Allwetterkleidung und feste Schuhe, denn der Aufstieg ist streckenweise extrem steil und dauert bis zu vier Stunden. **Hoerikwaggo Trails**: ► S. 118.

# ★★ TABLE MOUNTAIN NATIONAL PARK

**Lage:** zwischen Signal Hill und Cape Point, Atlantik und False Bay
**www.sanparks.org**, ►Karte S. 37

*Er muss brennen! Fynbos, die als »Cape Floral Kingdom« unter UNESCO-Schutz gestellte Pflanzendecke der Kaphalbinsel, wird im Feuer wiedergeboren. Alte Pflanzen verschwinden, und die in der Hitze gesprengten Kapseln legen die Samen für eine neue Pflanzengesellschaft. Ihren Zauber entfaltet sie nur bei näherer, ruhiger Betrachtung: Proteen, Orchideen, Erika in unendlich vielen Variationen strahlen dann aus dem graugrünbraunen Bewuchs. Wahrlich ein Königreich der Blütenpracht!*

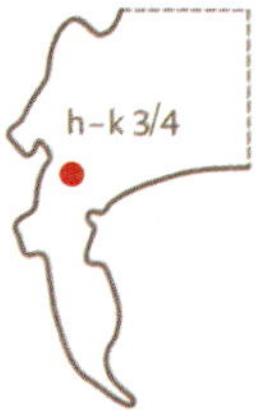


Welterbe Kapflora

Das 1939 aus der Taufe gehobene, 25 000 ha große Naturschutzgebiet erstreckt sich vom ►Signal Hill, Lion's Head und Devil's Peak im Norden bis hinunter zum ►Cape of Good Hope im Süden und von der Atlantikküste bis hinüber zum Boulders Beach an der ►False Bay. Mehr als 2280 Pflanzenarten sind im Nationalpark heimisch, der das Herz des **UNESCO-Weltnaturerbes** »Kapfloraregion« bildet.
Hauptattraktion ist der Macchia-ähnliche **Fynbos** mit seinen unzähligen Proteen-, Orchideen- und Erikaarten – 13 von ihnen sind endemisch, d. h. sie existieren nur im Park (►Baedeker Wissen S. 244). Die bis minus 3 °C frostharte, immergrüne, im Juni / Juli rot blühende

Orchidee **Disa uniflora** ist bewundertes Wahrzeichen der Tafelberg-Vegetation. Sie ist ebenso wie Gladiolen oder Fresien längst in europäischen Gärten heimisch. Die **Königsprotea** mit ihrer bis zu 30 cm großen Blüte wurde zu Südafrikas Nationalpflanze erklärt (►Abb. S. 89). Umfangreiche Schutzmaßnahmen wie die Verbannung kapfremder Flora und der Erhalt bedrohter Arten sollen die einmalige Pflanzenwelt auch in Zukunft erhalten. Buschfeuer, die Nicht-Eingeweihten so bedrohlich erscheinen, leiten regelmäßig die Wiedergeburt dieses Pflanzenwunders ein. Speziell im Süden des Parks leben Bergzebras, Elenantilopen, Buntböcke, Strauße und Schildkröten. Gewarnt werden muss vor den **Pavianen** an der Cape Point Route – Füttern und Anfassen sind gefährlich und streng verboten.

★★ Hoerikwaggo Trails

**Der Tafelberg auf Schusters Rappen**

Über 300 Routen verlaufen am und um den ►Table Mountain. Der dreitägige **Table Mountain Trail** startet von der ►V & A Waterfront zum Tafelberg – Gepäcktransport und Versorgung inklusive. Auf dem Tafelberg werden das **Waterworks Museum** und Woodhead-Was-

Highlight jeder Kapstadtreise: Eine Wanderung auf den Tafelberg mit Blick zu den Twelve Apostles

serreservoir besucht. Der sechstägige **Hoerikwaggo Tented Classic Trail** führt ambitionierte Selbstversorger von Süden auf den Tafelberg, ist aber aus Sicherheitsgründen (Buschfeuer, Überfälle) gesperrt. Die sich häufenden Überfälle lassen auch Touren auf den anderen bekannten Routen wie dem zweitägigen **Orangekloof Trail** oder dem **Silvermine Trail** ab Slangkop mit Übernachtungen in Silvermine und Orange Kloof für individuelle Wanderer riskant erscheinen. Slackpacker SA bieten organisierte Touren mit Verpflegung und Gepäcktransport und halten auf ihrer Website stets aktuelle Infos bereit.

**Booking Office**: Tel. 021 422 28 16 www.sanparks.org
Infos und Buchung: **Slackpacker SA** | https://tablemountainhikes.wordpress.com, http://www.slackpacker.co.za

### Gute Ausrüstung und Umsicht sind gefragt

Nie ohne Absicherung

Für viele Trails im Nationalpark gilt u.a. wegen der sich häufenden Überfälle: Sicherheitsbestimmungen beachten. Die Nationalparkverwaltung listet Gefahren und kritische Zonen unter dem Menüpunkt »**Secutity Alerts and Safety Tips**« auf ihrer Website auf. Über 50

Parkranger können heute im Ernstfall rasch vor Ort sein. Wanderer sollten mindestens zu viert unterwegs sein und ein Handy dabei haben, Park-**Notruf: Tel. 021 948 99 00**, weitere Notdienste ►S. 352. Selbstverständlich sind Allwetterkleidung, gutes Schuhwerk und ausreichend Verpflegung. Der **Mountain Club of South Africa** organisiert Bergtouren und bietet einen Such- und Bergungsdienst an – Trekkingtouren am besten beim MCSA an- und abmelden.

**Mountain Club of South Africa**: 97 Hatfield Street | Mo. – Fr. 10 bis 14 Uhr | Tel. 021 465 34 12, Tel. 021 937 03 00 (Mountain Rescue)
www.mcsacapetown.co.za

# TOWNSHIPS · CAPE FLATS (KAAPSE VLAKTE)

**Lage:** 15 – 40 km (süd-)östlich von Kapstadt

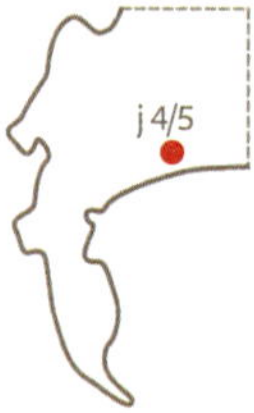


***Elendstourismus oder soziales Interesse? Über den Antrieb für einen touristischen Besuch in den Townships herrschen sehr unterschiedliche Ansichten. Bestaunen Besucher die Menschen, die dort leben, wie Tiere im Zoo oder vermittelt eine Township-Tour Erkenntnisse und Kontakte, die das Bild von Südafrika nachhaltig verändern? Die Realität ist vielschichtiger.***

Erbe der Apartheid

Weit mehr als die Hälfte aller Kapstädter lebt in den Bretterbuden und Wellblechhütten der großen Townships am Rande der Stadt. Ursprünglich durchstreiften Antilopen die 160 km² große Tiefebene der Cape Flats. Farmer mieden die unwirtlichen Sandflächen. Erst die Politik der **Apartheid** und der nach 1991 einsetzende unkontrollierte Zuzug aus anderen Landesteilen und den von Wirtschaftskrisen heimgesuchten Anrainerstaaten führten zur heutigen Lage. Die Entstehung begann 1923 mit dem **Native Urban Areas Act**, der städtische Wohngebiete nach Hautfarben einteilte. Schwarzen waren Wohnsitz und Landerwerb nur noch in zugewiesenen Territorien, den Townships, erlaubt. Mit Zunahme der Landflucht waren die ärmlichen Squattercamps bald hoffnungslos überfüllt, die sozialen Probleme wuchsen und mit ihnen der Widerstand gegen die Apartheid. In den letzten 25 Jahren hat die Stadtverwaltung durchaus versucht, neuen Wohnraum in den Townships zu schaffen. Massive Steinhäuser wurden gebaut, Straßen geteert, Wasser- und Stromleitungen gelegt,

Lebensfreude trotz allem: Für die Bewohner der Townships hat sich seit Ende der Apartheid nur wenig geändert, und von Chancengleichheit sind sie weit entfernt.

Straßenbeleuchtung, Müllabfuhr und Busverbindungen zur Innenstadt eingerichtet. Doch die Bevölkerung steigt drastisch und in vielen Häusern, in denen früher zwei Familien wohnten, leben heute bis zu acht. Fast ein Viertel aller Haushalte ist ohne Strom, vielerorts fehlen nach wie vor Brunnen, Trink- und Abwasserleitungen. Überfall, Mord, vor allem aber Vergewaltigungen sind an der Tagesordnung. Milliarden fließen in die Infrastruktur und versickern, als hätte es sie nie gegeben. Nicht wegen der allgegenwärtigen Korruption, die natürlich auch eine Rolle spielt, sondern weil der Versuch, die Löcher zu stopfen, einer Sisyphusarbeit gleicht – und täglich kommen neue Holz- und Blechhütten dazu.

**Umsiedlungen und kein Ende**

Riesige Elendsquartiere

Wer vom Flughafen Richtung Zentrum fährt, kann Langa und die anderen Townships nicht übersehen: Fast 15 Minuten durchquert man auf der N 2 die **Cape Flats**. In der weiten Tiefebene reichen die riesigen Barackensiedlungen, in denen heute über 2,5 Mio. Menschen leben, bis an die Schnellstraße heran. Mit Projekten wie dem umstrittenen **N 2 Gateway Project** sollte neuer Wohnraum entstehen, 14 000 Wohnungen alleine bei Gateway. Neue Straßen und Häuser in Langa beweisen den (von der Autobahn sichtbaren) Fortschritt. Anwohner fürchten indes, später nicht mehr in die teureren Neubauten

# DIE ANDERE SEITE

*Schon beim Anflug auf Kapstadts Flughafen über den schier grenzenlosen silbergrauen Flickenteppich der Townships fragt sich wohl jeder erschüttert, wie Menschen hier leben können und warum sie dies müssen.*

Noch eindringlicher wird das Bild, sobald man das Wellblechhüttenmeer auf der links und rechts mit Stacheldraht gesicherten Autobahn N 2 durchquert, um nach Kapstadt zu gelangen. Diesen großteils aus Müll zusammengeschusterten Moloch vor der Haustür des Swinging Cape Town zu ignorieren, ist unmöglich. Eine **Township-Tour** könnte Fantasien, Ängste und Vorurteile zurechtrücken. Die meisten Veranstalter unterstützen mit einem Teil der Einnahmen ein soziales Projekt, dessen Besichtigung ein wesentlicher Bestandteil des Programms ist. So wie auch der Besuch auf dem Markt, in der Sonntagsmesse, beim Trommelworkshop oder in einer Shebeen, einer lokalen Kneipe. Die wichtigste Erkenntnis einer solchen Tour aber ist, dass hier Menschen ihren Alltag leben. Nicht unter Bedingungen, die man in einer so entwickelten Gesellschaft wie der Südafrikas erwarten würde, aber mit Mut und dem Willen, etwas aufzubauen.

## Startups mit sozialem Anspruch

So wie Wandilise Nqeketho, der aus Wut über die in den Townships grassie-

Kinder aus Khayelitsha haben ein Autowrack zwischen windschiefen Wellblechhütten zum Spielplatz erklärt.

rende Bandenkriminalität und um jungen Menschen die Gefahren aufzuzeigen sein »**18 Gangster Museum**« (www.18gm.co.za) eröffnete. Führer ist nicht selten ein ehemaliger Häftling, der das Knastleben in der originalgetreu nachgebauten Arrestzelle demonstriert. Pro verkauftem Ticket kann Wandilise ein Schulkind umsonst einlassen – und hat vielleicht eine Seele gerettet. Andere Initiativen wie **ABCD Tours** (www.abcd-concepts.co.za) setzen auf Sport: Ein Teil der Einnahmen aus ihren Jogging- und Cycling-Touren durchs Township stecken Buntu Matole und Ayanda Cuba in den Aufbau neuer Sportplätze. Denn wer Sport treibt, kommt nicht auf dumme Gedanken. Und wenn die jungen Unternehmer erfolgreich sind, ziehen sie dann weg aus **Khayelitsha**? Nie im Leben, da sind sie sich einig. Es ist ihre Stadt, ihr Viertel, ihre Nachbarn und Freunde, ihr urbaner Lebensstil. Aber natürlich gerne mit Strom, fließend Wasser und Schutz vor Kriminalität.

## Eine Erfolgsstory mit bitterem Ende

Einer der Erfolg hatte und blieb, ist Mzoli Ngcawuzele: 2003 startete er mit einer schlichten Schlachterei, Mzoli's Butchery. Dank Finanzhilfe der Development Bank of South Africa gelang der Aufstieg zum populären Szenetreff. In seinem 250-Plätze-Lokal **Mzoli's Place** in **Gugulethu** saßen Schwarze und Weiße, südafrikanische Politiker, Geschäftsleute, Touristen, Township-Bewohner, TV-Stars, Musiker und Künstler zusammen, um gemeinsam zu braaien, zu feiern und eine gute Zeit zu haben. Der COVID-Epidemie

konnte er nicht trotzen. Heute residiert in Mzoli's die bei Township-Bewohnern beliebte **Teez Lounge** (Shop 3, NY115, Gugulethu).

## Gegen Aids und Gewalt

In Südafrika sind über 7 Mio. Menschen mit **HIV** infiziert; besonders hoch ist die Rate unter jungen Frauen, die über ein Drittel der Neuinfektionen ausmachen. Die Bekämpfung von Aids ist nicht nur eine Hauptaufgabe des Staates, sondern auch der über 100 Hilfsorganisationen am Kap. Zu ihnen gehören Pfarrer **Stefan Hippler** und die gemeinnützige Organisation **HOPE Cape Town Trust**. Hippler kümmert sich im Tygerberg Hospital wie auch anderen Township-Kliniken und in Knysna an der Garden Route um aidskranke Kinder, betreut betroffene Familien, baut Selbsthilfegruppen und Aufklärungsprogramme auf (www.hope capetown.com).

## Frauen, Bildung, Kunst

**eKhaya eKasi** bedeutet »in dieser Gegen zu Hause« in isiXhosa und benennt damit auch schon das Anliegen der von Frauen betriebenen Initiative: Frauen sollen sich in ihrer Umgebung sicher und zu Hause fühlen, selbst wenn Khayelitsha nicht für Sicherheit steht. Das **Art & Education Center** von eKhaya eKasi kombiniert Bildung und kunsthandwerkliche Beschäftigung, die das Selbstbewusstsein und die Resilienz der Frauen stärken. Die in den Kursen angefertigten Perlenarbeiten ermöglichen ein bescheidenes Einkommen, und das Training im Computer- und Social-Media-Bereich erhöht die Chancen auf eine bessere Arbeitsstelle. Daneben organisiert das Zentrum Nachmittagsbetreuung für Schulkinder und berät sozial wie medizinisch in HIV/Aids-Fragen (www.heartofawoman project.com/ekhaya-ekasi).

## Trotz allem

Sind unter solchen Bedingungen Hoffnung und Optimismus überhaupt denkbar? Außenstehende, die noch nie ein Township besucht haben, stellen sich die Vorstädte als von Armut und Gewalt geprägte, homogene Siedlungen vor. Dabei gibt es auch in den Townships »gute« und »schlechte« Viertel, Menschen, die mit Job und Auto in komfortablen Häusern, oft sogar in Villen leben, und andere, die nicht mehr be-
sitzen als einen Unterschlupf aus Kartons und Plastikplanen. In den Townships sprudelt eine schier unerschöpfliche Quelle von Talent und Kreativität, die sich nicht nur bei der jährlichen **Khayelitsha Fashion Week** (www.khayelitshafashionweek.co.za) oder in den vielen touristischen Initiativen manifestiert, die Township-Erlebnisse anbieten. Allerdings stellen sich jungen Unternehmern einige Hindernisse in den Weg, angefangen mit der schlechten Netzabdeckung. Abhilfe schaffen Projekte wie **The Bandwidth Barn** (https://uvuafrica.com/spaces/bandwidth-barn-khayelitsha), ein 2015 in Khayelitsha eröffneter Coworking Space, in dem Startups vorfinden, was sie brauchen, also Schreibtisch, Computer und Internetzugang. Die Plattform hilft außerdem dabei, Netzwerke aufzubauen, die Finanzierung von Projekten auf die Beine zu stellen und Sponsoren zu gewinnen. Das Leben in den Townships verändert sich. Auch wenn es oft so scheint, als ginge es nur im Schneckentempo voran.

zurückkehren zu können und besetzten aus Protest immer wieder die N2. Erst Ende 2018 wurden die letzten Familien, die dem Neubau nicht weichen wollten, mit Gewalt umgesiedelt.

**Kulturelle und soziale Zentren im Fokus**

Auf Tour durch Langa

Früher »No-go-Gebiete«, gehören die Townships inzwischen bei vielen Reiseveranstaltern zum Programm. Von Touren auf eigene Faust sollte man in jedem Fall absehen. Langa, dessen Xhosa-Name »Sonne« bedeutet, ist häufig Ziel der wachsenden Zahl von Township-Touren. 1960 setzten in Kapstadts **ältestem Township** Protestmärsche gegen die Passgesetze ein Zeichen. Langa hat sich seither als kulturelles Zentrum etabliert, in dem Stars des **Afro und Cape Jazz** aufreten. An der Langa High School feierte Popsängerin **Brenda Fassie** (►Interessante Menschen) erste Erfolge. Die inzwischen aufgelöste Schauspielgruppe **Dimpho Di Kopane** schuf in Kooperation mit Spier Films weltweit beachtete Township-Adaptionen wie »IKumkanikazi yeKhephu« nach Andersens Märchen »Die Schneekönigin« und die Oper »Carmen aus Khayelitsha«. Die Macher des **Guga S'Thebe Arts & Cultural Centre**, Ecke King Langalibalele Avenue und Church Street, sind zu Recht stolz auf ihre Ausstellungen und Workshops für traditionelles Kunsthandwerk, Theater und Trommelunterricht. Einige Tourenanbieter fahren die **Eziko Cooking School** am Jungle Walk Ecke Washington Road an, in der man lernen kann, wie Lamm-Bobotie und würziges Chakalaka-Gemüse zubereitet werden.

Fantasie ist gefragt: Aus einem alten Schiffscontainer wurde ein junger Friseursalon.

## TOWNSHIPS ERLEBEN

### ORGANISIERTE TOUREN ...

... dauern 4 bis 8 Stunden und werden häufig von Einheimischen geführt. Unterwegs hat man die Möglichkeit, mit Bewohnern und Naturheilern (**Sangoma**) zu sprechen. In kleinen Gruppen werden Spaza-Shops, Schulen, Kunsthandwerkermärkte, Hilfsprojekte und **Shebeens** besucht, die halblegalen Township-Kneipen, in denen selbst gebrautes Bier ausgeschenkt wird. Viele Touren beginnen mit einem Besuch des ▶District Six Museum und einem Spaziergang durch ▶Bo-Kaap.

### VERANSTALTER VON TOWNSHIP-TOUREN

**ABCD Tours**: Buntu Matole und Ayanda Cuba bringen Menschen zusammen, und das Vehikel dafür ist Sport: Ob beim Morgenjogging durch Khayelishta oder bei einer Radtour durch das Township – Ziel ist es, Kontakte zu schaffen, die über das Sightseeing hinausgehen. Mit den Einnahmen werden Projekte zum Ausbau des Sportangebots unterstützt, ▶S. 123, 333. Kochen wie die Xhosa lernen Teilnehmer der Cooking Experience in Langas Restaurant Eziko ▶S. 127. Gospelgottesdienste und Fußballtouren in Langa bietet **Camissa** an (www.gocamissa.co.za). **Maboneng Township Arts Experience**: Live design! Bewohner von Langa zeigen das ganze Jahr über in einem Dutzend Häuser Wechselausstellungen regionaler Künstler, www.maboneng.com. Siviwe Mbinda führt seine Gäste auf zweistündigen **Spaziergängen durch Langa**; zum Abschluss gibt's meist einen gumboot dance (www.siviwetours.com). **Uthando Tours** verbinden die Unterstützung sozialer, ökologischer oder ökonomischer Initiativen in den Townships mit Tourismus: Bei jeder Tour besucht die Gruppe drei bis vier geförderte Projekte, von der Tanzklasse zum Re-Integrationsprogramm von Gefangenen, von Flüchtlingsbetreuung bis zum Trommelworkshop. Authentisch und ohne Voyerismus (www.uthandosa.org).

Wer möchte, kann bei einer Township-Familie in einem B & B übernachten, das auch Transfer, Rundgänge und Mahlzeiten organisiert.

### LUNGI'S B & B €

Freundlicher geht's nicht. Madame Lungi tut alles für ihre Gäste – auf Vorbestellung gibt's typische Xhosa-Küche und manchmal sogar musikalische Begleitung.
Sivivane Crescent,
Khayelitsha
Tel. 021 762 15 43

### LIZIWE'S GUEST HOUSE €

Liziwe Ngcokotos feiert 2020 das 15-jährige Bestehen ihres netten Gästehauses mit 7 Doppelzimmern. Ihr gut besuchtes Restaurant serviert mittags und abends afrikanische Spezialitäten.
NY 111, No. 121, Gugulethu
Tel. 021 633 74 06, www.sa-venues.com/visit/liziwesguesthouse

### MAJORO'S BB €

In einem der besseren Viertel von Khayelitsha nimmt Maria Maile ihre Gäste in ihre Familie auf. Zwei nette Zimmer und unendlich viel Herzlichkeit sprechen für diese einfache Unterkunft.
69 Helena Cresent, Graceland
7784, Khayelitsha
Tel. 074 568 05 32
auf airbnb

Das preisgekrönte **Victoria Mxenge Project** in Athlone an der Ottery Road war ein Frauenprojekt zur Förderung des Familienhäuserbaus. Tour Guides erzählen über Probleme beim Landkauf, über Ziegelbrennen und Hausbau; im angeschlossenen Community Centre wird Township-Kunst verkauft. Das **Langa Heritage Museum** Ecke King Langalibalele und Lerotholi Avenues ist der Ort, an dem die verhassten Passgesetze durchgesetzt und Vergehen (wie das als Protestaktion weit verbreitete Verbrennen der Papiere) hart bestraft wurden. Zusammen mit dem historischen Post Office und dem Guga S'Thebe Arts & Cultural Centre bildet es das Kulturzentrum Langa Cultural Precinct.

**Guga S'Thebe Arts & Cultural Centre:** Tel. 021 695 34 93 | Mo. – Fr. 8 – 16.30 Uhr | **Eziko Cooking School & Restaurant:** Tel. 021 76 77 31 96 | www.ezikorestaurant.co.za

**Langa Heritage Museum:** Mo. – Fr. 9 – 16 Uhr

### Zum Sundowner nach Gugulethu

Nachdem der Group Areas Act von 1950 schwarzen Südafrikanern verbot, in den Städten zu wohnen, entstand 15 km östlich von Kapstadt die Xhosa-Township Gugulethu, »**Unser Stolz**«. Den Wanderarbeitern aus den Homelands Ciskei und Transkei war der Nachzug der Familien untersagt. Viele verließen die bereitgestellten Hostels und bauten eigene »**Shacks**« – Baracken, die seither die Cape Flats überziehen. Das **Gugulethu Seven Memorial** an der Kreuzung von NY1 and NY 111 erinnert an den März 1986, als hier sieben junge Männer bei Protestmärschen erschossen wurden. Gugulethu

### Hoffnungen für Khayelitsha

»**Unsere neue Heimat**« wurde 35 km südöstlich der City auf den unfruchtbaren Sandflächen nahe dem Atlantik erbaut. In den Bretterbuden, Papp- und Wellblechhütten der nach Soweto **zweigrößten Township Südafrikas** leben schätzungsweise 2,5 Mio. Menschen – und jeden Tag werden es mehr. Durch verschiedene Regierungskampagnen ist in den letzten Jahren zwar vieles besser geworden, aber immer noch sind die meisten Häuser und Hütten hoffnungslos überfüllt, haben die meisten weder Strom noch fließendes Wasser, liegt die Arbeitslosenquote bei über 80 %. Das riesige Gelände ist in 27 Bezirke eingeteilt, die nur mit einem Buchstaben bezeichnet werden. Einen Überblick über das Häuserwirrwarr bietet der **Look out Hill**, Mey Way/Ecke Spine Road am Ilitha Park, den Sie keinesfalls alleine erklimmen sollten, ebenso wie Besuche in Khayelitsha nur mit einem Tourguide unternommen werden sollten. Das **Philani Nutrition Centre** an der Phaphani Road im Site C sichert die Ernährung von Kleinkindern. Mütter weben hier Matten und Wandteppiche für den Verkauf. Mehr als zwei Dutzend Kunsthandwerker stellen unter der Woche auf dem **Khayelitsha Craft Market** (KCM) Khayelitsha in der St Michaels Church an der Ncumo Road ihre Arbeiten aus. Eine weitere interessante Station einer Khayelitsha-Tour könnte der **Spinach King** (Khayelitsha Mall, 40 Khwezi Cres, Village 1 South) sein, ein Café-Restaurant, das sich für gesunde Nahrung stark macht. Im **18 Gangster Museum** (23 Sec. Dullah Omar St, Mandela Park) zeigt Wandilise Nqueketho die Gefahren auf, die vor allem Township-Jugendlichen durch den Absturz in kriminelle Millieus drohen.

**Philani:** Mo. – Fr. 8 – 16 Uhr | www.philani.org.za
**KCM:** Mo. – Fr. 9 – 14, Sa. bis 12 Uhr | www.stmichaels.org.za
**18 Gangster Museum:** Mo. – Fr. 8.30 – 18, Sa., So. 10 – 15 Uhr
www.18gm.co.za | **Township-Touren** ▶S. 126

**Eine Hymne für Mannenberg**

Weitere Townships

Fast 90 % der Einwohner in der Township **Mitchell's Plain** sind Farbige, eine Folge der Zwangsumsiedlung aus dem **▶District Six** in den 1970ern. Auch wenn das Zentrum für die WM 2010 besser erschlossen wurde, machen weite Teile der Mega-Township vor allem durch Bandenkriminalität von sich reden. **Manenberg**, das Ende der 1960er für mittellose Farbige entstand, wurde durch die inoffizielle Kapstadthymne »Mannenberg« von **Abdullah Ibrahim** und Basil Coetzee bekannt (▶ Baedeker Wissen S. 288).

# ★★ VICTORIA & ALFRED WATERFRONT

**Lage:** Portswood Rd mit Alfred und Victoria Basin | **Information Centre:** Dock Rd und Victoria Wharf | tgl. 9 – 21 Uhr | Tel. 021 408 76 00 | Buchung für Attraktionen, Events und Unterkünfte sowie Stadtpläne | Die meisten **Geschäfte** sind tgl. 9 – 21 Uhr geöffnet | kostenpflichtige Parkplätze | **www.waterfront.co.za**

*Von einem heruntergekommenen Hafenareal zu einer der meistbesuchten Attraktionen Kapstadts: Die V & A Waterfront ist eine richtige Erfolgsgeschichte! Ob Sie nun shoppen möchten oder Musik hören, Haie und Korallen oder Diamanten bewundern, sich ihr unter oder über Wasser nähern oder aber, und das ist das einzige ernste und berührende Angebot hier, nach ▶Robben Island übersetzen – ihrem Zauber werden Sie sich nicht entziehen können. Warum auch – V&A ist Vergnügen pur!*

Junge Mode, edles Outfit, teure Juweliere oder witzige Mitbringsel – das riesige **Victoria Wharf Shopping Centre** mit über 240 Geschäften, Restaurants und Pubs hat alles. Antiquitäten, Schmuck und Souvenirs bekommt man in der **Alfred Mall** neben dem Market Square. In den Werkstätten des **Watershed** an der Dock Road arbeiten Glasbläser und Holzschnitzer, werden Lederschuhe, Taschen, Keramik, Schmuck und Recycling Art verkauft.

Pures Vergnügen

### Viele Wege führen zur Waterfront

Mit Bus, Boot oder aus der Luft

**MyCiTi-Busse** verbinden die Waterfront unter der Woche alle 5 – 10, am Wochenende alle 20 Minuten mit Civic Centre, Gardens, Flughafen, Sea Point und Camps Bay. Die roten Doppeldeckerbusse von **City Sightseeing** pendeln alle 15 Minuten zwischen Waterfront und ►Table Mountain. Alle 20 Minuten tuckern die roten Motorboote

Schauen, shoppen, gut essen – die V & A Waterfront ist ein Muss für jeden Kapstadt-Besucher.

MART
Coca-Cola
TASCA
Schweppes

BAEDEKER MAGISCHE MOMENTE

## UP, UP AND AWAY

Ganz sanft hebt der **Helikopter** senkrecht ab und fliegt hinaus aufs Meer. Dann dreht er die Nase und Kapstadt liegt Ihnen zu Füßen: Ein Puzzle aus hellen und dunklen Würfeln, die die Hänge hinaufklettern, ganz vorne das Oval des Stadions. Wie urzeitliche Wächter erheben sich Signal Hill, Lion's Head und Tafelberg über die fließenden Konturen der Mother City. Dann schieben sich die weißen Strandsäume von Clifton und Camps Bay ins Bild, wechseln karger Fels und Puppenstubenstädtchen, bis der Pilot dreht und das faszinierende Panorama aus neuer Perspektive präsentiert, von Süden auf Stadt und Tafelberg zufliegend, über dem sich bereits die ersten Wolkenschleier sammeln. Ja, das ist sie, die schönste Stadt der Welt! (Cape town Helicopters, 220 East Pier, V & A Waterfront, Tel. 021 418 94 62, www.helicopterscapetown.co.za, 12-Minuten-Rundflug ab R 2400 pro Person).

von City Sightseeing den Roggebaai Canal hinauf zum CTICC an der Heerengracht. Von der Waterfront aus starten **Hafenrundfahrten**, **Speedboot**-Ausflüge und **Sunset-Segeltörns** in der Tafelbucht. 20 Minuten bis zu einer Stunde dauern die spektakulären **Hubschrauber-Rundflüge** ab Waterfront um den Tafelberg und über die Kaphalbinsel sowie die Winelands – die Helikopter heben keine 100 m hinter dem Table Bay Hotel ab (►Magischer Moment, s. oben).

### Aufstieg, Verfall und Comeback

Pulsierendes Hafenviertel

Am 17. September 1860 versenkten Gefangene des Breakwater Prison an der Dock Road die erste Ladung Steine für den Bau des Hafenbeckens. Zur Geburtsstunde des **Breakwater**, der ersten Wellen brechenden Hafenmole, war auch Seine Königliche Hoheit, **Prince Alfred** angereist. Nach ihm und seiner Mutter, **Queen Victoria**, wurden die neuen Bassins und Kais benannt. Der Aufbruch ins Landesinnere und die Gold- und Diamantenfunde bescherten dem Hafen einen wahren Boom. Dennoch dauerte die Fertigstellung bis 1920. Aufgrund der geringen Wassertiefe von nur 12 m und der Wiedereröffnung des Suez-Kanals war der Niedergang Ende der 1970er nicht aufzuhalten, schließlich verfielen Hafen- und Werftviertel.
1988 beschloss die Stadt dann die **komplette Sanierung** unter Erhalt der **viktorianischen Architektur** und verpachtete Grundstücke an Investoren. Vor der Kulisse des bis heute regen Schiffsverkehrs im Hafen, in dem auch Kreuzfahrtschiffe andocken, entstand ein 90 ha großes, lebendiges **Einkaufs- und Vergnügungsviertel**. Alte Lagerhäuser wurden in Nobelherbergen, Boutiquen und Designerläden, Museen, Cafés, Pubs und Restaurants umgewandelt. Hier trifft man nicht nur Touristen, sondern auch die Kapstädter, die gern und oft zum Bummeln herkommen, zumal die Waterfront nicht nur tagsüber, sondern auch abends als **sehr sicher** gilt. Über die Jahre hat sich das pulsierende Hafenviertel immer weiter ausgedehnt – und ein Ende ist nicht in Sicht. Dank des **Roggebaai Canal** sind Hafen und City heute enger miteinander verbunden. 2006 erwarben Investoren aus Dubai, London und Südafrika die V & A Waterfront für 1,3 Mrd. US-Dollar – der größte Immobiliendeal in der Geschichte Südafrikas. Auch die neuen Eigentümer bauen das Vergnügungsviertel weiter aus. Schicke Boutiquen und Luxushotels entstanden, der Jachthafen wurde vergrößert. 2017 konnte das spektakuläre Kunstmuseum ►**Zeitz MOCAA** eröffnet werden.

### Der perfekte Überblick

Cape Wheel

Eine knappe Viertelstunde dauert die Fahrt mit dem **Riesenrad** neben der Victoria Wharf bis in luftige 40 m Höhe, die einen einmaligen **Panoramablick** über die Stadt gewährt. Wer will, kann vorab eine VIP-Kabine mit Champagner und Häppchen buchen.

Tel. 021 418 25 02 | Mai – Aug. Mo. – Do. 11 – 21, Fr., Sa. 10 – 22, So. 10 – 21, Sept. – April tgl. 10 – 22 Uhr, Erw. R 250, Kind R 95, VIP-Gondel (4 Pers.) R 2875 | www.capewheel.co.za

### Vier große Persönlichkeiten

Nobel Square

Auf dem Nobel Square erinnern vier Bronzestatuen an die **Friedensnobelpreisträger Südafrikas**: Nkosi Albert Luthuli (1960), Erzbischof Desmond Tutu (1984, ►Interessante Menschen), Frederik de Klerk und Nelson Mandela (beide 1993, ►Interessante Menschen).

Die Skulpturen stammen von Claudette Schreuders, die Skulptur »Frieden und Demokratie« gegenüber schuf Noria Mabasa. Zitate der Geehrten sind in den elf offiziellen Landssprachen am Sockel zu lesen, so z. B. Bischof Tutu: »Ein Mensch ist ein Mensch durch andere Menschen«. Bei **Township Guitars** können Sie die typischen, aus Blechkanistern zusammengebauten E-Gitarren erwerben, die verantwortlich sind für den Township-Sound Oberhalb im Garten der alten Hafenmeisterresidenz von 1860 steht neben dem 1894 errichteten **Time Ball Tower** ein vor über 100 Jahren von den Kanarischen Inseln hierher verpflanzter **Drachenbaum** – ein leicht giftiger Vertreter der Spargelgewächse.

### Von Haien, Korallen und Kelp-Wäldern

★ Two Oceans Aquarium

Spannende Abenteuer für die ganze Familie verspricht das Two Oceans Aquarium: Allein der 6 m tiefe, 1,6 Mio. Liter fassende Haupttank, den man in einem gläsernen Tunnel durchqueren kann, begeistert große wie kleine Besucher. Darin und in mehr als 30 weiteren Becken tummeln sich Clownfische, Zackenbarsche, Kaiserfische und andere **exotische Riffbewohner**, kann man Haie, Manta-Rochen und Wasserschildkröten, Pinguine und Robben, Anemonen, Seesterne und **farbenprächtige Korallen** des Indischen und des Atlantischen Ozeans bewundern. Eindrucksvoll ist auch die Präsentation der einheimischen Küstenlinie mit ihren mächtigen **Kelp**-Wäldern und deren Fauna. Beim 30-Minuten-Tauchgang mit Sandtigerhaien im Predator-Tank gibt's ultimatives Herzklopfen inklusive. Voraussetzung ist eine Open Water 1-Tauchlizenz.

Tgl. 9.30 – 18 Uhr | **Fütterungen**: wechselnde Zeiten, s. Website | Erw. R 250, Kinder R 115–185 | Persönliche Begegnung mit **Felsenpinguinen**: Di. – So. 10.30 Uhr für 90 Min., Erw. R 890, Kinder R 715 | **Ocean Experience**, mit Maske und Schnorchel zu Schildkröten und Fischen: tgl. 8.30, 12.30, 14.30 Uhr, eigene Ausrüstung R 895, Ausrüstungsverleih R 1190 | **Tauchen** im Predator-Tank: tgl. gleiche Zeiten u. Preise | Buchung mind. 1 Tag im Voraus | www.aquarium.co.za

### Wo die Stunde schlägt

Clock Tower

Der 1904 erbaute, weiß-graue **African Trading Port** (Port Captain's Building) an der Schwenkbrücke, ist heute eine Ladenzeile. Jenseits der **Schwenkbrücke**, die für den Schiffsverkehr zur Seite gedreht werden kann, steht der 1887 in neogotischen Stil errichtete, rote **Uhrturm**, das Wahrzeichen der Waterfront (►Abb. S. 43). Im Waterfront Amphitheatre und in der Quay Four Brasserie (www.quay4.co.za) finden am Wochenende häufig Livekonzerte statt. Die 1714 – 1725 errichtete **Chavonnes Battery** im Untergeschoss gehörte zur Befestigung der VOC, wurde aber 1861 aufgegeben. Teile der Anlage, einst auch Quarantäne-Hospital für Pockenkranke, waren als Museum zu besichtigen, sind nun aber auf unbestimmte Zeit geschlossen.

BAEDEKER ÜBERRASCHENDES

# 6X GUTE LAUNE

*Das hebt die Stimmung.*

## 1. EIN MUSS DER MUTTERSTADT

Samstags mit der ganzen Familie nach Woodstock auf den **Neighbourgoods Market** gehen, dort einkaufen, Leute treffen, essen, ratschen, und schließlich bestens gelaunt ins Wochenende starten. (▶ **S. 136**)

## 2. GOOD MORNING

Alleine die große Auswahl an Kaffee vom Americano bis zum Latte im **Dapper** ist ein Genuss. Dazu ein Schinken-Mozarella-Toast oder ein Bagel und Oldtimer als Kulisse. (▶ **S. 112**)

## 3. GRAUE RIESEN

Wie Akrobaten drehen sich die Wale in der Luft, um dann mit ihren tonnenschweren Körpern ins tiefe Blau vor der Küste von **Hermanus** abzutauchen. In Momenten wie diesem, ist die Laune nicht zu toppen. (▶ **S. 186**)

## 4. DÜFTE UND AROMEN

Ingwer, Kardamon, Chili und Zimt, dazu eine charmante kapmalaische Köchin und schon startet die **Kochsafari** von Andulela im bunten **Bo-Kaap-Viertel**. Nach ein paar Stunden zugucken, kochen und probieren sind Sie fast ein Profi, auf jeden Fall aber bester Laune. (▶ **S. 333**)

## 5. KARNEVAL AM KAP

Soviel Ausgelassenheit, Feierlaune, Tanzfreude und, und, und sind einfach ansteckend. Den Jahreswechsel mit dem berühmten **Minstrel Carnival** am 2. Januar sollten Sie sich nicht entgehen lassen. (▶ **S. 318**)

## 6. KEINE GNADE

Die schrille Drag Queen **Evita se Perrron** zieht auf der Bühne in **Darling** alle Politiker durch den Kakao und nennt selbst schlimmste Wahrheiten beim Namen. Die Bauchmuskeln schmerzen und die Stimmung ist toll! (▶ **S. 228, 281**)

### Diamonds are a girl's best friends

Diamond Museum

Im **Clock Tower Centre** bieten mehrere Juweliergeschäfte Schmuckstücke in jeder Form und Preislage. Die vier »C« stehen für Carat (Karat), Colour (Farbe), Clarity (Reinheit) und Cut (Schliff) eines Diamanten. Zur **Shimansky Diamond Tour** im ersten Stock gehört auch die Geschichte vom ersten Diamantenfund in Kimberley 1869 bis zu den berühmtesten Steinen der Welt, darunter der 1905 gefundene Cullinan mit 3106,7 Karat – bis heute der größte Rohdiamant der Welt. Schauen Sie zu, wie Diamanten geschliffen und poliert werden. Innerhalb von 72 Stunden können Steine nach persönlichen Wünschen gefasst werden.

1. Stock, Clock Tower Centre | tgl. 9 – 20 Uhr | Tel. 0 21 421 24 88
Eintritt frei, nur m. Anm. | www.capetowndiamondmuseum.org

### Abfahrt zur Gefängnisinsel

Nelson Mandela Gateway

Am Nelson Mandela Gateway legen die Fähren nach ▶**Robben Island** ab. Das angeschlossene Nelson Mandela Gateway Centre mit Ticketverkauf und Museumsshop gehört zum **Robben Island Museum** (RIM), die Multimedia-Ausstellung ist Bestandteil der Tour.

Samstags müssen Sie zum Brunch auf den Neighbourgoods Market.
Man probiert regionale Spezialitäten, alle sind gut gelaunt und genießen.

# ★★ WOODSTOCK & OBSERVATORY

**Lage:** Kapstadt, östliche Vororte

*Trendige Bars, angesagte Kunstgalerien, freche Street Art und eine bunte Alternativszene prägen die multikulturellen Studentenviertel Woodstock und »Obs« östlich der City. Samstags strömt ganz Kapstadt zum beliebten Neighbourgoods Market.*

Kunst, Graffiti & Genuss

In **Woodstock** boomt die kreative Szene. Die Medien- und Designerbranche hat das ehemalige Industriegebiet für sich entdeckt. Leere Lagerhallen und Fabriken wurden umfunktioniert zum Standort junger Ateliers, Galerien und Cafés. Die moderne **Woodstock Exchange** aus Glas und Stahl beherbergt Showrooms und Designergeschäfte wie den genialen Pflanzen-, Design- und Schmuckladen PoléPolé. In der **Woodstock Foundry** lassen renommierte Künstler wie William Kentridge (►Interessante Menschen), Brett Murray und Otto du Plessis ihre Skulpturen bei **Bronze Age** gießen. Um den Innenhof der Gießerei reihen sich kleine Shops wie Vrvo (www.vrvo.co.za) mit ausgefallenen Schmuckideen. Designerläden, Vintage- und Workshops, nette Cafés und exquisite Restaurants gibt es in der **Old Bisquit Mill**, dem liebevoll restaurierten Gelände einer ehemaligen Keksfabrik. Ihr **Neighbourgoods Market** am Samstagvormittag ist ein angesagter Treffpunkt der Kapstädter mit jeder Menge regionaler Köstlichkeiten – unbedingt besuchen! Im ehemaligen Mehlsilo besitzt Starkoch Luke Dale-Roberts zudem zwei Hotspots für Fine Dining: **The Test Kitchen** und **The Pot Luck Club** (►S. 311) mit unaufgeregtem Design und junger Kunst.

Das **Fairweather House** an der Sir Lowry Road 176 beherbergt gleich zwei wichtige Adressen: Bei **Taunina** (https://taunina.com) besticken sozial benachteiligte Frauen die berühmten Taunina-Teddybärchen in unendlich vielen Designs. Ein teures, aber viele Familien ernährendes Souvenir. Gleich nebenan liegt die renommierte **Goodman Gallery** (►S. 327), ein Dorado für jeden Kunstinteressierten.

In Woodstock residiert außerdem das einflussreiche Internet-Magazin **ArtThrob** (www.artthrob. co.za), das besonders die junge Kunstszene Südafrikas beleuchtet.

Bei aller Freude an den Design-Highlights sollten Sie auch der **Street Art** in den Nebenstraßen Beachtung schenken. Juma Mkwela führt engagiert und inspirierend zu den Kunstwerken an Mauern und Wänden (► Das ist Kapstadt S. 15).

**Woodstock Exchange**: 66 Albert Rd | Mo. – Fr. 8 – 17, Sa 8 – 14 Uhr
**Woodstock Foundry**: 160 Albert Rd | Mo. – Sa. 10 – 16 Uhr

**Old Bisquit Mill**: 375 Albert Road | Mo. – Fr. 10 – 16, Sa. 9 – 14 Uhr www.theoldbiscuitmill.co.za | **Woodstock Street Art Tour**: Juma's Tours z. B. 90 Min. R 450 | www.jumaarttours.co.za

**Wissenschaft und Studentenszene**

Observatory

Seinen Namen verdankt der Stadtteil dem im Jahr 1828 eingerichteten **South African Astronomical Observatory**, das den Sternenhimmel der südlichen Hemisphäre erklärt und für pünktliche Kanonaden auf dem ►Signal Hill sorgt. Geschäftiges Zentrum ist die enge **Main Road** mit winzigen viktorianischen Stadthäusern, in denen heute viele Studenten wohnen und Bars, Cafés und Kleinkunstbühnen wie das Independent Armchair Theatre zu Hause sind. Kinder und Jugendliche lieben das **Cape Town Science Centre**, wo sie an mehr als 250 Stationen spielerisch die Gesetze der Natur kennenlernen können. Angesagter Treff ist das **OBZ Café**, 115 Lower Main Rd.

**SA Astonomical Observatory**: 1 Observatory Road | »Open Nights« jeden 2. und 4. Samstag/Monat ab 20 Uhr, Voranmeldung erforderlich | Eintritt R 50 | www.saao.ac.za

**Cape Town Science Centre**: 370B Main Road | tgl. 9 – 16.30 Uhr Eintritt R 95 www.ctsc.org.za

**Zu Ehren der Medizin**

Heart of Cape Town Museum

Zum 40. Jahrestag der weltweit ersten Herztransplantation wurde 2007 das Museum im Groote Schuur Hospital eröffnet, wo **Professor Christiaan Barnard** (►Interessante Menschen) 1967 die erste erfolgreiche Verpflanzung eines menschlichen Herzens gelang. Sein Operationssaal ist originalgetreu nachgestellt.

Mo. – Fr. Touren um 9, 11, 13 und 15 Uhr nach Vereinbarung unter Tel. 021 404 19 67 | Eintritt R 400 | https://heartofcapetown.co.za

# ★★ ZEITZ MOCAA

**Lage:** V. & A. Waterfront, Silo District | tgl. 10 – 18 Uhr
**Eintritt:** R 250, unter 18 J. frei | Restaurant Di. geschlossen
**https://zeitzmocaa.museum**,

*Nachts, wenn sich die Lichter der ►V & A Waterfront in seinen prismenförmigen Scheiben brechen, strahlt das Zeitz MOCAA wie ein Leuchtturm. Das möchte Kapstadts aufsehenerregendes Museum of Contemporary Art Africa auch sein, ein Wegweiser auf den verschlungenen Pfaden zeitgenössischer afrikanischer Kunst.*

Neuer Stern am Kulturhimmel: Große Fenster geben dem Gewölbe des Zeitz MOCAA viel Licht, das wabenförmige Betonfoyer erinnert an einen Bienenstock.

»
Das Schöne an der afrikanischen Kunst ist, dass die Botschaft der Kunst wirklich eine einfachere Zugänglichkeit hat.
«
*Jochen Zeitz*

Das Zeitz MOCAA hat den kulturellen Schmelztiegel Kapstadt auf das internationale Parkett der Kunstszene katapultiert (▶Das ist Kapstadt S. 21). Als erstes Museum auf dem Kontinent präsentiert es **ausschließlich Werke afrikanischer Künstler**. Initiator des Projekts war der ehemalige Puma-Manager **Jochen Zeitz**, dessen Sammlung den Grundstock des Museums bildet. Als Architekten für den Umbau des Getreidesilos gewann er den Londoner Thomas Heatherwick. Kurator wurde der Südafrikaner Mark Coetzee, sodass nicht nur vor Ort heftig darüber spekuliert wurde, warum ausgerechnet drei

Ein ganzer Kontinent in einem Haus

weiße Männer ein Projekt verantworten, das afrikanischer Kunst zur Geltung verhelfen soll. Coetzee musste nach einem Jahr wegen rassistischer Äußerungen gehen. Neue Kuratorin wurde 2019 **Koyo Kouoh** aus dem Senegal, die das angekratze Image des jungen Museums aufpolieren will. Dabei helfen sollte 2019/2020 die Ausstellung des Großmeisters **William Kentridge** (▶Interessante Menschen). Langfristig möchte sich auch Zeitz aus dem Projekt zurückziehen. Erfolgreich ist es ja schon: 350 000 Besucher pro Jahr stehen für eine stolze Bilanz.

### Architektur als Symbol

Kathedrale der Kunst

Allein die spektakuläre Architektur verdient Bewunderung: Den Kernbereich des um 1920 errichteten **Getreidesilos** verwandelte Heatherwick in eine 33 m hohe Eingangshalle, die mit ihren teils abgesägten und angeschrägten Betonstreben wirkt wie eine gotische Kathedrale. Über ihr schwebt Nicholas Hlobos aus Gummischläuchen geformter, filigraner Drache, zu dem ein Xhosa-Mythos den in Kapstadt geborenen Künstler inspirierte (▶Abb. S. 139). Auf 6000 m² in 80 Ausstellungsräumen ist im Hauptturm Kunst zu besichtigen, etwa die Hälfte wird für Zeitz' Sammlung, die andere Hälfte für Wechselausstellungen genutzt. Ganz oben residiert ein Luxushotel.

### Die Sprache der Haut und ein Totentanz

Mythen und Moderne

Wie vielfältig und unterschiedlich die verschiedenen Arbeiten im MOCAA sind, sei hier an einigen spannenden Beispielen verdeutlicht: Die aus Swasiland stammenden **Nadipha Mtambo** arbeitet mit Naturmaterialien. Ihre aus ungegerbten Kuhhäuten geformten »Kleidungsstücke« wirken wie Gestalten zugleich menschlichen und tierischen Ursprungs – ein in afrikanischen Mythen beliebtes Motiv. **Mary Sibande** aus Johannesburg thematisiert mit ihren monumentalen Skulpturengruppen die Suche nach eigener südafrikanischer Identität und lässt von Kolonisation und Apartheit gezeichnete Frauen als apokalyptische Reiterinnen triumphieren (▶Das ist Kapstadt S. 21). Der Grandseigneur der südafrikanischen Kunstszene, **William Kentridge**, stellte dem Museum seine Panoramaprojektion »More sweetly play the dance« zur Verfügung. In einem dunklen, halbkreisförmigen Raum ziehen Musiker, fahnenschwingende Arbeiter, Skelette und Priester in einer scherenschnittartigen Prozession durch eine von hinten beleuchtete Landschaft. Immer neue Silhouetten tauchen auf, eine Art Brass-Musik begleitet sie. Bewegung und Veränderung, also das, was Südafrika heute prägt, sind Themen dieser Arbeit, die nicht nur wegen der Gevatter-Tod-Gruppe an europäische Totentanzmotive erinnert. Durch das Scannen der im Museum verteilten **QR-Codes** und mit kurzweiligen Videos zu den Must-See-Werken und Events auf der **Instagram App** des Museums (www.instagram.com/zeitzmocaa) können sich Kunstinteressierte durch die eindrucksvollen Hallen und Galerien des Zeitz MOCAA führen lassen.

**Und danach ...**

... geht's ganz nach oben, zum **Skulpturengarten** in der sechsten Etage. Neun mit geheimnisvollen Chiffren bedeckte Glasscheiben des Togolesen El Loko bilden den Boden des »Gartens« und lassen zugleich Licht ins Museum. Wenn der Magen knurrt, bietet das **Zeitz Mocaa Food** hier oben gesunde Snacks und Speisen mit spektakulärem Blick. Ganz unten warten im **Museumsshop** Bücher und allerlei Erinnerungsstücke, vieles in hübschem Design, auf Käufer.

Genuss im MOCAA

# Z
# ZIELE RUND UM KAPSTADT

*Magisch, aufregend, einfach schön*

Alle Ziele sind alphabetisch geordnet. Sie haben die Freiheit der Reiseplanung.

Französische Ecke am Kap: das Hugenotten-Denkmal in Franschhoek ►

# CAPE AGULHAS

**Lage:** 150 km südöstlich von Kapstadt

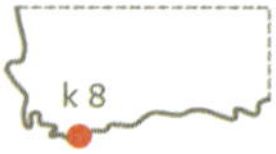


*Am »Kap der Nadeln« endet der afrikanische Kontinent in der meist windgepeitschten Vereinigung von Atlantik und Indischem Ozean. Möwen spreizen ihr Gefieder auf den messerscharfen Klippen, Fynbos und Gras beugen sich vor den Naturgewalten, das nächste Festland – die Antarktis – ist 2150 Seemeilen entfernt.*

Weiter südlich geht es nicht

Man könnte meinen, dass die eher unwirtliche Natur des Cape Agulhas nicht unbedingt urlaubstauglich ist, doch die dichte Bebauung an der Küste spricht für das Gegenteil: Dank seines 14 km langen Strandes haben viele Kapstädter eine Ferienwohnung in L'Agulhas. Der Ortsname des windumtosten »**Kap der Nadeln**« verweist auf portugiesische Seefahrer, die die spitzen Felsen der vorgelagerten Riffe fürchteten. Bartolomeu Diaz, dem großen Entdecker, wurden sie möglicherweise zum Verhängnis. Seine Karavelle sank am 29. Mai 1500 eben hier vor dem Kap, so erzählt es jedenfalls die lokale Legende. Der 1848 eröffnete **Leuchtturm** ist der zweitälteste des Landes. Das darin untergebrachte Museum über Vögel und Pflanzen im autofreien **Agulhas National Park** ist leider bis auf Weiteres geschlos-

Cape Agulhas – die Südspitze Afrikas ist Treffpunkt zweier Ozeane.

## CAPE AGULHAS UND BREDARSDORP ERLEBEN

### CAPE AGULHAS TOURISM BUREAU

19 Long Street, Bredasdorp
Tel. 028 425 55 81
www.discovercapeagulhas.co.za

### ARNISTON SPA HOTEL €€€

Schicke Balkonzimmer mit Meerblick. Im Restaurant werden zartes Lammfilet an Süßkartoffelbrei und Fisch vom Feinsten bei Kerzenschein serviert. Entspannung bieten Dampfbad und Massagen im Ginkgo Spa.
1 Main Road
Arniston Bay, Arniston
Tel. 028 445 90 00
www.arnistonhotel.com

### L'AGULHAS SEAFOODS €€

Gute Adresse für frischen Fisch und leckeres Sushi in rustikalem Ambiente mit Sonnenterrasse
111 Main Road, L'Aghulas
Tel. 028 4357207

### 6 ON KLOOF €€

In dem bezaubernden Guesthouse gruppiere sich sechs nostalgische Doppelzimmer um Patio und Garten eines kapholländischen Hauses. Die herzlichen Gastgeber stehen mit Tipps und Rat zur Seite.
6 Kloof Street, Bredasdorp
Tel. 076 874 83 83
www.6onkloof.com

### THE WARM ART OF AFRICA

Sie suchen noch ein stimmungsvolles Mitbringsel? In der Kapula Gallery an der Ecke Patterson Street/First Avenue in Bredasdorp bekommen Sie schöne, handbemalte Kerzen mit bunten afrikanischen Mustern.
Mo. – Do. 9 – 17.30, Fr. bis 17
Sa. bis 13 Uhr, www.kapula.com/showroom-retail-shop

sen. Panoramablicke auf das Biotop verspricht nach 71 Stufen die Aussichtsplattform des Turms. Der Weg zum Nadelkap, dem **Southernmost Point**, ist für PKW frei. Auf dem Gedenkstein beim Parkplatz ist die offizielle Trennlinie zwischen dem **Indischen Ozean** und dem **Atlantik** markiert.

**Agulhas National Park**: Erw. R 242, Kinder R121
www.sanparks.org
**Cape Agulhas Lighthouse**: tgl. 9 – 17 Uhr | Erw. R 90, Kinder R 45
www.transnetnationalportsauthority.net

### Merinoschafe und versunkene Schiffe

Die ruhige Kleinstadt 38 km landeinwärts wurde 1838 von dem Merino-Schafzüchter Michiel van Breda gegründet und zählt heute zu den schnell wachsenden, küstennahen Gemeinden, denn viele Kapstädter verbringen hier gerne das Wochenende und viele Ruheständler ihre Rente. Im **Shipwreck Museum** kann man Strandgut und Überreste der 1815 gesunkenen »Arniston« bestaunen. Am Ende der Van Rie- Bredasdorp beeck Road beginnen die Wanderwege durch das **Heuningberg Nature Reserve**. Verschiedene Protea- und Erika-Arten sind hier heimisch wie die im April und Mai rot leuchtende »Lilie von Bredasdorp«. Im Feuchtgebiet **de Mond** südlich der Mündung des Heuningnes River nisten schwarze Austernfischer, Nilgänse und die seltenen Damara-Seeschwalben. Hier liegt auch ein schneeweißer Sandstrand.

**Shipwreck Museum:** Mo. – Fr. 9 – 16.30, Sa. 9 – 14 Uhr | Erw. R 60
**De Mond Nature Reserve:** tgl. 7 – 16 Uhr, R 50
www.capenature.co.za

**Fotogene Fischerhäuschen**

Arniston

Von den Anfängen Arnistons vor gut 200 Jahren zeugt die **Fischersiedlung Kassiesbaai**. Ihre fotogenen reetgedeckten Katen sind längst Nationaldenkmal. »Arniston« hieß ein englischer Truppentransporter, der 1815 vor der Küste sank – 372 Menschen ertranken. Die Region wird auch Waenhuiskrans genannt, Ochsenkarrenhöhle, nach einer riesigen, bei Ebbe zugänglichen Höhle, in der die ersten Siedler ihre Ochsengespanne unterbrachten.

**Fynbos, Dünen und Wale**

★ De Hoop Nature and Marine Reserve

Das 34 000 ha große Naturreservat 40 km nordöstlich von Bredasdorp lohnt wegen seiner artenreichen Fynbos-Vegetation (►Baedeker Wissen S. 244) und herrlichen Dünenlandschaft. Auf dem fünftägigen **Whale Trail** (Anmeldung erforderlich) können Sie von Mai bis November am besten von den hohen Dünen bei Koppie Alleen Südliche Glattwale beobachten (►Baedeker Wissen S. 184). Auch Kap-Zebras, Elenantilopen, Buntböcke, Paviane und Strauße leben hier.

Erw. R 60, Kinder R 30 | www.capenature.org.za

# DURBANVILLE

**Lage:** 23 km nordöstlich von Kapstadt (N 1, Exit 23, R 302)
**Einwohner:** 55 000

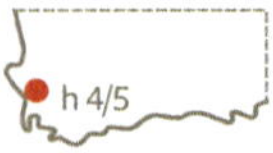


*Kunsthandwerk und Surferstrände: Beim Ausflug nach Norden zeigt sich das Kap von einer sehr ländlichen Seite – wären da nicht die riesigen Shopping Malls. Und auch in den Durbanville Hills wird probiert und eingekauft – dort allerdings feine Weine.*

**Berühmter Strand mit prominentem Panorama**

★ Bloubergstrand

Den **schönsten Blick** auf Kapstadts Hausberg hat man 15 km nördlich der City am kilometerlangen, weißen Bloubergstrand. Bei den Klippen am Parkplatz brechen sich die tosenden Wellen des Atlantiks.

Am Wochenende relaxen viele gern am Bloubergstrand.

Zum Baden ist es meist zu windig und zu kalt, dafür kann man **Kitesurfern** vor der Kulisse des Tafelbergs zusehen, der häufig in blauem Dunst verschwindet – daher der Name. Am Bloubergstrand, wo die Bucht einen kleinen Knick macht und den Südost-Passat genau sideshore blasen lässt, werden bedeutende internationale **Surf-Wettbewerbe** ausgetragen. Weiter auf der Küstenstraße, die immer wieder herrliche Ausblicke gewährt, erreicht man die Dünenlandschaft des breiten **Melkbosstrandes** mit einem großen **Golfplatz** inmitten von herrlichem Fynbos und einem der wenigen Campingplätze im Großraum Kapstadt.

### Ultimatives Shopping und ein Vorort mit alten Wurzeln

Bevor man 20 Autominuten nordöstlich von Kapstadt Durbanville erreicht, passiert die N 1 auf halber Strecke das Mega-Einkaufszentrum **Canal Walk** mit über 400 Geschäften, die täglich 9 bis 21 Uhr nationale und internationale Marken präsentieren (http://canalwalk.co.za). In Durbanville trafen sich früher Farmer der Umgebung in Pampoenkraal, dem »Kürbiswall« unterhalb der Durbanville Hills. Die restaurierte Windmühle Onze Molen aus der Gründungszeit, der Rosengar- Durbanville ten an der Durban Road mit über 500 Rosensorten und der attraktive 18-Loch-Golfplatz zählen zu den Highlights des lebhaften Städtchens. Denkmalgeschützte Bauten des 19. und frühen 20. Jh.s sind die holländisch-reformierte Kirche an der Weyers Avenue und die edwardianische Residenz Kings Court an der Church Street.

### Handwerkskunst und Weinverstand

Rust-en-Vrede

Im **Rust-en-Vrede Cultural Centre** sind ein Töpfermuseum und eine Art Gallery, beide mit Werken zeitgenössischer Künstler, untergebracht. Der Mitte des 19. Jh.s im kapholländischen Stil begonnene **Drostenhof Rust-en-Vrede** war bis 1856 Polizeistation, später Schule und Gericht. Dichterlesungen im Galeriecafé werden unter www.litnet.co.za angekündigt. Unter den alten Eichen im Garten findet der **Durbanville Craft Market** statt, auf dem über 200 Kunsthandwerker ausstellen. Seit dem 18. Jh. wurden in den Hügeln um Durbanville Reben gepflanzt. Die **Durbanville Wine Route** verbindet heute zwölf Weingüter, die vor allem Cabernet Sauvignon, Shiraz und Merlot anbauen, aber auch Chardonnay und Sauvignon Blanc.

**Rust-en-Vrede Cultural Centre**: Wellington Road 10 | Mo. - Fr. 10-16, Sa. 9 - 13 Uhr | www.rust-en-vrede.com | **Durbanville Craft Market**: jeden 1. Sa. im Monat, Zusatztermine werden auf www.facebook.com/DurbanvilleCraftMarket/ bekanntgegeben | **Durbanville Hills**: Weinprobe Mo. 12 - 18, Di. - Fr. 10 - 18, Sa. bis 17, So. 11 - 17 Uhr Kellertouren Mo. - Fr. n. V. | R 80 | Weinproben ab R150
www.durbanvillehills.co.za

# ★★ FRANSCHHOEK

**Lage:** 85 km östlich von Kapstadt | **Einwohner:** 18 000

*Nicht nur der Name des Winzerdörfchens klingt französisch. »Wie Gott in Frankreich« kann man hier wunderbare Weine kosten und herrlich speisen – folgen Sie der Franschhoek Wine Route zu berühmten Weinkellern am Kap.*

Charmante Winzer-hochburg

Franschhoeks Geschichte begann 1688 mit der Ankunft von 277 **Hugenotten**, die nach der Aufhebung des Edikts von Nantes, aller religiösen und bürgerlichen Rechte beraubt, aus ihrer Heimat flohen. Religionsfreiheit wurde ihnen am Kap ebenso garantiert wie eine Landschenkung im damals **Oliphantshoek** (Elefanteneck) genannten Tal. Die Elefantenherden waren rasch dezimiert, 1847 wurde der letzte Dickhäuter erlegt. Der Weinbau begann mit den ersten hugenottischen Einwanderern, mindestens drei von ihnen waren ausge-

Kapholländischer Stil: der elegant geschwungene Giebel der Town Hall

wiesene Winzer. Heute können in der »Wine and Food Capital of the Cape« zahlreiche **Weingüter** zwecks Kellertour und Weinprobe besucht werden. Franschhoek gilt als **Gourmethochburg** am Kap, in der sich in der **Huguenot Road** neben der kapholländischen **Town Hall** erstklassige Restaurants, schicke Boutiquen und Kunstgalerien aneinanderreihen.

### Hugenotten, Wein und Parfum

Huguenot Memorial Museum

Das zur 250-Jahr-Feier des Weindorfes 1938 von C. Steynberg gestaltete **Hugenottendenkmal** am Südende der Huguenot Road erinnert an die Glaubensflüchtlinge. Das Hugenottenkreuz und die Figur einer Frau mit Bibel und zerbrochener Kette symbolisieren den Neuanfang, ►Abb. S. 143. Im Museum ist die Stadtgeschichte und Genealogie wichtiger Familien dokumentiert. Ein Nebengebäude zeigt die umfangreiche Parfumflaschensammlung der aus Bulgarien zugewanderten Familie Kumanov. Pausentipp: Bestellen Sie die frisch gebackenen Scones im **Café Antoinette**.

**Hugenottendenkmal:** tgl. 9 – 17 Uhr | www.museum.co.za
**First African Perfume Museum:** tgl. 9 – 17 Uhr | www.firstsouthafricanperfumemuseum.com | Erw. R 100 für beide Museen

## FRANSCHHOEK ERLEBEN

### FRANSCHHOEK WINE VALLEY
66B Huguenot Rd, Tel. 078 990 58 10, http://franschhoek.org.za

### ❶ LA PETITE COLOMBE €€€/€€€€

Das Edelrestaurant im Boutiquehotel unter Leitung des jungen Peter Duncan lässt keine Erwartungen an kulinarische Sensationen unerfüllt. Das 7-Gänge-Menü gibt es auch in einer vegetarischen Variante. Die Weinbegleitung (auf Wunsch) ist perfekt abgestimmt.
Leeu Estates, Dassenberg Road Tel. 021 202 33 95 www.lapetitecolombe.com

### ❷ REUBEN'S €€€/€€€€

Mit kreativer Küche beglückt Starkoch Reuben Riffel in seiner Brasserie. Mittags serviert er auch ein rustikaleres Braai mit Grillgerichten. Der Bartresen ist der Flügel einer DC 10.
19 Huguenot St., Tel. 021 876 37 72 http://reubens.co.za

### ❸ CHEFS WAREHOUSE AT MAISON €€€

Excellentes kleines Weinlokal mit tollem Tapas-Menü und einem unwiderstehlichen Schokoladen-Dessert
R 45, Franschhoek, Tel. 021 876 21 16, www.chefswarehouse.co.za/maison

### ❹ ŌKU €€€

Eine Abwechslung zur südafrikanischen Küche verspricht dieses schicke Restaurant mit Schwerpunkt Ostasien. Springbock macht sich als tataki hervorragend, und den Abschluss bildet Chokorētomūsu – köstliche Schokomousse mit Minze.
Heritage Square, 9 Huguenot Street, Franschhoek, Tel. 021 023 46 95, https://eat-oku.co.za

❶ La Petite Colombe
❷ Reuben's
❸ Chefs Warehouse at Maison
❹ Ōku
❺ L'Ami
❻ Protége

❶ Grande Provence
❷ Avondrood
❸ theLAB Blue
❹ Les Chambres

### ❺ L'AMI €€€

Fein speisen, aber nicht so formell: So sieht das Konzept des Restaurants auf La Motte aus, und dazu gehört auch, dass es eine Speisekarte für kleine Gäste gibt. Die Erwachsenen genießen gegrillten Sommer-Spargel mit Ricotta oder Skaapstertjies (überraschen lassen!) und dazu die exzellenten La-Motte-Weine.
Main Road, Tel. 021 876 88 00
www.la-motte.com

### ❻ PROTÉGÉ €€€/€€

Zum Start warme, knackige Edamame, gefolgt von Thunfisch Tataki oder zartem Lammrücken mit Jerusalem-Artischoken-Püree – genial!
18 Huguenot Rd, Tel. 021 492 40 48, www.protegerestaurant.co.za

### ❶ GRANDE PROVENCE €€€€

Stilvolle Kolonial- und Designermöbel sorgen in der romantischen Luxusvilla auf dem **Weingut Grande Provence** für eine wunderbare Atmosphäre. Mit Anvor Fortuyn steht dem Restaurant ein ungemein kreativer Küchenchef vor, dessen Kompositionen nicht nur den Gaumen begeistern, sondern auch visuelle Kunstwerke sind. – den Springbock serviert er gern mit miliepap und chakalaka! Verkostungen tgl. 10–17.30 Uhr ab R 155. Die Kunstgalerie zeigt Arbeiten von Lionel Smit bis zu Nico Masemolo, im Skulpturengarten stellen junge Bildhauer wie Jacques Dhont und Angus van Zyl Taylor aus.
Main Road, Franschhoek
Tel. 021 876 86 00
www.grandeprovence.co.za

### ❷ AVONDROOD €€€

Viktorianisches Gästehaus mit fünf wunderschönen Zimmern und frisch gebackenen Croissants zum Frühstück, das im Speisezimmer oder auf der Terrasse serviert wird. Pool, herrlicher Garten, Kamin und eine gut bestückte Weinbar.
39 Huguenot Street
Franschhoek
Tel. 021 876 21 12
www.avondrood.com

### ❸ THELAB BLUE €€€

Zur Abwechslung nichts Viktorianisches, sondern ein B & B mit modernen, hellen, zurückhaltend möblierten Räumen sowie Mini-Pool und Mini-Spa. Alle Räume mit »Smart Home«-Ausstattung: Ein Wort genügt, und der Kaffee wird aufgebrüht.
4 Erika Street, Franschhoek
Tel. 066 198 14 37
https://thelab.africa

### ❹ LES CHAMBRES €€

Elegantes Stadthaus mit 4 romantischen Zimmern im viktorianischen Stil
3 Berg Street, Franschhoek
Tel. 021 300 62 02
www.leschambres.co.za

Junge afrikanische Kunst und Souvenirs aus Holz, Metall und Glas finden Sie im **Franschhoek Art House** an der Hugenot Street 52, bei **Huguenot Fine Chocolates** in der Daniel Hugo Street 1 gibt es edle Pralinen nach belgischem Rezept – probieren Sie die Schokoladentrüffel mit südafrikanischem Amarula-Likör!

### MIT DER TRAM ODER DEM RAD

Die nostalgische **Franschoek Wine Tram** von 1890 nutzt die alte Bahnlinie im Franschhoek-Tal und fährt einige der ältesten und besten Weingüter an. Tickets am besten vorab buchen.
Franschhoek Wine Tram: Ecke Main Rd/Cabrière St., Erw. R 330, Kinder R 90, http://winetram.co.za. Passionierte Radfahrer bekommen bei Franschhoek Cycles (2 Main Road, https://franschhoekcycles.co.za) gut gewartete Räder und Tipps für Touren.

# PRICKELNDES VERGNÜGEN

BAEDEKER WISSEN

*Der Erfolg des Weingutes Haute Cabrière in Franschhoek begann 1982 in aller Stille. Parallel arbeitete Achim von Arnim damals noch als Kellermeister in Boschendal. Furore machte der Sekt-Baron ab 1994 mit Südafrikas erstem Schaumwein »Pierre Jourdan«.*

Die knallrote Ente war sein Markenzeichen: Mit dem 2 CV Baujahr 1967 tuckerte der Patriarch am liebsten durch die steilen Rebhänge oberhalb von Haute Cabrière. **Achim von Arnim**, um die 80, ein Hüne mit Gardemaß und Spross des seit 1204 verbürgten Brandenburgischen Uradels, legte nie größeren Wert auf Siegelring und Adelstitel, wohl aber auf guten Humor. Sein Medientitel »**Champagnerbaron**« sei eine Hommage an den Erfolg des ersten südafrikanischen Sektes »Pierre Jourdan«. Frotzeleien fochten den überaus kommunikativen Marketing-Profi, der inzwischen den Stab an Sohn **Takuan von Armin** und Tochter **Tanja von Armin** weitergegeben hat, nicht an. Wichtiger war von Arnim der Blick über die 11 ha Reben oberhalb der Kelterei. Deren Hanglage an der Flanke des Franschhoek-Passes erlaubt, die Traubenernte bequem durch das Dach einzufüllen. »10 000 Weinstöcke pro Hektar, wie im Burgund,« resümierte der Baron gerne. »Alles Handarbeit!«. Auch wenn er heute den Ruhestand genießt, lässt er das Weingut nie ganz aus den Augen. Und die rote Ente ist inzwischen Museumsstück. Eine weitere Erinnerung an die Pionierzeit des Champagnerbarons hängt im Besucherzentrum: Jene Schuhe, mit denen von Arnim die Erde oberhalb der alten Kiesgrube von Franschhoek einst entdeckte. Gleicher Lehm wie in Burgund klebte an seinen Sohlen – perfekt für einen **Pinot Noir** und **Chardonnay**! Als viele Südafrika den Rücken kehrten, wagte von Arnim die Realisierung seines Traums: Rund 2 Mio. Euro waren investiert, bevor 1994 nach der Sekt-Produktion in Haute Cabrière auch ein Weinkeller für Stillweine eröffnet wurde. Ein denkwürdiges Datum: 300 Jahre zuvor, am 22. Dezember 1694, erhielt der Hugenotte Pierre Jourdan Land am Ufer des Franschhoek. Er nannte es Cabrière nach dem Ort in der Nähe von Avignon.

## »Sonne, Erde, Wein ...

... und Mensch« lautet das Credo des erfolgreichen Winzers, das den Weinbau zur Kunst erhebt. Von Arnims Karriere begann beim Önologen Karl Werner in Kapstadt. Es folgte ein Jahr bei Karl-Josef Hoch in Neustadt an der Weinstraße, ehe es 1967 zur Winzerakademie von Geisenheim ging. Dort studierte er Weinbau und Kelterkunst. An der Mosel traf er dann eine Winzertochter: Hildegard von Arnim ist nun über 50 Jahre mit ihm verheiratet, gemeinsam haben sie vier Kinder. Achim von Arnim ist stolz darauf, dass seine Familie bereits in fünfter Generation mit je einem deutschen und südafrikanischen Elternteil aufwartet. Natürlich, so von Arnim, dürfe er seinen Schaumwein nicht Champagner nennen, auch wenn er streng nach dem klassischen Champagnerverfahren entweder in der Blanc de Blanc-Version – ausschließlich Chardonnay – oder als Cuvée Brut – zusätzlich mit Pinot Noir – ausgebaut wird. Zur Weinprobe unter dem von

Bei der Sabrage werden die Sektflaschen schwungvoll mit dem Säbel entkorkt.

zwei Büffelhörnern gekrönten Wappen der von Arnims wird der Pierre Jourdan Brut verkostet: 60 % Chardonnay, 40 % Pinot Noir.

Gelegentlich zelebriert Takuan von Arnim persönlich bei der Heritage Tour die »**Sabrage**«: Die Entkorkung der Sektflaschen per Säbel praktizierten einst französische Kavallerie-Offiziere, wenn Korken klemmten oder abgebrochen waren. Offiziere, so von Arnim schmunzelnd, stürben zwar jederzeit bereitwillig fürs Vaterland, dies aber nie durstig. Das Entkorken durch gezielten Säbelhieb gegen den oberen Flaschenhals trennt Korken und Flaschenende komplett ab – wer will, kann es nach der Kellerbesichtigung unter fachkundiger Anleitung gern selbst versuchen.

### »Entdecke dich selbst« ...

... fordert der Ausstellungskatalog »Naked«, in dem Achim von Arnim seine Gedichte, Prosa und rund 60 Gemälde aus vier Jahrzehnten zusammengestellt hat. Dabei steht er in bester Tradition großer Vorfahren: Ludwig Achim von Arnim war mit seiner Liedsammlung »Des Knaben Wunderhorn« ein Hauptvertreter der deutschen Romantik, dessen Gattin Bettina wurde durch ihren Briefwechsel mit Goethe berühmt. Gemälde von von Arnim schmücken die Gewölbe von Haute Cabrière. Natürlich fehlt auch die knallrote Ente nicht: »Red Deux Chevaux« (2004) leuchtet auf 39 cm x 49 cm großer Leinwand.

### Genuss pur

Reservieren Sie einen Tisch im 2019 neu gestylten **Gourmetrestaurant** Haute Cabrière, Tel. 021 876 36 88. **Weinproben** Mo. – Sa. 10 – 17, So. bis 16 Uhr, **Kellertour** tgl. 12 Uhr, Erw. ab R 95, Tel. 021 876 85 00, online www.cabriere.co.za.

### Der gute Mensch vom Franschhoek Valley

Museum van de Caab

Multimedial wird im Weinkeller von 1740 auf **Solms-Delta** an der R 45 Richtung ▶ Paarl die Entwicklung des Weinguts und die Sklavengeschichte der Region erzählt. »Wer als Weißer im Apartheidsystem aufgewachsen ist«, so Mark Solms, »schuldet diesem Land etwas.« Daher hat er die Hälfte der Farm seinen Angestellten überschrieben und sie zu 50 Prozent am Gewinn beteiligt. Corona machte der guten Absicht einen Strich durch die Rechnung. Neuer Eigner ist der aus den USA stammende Tommy Hall, der das Konzept weiterführen will.
Über die weitere Entwicklung informiert https://solmsdelta.co

### Große Namen, edle Tropfen

★★ Franschhoek Wine Route

Über 50 **Weingüter** laden zu Verkostung und Verkauf in und um Franschhoek ein. Auf **La Motte** an der R 45 in Richtung ▶Paarl wurde 1752 erstmals Wein angebaut und das schöne Herrenhaus erbaut. Das Winzerteam produziert einen sensationellen Shiraz, im Restaurant L'Ami wird lecker und leicht gekocht (▶S. 151). Frankreich ist zu Gast im Weingut **Le Lude**, dessen Restaurant **L'Orangerie** nicht nur mit Lunch und Dinner, sondern einem bezaubernden High Tea überzeugt. Höhepunkt ist Le Ludes Signature-Schaumwein Le Cap Classi-

Atemberaubend: der Panoramablick vom Franschhoek Pass

BAEDEKER MAGISCHE MOMENTE

## FÜR ALLE SINNE

Edle Tropfen, feine Häppchen und lustige Anekdoten, staunen, lachen, miteinander diskutieren ... eine Weinprobe kann wunderbare Momente erschaffen. Perfekter Ort dafür ist das 1812 erbaute Herrenhaus von **Boschendal.** Vor über 350 Jahren legte der Hugenotte Jean Le Long den Grundstein für das preisgekrönte Weingut an der R 310 Richtung ▶Stellenbosch. Kosten Sie den rubinroten Shiraz, der in französischer Eiche ausgebaut wird. Mit innovativer Landhausküche verwöhnt The Werf Restaurant, im »Deli« gibt es traditionelle Kap-Gerichte. Oder buchen Sie einen Picknick-Lunch im Schatten uralter Bäume. (Wine-&-Wander-Safaris über das Weingut Sa. 10 – 13 Uhr, R 2100, www.boschendal.com).

que (https://lelude.co.za).. **Grande Provence** bietet nicht nur edle Tropfen, sondern auch erlesene Küche und junge Kunst vom Kap (▶ S. 151). Lassen Sie für die Verkostungen das Auto stehen und buchen Sie die **Franschhoek Wine Tram** oder **geführte Radtouren** (▶ S. 151).

**Weingüter, Restaurants und Shops:** https://franschhoek.org.za

### Wilder Ritt

★ Vier Pässe-Tour

Outdoor-Freunde können auf einer Tagestour über den 701 m hohen **Franschhoek Pass** Spitzenweingüter mit traumhaften Panoramaaussichten verbinden. Vereinbaren Sie vor dem Start, wer nüchtern bleibt – die Route erfordert höchste Aufmerksamkeit! Die Strecke verläuft rund um das **Hottentots Holland Nature Reserve**, das von den Kapstädtern gern an Wochenenden und während der Ferien besucht wird (▶ S. 223). Kurz vor ▶Stellenbosch führt die R 310 über den 336 m hohen Helshoogte Pass zu den renommierten Weingütern **Thelema und Tokara** – reservieren Sie auf Tokara bei Carolize Coetzee einen Tisch mit tollem Blick auf Stellenbosch und die False Bay. Auf der N 2 fährt man weiter über den spektakulären Sir Lowry's Pass (402 m) bis zum Abzweig nach Grabouw auf die R 321. Über den 525 m hohen Viljoen Pass kommt man zurück nach Franschhoek.

**Thelema:** Weinproben Mo. – Fr. 9 – 17, Sa. 10 – 15 Uhr | Erw. R150
www.thelema.co.za | **Tokara:** www.tokara.com

# ★★ GARDEN ROUTE

**Lage:** 430 – 640 km östlich von Kapstadt
**www.gardenroute.co.za, www.sanparks.co.za**

*Nicht planmäßig angelegte Gärten und überreiche Blütenpracht begeistern an der Garden Route zwischen Mossel Bay und der Mündung des Storms River, sondern einer der schönsten Küstenabschnitte Südafrikas. Weiße Traumstrände und verwunschene Lagunen, üppige Urwälder und mächtige Berge, fruchtbare Täler und verträumte Weiler – ein Garten Eden am Indischen Ozean.*

Ein Garten Eden

Dieser Garten Eden möchte allerdings entdeckt werden, denn auf den ersten, enttäuschten Blick begleitet aufgeforsteter Nutzwald mit Eukalyptus und Kiefern die legendäre N2, die meist ein Stück landeinwärts der Küstenlinie folgt. Erst Abstecher auf Nebenstraßen wie auf die Seven-Passes-Road erschließen Landstriche, in denen der originäre Wald oder faszinierende Landschaftsformen wie die berühmten Lagunen erhalten sind, weil sie rechtzeitig unter Naturschutz gestellt wurden. Hier wird die Garden Route ihrem Namen gerecht! Als 2009 schließlich der Wilderness-Nationalpark, die Knysna National Lake Area und der Tsitsikamma-Nationalpark zusammengelegt und der

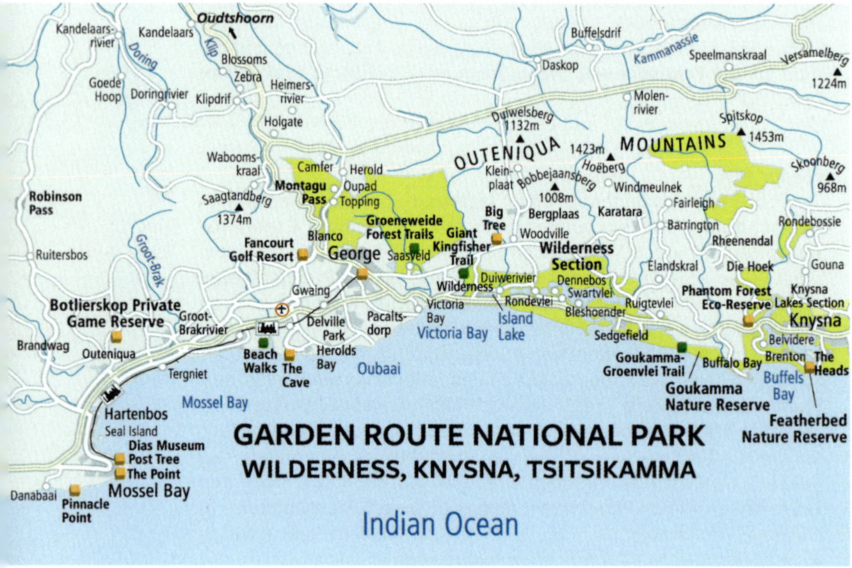

1210 km² große **Garden Route National Park** gegründet wurde, bekam der Schutz dieses komplexen Öko-Systems höchste Priorität.

## ★ Mossel Bay

### Ein Schiff wird kommen – die Entdeckung der Muschelbucht

Historische Hauptstadt der Garden Route

Mossel Bay (90 000 Einw.) lockt auf halber Strecke zwischen Kapstadt und Port Elizabeth mit einem malerischen Hafen, kilometerlangen Sandstränden und 300 Tagen Sonnenschein im Jahr. Nachdem **Bartolomeu Diaz** das ►Cape of Good Hope umrundet hatte, betrat er 1488 in der »Muschelbucht« als erster Europäer südafrikanischen Boden. Ihm folgte zehn Jahre später Vasco da Gama, der einen friedlichen Handel mit den Khoikhoi begann.

### Rund um den Briefkasten-Baum

★ Bartolomeu Dias Museum

Der Museumskomplex in der Market Street am Hafen zeigt eine Replik der **Karavelle**, mit der Diaz das Kap umsegelte. Sie wurde zum 500. Jahrestag der Landung des berühmten Seefahrers in Portugal nachgebaut und dann auf Diaz' Route von Lissabon nach Mossel Bay gesegelt! Inzwischen ist sie so marode, dass sie für Besucher gesperrt wurde – wann sie wieder instand gesetzt und zugänglich ist, steht in den Sternen. Im »Touch tank« des **Shell Museum & Aquarium** kann

## MOSSEL BAY ERLEBEN

### MOSSEL BAY TOURISM
Corner Market/Church Streets
Mossel Bay, Tel. 044 691 22 02
www.visitmosselbay.co.za

### WALE, HAIE UND SEEHUNDE
Am Vincent Quay legt das Segelschiff »**Romonza**« ab, das zwischen Juli und Okt. draußen in der Bucht bis auf 50 m an die Wale heranfährt (https://romonzaboattrips.co.za). Beim umstrittenen Cagediving kommt man mit **White Shark Africa** bei Tauchgängen im Käfig den Weißen Haien ziemlich nah (https://whitesharkafrica.com). Ausflugsschiffe fahren vom Hafen in Mossel Bay zum vorgelagerten **Seal Island**, das Tausende von Seehunden, Pinguine, Tölpel und Kormorane bevölkern. Vielleicht sehen Sie unterwegs auch Weiße Haie, die hier reichlich Beute finden – ein Grund, warum sie sehr selten Menschen angreifen.

### CAFÉ GANNET €€/€€€
Haisteak, Kingklip oder Muscheln – hier isst man ausgezeichnet Meeresfrüchte. Das Restaurant gegenüber vom Diaz-Museum gehört zum Protea Hotel Mossel Bay in der ehemaligen Handelsstation von 1846 mit Blick auf die Santos Bay.
Market Street, Tel. 044 691 18 85
www.cafegannet.co.za

### KAAI 4 €€
Das rustikale Lokal gleicht einem großen Picknickplatz. Serviert wird, was des Farmers Herz begehrt, von Boerewors und Burger bis zu Muscheln.
Mossel Bay Harbour, Quay 4
Tel. 079 980 39 81
www.kaai4.co.za

### CAROLA ANN'S €€
Ein sympathisches, farbenfroh eingerichtetes und sehr entspanntes Restaurant! Ein Genuss sind die vielen frischen Salate und Gemüsegerichte, eine Sünde wert die leckeren Kuchen!
12 Church Street
Tel. 044 690 34 77

### BAY LODGE ON THE BEACH €€€
Die Krugers haben acht schöne Zimmer direkt am Meer, gefrühstückt wird mit Blick zum kilometerlangen Sandstrand.
29 Bob Bouwer Crescent
Bayview, Mossel Bay
Tel. 066 076 39 99
https://thebaylodge.co.za

### EIGHT BELLS MOUNTAIN INN €€€
35 km nördl. von Mossel Bay schmiegt sich das idyllische Gästehaus an den Fuß des Robinson Passes. Entspannte Atmosphäre, stilvolle Zimmer und leckeres Essen im Oakroom. Pool, Tennis und Reiten.
An der R 328 nach Oudtshoorn
Tel. 044 631 00 01
https://eightbells.co.za

### SANTOS EXPRESS €/€€
Umgebauter englischer Zug, nur 30 m vom Strand. Am schönsten sind die »Royal Suites« in einem Abteil von 1921 mit Balkon und viktorianischer Badewanne. Im Restaurant gibt's günstig guten Fisch.
1 George Road, Mossel Bay
Tel. 044 691 19 95
www.santosexpress.co.za

Replik der winzigen Karavelle, mit der Bartolomeu Diaz von Portugal aus in See stach und 1488 ums Kap der Guten Hoffnung segelte.

man Austern und andere Muscheln berühren. Ein steinerner, als Stiefel geformter Briefkasten erinnert daran, dass der mächtige **Post Office Milkwood Tree** Seefahrern einst als Post Box diente – 1500 hinterlegte Pedro de Alaide hier eine Warnung vor Unruhen bei Kalkutta. Heute können Besucher Post an ihre Lieben in den »Stiefel« einwerfen; sie wird mit Spezialstempel zugestellt. Noch immer sprudelt die von Diaz »Aguada de Sao Bras« getaufte Quelle, aus der die Schiffe einst ihr Frischwasser auffüllten. Ein Kreuz markiert die Stelle der ältesten Kapelle Südafrikas, die der portugiesische Admiral da Nova 1501 errichtete. Im Ethnobotanischen Garten wachsen Heilpflanzen der San. Die weiß getünchten Munrohoek Cottages baute Alexander Munro 1830 – sein Sohn erhielt die erste Walfanglizenz.
Mo. – Fr. 9 – 16.45, Sa., So. 9 – 15.45 Uhr | Erw. R 30, Kinder R 10
http://diasmuseum.co.za

**Leuchtfeuer für die Schiffe**

Cape St. Blaize Lighthouse

Östlich von Mossel Bay blinkt auf der Landzunge **The Point** seit 1864 ein **Leuchtturm**. Hier kann man die majestätischen Buckel- und Glattwale vorbeiziehen sehen. Beim The Point Hotel mit einem natürlichen Gezeitenpool beginnt der **St. Blaize Trail**, der über 15 km an der Küste entlang nach Dana Bay führt.

### Malariafreies Wildparadies

★ Botlierskop Private Game Reserve

Ohne Angst vor einer Malariainfektion kann man 20 km nördlich von Mossel Bay im Botlierskop-Wildreservat als Tagesbesucher oder Übernachtungsgast auf Safari gehen. 4200 ha ehemaliges Farmland sind heute Heimat von Löwen, Nashörnern, Zebras, Büffeln, **Elefanten und schwarzen** (!) **Impalas**. Im Geländewagen, zu Fuß oder zu Pferd geht es auf die Pirsch. Am Fluss liegen 21 Luxuszelte im nostalgischen Kolonialstil mit Holzterrasse und Himmelbetten; auch Busch-Villen und Zimmer im Manor House.

Little Brak River, Mossel Bay | Tel. 044 333 00 21 | 3 Std. Game Drive Erw. R 690, Kind R 345 | www.botlierskop.co.za

### Reise in die Urzeit

Erste Menschen

In der einst 15 m über heutigem Meeresniveau liegenden Höhle am **Pinnacle Point**, 13 km westlich von Mossel Bay, wurden 2007 versteinerte Knochen, Steinklingen und Überreste von Schalentieren freigelegt, die belegen, dass erste Menschen hier schon vor 164 000 Jahren lebten und das Meer als Nahrungsquelle nutzten. Geführte Touren, teils mit wissenschaftlicher Begleitung eines Paläontologen, müssen vorab vereinbart werden und dauern zwei und vier Stunden.

In der **Blombos Cave**, 20 km östlich von Still Bay, wurden 77 000 Jahre alte Speerspitzen, eine Steinzeitkette aus Schneckenhäusern und Tiersehnen sowie eine 73000 Jahre alte Zeichnung auf einem Stein gefunden, die zu den ältesten Kunstwerken der Menschheit zählen – sie lagern heute im ►South African Museum in Kapstadt.

## George

### Golfplätze und historische Eisenbahnen

Mekka des Golfsports

Die 1811 gegründete und nach Englands König George III. benannte **größte Stadt der Garden Route** (212 000 Einw.) thront auf einem Plateau am Fuß der Outeniqua Mountains. Vor über 100 Jahren pries der britische Romancier Anthony Trollope George als »das schönste Dorf der Welt«. Gäste sind heute vor allem Freunde des Golfsports und historischer Transportgefährte.

### Nostalgische Mobilität

★ Outeniqua Transport Museum

Der legendäre Outeniqua Choo-Tjoe Train fährt leider nicht mehr, wenngleich nach wie vor Pläne existieren, ihn wiederaufleben zu lassen. Doch im Museum an der Mission Road 2 stehen in einer riesigen Halle noch 20 **historische Dampflokomotiven**, diverse Waggons und Paul Krugers privater Salonwagen. Daneben sind auch wunderbar erhaltene Automobil-Oldtimer zu bewundern. Der **Outeniqua Power Van** bringt schnaufend und ratternd Touristen vom Transport Museum hinauf zum Montagu Pass und passierte dabei Wasserfälle

## GEORGE ERLEBEN

### GEORGE TOURISM OFFICE
124 York Street, George
Tel. 044 801 92 99
https://visitgeorge.co.za

### PUTTEN AUF HOHEM NIVEAU
Auf Ihrer To-do-Liste fehlt noch die **Nr. 1 der südafrikanischen Golfplätze**? Laut Golf Digest Magazine ist das der Links-Platz des Fancourt Hotel (s. rechts), auf dem man leicht das Gefühl hat, an Schottlands Küste zu spielen. Auch Nicht-Hotelgäste können hier die Golfschläger schwingen. Weltklasseniveau versprechen ebenso die Hotelgästen vorbehaltenen Greens Montagu und Fancourt-Outeniqua. Alle drei wurden von Gary Player entworfen. Bramble Hill ist eine öffentliche »Pay for Play«-Anlage.

### PORTOBELLO ITALIAN KITCHEN €€€
Pasta, Pizza & Co fast wie in Italien, verfeinert durch südafrikanische Einflüsse. Umfangreiche Kinderkarte!
104 Meade Street, George
Tel. 044 630 04 01
http://portobellokitchen.co.za

### 101 MEADE €€
Modernes Design und Crossoverküche vom üppigen Frühstück über Tapas zu Mittag bis hin zum Kudu-Ragout am Abend. Sehr beliebt.
101 Meade St., Tel. 044 874 03 43
www.101meade.co.za

### BAYLEAF CAFÉ €
Gesunde, leichte Küche, auch vegetarische und vegane Speisen. Allerdings nur für Frühstück und Lunch – das Café schließt um 16 Uhr.
24 Cathedral St., Tel. 044 873 44 22

### FANCOURT HOTEL, COUNTRY CLUB & GOLF ESTATE €€€€
Ohne Zweifel eines der besten Golfresorts der Welt mit drei hochkarätigen Meisterschaftsplätzen. Dazu erlesene Zimmer mit Panoramablick auf die Outeniqua Mountains, preisgekrönte Feinschmeckerrestaurants und zur Entspannung römische Bäder, Jacuzzi und Pool.
Montagu Street, Blanco, George
Tel. 044 804 00 00
www.fancourt.co.za

### VIKKI'S AT THE BEACH €€
Bei Vikki's wird rustikal Südafrikanisches gekocht, was in der frischen Meeresbrise am Strand wunderbar schmeckt, so etwa Fish & Chips. Dazu unterhalten die Kapriolen der Surfer in den Wellen.
1 Beach Road, Victoria Bay
Tel. 081 065 76 88
Sommer tgl. 9–17 Uhr

### DUNE BEACH HOUSE €€€
Auf der Düne am Wilderness Beach warten sieben elegante Zimmer mit traumhaftem Blick auf den Indischen Ozean. Beim Frühstück können Sie Wale und Delfine beobachten.
31 Die Duin, Wilderness
Tel. 044 877 02 98
www.dunebeachhouse.co.za

### PARADISE COVE €€€
Grandiose Lage über der Victoria Bay mit weitem Blick die Küste entlang. Dazu vier romantische Cottages.
11 Victoria Heights Road, Victoria Bay, Tel. 044 889 03 62
www.paradisecove.co.za

und Tunnel. An aussichtsreicher Stelle wird die Fahrt für ein halbstündiges Picknick unterbrochen – den Proviant müssen die Passagiere selbst mitbringen. 3,5 Std. hin und zurück.

**Museum**: Sept.-April, Mo.- Sa. 8-17, Mai- Aug., Mo.-Fr. 8-16.30, Sa. 8- 14 Uhr | Erw. R25, Kinder R 15| www.outeniquachootjoe.co.za | **Outeniqua Power Van**: Abfahrt am Museum | Tel. 082 490 56 27 | Mo.- Fr. 9, 12, Sa. auch 8.30 und 12.30 Uhr, Erw. R 230, Kind R 200

### Unterwegs in den Honigträger-Bergen

Outeniqua Hiking Trail

Sieben Tage braucht man für den rund 110 km langen Wanderweg durch die von den Khoikoi »Honigträger« genannten Berge. Er verläuft von Beervlei im Bergplaas State Forest von Hütte zu Hütte bis zur Endstation Harkerville Forest nahe Knysna. Das Permit ist im Sanparks-Büro in Knysna erhältlich (www.sanparks.org).

### Über sieben Pässe

★ Seven Passes Road

Alternativ zur N 2 führt die teilweise unbefestigte Schotterpiste der Seven Passes Road von George durch dichte Urwälder und vorbei an grünen Wiesen und alten Farmen nach Knysna. Lianen, Baumriesen und Farne bilden grüne undurchdringliche Wände. Vögel zwitschern, der Wind rauscht in den Wipfeln – so mag er sich angefühlt haben, der siebte Schöpfungstag. Wie viele andere wurden die »sieben Pässe« zwischen den Flussläufen von Swart River, Kaaimans, Touw River, Hoogekral, Karatara, Homtini und Phantom – mit ihren Tälern und Schluchten ab 1867 von Thomas Bain erschlossen. Zu den Attraktionen auf dieser Route zählt der **Woodville Big Tree**: Mit einem Alter von mindestens 800 Jahren gehört er zu den großen Yellowwood-Bäumen – 33 m Höhe, 12 m Umfang und Eintritt R 60.

### Wasservögel im Fokus

★ Wilderness

Rosaflamingos, Störche, Eisvögel – die herrlichen Wilderness-Seen 15 km östlich von George sind ein Paradies für Wasservögel. Sechs Wanderwege erschließen »The Lakes«, der 10 km lange **Pied Kingfisher Trail** führt als Rundweg vom Ebb & Flow Visitor Center am Serpentine-Fluss entlang zum Meer. Am kilometerlangen, oft unberührten Sandstrand kann man während der Saison Wale und Delfine sichten. Eine **reizvolle Paddeltour** führt den ruhigen, 10–15 m breiten Touw River hinauf und dann gute 30 Minuten zu Fuß durch den Tropenwald bis zu einem Wasserfall, der zum Baden einlädt, bevor man sich auf den Rückweg macht. Kanus vermietet **Eden Adventures**.

Auch die östlich anschließende Dünenlandschaft des **Goukamma Nature Reserve** zwischen Sedgefield und Buffels Bay ist ein Vogelparadies mit 14 km langen Stränden. Am Süßwassersee **Groenvlei** leben Otter und grüne Meerkatzen.

**Eden Adventures**: Fairy Knowe Hotel | Dumbleton Road, Wilderness Tel. 044 877 01 79 | www.eden.co.za

## ★★ Knysna

**Was für eine Lage!**

Lagunenstadt am Indischen Ozean

Eine vielfach mäandernde Lagune, die Schutz bietet vor Seegang und Strömungen, eine von mächtigen Sandsteinfelsen, den beiden **Knysna Heads**, bewachte, schmale Einfahrt und im Rücken die Outeniqua-Berge. Geht es noch malerischer? Ach ja, ein paar Inseln sprenkeln das Blau, und Knysna (75 000 Einw.) selbst, mit seinen Ferienhäuschen und Hotels, hält bezaubernd mit der landschaftlichen Schönheit mit. Über 200 Fischarten und sogar Seepferdchen leben in den Salzwasserseen und Sümpfen der 21 ha großen Lagune, die zum Nationalen Naturdenkmal und zum Garden Route National Park zugehörig erklärt wurden. Von der **quirligen Waterfront** mit Fischlokalen, Souvenirshops und kleinen Boutiquen fahren **Ausflugsboote** wie die »Rivercat«, Katamarane, das schwimmende Restaurant »John Benn« und der Schaufelraddampfer »Paddle Cruiser« zu den Knysna-Felsen. Wer Lust hat kann sich auch ein Hausboot mieten und die Lagune auf eigene Faust erkunden. Zeit die Seele baumeln zu lassen!

Bootsausflüge und Törns im Katamaran: www.knysnacharters.com
www.knysnafeatherbed.com/heads-explorer.html

Perfekte Blaupause: ein Segeltörn mit einem Katamaran zu den Knysna Heads

## KNYSNA ERLEBEN

### KNYSNA TOURIST CENTRE

40 Main Road, Knysna
Tel. 044 382 55 10
www.visitknysna.co.za

### AUSTERN & WALE

Knysna steht für Austern, und wie diese gezüchtet werden, erläutert eine ebenso interessante wie unterhaltsame Tour zu den **Austernbänken** – Verkostung von gezüchteten und wilden Austern sowie Wein inklusive (www.knysnacharters.com, Abfahrt tgl. 15 Uhr, Erw. R 750, Kinder R 250). Dreimal täglich bricht Ocean Odyssey mit seinem Boot auf zur **Eco Marine Tour** zu Pinguinen, Robben, Delfinen und in der Saison auch Walen (www.oceanodyssey.co.za, Erw. R 1300, Kinder R 950). Nicht spektakuläre Sichtungen sondern Einblicke in das Ökosystem Meer sind Anliegen des Veranstalters.

### ALLTAG IM TOWNSHIP

Wie die Menschen in Knysnas Township leben, erfahren Sie bei den Führungen der quirligen Ella von Enzimi Tours: Begegnungen mit Vorschulkindern, einem Friseur,einem Lebensmittelhändler und der Besuch einer Bücherei vermitteln ein lebhaftes Bild vom Alltag in den Vorstädten; ein Teil der Erträge geht an Kinderprojekte.

In der Lagune werden erstklassige Austern gezüchtet. Probieren Sie die begehrten Schalentiere an der Waterfront von Knysna.

www.emzinitours.co.za, Tel. 082 338 62 19, Erw./Kinder R 500/250

### THE DRY DOCK €€/€€€

Spezialitäten sind Meeresfrüchte wie Saldhana-Muscheln, wilde und Zuchtaustern, Sushi und der gegrillte Fang des Tages, puristisch angerichtet mit Zitrone und Chili.
Shop 1, Knysna Quays
Waterfront, Tel. 044 382 73 10
www.drydock.co.za

### 34° SOUTH €€/€€€

Im Laden werden Seafood-Feinkost und gute Weine verkauft, auf der Terrasse fangfrische Meeresfrüchte zum Blick aufs Wasser serviert.
Knysna Quays, Waterfront
Tel. 044 382 73 31
www.34south.biz

### O PESCADOR €€€

Natürlich spielt auch in diesem portugiesischen Restaurant Fisch die erste Geige; aber auch Freunde von Fleisch oder scharf gewürzten Speisen aus allen Winkeln des ehemaligen Weltreichs werden hier zufrieden satt.
Shop no 20 Upper level
Knysna Quays, Waterfront
Tel. 044 382 34 76

### FRESHLINE FISHERIES €€

Dorade, Knurrhahn oder Jakobsmuscheln? Das auf den ersten Blick sehr einfach wirkende Restaurant mit angeschlossenem Fischmarkt gilt vielen als beste Fischadresse in Knysna. Frischer geht nicht – den Wein müssen Sie allerdings selbst mitbringen, es gibt keinen Alkoholausschank.
Ecke Long/Waterfront Drive
Tel. 044 382 31 31
http://freshlinefisheries.co.za

### ÎLE DE PAIN €€

Bäckerei, Deli, Imbiss – zusammen ergeben diese drei Komponenten den idealen Ort fürs Frühstück oder einen Lunch mit leichten und gesunden Köstlichkeiten.
Di. - Sa. 8 - 15 Uhr
8-10 The Boatshed, Thesen Harbour Town, Tel. 044 302 57 05
https://iledepain.co.za

### THE TURBINE €€€€

Feines Boutiquehotel in einem ehemaligen Industriegebäude. Harmonisch verbinden sich historische Mauern und modernes Design zu einer sehr coolen Unterkunft. Ein rustikales Bistro und das feinere Island Café servieren südafrikanische und Crossover-Gerichte mit Blick auf die Kanallandschaft von Thesen Island.
TH 36 Sawtooth Lane, Thesen Island, Tel. 044 050 35 00
www.turbinehotel.co.za

### LEISURE ISLE LODGE €€€

Eine himmlische Oase mit 11 sehr geschmackvollen Zimmern und Suiten, ebenso charmanter wie hilfsbereiter Hotelleitung und einem exzellenten Restaurant. Lauschen Sie beim Dinner im Daniela's dem Meeresrauschen der Bollard Bay und lassen Sie sich im Spa mit entspannender Massage verwöhnen.
87 Bayswater Drive
Leisure Isle, Knysna
Tel. 044 384 04 62
www.leisureislelodge.co.za

### PROTEA HOTEL KNYSNA QUAYS €€€

Modern und superzentral. Tagsüber relaxt man am beheizten Pool neben dem Jachthafen, abends läuft man nur ein paar Schritte hinüber zu den Fischlokalen an der Waterfront. Buchen Sie ein Zimmer mit Blick auf die Lagune.
Waterfront Drive, Knysna
Tel. 044 382 50 05
www.marriott.com

### Seebad mit vielen Talenten

Bummeln und Baden

Knysnas Geschichte beginnt 1803 mit **George Rex** (1765–1839). Sein aufwendiger Lebensstil stützte die Vermutung, er sei ein unehelicher Sohn des englischen Königs George III., der Großbritannien hatte verlassen müssen. Offiziell wurde Knysna aber erst 1825 vom Gouverneur des Kaps gegründet. George Rex und dem Goldrausch im 19. Jh. widmet sich das **Millwood House** an der Queens Street, das ursprünglich im nahen Goldgräbercamp Millwood stand. In der **Knysna Fine Arts Gallery** stellen junge Künstler der Region aus. Golden Pale ist das bekannteste Bier der kleinen **Red Bridge Brewing Company** in der Nobel Street. Im **Featherbed Nature Reserve** mit mächtigen Milkwoodbäumen leben »Blues Duikers«, Südafrikas kleinste Antilopen. Das private Schutzgebiet auf dem westlichen der beiden »Heads« wird von verschiedenen Ausflugsbooten angefahren; einige Touren beinhalten auch Wanderungen zu den Naturschönheiten. **Schön shoppen** kann man an der Waterfront, im Woodmill Lane Centre und in der Main Street. Und, keine Frage, man kann in Knysna hervorragend Meeresfrüchte essen: Die »**wild coastal oysters**« werden an den Felsen zwischen Riversdale und Tsitsikamma geerntet. Fangfrisch bekommen Sie die Gourmetmuscheln an der Waterfront und in zahlreichen Restaurants. Im Juli ist den Austern gar ein fröhliches Gourmet-Festival gewidmet.

**Millwood House:** Mo.–Fr. 9–16, Sa. 9–12 Uhr | Eintritt frei | **Knysna Fine Arts Gallery:** 6 Long St. | Mo.–Fr. 9–17, Sa.9–13 Uhr http://finearts.co.za | **Red Bridge Brewery:** Restaurant & Tap Room (keine Brauereiführungen), 5 Noble Street, Tel. 083 997 26 97, www.redbridgebrewing.co.za | **Featherbed Nature Reserve:** Tgl. ab Waterfront Drive | 8.30, 14.30 (3 Std. Erw. R 1010, Kinder R 505), 10.00, 11.30, 12.30 Uhr (4 Std. inkl. Lunch, Erw. R 1320, Kinder R 660) www.featherbed.co.za, www.knysnafeatherbed.com

### Landgut zur schönen Aussicht

★ Brenton-on-Sea

Am Nordwestzipfel der Lagune zweigt eine Stichstraße nach Brenton-on-Sea ab. Sie passiert das **Belvidere Estate** mit einer 1855 errichteten Privatkapelle vom Schwiegersohn des legendären George Rex. Das Herrenhaus von 1849 ist heute ein 4-Sterne-Hotel, wo fangfrischer Fisch und sanft geschmorte Springbockkeule auf der Speisekarte stehen (Tel. 044 387 10 55, www.belvidere.co.za). Genießen Sie den Sonnenuntergang nach einem Badetag am herrlichen **Sandstrand** von Brenton Beach, der selten überlaufen ist.

### Wo der Knysna Lourie fliegt

★ Knysna Forest

Das mit 80 000 ha **größte ursprüngliche Waldgebiet Südafrikas**, das sich zwischen Knysna und Plettenberg Bay erstreckt, wurde lange

Der scheue Knysna Lourie kommt nur in den Urwäldern an der Garden Route vor.

forstwirtschaftlich genutzt, 1939 aber unter Naturschutz gestellt und hat sich seither wieder zu einem undurchdringlichen Primärwald entwickelt. Wanderungen unterschiedlicher Länge und Schwierigkeitsgrade starten an der Diepwalle Forest Station. Dort berichtet das Forest Legens Museum über die Arbeit der Holzfäller und die legendären Knysna-Elefanten. Drei **Elephant Trails** führen zwischen 7 und 9 km durch üppige Wald- und Fynbosvegetation. Imposant ist der King Edward VII Tree, ein 46 m hoher, mindestens 600 Jahre alter Yellowwood-Baum (Erw. R 80, Kind R 40). Nur hier heimisch ist der hellgrüne **Knysna Lourie** (Tauraco corythaix, Federhelmturako, ►Abb. S. 266), den man am besten im Flug erkennt, weil seine Flügel an der Unterseite kaminrot leuchten. Der anspruchsvolle, 9 km lange Rundweg **Kranshoek Walk** folgt der dramatischen Felsenküste Richtung Plettenberg. Für den **Perdkop Tough Nature** Walk, der von der Harkerville Forest Station 10 km durch Wald und Schluchten führt, braucht man gute Kondition und ein Permit, das man an der Station bekommt. Ein einfacher, 6 km langer Rundweg für Wanderer und Mountainbiker erschließt die Küstenregion um die Harkerville Lodge.

**Garden Route National Park, Knysna Section**: Tagesbesucher Erw. R 205, Kinder R 102 | www.sanparks.org

**Geführte Wanderungen und Übernachtung** im Knysna Forest: www.forestedge.co.za und www.harkerville.co.za

★ Knysna Elephant Park

### Vom Verschwinden der Dickhäuter

Ende des 19. Jh.s gab es im Knysna Forest noch 600 Buschelefanten, von denen nur eine einzige Elefantenkuh überlebte. Der Versuch, die ausgerottete Population durch frisches Blut aus dem Kruger National Park zu ersetzen, scheiterte. Elefanten kann man an der Garden Route trotzdem begegnen, z.B. im Knysna Elephant Park 9 km vor Plettenberg Bay. Hier werden verwaiste, verletzte oder in anderen Einrichtungen »überflüssig« gewordene Dickhäuter aufgenommen und an den hautnahen Umgang mit Besuchern gewöhnt. Eine Führung dauert 45 Minuten bis zu zwei Stunden – Füttern und Streicheln inklusive. Das Museum im Haupthaus informiert über die Dickhäuter.

Tgl. Führungen 9 - 15 Uhr | Erw. ab R460, Kinder R 285 | Spaziergang mit Elefanten 8 und 16 Uhr, Erw. R 1016, Kinder unter 5 Jahren frei | www.knysnaelephantpark.co.za

## ★★ Plettenberg Bay

Traumstrände am Indischen Ozean

### St. Tropez Südafrikas

Türkisblaues Meer und endlose, weiße Sandstrände machen Plettenberg, von den Einheimischen liebevoll »**Plett**« genannt, zu einem der **beliebtesten Badeorte** an der Garden Route mit zahlreichen Hotels, schicken **Shopping Malls** und drei ausgezeichneten **Golf-**

**plätzen**. Wer etwas auf sich hält, hat »im St. Tropez Südafrikas« ein Feriendomizil, sodass die Einwohnerzahl in der Urlaubszeit von 10 000 auf 80 000 ansteigt – die Preise sind entsprechend. Durchschnittlich 320 Tage im Jahr scheint hier die Sonne, die Wassertemperatur liegt meist über 20 °C. Schon 1576 erkannte der portugiesische Seefahrer Mesquita da Perestrolo die Vorzüge der »wunderschönen Bucht« und taufte sie »**Baia formosa**«. Ende des 18. Jh.s erhielt der Ort seinen Namen nach Gouverneur Joachim von Plettenberg. Um Musik und Kunst dreht sich das **Plett Arts Festival** im September. Als Südafrikas **Polo-Metropole** ist Plett zu Ostern und im Dezember Treff des Jetsets.

**Fatboys …**

★ Whale Watching

… nennt man in Plettenberg auch gern die Wale. Fatboy heißt auch das größte Schiff von Ocean Safaris, die ebenso wir Ocean Adventures vom Central Beach zur Walbeobachtung hinausfahren. Vor der Küste kann man Glatt- und Buckelwale sichten. Am Arch Rock tummeln sich Bottlenose-Delfine, auf der Robberg- Halbinsel leben Tausende von Seehunden.

**Ocean Safaris**: http://oceansafaris.co.za | **Ocean Adventures**: http://oceanadventures.co.za | Ein Bootstrip mit Walbeobachtung kostet für Erw. ab R 970, für Kinder ab R 500.

Tummelplatz der Sonnenanbeter: Plettenbergs breiter Robberg-Strand beim Beacon Island Resort am Indischen Ozean

Huckepack durchs Monkeyland: Totenkopfäffchen mit Nachwuchs auf Tour

**Küstenfelsen mit Pelzrobben**

Robberg Nature Reserve

Auf ein- bis vierstündigen **Wandertouren** kann man 8 km südlich von Plettenberg die Robberg-Halbinsel erkunden mit einer Seehundkolonie am »Mountain of the Seal«. Die Wege sind felsig und anspruchsvoll; gute Ausrüstung ist Voraussetzung. Die Kolonie besuchen auch die Boote von **Offshore Adventures**: Wer hier mitfährt, bekommt bei gutem Wetter die Möglichkeit, eine halbe Stunde **mit Seehunden zu schwimmen** und zu schnorcheln.

Tgl. 7 – 17, Dez./Jan. bis 20 Uhr | Erw. R65, Kinder R 45 | www.capenature.co.za | **Offshore Adventures**: Bootstour ab Central Beach Erw./Kinder ab 6 J. R 895 | https://offshoreadventures.activitar.com

**Land der Affen**

★ Monkeyland

In einem 12 ha großen Wald leben Lemuren, Totenkopfäffchen, Paviane, Gibbons und Meerkatzen, die aus Zoos oder Pharma-Laboren in die Freiheit geholt wurden. Auf geführten Touren erkunden Besucher die Heimat der Affen. Höhepunkt ist eine 128m lange Hängelbrücke über eine tiefe Schlucht. Das angrenzende **Bird of Eden**, eine der größten Vogelvolieren der Welt, dürfen Sie auf eigene Faust erkunden. Mehr als 280 Arten, von afrikanischen Turakos bis zu Papageien aus Südamerika sind zu entdecken! Last but not least bietet der dritte im Bunde, **Jukani**, Raubtieren wie Löwen, Geparden, Tigern und Jaguaren eine sichere Zuflucht. Geführte Touren starten halbstündlich.

## PLETTENBERG BAY ERLEBEN

### PLETTENBERG BAY TOURISM
Main Street, Shop 35, Melville's Corner Centre, Plettenberg Bay
Tel. 044 533 40 65
www.plett-tourism.co.za

### ADRENALIN PUR
Die Grenze zwischen Eastern und Western Cape markiert die **Bloukrans River Bridge**. Hier kann man laut Guinness-Buch den weltweit höchsten kommerziellen Bungee-Sprung aus 216 m Höhe wagen. Oder sausen Sie im Flying Fox am 200 m langen Kabel den Brückenbogen entlang (https://bloukransbungy.com, R 1690 pro Sprung).

### ENRICO €€€
Toplage auf einer Klippe über dem Strand. Die italienische Küche bietet eine willkommene Abwechslung zu Steaks und Burgern, und viele der Fische auf der Speisekarte sind selbst gefangen.
296 Main Street, Keurboomstrand, Tel. 044 535 98 18

### NGUNI €€€
Spezialität des ruhig gelegenen, feinen Lokals sind geräucherter Kudu, Dry-aged Beef und Boboties mit Fleisch oder als vegetarische Variante.
The White House, 6 Crescent Street, Tel. 044 533 67 10
www.nguni-restaurant.co.za

### THE LOOKOUT DECK €€
Genießen am Strand: Neben deftigem Frühstück gibt's ein Riesenangebot an Fisch, Muscheln, Burger und Pizza für den schnellen Hunger sowie leckere Drinks.
Hill St., Looukout Beach, Tel. 044 533 13 79, https://lookout.co.za

### TSALA TREETOP LODGE €€€€
Nur 10 km westlich von Plettenberg prominieren Sie in dieser spektakulären Lodge durch die Baumkronen des Tsitsikamma Forest. Hölzerne Stege schlängeln sich 6 m über dem Waldboden zu zehn extravaganten Suiten und sechs Villen aus Stein, Holz und Glas. Köstliche panafrikanische Küche und Topservice.
Plettenberg Bay 6600
Tel. 044 501 11 11
http://tsala.hunterhotels.com

### MILKWOOD MANOR ON SEA €€€
Sensationelle Lage direkt am Strand mit Blick auf die Keurbooms-Lagune und den Indischen Ozean. Helle, geschmackvolle Zimmer, nette Bar und fangfrische Meerestiere im Lemon Grass Seaside Restaurant.
Salmack Road, Tel. 044 533 04 20
www.milkwoodmanor.co.za

### TSITSIKAMMA LODGE & SPA €€€
Preisgekrönte Anlage 75 km westlich von Plettenberg mit 30 Blockhütten, die alle Jacuzzi, Veranda und Grillecke haben. Gemütliches Restaurant mit südafrikanischer Hausmannskost.
Storms River 6308, Tel. 042 280 38 02, www.riverhotels.co.za

### DOLPHINS' PLAYGROUND €€€
Sie können eine der drei in lichtem Pastell gehaltenen Suiten am Robberg Beach mieten oder das ganze Haus!
3 Tillamook Avenue, Plettenberg Bay 6600, Tel. 083 613 04 28
www.dolphinsplayground.co.za

**Monkeyland & Birds of Eden**: 16 km östlich von Plettenberg an der N 2, Ausfahrt Forest Hall | tgl. 8 – 17 Uhr | www.monkeyland.co.za, https://birdsofeden.co.za | **Jukani**: tgl. 9 – 17 Uhr, www.jukani.co.za Eintritt jeweils Erw. R 410, Kinder R 205

★ Plettenberg Bay Game Reserve

### Auf den Spuren der Big Five

Gute 20 km nördlich von Plettenberg können Sie im 2200 ha großen, privaten Tierreservat zu Pferd, zu Fuß oder im offenen Geländewagen auf **Safari** gehen. Die Pirsch zu Elefanten, Nashörnern, Löwen, Geparden, Büffeln, Zebras, Gnus, Springböcken und Giraffen dauert etwa zwei Stunden. Wer über Nacht bleiben will: Zur €€€€ **Baroness Game Lodge** gehören 5 Edelsuiten und zwei schöne Cottages.
Uniondale/Wittedrif Road | Tel. 044 535 00 00 | tgl., auch für Tagesbesucher, Aktivitäten reservieren! 2 std. Pirschfahrt Erw. ab R 990, Kinder bis 18 Jahre ab R 490 | 2-stündige Walkin Safari ab 16 Jahre, R 490 | https://plettgamereserve.com

Keurbooms River Nature Reserve

### Flussmusik

5 km nördlich von Plettenberg können Sie im **Keurbooms River** Angeln, Baden, mit gemietetem Kanu den Fluss hinaufpaddeln oder ihn gemütlich auf der Keurbooms River Ferry befahren – alles keine aufregenden aber umso entspanntere Aktivitäten.
**Conservation Fee**: Erw. R 65, Kinder R 45 | www.capenature.co.za
**Boote** vermietet die Rezeption des Reservats (R 160/Tag)
**Keurbooms River Ferry:** tgl. 11, 14 Uhr | Erw. R 600, Kinder R 450
https://keurboomsriverferries.co.za

★ Nature's Valley

### Natur pur

Noch immer ein Geheimtipp ist das Dörfchen abseits der N 2 an der R102, die sich in die Schlucht des Groot River hinunterwindet. Der Fluss hat hier eine **paradiesische Lagune** gebildet. Am 20 km langen, weißen Sandstrand begegnet man mit etwas Glück Ottern in freier Wildbahn. Der **Kalanderkloof Trail**, ein 5 km langer Rundweg, führt Sie in knapp 3 Stunden vom De Vasse-lot-Campingplatz durch den dichten Küstenwald bergauf zu riesigen Yellowwood-Bäumen, üppig wuchernden Farnen und mehreren Aussichtspunkten.

## ★★ Tsitsikamma Section

Urwälder, Berge und Küste

### »Land des vielen Wassers« …

… nannten die Khoisan vor über 2000 Jahren das **Mündungsdelta des Storms River**: »Tsitsikamma«. Der 1964 eröffnete Teil des Garden Route National Park schützt 80 km Küste mit einem der letzten Urwälder Südafrikas – ein Traum für alle Naturfreunde und Wanderer. Wasserreiche Flüsse und 1200 mm Niederschlag im Jahr sorgen

für üppige Fynbos-Vegetation in der wild zerklüfteten Berg- und Küstenlandschaft, die Wanderer wie Kanuten, Mountainbiker und andere Adventure-Sportler anzieht. Die Tsitsikamma Section ist ein Vogelparadies und Heimat für grüne Meerkatzen, Paviane, Otter und kleine Antilopen. Taucher finden eine fantastische Meeresfauna. Häufig sind Delfine und Wale vor der Küste zu sehen.
Die meisten Besucher wählen den 1 km langen **Mouth Walk**, der vom Parkrestaurant im Storms River Mouth Restcamp durch dichten Wald zur berühmten Hängebrücke an der Mündung des Flusses, der **Stormsriver Mouth Bridge**, und zu einem Aussichtspunkt mit Seeblick führt (►Abb. S. 174/175). Unterwegs erklären Schilder die Pflanzenwelt mit Riesenfarnen, Orchideen und 40 m hohen Yellowwood-Bäumen. Unerschrockene lassen sich im Boot den Storm River hinaufschippern. Unvergesslich ist das familienfreundliche 2,5-stündige Öko-Abenteuer der **Treetop Canopy Tour** durch die Baumkronen des Tropenwaldes (ab 7 J.). Im sicheren Sitz rauscht man am Stahlseil in 30 m Höhe zu zehn Plattformen.
Der Tsitsikamma Park ist tgl. geöffnet | Erw. R 326, Kinder R 163
Treetop Canopy Tour: R 830 | http://stormsriver.com

### Urwaldriesen

Big Tree

Nur 1 km östlich vom Storms River steht nahe der N 2 ein riesiger **Yellowwood-Baum**, der über 800 Jahre alt sein soll. Er ist fast 37 m hoch und acht Personen sind nötig, um den Stamm von 8,5 m Durchmesser zu umfassen. Das östliche Ende der Garden Route markiert die **Paul Sauer Bridge**. In 130 m Höhe überspannt der gewaltige Brückenbogen den Storms River. Vom Aussichtspunkt westlich der Brücke hat man einen fantastischen Blick auf den **Tsitsikamma State Forest** nördlich der N 2 mit dichtem Tropenwald und vielen Urwaldbäumen, die 50 m und höher sind. Pilze, Moose und Flechten deuten auf starke Niederschläge. Von der Paul-Sauer-Brücke führt ein 4 km langer Wanderweg zum Big Tree.
**Big Tree**: Eintritt Erw. R 80, Kinder R 40

### Auf der Spur des Otters

Trekkingtouren

Drei der schönsten Wanderwege Südafrikas erschließen die Region (►Karte S. 157): Der so beliebte wie anspruchsvolle, 42 km lange **Otter Trail** von der Mündung des Storms River über die Küstenklippen nach Nature's Valley muss lange im Voraus gebucht werden www.sanparks.org/parks/garden-route/what-to-do/activities/otter-trail). Der weniger besuchte **Tsitsikamma Trail** verläuft über 64 km durchs Landesinnere (App und GPS-Infos unter www.mtoecotourism.co.za). Otter und Tsitsikamma Trail sind beide in fünf Tagen zu absolvieren. Einfacher ist der 17 km lange **Dolphin Trail** vom Storms bis zum Sanddrift River mit Gepäcktransport, Dinner und zwei Übernachtungen in sehr schönen Lodges (www.dolphintrail.co.za).

Vorbei an üppiger Urwaldvegetation und über den tosenden Storms River führt der Mouth Walk in die fantastische Tsitsikamma Section.

## »Big Five« malariafrei

Fünf in freier Wildbahn: ▶Das ist Kapstadt S. 24

Südafrika – was verbinden Sie damit? Kapstadt, Tafelberg, Garden Route, Wale. Und natürlich die »Big Five«, große Antilopenherden, Zebras, Gnus. Wo Sie diese Tiere sehen können? Die östliche Kapprovinz bei Port Elizabeth ist ideal, um eine Reise an der Garden Route mit aufregenden Safaris zu verbinden. Auf ehemaligem Farmland sind hier atemberaubende Wildreservate entstanden, in denen man die »Großen Fünf« erleben kann: Löwen, Elefanten, Nashörner, Büffel und Leoparden – und das alles malariafrei!

★★ Addo Elephant National Park

### Begegnung mit den grauen Giganten

Spannende Wildtierbeobachtung garantiert der staatliche Addo Elephant National Park 70 km nordöstlich von Port Elizabeth. Im 1931 gegründeten Nationalpark sind nicht nur **mehr als 600 Elefanten** heimisch, sondern auch Kap-Büffel, Spitzmaulnashörner, Antilopen, Löwen, Leoparden, Hyänen, Erdmännchen und unzählige Vogelarten. Durch das Hinzufügen des Marineparks zwischen dem Mündungsgebiet des Sundays und Bushman's River und der Bird- und St. Croix-Inselgruppen im Indischen Ozean umfasst der nun drittgrößte Nationalpark des Landes über 180 000 ha und beheimatet vor der Küste nicht nur die weltweit größte Kaptölpelpopulation, sondern auch Wale und Weiße Haie – die **Big Seven**! Ausgebildete Eyethu-Hop-on-Reiseleiter, die einem zeigen, wo sich die Tiere gerade aufhalten, können im Park gebucht werden, die **Guides** fahren dann im Mietwagen mit (▶Das ist Kapstadt S. 26, Öffnungszeiten ▶S. 177).

★ Amakhala Game Reserve

### Großwild und die Stimme Afrikas

»Schöne Aloe« bedeutet der Xhosa-Name des Schutzgebietes, das vor über 20 Jahren von Nachfahren britischer Siedlerfamilien 60 km nordöstlich von Port Elizabeth gegründet wurde. Die Rancher verwandelten ihre Rinder- und Schaffarmen am Bushman's River in ein 7000 ha großes privates Naturschutzgebiet. Auf Pirschfahrt sieht man Elefanten, Löwen, Nashörner, Geparden und Giraffen, während einer Bootstour hört man den Revierruf der **Schreiseeadler** – »die Stimme Afrikas«. Persönlich geführte Lodges haben sich hier ganz dem Wildschutz und nachhaltigen Tourismus verschrieben. Eine von ihnen ist die strohgedeckte €€€€**Safari Lodge** an der Grenze zum Shamwari Wildreservat. Ihre elf Luxussuiten im afrikanischen Design sind der Tipp für Hochzeitsreisende. Die klimatisierte Lodge verwöhnt mit leckeren Gerichten, Sektfrühstück am Pool, Bar und Booma, Wellnessmassage und Blick auf ein Wasserloch, an dem Zebras und Antilopen ihren Durst löschen.

Sechsstd. Safari für Tagesbesucher inkl. Game Drive, Bootsfahrt und Lunch in der Bush Lodge ab R1870 pro Person, www.amakhala.co.za
Safari Lodge: www.safari-lodge-accommodation.co.za

## ADDO ELEPHANT NATIONAL PARK ERLEBEN

Tgl. 7 - 19 Uhr (Rezeption Hauptcamp), Übernachtung €-€€€€ Eintritt/Tag Erw. R 437, Kinder R 219, Guide R 360, Pirschfahrten R 476 - 655, http://sanparks.org.za/parks/addo/

### ADDO ELEPHANT BAREFOOT LODGE €€€€

Hemingway-Feeling mit traumhaftem Panorama garantieren zehn noble Unterkünfte. Sie sind auf einem erhöhten Holzdeck aus Zeltstoff und Recycling-Kiefer erbaut mit großem Bad, offenem Kamin und Jacuzzi. Transfer per Flug oder über Land www.barefootaddo.co.za

### HITGEHEIM COUNTRY LODGE & ECO-RESERVE €€€

Strohgedeckte, inhabergeführte Lodge mit Panoramablick, Pool und vorzüglichem Essen in einem Naturschutzgebiet. Täglich Safaritouren im offenen Geländewagen im 10-Autominuten enfernten Addo-Nationalpark und zu einem Gepardenprojekt. Tel. 042 880 03 18 https://hitgeheim.com

Ursprünglich sollte der Addo Elephant Park die letzten Dickhäuter vor den Elfenbeinjägern retten – heute leben hier wieder mehr als 700 Elefanten.

## Rückkehr ins Paradies

★ Shamwari Game Reserve

Artenschutz und Tierbeobachtung verbindet auf halbem Weg zwischen Port Elizabeth und Grahamstown das **private Wildreservat** Shamwari, was in der Shona-Sprache »mein Freund« bedeutet. Die Weite und Stille des Resorts sind unglaublich. Das ehemalige Farmland am **Bushman's River**, das mit 25 000 ha ungefähr so groß wie Liechtenstein ist, wurde von Adrian Gardiner renaturiert, um Wildtiere, die hier einst heimisch waren, wieder so anzusiedeln, wie es ein natürliches ökologisches Gleichgewicht erlaubt. Der geschützte Lebensraum soll in naher Zukunft mit dem Addo Elephant Park verbunden werden (▶Das ist Kapstadt S. 27).

Finanziert wird das Privatreservat durch Spenden und Besucher, die sich in traumhaften Lodges verwöhnen lassen können. Die Auswahl der luxuriösen Unterkünfte im Etnostil reicht vom historischen Manor House, über moderne Safari Lodges bis zu gut ausgestatteten Zelten im Explorer Camp. Jeden Tag stehen zwei **Pirschfahrten** im offenen Geländewagen auf dem Programm. Die große Anzahl von Steppenzebras, Antilopen, Wasserböcken und Warzenschweinen ermöglicht eine gesunde Population von Löwen, Geparden und Leoparden. Im Grasland leben Breitmaulnashörner, Kaffernbüffel und Kap-Giraffen, das subtropische Dickicht ist Heimat von Elefanten und Spitzmaulnashörnern. Noch intensiver als im Land Rover erleben Sie die Big Five auf **geführten Wanderungen**. Mit etwas Glück und günstigem Wind können Sie beim Fußmarsch zum Beispiel Nashörnern so nahe kommen, dass selbst das Klicken der Kamera die kurzsichtigen Rhinos, die zwar schlecht sehen, aber ausgezeichnet hören, vertreiben würde – zur Sicherheit haben die Ranger immer das Gewehr dabei. Außerdem können Ausflüge zur **Born Free Foundation**, einem Asyl für Großkatzen, und zum Rehabilitationszentrum für verletzte Wildtiere gebucht werden. Zudem gibt es kostenpflichtige Programme für Volunteers ab zwei Wochen. Durch die Größe des Reservats können die Game Drives bis zu 4 Stunden dauern. Unbedingt warme, windfeste Kleidung und Sonnenschutz einpacken!

45 Fahrtminuten nördlich von Port Elizabeth | Übernachtung im Explorer Camp mit Vollpension und Fußsafaris um R 10 000 p. P./Nacht, Mindestaufenthalt 2 Nächte | www.shamwari.com

## Fine Dining im Busch

★ Lalibela Game Reserve

Knapp 15 km östlich an der N 2 liegt der Eingang zum 7500 ha großen **privaten Wildreservat** Lalibela, Heimat von Geparden, Giraffen, Flusspferden, Zebras, Gnus, Hyänen, Elenantilopen, Kudus und Buschböcken. Drei romantische Lodges mit Pool, Aussichtsdeck und leckerer afrikanischer Küche – schönste ist die €€€€ **Tree Tops Lodge** auf hölzernen Plattformen zwischen den Urwaldwipfeln.

Eine Übernachtung in der Tree Top Safari Lodge mit 2 Pirschfahrten und Vollpension ab R 9000 | www.lalibela.net

# ★★ HERMANUS

**Lage:** 110 km östlich von Kapstadt | **Einwohnerzahl:** 32 000

***Schon vor 90 Jahren schwärmten Londoner Lungenärzte von der Champagner-Brise an der Walker Bay. Hermanus ist aber vor allem »Walhauptstadt der Welt« – nirgendwo sonst kann man die Meeressäuger von Land aus so gut beobachten.***

Walhauptstadt der Welt

Ihren Namen verdankt die Walhochburg an der **Walker Bay** dem Wanderprediger Hermanus Pieters, der sich hier 1830 niederließ. Einer der ersten Kurgäste war **Sir William Hoy**, Direktor der südafrikanischen Eisenbahn. Erfolgreich blockierte der Naturfreund den Anschluss ans Schienennetz, sodass nie ein Gleis zum alten Bahnhof an der Mitchell Street führte. Hoy ist mit seiner Frau am **Hoy's Koppie** begraben, dem wohl schönsten Aussichtspunkt der Stadt.
Das Signal dafür, dass sich **Wale in der Bucht** befinden, gibt bis heute der »Walrufer« (►Baedeker Wissen S. 182),neuerdings auch über X, ehemals Twitter. Begegnungen mit den sanften Riesen aus nächster Nähe machen Ausflugsboote möglich: Bei ein- bis zweistündigen **Walbeobachtungstouren** fahren sie bis auf 50 m an die Mee-

Definitiv ganz oben auf der To-Do-Liste: Zwischen Juni und November können Sie vor Hermanus vom Boot aus die Südlichen Glattwale aus nächster Nähe sehen.

**Essen**
1. Pier Tree
2. Bientang's Cave
3. Burgundy
4. Just Pure

**Übernachten**
1. The Marine Hermanus
2. Auberge Burgundy
3. Cliff Cottage

ressäuger heran. Wer den besonderen Kick sucht, schließt sich einer Tour mit dem **Kajak** an – neben Robben, Delfinen und anderen Meeresbewohnern kommt gelegentlich auch ein Wal in die Nähe – vorgeschriebener Abstand in diesem Fall 300 Meter.

**Southern Right Charters:** The Whale Shack, New Harbour | Erw. ab R 1440 | www.southernrightcharters.co.za | **Hermanus Whale Cruises:** New Harbour | Erw. ab R 1400 | www.hermanus-whale-cruises.co.za | **Walker Bay Adventures:** Old Harbour | www.walkerbayadventures.co.za | **Kajaktouren** in der Bucht, R 500, Walbeobachtung R 1440 | www.hermanus-whale-cruises.co.za

## HERMANUS ERLEBEN

### HERMANUS TOURISM
Old Station Building,
Crn Mitchell & Lord Roberts Street, Tel. 028 313 89 30
www.hermanustourism.info
http://whalehermanus.com

### ❶ PEAR TREE €€€
Von außen eher unscheinbar entpuppt sich das Bistro im Inneren als Restaurant, das Sandwiches, Burger, Salate etc. mit einem besonderen Twist zubereitet und so zu einem kulinarischen Erlebnis macht: Pulled Lamb Nachos beispielsweise oder Prawn and Kingklip Tagliatelle.
Waterfront, Marine Drive
Tel. 028 313 12 24
https://peartree-hermanus.co.za

### ❷ BIENTANG'S CAVE €€€€€
An den Klippen 100 m vom alten Hafen gibt es leckere Meeresfrüchte im »besten Walbeobachtungsrestaurant der Welt«.
Marine Drive, Tel. 028 312 34 54
www.bientangscave.com
Tgl. 11.00 – 16.00, Dinner n. V.

### ❸ BURGUNDY €€/€€€
Die beiden Cottages von 1875 am Alten Hafen gelten als erste Adresse für Fisch, aber auch das Rinderfilet mit karamellisierten Zwiebeln ist ein Gedicht. Für den kleineren Hunger gibt's Pasta und Burger. Reservieren Sie auf der Terrasse mit Meerblick.
Marine Drive, Tel. 028 312 28 00
www.burgundyrestaurant.co.za

### ❹ JUST PURE €€
Regionale Bioküche mit Blick auf die vorbeiziehenden Wale. Leider hat das sympathische Bistro nur zum Lunch geöffnet. Was auch immer Sie bestellen, der Käsekuchen zum Abschluss ist Pflicht!
Corner Marine Drive/Park Lane
Tel. 028 313 00 60
www.justpurebistro.co.za

### ❶ THE MARINE HERMANUS €€€€
Vom Bett aus dem Gesang der Wale lauschen! Spektakulär ist allein schon die Lage hoch über den Klippen am Meer. Das elegante Gebäude von 1890 hat 43 wunderschöne Zimmer und Suiten. Kulinarische Köstlichkeiten zaubert das engagierte Küchenteam nicht nur aus den Gaben des Meeres – es gibt auch ein veganes Menü!
9 Marine Drive, Hermanus 7200
Tel. 028 313 10 00
www.themarinehotel.co.za

### ❷ AUBERGE BURGUNDY €€€
Nicht im Burgund, sondern in der Provence glaubt man sich in dieser zauberhaften Villa. 17 luxuriöse Zimmer, ein Traum ist das Penthouse für sechs Personen. Schattiger Innenhof mit Pool, von den Balkonen herrlicher Blick über die Bay.
16 Harbour Road, Hermanus 7200
Tel. 028 313 12 01
www.auberge.co.za

### ❸ CLIFF COTTAGE €€
Reetgedecktes Landhaus mit hellen Zimmern im kapholländischen Stil, direkt am Klippenweg – unser Favorit: das Garden Cottage. Ideale Lage für lange Spaziergänge.
22 Westcliff Road, Hermanus
Tel. 083 940 65 05
www.cliffcottage.co.za

# WALE IN SICHT!

*Seltene, auch merkwürdige Berufe gibt es viele. Hermanus aber, die Hauptstadt der Wale und einer der besten Orte rund um den Globus, um von Land aus die grauen Giganten zu beobachten, hat den weltweit einzigen »Whale Crier«. Die Arbeitsplatzbeschreibung des Walausrufers war lange kurz und simpel: Alarm geben, wenn und wo er Wale sieht. Doch in Zeiten von Social Media droht das Mobiltelefon das Kelphorn zu ersetzen.*

»Boerwors« dröhnt es lachend aus dem Hintergrund, als sich das europäische Pärchen am Neuen Hafen von Hermanus mit dem Walausrufer zum Gruppenfoto postiert – die »Burenwurst« ist die südafrikanische Variante für ein »Cheese«-Lächeln. Der **Whale Crier**, der in Afrikaans »enigste walvisroeper in die wereld«, setzt ein breites Grinsen auf. Der sympathische Mann hat den wahrscheinlich »besten Job«, den Hermanus zu bieten hat. Erster Walausrufer der Stadt war 1992 Pieter Classen, der das Amt sechs Jahre später an Wilson Salukusana weitergab. Seit dessen Pensionierung spazierten viele weitere in der Walsaison **täglich außer Mittwoch zwischen 10 und 16 Uhr** als eine Art moderne »Strandloper« die Seepromenade von Hermanus entlang, um Gästen herannahende Walherden zu verkünden.

Dafür tuten sie in ein **Kelp-Horn**, das, wie der charakteristische Lederhut mit einer stilisierten Walflosse als Feder, Markenzeichen des Whale Criers ist. Das einer antiken Lure ähnelnde Kelp-Horn baute Brian Alkatel. Der Veteran der ökologisch aktiven Walker Bay Action Group hat mit dafür gesorgt, dass seit 2001 das geschützte **Walker Bay Whale Sanctuary** existiert. Fischerei und Ausflugsverkehr der zum Whale Watching auslaufenden Boote sind seither streng reglementiert.

»Fresh from the sea« hat Brian sein Werk am Ende des Kelp-Horns in weißer Farbe firmiert. Er hat den bis zu 6 m langen, auf felsigem Grund wachsenden Seetang selbst geerntet, dann an der berühmten »Champagnerluft« von Hermanus getrocknet und schließlich bemalt und lackiert. Früher tuteten die Whale Crier wie beim Morsecode mit dem Horn lange und kurze **Tonsignale**, heute begnügt sich der Rufer mit einem langen, lauten Ton – und einem Tweet auf https://x.com/whalecrier?lang=de.

## Hotspots

Eigentlich müsste der Walausrufer die gesamte Küste entlang des 15 km langen Klippenwegs im Auge behalten: New Harbour und Siever's Point, Preekstoel und Old Harbour, Kwaaiwater und Roman Rock, Fick's Pool und Völsklip. Aber das ist kaum zu schaffen. Und so wird er ständig per Handy über Wale in der Walker Bay informiert. Die besten Beobachtungsplätze seien der **Old Harbour, Roman Rock** und **Siever's Point**. Der Job bringt monatlich rund 300 Euro plus Trinkgeld in die Familienkasse, allerdings nur in der Walsaison.

## Whale Watching

Der erste Blick ist der schwierigste. Oft liegen die Wale in den Buchten nebeneinander wie U-Boote, ohne sichtbare

Die Whale Crier wissen, wo die sanften Meeresriesen vor Hermanus auftauchen.

Rückenflosse. Erst langsam unterscheidet das Auge die riesigen, schwarzen Leiber von dunklen Wolkenschatten oder plötzlichen Tiefen im grünen Meer. Gestern seien allein 20 Southern Right Whales an Siever's Point gewesen, erläutert der Walrufer– die riesigen **Südlichen Glattwale** (▶Baedeker Wissen, S. 184) kann man sogar in Strandnähe sichten. Erfahrung und Wissen im Ausspähen von **Southern Right, Bryde-** und **Buckelwalen, Delfinen** und **Orcas** hat er vom Vorgänger übernommen und zudem eifrig Bücher studiert. Weniger die Schwanzflossen als die Walfontänen dienen ihm als Orientierung. Da die Tiere zum Kalben in die Walker Bay schwimmen, ist der Rufer besonders stolz auf die Sichtung von Walbabys. Eines war sogar ein Albino. Das ist keine Seltenheit: 4 % aller Glattwale werden so geboren, doch kaum ein Kalb verlässt die Bucht als neuer Moby Dick. Die Haut dunkelt zügig nach. Die Walsaison dauert von **Juni bis November**. Den Rest des Jahres ist der amtierende Whale Crier anderweitig beschäftigt: als Parkwächter oder Hilfskraft in der Tourist Info oder er hält Vorträge in Schulen. Mittlerweile ist dieser eigenwillige Beruf auch literarisch verewigt. In seiner Novelle »**Der Walrufer**« erzählt Zakes Mda von der Liebe des »Whale caller« von Hermanus zum Glattwalweibchen »Sharisha« (Unionsverlag 2006).

# GIGANTEN DER MEERE

*Der Name der Southern Right Whales stammt aus der Zeit, als die Südlichen Glattwale noch weltweit gejagt wurden. Die Südkaper waren die »richtigen« Wale, da sie viel von dem begehrten Tran und den Barten lieferten. Das Geschäft mit dem billigen Rohstoff blühte – bis die Wale kurz vor der Ausrottung standen.*

▶ **Lebensraum**
Südliche Glattwale bevölkern subpolare und gemäßigte Meere der gesamten Südhalbkugel. Hermanus ist von der UNESCO mit als bester Walbeobachtungsort weltweit bestätigt worden.

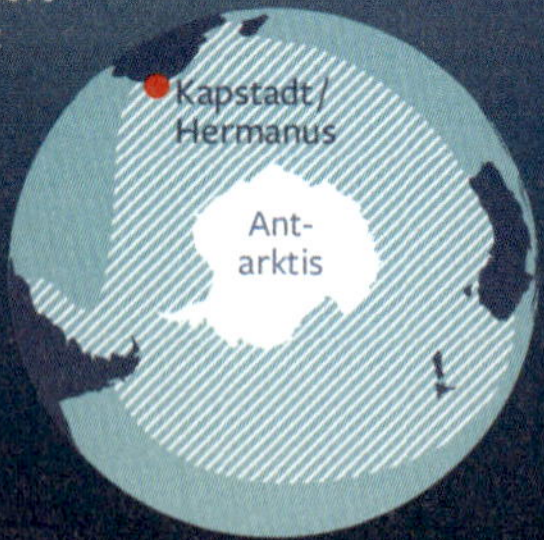


▶ **Hermanus Whale Festival**
Ende September Ausstellungen über die vom Aussterben bedrohten Meeressäuger, Kunsthandwerkermarkt, Theater, Livemusik, Oldtimer Show und natürlich die Chance Wale zu beobachten.
**www.hermanuswhalefestival.co.za**

**Southern Right Whale**
**Körperlänge** 11 – 18 m
**Gewicht** bis zu 80 t
**Max. Schwimmtempo** 9 – 11 km/h
**Lebenserwartung** bis zu 80 Jahre

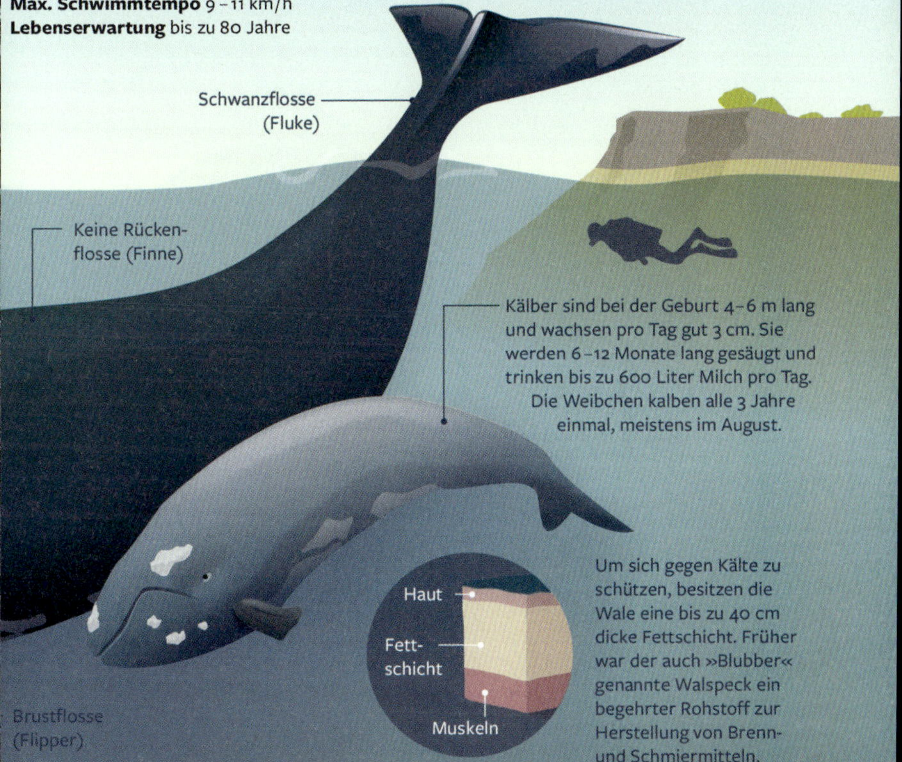


Kälber sind bei der Geburt 4–6 m lang und wachsen pro Tag gut 3 cm. Sie werden 6–12 Monate lang gesäugt und trinken bis zu 600 Liter Milch pro Tag. Die Weibchen kalben alle 3 Jahre einmal, meistens im August.

Um sich gegen Kälte zu schützen, besitzen die Wale eine bis zu 40 cm dicke Fettschicht. Früher war der auch »Blubber« genannte Walspeck ein begehrter Rohstoff zur Herstellung von Brenn- und Schmiermitteln.

**Populationen**
Südliche Glattwale sind leicht zu fangen, da sie sich gern an der Wasseroberfläche in Küstennähe aufhalten und relativ träge sind. Dass die erlegten Tiere nicht untergehen, machte es den Walfängern noch einfacher.

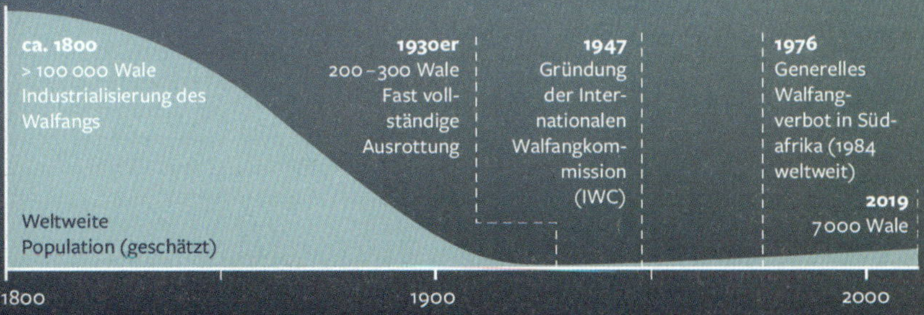

## GANZ GROSSES KINO

Seit gefühlten Stunden sind Sie auf dem Klippenpfad von Hermanus unterwegs, ohne auch nur die Flosse eines Wals gesehen zu haben. Und dann hören Sie das Kelp-Horn des Whalecrier. Wo sind sie? Da taucht ein dunkler Buckel aus den Fluten auf, keine 100 m vom Ufer entfernt. Eine riesige Fontäne schießt aus dem Blasloch, ein gewaltiger Rücken taucht ab in die Wellen, und dann der große Moment: Die Fluke ragt steil aus dem Wasser, während der Wal in Zeitlupe in die Tiefen des Meeres entschwindet.

**Geschichte und Gegenwart**

Old Harbour

Rings um den alten Fischereihafen befinden sich nette Restaurants und kleine Cafés. Das **Old Harbour Museum** präsentiert in einem traditionellen Fischerhaus Ausrüstung und Gerät, das die Fischer nutzten. Im Außenbereich (immer zugänglich) sind noch verschiedene charakteristische Elemente des **Alten Hafens** erhalten, so die Kaimauer und die typischen bokkom-Ständer, auf denen Fisch früher getrocknet wurde. Das **De Wet's Huis** erzählt in eindrucksvollen Schwarz-Weiß-Fotografien vom harten Leben auf See. Im **Whale House Museum** am Marktplatz erfahren Sie alles über die majestätischen Meeressäuger.

**Museen**: Mo. – Sa. 9 – 16.30, So. 11 – 15 Uhr | Erw. R 30, Kinder R 10
www.old-harbour-museum.co.za |

## Rund um Hermanus

**Wandern zwischen Milkwood und Proteen**

★ Fernkloof Nature Reserve

Paraglider nutzen die steten Aufwinde der sich hinter Golfplatz und Hermanus Hights erhebenden Kleinriver Mountains. Hier erstreckt sich das fast 1800 ha große Fernkloof-Naturreservat, zu dem auch der 12 km lange **Cliff Path** vom Neuen Hafen nach Grotto Beach gehört. Durch den Höhenunterschied von Meeresniveau bis auf 842 m gedeihen hier mehr als 1000 unterschiedliche **Fynbos**-Arten wie Erika und Proteen und der widerstandsfähige weiße Milkwood-Baum (►Baedeker Wissen S. 244). Star aber ist zweifellos die größte fleischfressende Pflanze der Erde: Der bis zu 2 m hohe, seltene **Fliegenbusch** (Vlieëbos) mit haarigen Blättern, der in perfekter Symbiose mit der Käferart Pameridea Miridae lebt, existiert nur in der Kapflora. Zu den mehr als 90 Vogelarten zählen der Königsadler und der **Paradieskranich** – Südafrikas Nationalvogel. Auf den mehr als 50 km langen Wanderwegen kann man Rehböcken, Klippspringern, Stachelschweinen und Hasen begegnen.

Sommer tg. 6–19, Winter tgl. 7–18 Uhr | Eintritt frei | Besucherzentrum und Picknickplätze | www.fernkloof.org.za

**Wein-Hopping mit himmlischen Tröpfchen**

★ Hemel en Aarde Valley Wine Route

Einen hervorragenden Ruf genießen die Weingüter im Himmel-und-Erde-Tal. Probieren Sie auf Gut **Hamilton Russel** an der R 320 Richtung Caledon den in Barriques ausgebauten Pinot Noir und den goldfarbenen Chardonnay. Frisch und knackig ist auch der Crocodile's Lair Kaaimansgat Chardonnay von **Bouchard Finlayson**. Mit den **Winehoppers** fahren Sie je nach Tour bis zu sechs Güter an und steigen nach Lust und Laune aus und zu.

**Hamilton Russel Vineyards**: Weinprobe Mo. – Fr. 9 – 17, Sa. 10 – 14 Uhr | https://hamiltonrussellvineyards.com | **Bouchard Finlayson Winery**: Weinprobe und Kellertour Mo. – Fr. 9 – 16.30, Sa., So. 10 bis 16 Uhr | www.bouchardsfinlayson.co.za | **Winehoppers**: Tel. 076 991 24 98 | Touren starten ab 9 Uhr halbstündlich am Market Square in Hermanus | bis zu 6 Stationen | Erw. R 450, Kinder R 200 | https://winehoppers.co.za

**Antiquitäten und Bier**

Stanford

Das beschauliche Dorf am Klein River ist ein beliebtes Wochenendziel der Kapstädter, die hier neben diversen Aktivitäten auf dem Fluss wie Bootstouren oder **Kajakfahren** gerne auch in einem der vielen Läden nach **Antiquitäten** stöbern oder aber geistigen Vergnügungen frönen. Mehrere Weingüter in der Umgebung laden zur Verkostung, besonders beliebt aber ist die **Birkenhead Micro-Brewery**, in deren Kupferkesseln fünf Sorten Craftbier gebraut werden. Probieren Sie das Lazy Leopard Lager oder das Laughing Croc Ale.

**Bootstouren**: River Rat, 2 Std. um R 285 p. P.
**Birkenhead Micro-Brewery**: Führungen n. V., Tel. 0 28 341 00 13
www.walkerbayestate.com

**Abtauchen mit dem Weißen Hai**

Gansbaai

Am Südostende der Walker Bay treffen sich im netten Fischerdörfchen Gansbaai die Freunde des Weißen Hais. Wenige Aktivitäten werden so kontrovers diskutiert wie das **Cage Diving**. Gegner kritisieren, dass durch die reduzierte Scheu vor Menschen die Hai-Attacken zunähmen. Befürworter behaupten, dass durch die Begegnung das Bild des mörderischen Monsterhais, das Steven Spielberg 1975 mit seinem Film »Der weiße Hai« kreierte, zurechtgerückt würde. In jedem Fall steigt auch bei Wagemutigen der Puls, wenn der Hai, angelockt durch blutige Fischinnereien, seine Zähne ins Gitter des Käfigs schlägt. **White Shark Touren** nach **Dyer Island** starten morgens und nachmittags am Kleinbaai-Hafen, wo auch Ausflüge mit Walbeobachtungen angeboten werden.

Immer wieder wurden die Klippen am **Danger Point** Schiffen zum Verhängnis – 1852 sank der britische Truppentransporter »Birkenhead« und 445 Menschen ertranken. Als der Kapitän den bis dato üblichen Befehl »Rette sich, wer kann« gab, warteten die Soldaten trotzdem, bis alle sieben Frauen und 13 Kinder in den Rettungsbooten waren – und prägten die neue Seenotregel »**Frauen und Kinder zuerst!**«. An Bord befanden sich übrigens auch 3 t Gold, die bis auf wenige Goldmünzen spurlos verschwunden sind. Erst 1895 wurde der Leuchtturm errichtet.

**Marine Dynamics Shark Tours**: Erw. R 3355, Kinder R 1900 | www.sharkwatchsa.com | **Shark Cage Diving**: www.sharkcagediving.net

★ Grootbos Private Nature Reserve

Über 1000 ha intakte **Fynbos**-Landschaft (▶Baedeker Wissen S. 244) warten zwei Autostunden von Kapstadt im Grootbos-Naturschutzgebiet. Gäste können hier zwischen der gemütlichen Garden Lodge mit Suiten im afrikanischen Stil und der aus Naturstein und heimischen Hölzern erbauten Forest Lodge mit spektakulärem Blick auf die Walker Bay wählen. In den Restaurants kommen Gemüse und Salat aus eigenem Anbau auf den Tisch. Auch Honig wird auf Grootbos hergestellt. Zu Fuß oder im offenen Geländewagen geht es mit erfahrenen Guides in die einzigartige Natur. Sie zu erhalten ist Ziel der Grootbos Foundation, die mit ihren Projekten auch Kindern, Schulen und Krankenstationen für die lokale Bevölkerung hilft.

Buitekant Street, Gansbaai | www.grootbos.com

★ Kogelberg Biosphere Reserve

Das erste **UNESCO-Biosphären-Reservat** Südafrikas schützt nordwestlich von Kleinmond über 1800 **Fynbos**-Arten (▶Baedeker Wissen S. 244), riesige Protea-Büsche und Yellowwood-Bäume. Falken und Fischadler kreisen über den zerklüfteten Bergen, in denen

Kap-Greisböcke und Leoparden leben. Wanderer erkunden das Gebiet auf mehreren leichten bis anspruchsvollen Routen, Mountainbiker können zwischen der Kogelberg-Route und dem Tal des Palmiet River wählen. Zwischen Juni und September sind auf dem Fluss auch Kajak-Touren erlaubt. Im Frühling blüht auch im **Harold Porter National Botanical Garden** an der R 44 die artenreiche Fynbos-Vegetation. Am benachbarten Stoney Point lebt eine kleine Kolonie afrikanischer Brillenpinguine.

tgl. 7.30 – 19 Uhr | https://kogelbergbiosphere.org.za | Erw. R 60, Kinder R 40 | **Harold Porter National Botanical Garden**: Mo. – Fr. 8 – 16.30, Sa., So. bis 17 Uhr | Erw. R 55, Kinder bis 6 J. frei | www.sanbi.org

# OVERBERG

**Lage:** 110 – 240 km östlich von Kapstadt

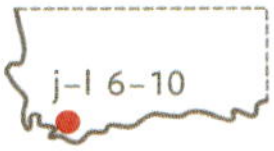


*Eine spektakuläre Kurverei über den Sir Lowry's Pass, dem einstigen Karrenweg »über die Berge« vom Kap nach Osten, und die Landschaft verändert sich: Zwischen der Walhochburg ▶Hermanus und ▶Cape Agulhas, der Südspitze des afrikanischen Kontinents, empfängt Sie grünes Bauernland mit reetgedeckten Cottages, Wildblumenteppichen und reizvollen Wanderwegen. Und zwischen Juni und November stets im Blick: Wale.*

### Wellness im Bauernland

Caledon

Im Herzen der Agrarregion entstand ab 1708 an den schon von den San geschätzten, 50 °C warmen **Heilquellen** das beschauliche Städtchen Caledon. Täglich sprudeln 900 m³ mineralhaltiges Wasser aus den sieben Quellen, die im eleganten €€€ **Caledon Hotel, Spa & Casino** und im viktorianischen Badehaus genutzt werden. Moderne Weizensilos stehen im Kontrast mit den viktorianischen Häusern an der Mill Street. Von den ersten Siedlern in der zweiten Hälfte des 19. Jh.s erzählt das **Caledon Museum** in der Constitution Street 16.

**Caledon Tourism**: www.overberg.co.za | **Caledon Hotel, Spa & Casino**: Tel. 021 782 97 54 | Thermalbad Di. – So. 9 – 17 Uhr, R 350, www.tsogosun.com | **Caledon Museum**: https://xplorio.com/caledon/caledon-museum/, Mo.– Fr. 8 – 16 Uhr, Erw. R

### Durch die »Buschmannschlucht« nach McGregor

Greyton

Weiß getünchte Häuschen im Schatten mächtiger Eichen, kleine Kunstgalerien, Cafes und Restaurants verleihen dem 1860 gegründe-

## OVERBERG ERLEBEN

### SWELLENDAM INFO CENTRE
im Drostdy Museum
Tel. 086 123 47 77
www.overberg.co.za

### OAK & VIGNE CAFÉ €€
Vor allem die schattige Terrasse des Deli-Cafés ist eine Pause wert. Ganz Greyton trifft sich hier auf Kaffee und Kuchen, auf ein kühles Bier und leichte bis wirklich sättigende Snacks.
13 DS Botha Street, Greyton
https://oakandvigne.co.za/, Tel. 082 829 48 57

### ROOSJE VAN DE KAP €€/€€€
Helpi und Freerk Brandsma verwöhnen mit charmanten Gartenzimmern, vier Cottages, einem Familienappartement und einer Hochzeitssuite mit Terrasse und Panoramablick auf die Langeberg Mountains. Das angeschlossene, beliebte Restaurant mit kapmalaiischer und französischer Küche wartet seit der Corona-Epidemie auf die Wiedereröffnung.
5 Drostdy Street. Swellendam
Tel. 082 289 64 28
www.roosjevandekaap.com

### THE POST HOUSE €€€
Janet und John haben die ehemalige Post in ein bezauberndes Boutique-Hotel mit hellen, schicken Zimmern, originellem Pool und Café mit köstlichen Kuchen und Snacks verwandelt. Solarpanels liefern Ökostrom.
22 Main Road, Greyton
Tel. 028 254 99 95
https://theposthouse.co.za

ten Bauerndorf seinen Charme. Über die von Fynbos bedeckten **Riviersonderend Mountains** verläuft von Greyton der 15 km lange, fünfstündige **Boesmanskloof Trail** nach De Galg. Ein Permit ist erforderlich.

**Die guten Hirten im Land der Khoisan**

Genadendal

Nur 3 km westlich von Greyton gründete Georg Schmidt von der **Herrnhuter Brüdergemeine** 1738 mit Genadendal die älteste Missionsstation des Landes. **Nelson Mandela** würdigte die Verdienste der Mission für Südafrika 1995 mit einem Besuch und benannte Westbrooke, Kapstadts Sitz des Staatspräsidenten, in Genadendal um. Schmidt unterrichtete und taufte die schon damals bedrohten Khoisan – womit er sich die Farmer, selbst Analphabeten und Anhänger der konservativen holländisch-reformierten Kirche, zu Feinden machte. Schließlich verdarb er ihnen die Geschäfte, denn Christen als Sklaven zu halten war verboten. 1744 wurde Schmidt ausgewiesen, bis 1792 blieb die Mission verwaist. 1838 öffnete in Genadendal das erste Lehrerseminar Südafrikas, das aber 1926 der Apartheid zum Opfer fiel. Heute zeigt hier das **Moravian Mission Museum** die älteste Orgel des Landes, eine Druckerpresse von 1859 und jene Bibel, die Georg Schmidt 1744 der Khoi-Frau Vehettge Tikkuie zum

Blickfang in Swellendam: die niederländisch-reformierte Moederkerk.

Abschied schenkte. Rund um den **Church Square** sind denkmalgeschützte Häuser aus dem 18. / 19. Jh. erhalten.

**Moravian Mission Museum**: Mo. – Do. 8.30 – 17, Fr. 8.30 – 17.30, Sa. 10 – 14 Uhr | Eintritt R 50 | https://genadendalmuseum.org

### Das Dorf der sprudelnden Quellen

Elim

Die alltestamentarische Wüstenoase Elim wurde zum Namensgeber des 1824 als **Herrnhuter Missionsstation** gegründeten Dorfes, denn dort wie hier war reichlich Wasser vorhanden. Seine niedrigen, reetgedeckten Häuschen stehen heute unter Denkmalschutz – die 1833 erbaute Wassermühle der Dorfbäckerei ist das größte traditionelle Holzwasserrad des Landes. Trotz aller Verbote wurde in Elims Schule während der Apartheid ohne Segregation unterrichtet.

### Kirche oder Hochzeitstorte …

★ Swellendam

… fragt man sich unwillkürlich angesichts der Türmchen und Schnörkel der schneeweißen **Moederkerk** der niederländisch-reformierten Gemeinde im Ortszentrum. Die drittälteste europäische Stadtgründung am Kap entstand 1745 als VOC-Niederlassung am Fuß der Langberge. Seinen Namen verdankt das hübsche Städtchen mit vielen **kapholländischen Gebäuden** Gouverneur Hendrik Swellengrebel und Gattin Helena ten Damme. Dass um Swellendam einst die Khoikhoi-Volksgruppe der Hassekwa siedelte, belegen zwei Gräber in Bontebokskloof für die letzten beiden Häuptlinge Klaas und Markus Shababa. Zum **Drostdy Museum** an der Swellengrebel Street 18 gehören das alte Gefängnis, ein Gewerbehof und das Mayville-Wohnhaus von 1853 mit einem viktorianischen Rosengarten. Herrliche Wanderungen kann man am Fuß der Langberge durch das Wildblumen- und Fynbos-Paradies des **Marloth Nature Reserve** unternehmen. Für den 81 km langen **Swellendam Trail** muss man 6 Tage mit Hüttenübernachtungen einplanen.

**Drostdy Museum:** Mo. – Fr. 9 – 17, Sa., So. 10 – 15 Uhr | Eintritt R 40 einen leichten Lunch serviert das Field & Fork Restaurant | Tel. 72 157 00 55 | www.drostdymuseum.com, www.fieldandfork.co.za
**Marloth Nature Reserve** und **Swellendam Trail:** www.capenature.co.za

### Rettet den Buntbock

Bontebok National Park

Bis zum Ende des 18. Jahrhunderts weideten am Breede River südlich von Swellendam große Herden von **Buntbock-Antilopen**, die im 19. Jahrhundert fast ausgerottet waren. Zu ihrem Schutz wurde der Nationalpark angelegt, in dem heute wieder 160 Buntböcke, Bergzebras, Springböcke, Kronenducker und auch zahlreiche Vogelarten heimisch sind.

Tgl. 7 – 19, Mai – Sept. bis 18 Uhr | Erw. R 186 Kinder R 93
www.sanparks.org

# ★ PAARL

**Lage:** N 1, 56 km nordöstl. von Kapstadt | **Einwohnerzahl:** 194 000

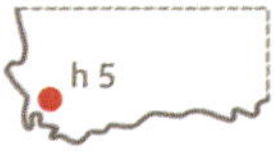


*Stellen Sie sich so die Hochburg südafrikanischer Weintradition vor? Eine mittelgroße Stadt mit 11 km langer, mehr oder weniger schnurgerade verlaufender Hauptstraße, links und rechts gesäumt von Geschäften, Büros und Wohnhäusern? Ein bisschen uncharmant, nicht wahr? Aber wenn Sie genau hinsehen, entdecken Sie säulengestützte Veranden, geschwungene Giebel, kapholländische Häuschen mit Geschichte. Und die dreht sich hier nicht nur um Wein, sondern auch um das Afrikaans.*

Wein und Afrikaans

Auf La Concorde residiert seit 1918 die **KWV** (Kooperatieve Wijnbouwers Vereniging van Zuid-Afrika), heute die privatwirtschaftlich geführte **weltgrößte Winzergenossenschaft**. An der Kohler Street sind die Kellergewölbe mit den fünf größten Weinfässern der Erde im Cathedral Cellar zu besichtigen – sie wurden aus Mammutbäumen gezimmert. Die Führungen beginnen mit einem Informationsfilm über die Kunst der Weinherstellung und enden mit einer Verkostung der hervorragenden Weine. Da die KWV auch für ihre feinen Brandys

Die drei Säulen des Taal Monument in Paarl symbolisieren Afrika, Asien und Europa, deren Sprachen die Wurzeln des Afrikaans sind.

## PAARL ERLEBEN

### PAARL WINE & TOURISM
Tel. 021 807 45 28
https://discoverpaarl.co.za

### WEIN & KULTUR
Die Weinernte feiert Paarl bei der **Wine Harvest** Celebration Anfang März mit Verkostungen, Livemusik und Führungen durch die Weinkeller (das Programm finden Sie auf den Websites der jeweiligen Weingüter). Besonders opulent geht es beim **Seven Days Shiraz Festival** zu, das Mitte Juni stattfindet (http://shirazsa.co.za/sevendays).

### WELLNESS MIT KRÄUTERN
Ob es heute Rosmarin, Lavendel oder Bitterorange ist, deren Duft Sie bei den Wellness-Anwendungen im Spa von **Babylonstoren** begleitet, hängt davon ab, welche Kräuter oder Früchte im Garten des Guts gerade erntereif sind. Altes Wissen der Heiler und moderne Erkenntnisse über die Wirkungsweise der ätherischen Öle fließen ein in die Behandlungen des intimen **Bambus-Spa**, in dem Sie sich fühlen, als würden Sie unter freiem Himmel gepflegt. Einfach tief einatmen und entspannen (tgl. 9 – 17 Uhr, www.babylonstoren.com).

### UP, UP AND AWAY ...
Mit den ersten Sonnenstrahlen erhebt sich der Heißluftballon von Carmen und Udo Mettendorff über das grüne Berg River Valley mit Blick auf die majestätischen Hottentot Holland Mountains. Bei gutem Wetter startet der Ballon jeden Morgen von November bis April. Nach der einstündigen **Ballonfahrt** wird im Grande Roche Hotel gefrühstückt.
Wineland Ballooning
Tel. 021 863 31 92
www.balloninfo.de

### ❶ BABEL €€€€
▸Babylonstoren, S. 199

### ❷ GRANDE ROCHE €€€€
▸Grande Roche, S. 195

### ❸ NOOP €€€
Das im ganzen Weinland beliebte Lokal wird mit großem Enthusiasmus und Engagement geführt. Südafrikanische Klassiker wie Lamm und Raritärten wie Kalahari Springbock bereitet das junge Team kreativ und mit frischen Ideen zu, und die ausgesuchte Weinkarte passt dazu!
127 Main Road, Paarl, Tel. 021 863 39 25, www.noop.co.za

### ❹ THE MANOR AT NEDERBURG €€/€€€
Im historischen Herrenhaus werden saftige Steaks und Wild-Burger mit Avocado, Süßkartoffeln und karamellisierten Zwiebeln serviert – mit korrespondierenden preisgekrönten Nederburg-Weinen.
Nederburg Wines, Sonstraal Road
Tel. 021 862 31 04, www.nederburg.com/za/theredtable

### ❺ THE GOATSHED €€
Unter rustikaler Holzdecke kommen frisch gebackenes Brot, sanft geschmorte Lammschulter aus eigener Zucht und Springbock-Medaillons auf den Tisch. Dazu hauseigene Weine und 25 Sorten hofeigener Käse, tgl. 9 – 17 Uhr.
Fairview Wine Estate, Suid Agter Paarl Road, Suider Paarl
Tel. 021 863 36 09
www.fairview.co.za

Nach einer Heißluftballonfahrt wird im Grande Roche gefrühstückt.

### ❶ GRANDE ROCHE €€€€

Legendäre Nobelherberge mit wunderschönen Terrassensuiten und prachtvollem Haupthaus im kapholländischen Stil. Die alte, sorgfältig renovierte Sklavenkapelle wird heute gern für Hochzeiten genutzt. Bis 2020 führte Roland Gorgosilich das von Michelin ausgezeichnete Restaurant mit südafrikanischer Kochkunst der Spitzenklasse. Sein Team setzt diese Tradition mit gewohnter Kreativität fort. Beim Tasting Menu mit Köstlichkeiten wie Lachscarpaccio auf Kaviar-Wasabicreme und Kalbsfilet an Trüffeljus empfiehlt ein Sommelier zu jedem Gang den passenden Wein.
1 Plantasie Street, Paarl 7646
Tel. 021 863 51 00
http://granderoche.com

### ❷ BELMONTE GUEST HOUSE €€€

Sechs sehr geschmackvoll eingerichtete, große Zimmer im mediterranen Stil. Von den Balkonen hat man einen herrlichen Blick auf den »Perlenberg«. Parklandschaft mit Fynbos und Proteen.
19 Monte Christo Avenue, Paarl 7646, Tel. 083 679 35 78
www.belmonteguesthouse.co.za

### ❸ LEMOENKLOOF GUEST HOUSE €€/€€€

Hinter der viktorianischen Fassade liegen 26 hübsche Zimmer. Lounge und Hochzeitssuite besitzen noch originale Yellowwood-Decken und Stinkwood-Balken.
Ecke Malan und Main Street, Paarl, Tel. 021 872 37 82
http://lemoenkloof.co.za

### ❹ MODDERKLOOF FARM €€

Hier übernachtet man in drei geschmackvollen Ferienwohnungen auf einer Schaffarm mit Hühnern und Hunden, Pool und Tennisplatz, die seit vier Generationen den Grobbelaars gehört. Die Farm liegt 4 km von Nederburg.
Klein Drakenstein
Keerweder Road, Paarl
Tel. 072 437 53 78

| Restaurants | Hotels |
|---|---|
| 1 Babel | 1 Grande Roche |
| 2 Grande Roche | 2 BelMonte Guest House |
| 3 Noop | 3 Lemoenkloof Guest House |
| 4 The Manor at Nederburg | 4 Modderkloof Farm |
| 5 The Goatshed | |

bekannt ist, präsentiert das »House of Fire« ein paar Schritte weiter die hohe Kunst des Brennens in den Räumen einer ehemaligen Destillerie – die eigentlichen Brandy-Produktionsstätten befinden sich in Worcester (►S. 235).

**KWV Wine Emporium**: Kohler Street, www.kwvwineemporium.co.za | Cathedral Cellar Tour, Mo. bis Fr. 10 u. 12, Sa., So. 10 Uhr, je nach Programm ab R 50 | Verkostung Mo. bis Fr. 9 – 16, Sa. 9 – 15, So. 9 – 13 Uhr, ab R 70 | **KWV House of Fire**: Cecilia Street, Führungen Mo. – Fr. 10.30 u. 13.30 Uhr | Erw. R 200

**Keine Schätze am Perlenberg**

1657 kam Abraham Gabbema ins Berg River Valley, um nach dem legendären Schatz von Monomotapa zu suchen. Er fand ihn zwar nicht, ließ sich aber von den glitzernden Wassertropfen auf den Granitfelsen zum Namen **Perlenberg** inspirieren. Früher lebten hier über 18 000 Khoi, die den knapp 730 m hohen Hausberg »Schildkrötenberg« nannten. 1687, als Gouverneur van der Stel erstes Farmland an Freie verschenkte, waren die Khoi längst gen Oranje River vertrieben worden oder arbeiteten für die Neubauern.

**Wandeln unter Eichen**

Main Street

Mit knapp 11 km ist die ab 1720 angelegte Eichenallee der Main Street, die **längste Hauptstraße Südafrikas**. An der Kreuzung von Main und Lady Grey Street steht die 1805 erbaute **Strooidak Kerk**, die Strohdachkirche. Im ehemaligen Pfarrhaus von 1787 an der Main Street 303 zeigt das **Paarl Museum** kapholländische Antiquitäten, Glasarbeiten und historische Fotografien.

**Paarl Museum**: Mo. – Fr. 9 – 16, Sa. bis 13 Uhr | Erw. R 15| http://https://capewinelandsmuseums.co.za/paarl

**Die Multikulti-Sprache**

Afrikaans Language Museum (Taal Museum)

Das Museum im Gideon Malherbe House an der Pastorie Avenue 11 widmet sich dem 1875 erstmals schriftlich fixierten **Afrikaans**, das vor dem Englischen zur Lingua franca Südafrikas avancierte. Hier kann man auch die Druckerpresse sehen, mit der 1876 »Die Afrikaanse Patriot« gedruckt wurde, die erste Tageszeitung in Afrikaans.

April – Okt., tgl. 8 – 16.45 Uhr | Erw. R 20, Kinder R10
www.taalmuseum.co.za

**Drei Säulen für drei Kontinente**

★ Taal Monument

Auf einem Hügel an der Gabbema Doordrift Street südwestlich der Stadt symbolisieren die drei Säulen des Taal Monument **Afrika, Asien und Europa**, deren Sprachen die Wurzeln des Afrikaans sind, das 1925 nach Englisch zweite offizielle Sprache Südafrikas wurde – »Taal« ist das Afrikaans-Wort für Sprache. Beeinflusst wurde seine Entwicklung durch Niederländisch, Deutsch und Englisch aus Europa, Malaiisch und Arabisch aus Asien sowie die Khoi- und Bantu-Sprachen der Zulu, Xhosa und Sotho aus Afrika. Den Entwurf zum Denkmal lieferte 1975 Jan van Wyk. Im modernen Visitor Centre wird eine **Afrikaans-Ausstellung** gezeigt.

Tgl. 8 – 17, Nov. – März bis 20 Uhr | Erw. R 40 Kinder R 10
www.taalmuseum.co.za | ▶Abb. S. 193/194

**Eine Route für Genießer**

★ Paarl Wine Route

Paarls ausgeschilderte Weinstraße führt zu Südafrikas größtem Weingut **Nederburg**, das jährlich über 10 Mio. Flaschen erzeugt. Das 1791 von dem Deutschen Philip Wolvaart gegründete Anwesen besitzt ein denkmalgeschütztes Herrenhaus von 1800, in dem Anfang September bei der Nederburg Wine Auction südafrikanische Spitzenweine versteigert werden. Die Erfolgsstory begann 1937 mit dem Bremer Johann Graue. Zwanzig Jahre später wurde Gunter Brozel oberster Winemaker, der das Gut mit viel Fleiß und Talent zu dem machte, was es heute ist. Eine Hommage an Brozel, der nach Dienstschluss gern mit seinem BSA-Motorrad zu einer Spritztour durch die Weinberge startete, ist The Motorcycle Marvel, ein Feuerwerk an roten Früchten. Neu im Team sind Jack Black's Taproom mit hauseigenen Craftbieren und deftigen Snacks sowie The Courtyard mit Self Service im hübschen Garten.

Die Privatgüter stehen oft im Schatten der Giganten KWV und Nederburg, obwohl auch sie edelste Tropfen produzieren. Ein traditionsreiches Weingut ist beispielsweise **Fairview**, wo seit 1699 Wein wächst und Charles Back heute einen wunderbaren Shiraz keltert. Fairview hat mehr als 35 Weine und 25 Sorten Käse im Angebot.

Auf **Glen Carlou** an den Nordausläufern des Simonsbergs bietet Familie Finlaysons Spitzenweine und exquisite Küche im Restaurant @Glen Carlou. Auf **Zandwijk** werden nur koschere Weine gekeltert.

OBEN: Probieren Sie nach der Kellerführung auf Nederburg preisgekrönte Weine vom würzigen Sauvignon Blanc bis zum wuchtigen Shiraz.
UNTEN: Das reetgedeckte, kapholländische Manor House von Nederburg steht heute unter Denkmalschutz.

Ein Muss für Grappa- und Gin-Liebhaber ist der Besuch bei Südafrikas Brennstar, dem gebürtigen Karlsruher **Helmut Wilderer**, an der R 45 Richtung ▶Franschhoek. Sein Sohn Christian begrüßt Gäste im populären Ristorante Pappa Grappa, in dem die Spirituosen verkostet und gekauft werden können.

**Paarl Wine Route**: https://paarlwineroute.co.za
**Nederburg**: Wein- und Käse-Verkostungen, Visitors' Centre: tgl. 10 bis 16 | Jack Black's Taproom und The Courtyard tgl. 10 – 17 Uhr
Manor Restaurant: ▶S. 194, www.nederburg.com
**Fairview**: tgl. 9 – 17 Uhr | Probe von 6 Weinen mit Käse, R 75
The Goatshed Restaurant: ▶S. 194 | www.fairview.co.za
**Glen Carlou**: Mo. – Fr. 9 – 17, Sa., So. 10 – 15 Uhr | Weinprobe ab R 40 | https://glencarlou.co.za | **Zandwijk**: Mo. – Fr. 8 – 16 Uhr
Weinprobe mit Kellertour n. V. R 30 | http://zandwijk.co.za
**Helmut Wilderer**: Pappa Grappa | tgl. 10 – 17 Uhr
www.wilderer.co.za

### In den Gärten von Babylon

★ Babylonstoren

Die Geschichte dieses Anwesens beginnt 1692 mit dem Farmer Pieter van der Byl und führte über viele Generationen und Besitzerwechsel zur jetzigen Eigentümerin Karen Roos, die Babylonstoren zu einer wundervollen Ausflugs- und Eventlocation formte. Herzstück ist der 3,5 ha große **Nutz- und Heilpflanzengarten**, den der französische Landschaftarchitekt Patrice Taravella ab 2007 anlegte und der heute zum Spazieren und vor allem Erkunden einlädt. Erstaunlich, was hier alles wächst, und wie hübsch die Anlage ist. Wein wird natürlich auch angebaut und vermarktet. Das Restaurant **Babel** kocht vorzüglich mit farmeigenen Produkten, in der **Bakery** gibt es außer hausgemachtem Brot auch italienische Menüs. Wer bleiben möchte, kann zwischen hübschen Cottages und einem schicken **Hotel mit Spa** wählen. Täglich um 10 Uhr startet eine geführte Garten-Tour.

Klapmuts Simondium Road, Simondium | tgl. 9 – 17 Uhr
Garten Mo. – Fr. R 10, Sa., So. Erw. R 20, Kinder R 10
www.babylonstoren.com

### Altägyptische Funde, Wein und ein spektakulärer Pass

Wellington

Die sympathische Kleinstadt mit kapholländischer Nostalgie 20 km nördlich von Paarl ist Zentrum der Trockenfrucht- und Branntweinherstellung. Auch Wellington hat eine eigene, etwas weniger touristische Weinstraße – probieren Sie den preisgekrönten Pinotage von **Diemersfontein**. Das **Wellington Museum** in der Church Street besitzt ein buntes Potpourri von Ethno-Schmuck bis hin zu ägyptischen Funden aus der Zeit Echnatons. Außerdem erfährt man hier, wie Andrew Geddes Bain mit Andrew Murray die Limiet Mountains bezwang. Bain war Erbauer und Namensgeber des fantastischen **Bain's Kloof Pass** an der R 303 Richtung Ceres: Die 18 km lange

Passstrasse gilt bis heute als eine der reizvollsten im Westkap. Bains Sohn Thomas Charles setzte die Arbeit des Vaters fort und war schließlich für 44 Passübergänge in Südafrika verantwortlich.

**Wellington Tourism:** 104 Main Road | Tel. 021 864 13 78 | https://discoverwellington.co.za | **Diemersfontein:** Weinprobe tgl. 10 – 17 Uhr Tel. 021 864 50 50 | www.diemersfontein.co.za | **Wellington Museum:** Mo. – Fr. 9 – 16 Uhr | http://wellingtonmuseum.co.za

# ★ ROUTE 62

**Lage:** 170 – 430 km östlich von Kapstadt

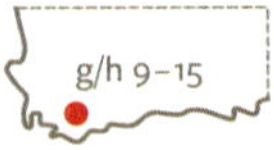


***Weite, karge Ebenen, ab und an ein Farmhaus, Windräder, Straußenvögel, Mondgebirge und in den fruchtbaren Tälern Obstbäume und Reben – diese Landschaft ist wie ein Blues. »See the Karoo on Route 62«, der Werbeslogan für die R 62, die sich 240 km durch die Kleine Karoo schlängelt, klingt ja selbst wie Musik. Nehmen Sie sich Zeit für Begegnungen mit Brandy-Brennern und Recycling-Künstlern, besuchen Sie eine eine Straußenfarm, übernachten Sie in charmanten B&Bs – und hören Sie auf der Fahrt gute Musik!***

🍴
1 The Willow Tree
2 Route 62 Brewing Company
3 22 Church Street

🏠
1 Kingna Lodge
2 Karoo Life B & B

## ROUTE 62 UND KLEIN KAROO ERLEBEN

### LADISMITH TOURISM BUREAU

6 South Street, Tel. 028 050 01 58
https://ladismithtourismbureau.co.za

### WINE, BRANDY & FESTIVALS

Zur Weinroute der Klein Karoo gehören 20 Güter (www.kleinkaroowines.co.za). Bester Kooperativkeller ist der **Montagu Wine Cellar** mit einem preisgekrönten roten Muscadel-Dessertwein (Mo. – Fr. 8 – 12.30, 13.30 bis 17 Uhr, www.montaguwines.co.za), der auch beim **Montagu Wine Festival** im Mai verkostet wird. Auf Gut **Joubert Tradauw** bei Barrydale bekommt man den originalen »R62«-Wein aus Merlot und Cabernet Sauvignon bzw. Chenin Blanc und Chardonnay (www.joubert-tradauw.co.za). Die **Southern Cape Vineyards** in Barrydale produzieren einen der besten Brandys am Kap (Mo.–Fr. 8 – 17, Sa. 9–15 Uhr; Kellerführung n.V., www.scv.co.za). Weitere Produzenten finden Sie auf der Homepage der **Brandy Route** (www.sabrandy.co.za). Zu den drei Süßweinherstellern gehört die **Calitzdorp Winery i**n der Andries Pretorius St. (Mo. – Fr. 9 – 17, Sa., So. 9 – 14 Uhr, www.calitzdorpwine.co.za). Seit 2011 dürfen die südafrikanischen Süßweine nicht mehr »Port« heißen – das hat die EU durchgesetzt. Im Juli feiert Calitzdorp ein dem Süßwein gewidmetes Festival.

### 1 THE WILLOW TREE €€

Hier fühlen sich Carnivoren und Pizza-Enthusiasten wohl. Vom Steak – ob Rind, Schwein oder Strauß – bis zur Margherita ist alles frisch zubereitet und schmeckt. Auch leckeres Frühstück gibt es hier!
55 Albert Street, Ladismith, Tel. 066 348 48 31, https://willowtreerestaurant.co.za

### 2 ROUTE 62 BREWING COMPANY €€

Craft-Biere und dazu Deftiges wie Burger (auch vegetarisch!), Pizza, Lamb Chops, aber auch bunte Salate. Für den rustikalen Hunger.
18 Church Street, Montagu
Tel. 084 099 66 69, www.route62brewingcompany.co.za

### 3 22 CHURCH STREET €€

Ein junges Team serviert feine, zeitgemäß interpretierte Gerichte vom Kap und aus der Karoo mit viel Kreativität, Esprit und guter Laune.
22 Church Street, Montagu
Tel. 023 614 12 00

### 1 KINGNA LODGE €€€

Die Gastlichkeit in dem eleganten, viktorianischen Haus schätzten 1995 schon Nelson Mandela und F. W. de Klerk für ungestörte Gespräche. Den schönsten Blick hat der Mountain View Room mit offenem Kamin.
11 Bath Street, Montagu 6720
Tel. 023 614 10 66
www.kingnalodge.co.za

### 2 KAROO LIFE B&B €€

Schon zur Begrüßung gibt es ein Gläschen Port, denn die sympathische Bleibe mit fünf gemütlichen Zimmern, großer Terrasse, Garten und Pool trennen nur 800 m vom Weinkeller Calitzdorp. Tolles Frühstück und italienisches Restaurant.
18 Queen Street, Calitzdorp 6660
Tel. 044 213 30 83

### Aktiv und entspannt in der Klein Karoo

★ Montagu

Biken, Klettern, Rafting – in und um Montagu herrscht Begeisterung für jede Art von Sport. Immerhin gilt das Städtchen als **Kletterhauptstadt** Südafrikas. Gebündelt und organisiert wird jede Art von Freizeitspaß im Büro von **Flying Feet**, wo Sie auch nette Stadtführungen per Rad buchen können. Weinberge, Apfel-, Birnen- und Aprikosenplantagen, so weit das Auge reicht, prägen das fruchtbare **Breede River Valley**, und doch wurde Montagu erst 1851 durch Kapgouverneur John Montagu gegründet. Während seiner Amtszeit erbauten Häftlinge viele Straßen und Pässe entlang der Route. Schon vor 200 Jahren wurden die Thermalquellen genutzt. Auch Tagesgäste können in den 43 °C heißen Quellen des **Avalon Springs Hotel** entspannen, das durch den Lovers Walk am Keisie River mit dem historischen Ortskern verbunden ist. 14 von 24 denkmalgeschützten kapholländischen Häusern stehen an der Long Street. In der 1907 erbauten Missionskirche erzählt das **Montagu Museum** die Lokalgeschichte und zeigt neben vielen Dokumenten auch historische Bibeln. Zierliche Porzellanpuppen, Möbel und Hausrat sind im **Joubert House** von 1853 ausgestellt, in dessen Garten über 120 verschiedene Heilkräuter wachsen. Auch das britische **Fort** ist zu besichtigen. Samstags ist **Markt** in der Bath Street.

**Montagu Tourism**: Tel. 023 614 24 71 | www.montagu.org.za | **Flying Feet**: Tel. 076 891 36 23| https://flyingfeet.co.za | beide 27 Bath Street | **Avalon Springs Hotel**: Uitvlucht St., Montagu | tgl. 8 – 20 Uhr | Eintritt: ab R 170, https://dreamresorts.co.za/hotels-resorts/avalon-springs/explore | **Montagu Museum** und **Joubert House**: Mo. – Fr. 9 – 16.30, Sa. 10 – 12 Uhr | Erw. R 25, Kinder R 12
**Fort**: Mo. – Fr. 8 – 13, 14 – 17, Sa., So. 9 – 15 Uhr | Eintritt frei

### Hoch auf dem grünen Traktor

Tractor Trips

Von Niel Burgers **Protea Farm**, 30 km südlich von Montagu an der R 318, starten die beliebten Touren auf einem Traktor mit Anhänger zum 1500 m hohen Arangieskop. Drei Stunden dauert die **Panoramafahrt** zum Gipfel der Langeberge samt Weinprobe und abschließendem Potjieskos-Mahl auf der Protea Farm.

Mi., Sa. 10 Uhr, mind. 20 Teilnehmer | Erw. R 220, Kinder R 120 – 190
Potjiekos Erw. R 140, Kinder R 60 | http://proteafarm.co.za

### Wildtiere weitab von allem

★ Sanbona Wildlife Reserve

Rund 40 km östlich von Montagu zweigt bei »Die Vlakte« die 7 km lange Schotterpiste zum privaten, 54 000 ha großen Sanbona-Wildreservat ab. Der Name erinnert an das Volk der **San**, die hier an sieben Plätzen bis zu 3500 Jahre alte Felszeichnungen hinterließen. Mitten in der Karoo muss man die **Big Five** wirklich suchen. Doch auf Pirschtour mit den Rangern im offenen Geländewagen, per Boot oder zu Fuß kann man Nashörnern, Löwen, Elefanten, Büffeln, Geparden,

Spannende Begegnung: Auf Safari im Sanbona Wildlife Reserve lassen sich Spitzmaulnashörner aus nächster Nähe beobachten.

Giraffen, Flusspferden, Antilopen, Zebras, Hyänen und mit Glück sogar Leoparden begegnen. Anliegen der Eigentümer sind Erhalt und Wiedereinführung der ursprünglichen Flora und Fauna, darunter auch die vom Aussterben bedrohten Buschmannhasen. Übernachtet wird in luxuriösen Lodges mit allem Komfort und ausgezeichnetem Essen. Genießen Sie die Fußsafaris durch die Wildnis oder lassen Sie sich auf nächtlichen Touren ohne jeden Lichtsmog den fantastischen **Sternenhimmel** Südafrikas erklären.

www.sanbona.com | ▶Magischer Moment S. 40

**Zwischenstopp beim Kunstkollektiv ...**

★ Barrydale

Barrydale ist ein hübsches Städtchen, in dem ausgezeichneter Brandy produziert wird (▶S. 201) und in dem sich viele Künstler niedergelassen haben. Eine Reihe von poppig-bunten Cafés und Geschäften wirbt hier entlang der Route 62 um hungrige und durstige Durchreisende. Ein Bummel lohnt auch durch die Nebenstraßen, vorbei an Häuschen in nostalgischer Architektur, an Läden und Galerien wie das **Magpie Art and Design Studio**, dessen Exponate häufig aus Abfall hergestellt sind. Aushängeschild des Künstlerkollektivs ist die Magpie Peace Dove aus zwei recycelten Milchplastikflaschen.

**Magpie Studio:** 27 Van Riebeeck Street
www.facebook.com/MagpieArtCollective

### ... und im »Sex-Shop«

Ronnies Sex Shop

Der in knallroten kraxeligen Buchstaben an die weiße Häuserwand gepinselte Schriftzug »Ronnies Sex Shop« bei Km 90 der Route 62 war ein wohlwollender Witz von Freunden, um die müden Geschäfte irgendwo im Nirgendwo anzukurbeln. Allerdings ist die Kneipe, hinter deren Tresen Ronnie hervorlinst, durchaus einen Stopp auf ein schnelles Bier (oder gar einen Burger) wert. Vor allem Biker halten »Ronnies« die Treue. Die meisten Touristen begnügen sich damit, vor dem Schriftzug ein Selfie zu schießen.

### Rund um den Hexenberg

Ladismith

Laut Legende soll eine erboste Hexe den 2189 m hohen **Towerkop** nördlich von Ladismith in zwei Gipfel gespalten haben. Ladismith ist Zentrum des größten **Aprikosenanbaugebiets** in Südafrika und besitzt nette Restaurants und Cafés für den Zwischenstopp auf halber Strecke der Route 62 (►S. 201). Hinter Zoar zweigt eine Schotterpiste in die atemberaubende Schlucht **Seweweekspoort** ab – »sieben Wochen« sollen einst die Planwagen für den Weg durch die **Swartberge** gebraucht haben. Auch die Szenerie auf der Route 62 verändert sich: Die Straße klettert über den malerischen **Huisrivier Pass** hinunter ins Tal des Huis River und eröffnet fantastische Fernblicke über die Halbwüste.

**Ladismith Tourism**: Otto Hager Church, South Street
www.ladismith.org.za

Die schönsten Straußenfarmen Südafrikas gibt es in Oudtshoorn.

**Auf ein Gläschen »Süßwein«**

Calitzdorp

Als **Portwein**-Metropole Südafrikas galt das 1821 gegründete Calitzdorp (►S. 201) mit seiner auffälligen Kirche aus ockerfarbenem Sandstein bis 2011, bevor die EU auf Betreiben Portugals durchsetzte, dass sich die südafrikanischen Tawnys und Cape Vintages nicht mehr Portwein nennen dürfen. Die Erzeuger retten sich in Umschreibungen, generell hat wieder der Name Süßwein Einzug gehalten. Herrliche Wanderungen führen nördlich durch die unberührte Natur des **Groenfontein Conservancy**. Wellness versprechen auf halbem Weg nach Oudtshoorn die Thermalquellen des **Calitzdorp Spa**.

**Calitzdorp Spa:** tgl. 8 – 17 Uhr | Erw. R 27, Fahrzeug R 40
www.calitzdorphotsprings.co.za

## Oudtshoorn

**Für Staubwedel viel zu schade**

Hochburg der Straußenzucht

Ein überdimensionales Straußenei im Zentrum des lebhaften Städtchens (95 000 Einw.) verweist auf die Quelle des lokalen Reichtums. Als die feinen Damen Europas noch mächtige Hüte mit Federn trugen, wurde die Straußenfedern wie Gold gehandelt. Heute macht der Vogel mit seinem Fleisch und Leder eine neue Karriere – das Leder ist nach Känguru und Krokodil das drittstärkste der Welt. Das **C. P. Nel Museum** an der Hauptstraße erzählt von der großen Zeit der »Federbarone« um 1900, als Straußenfedern in Europa Mode waren und bis zu 750 000 Strauße in Oudtshoorn gehalten wurden. Der rekonstruierte Gebetsraum einer Synagoge erinnert an die vorrangig aus Litauen stammenden, jüdischen Kaufleute im Straußenhandel. Schönster »Straußenpalast« ist das angeschlossene **Le Roux Townhouse** von 1909 mit Originalmöbeln im Stil des Art nouveau.

**C. P. Nel Museum:** Mo. – Fr. 8 – 17, Sa. 9 – 13 Uhr | Erw. R 30, Kinder R 15 | www.oudtshoorninfo.com/project/c-p-nel-museum | **Le Roux Townhouse:** Mo. – Fr. 9 bis 13, 14 – 17 Uhr | Erw. R 30, Kinder R 15

**Begegnung mit den größten Vögeln der Welt**

★ Ostrich Farms

Wie die Laufvögel gezüchtet und gehalten werden, erfahren Sie beim Besuch einer der vielen Straußenfarmen in der Umgebung. Dabei erfahren Sie spannende Fakten: Um z. B. ein rohes Straußenei zu zerbrechen, braucht man die Kraft von 150 kg, das Küken drückt indes von innen nur mit 1,5 kg. Dass Strauße ihren Kopf bei Gefahr in den Sand stecken, ist übrigens ein Märchen. Tatsächlich legen die Vögel ihren Kopf mit ausgestrecktem Hals flach auf den Boden, um sich als Busch in der Landschaft zu tarnen. Kommt man ihnen zu nahe, springen sie allerdings auf und sausen mit Spitzengeschwindigkeiten von 60 bis 70 Stundenkilometern davon. Das Straußenreiten wurde für den Tierschutz inzwischen auf den meisten Farmen abgeschafft, dar-

## OUDTSHOORN ERLEBEN

### OUDTSHOORN TOURISM
80 Voortrekker Street, Oudtshoorn Tel. 044 279 25 32
www.oudtshoorn.com
www.oudtshoorninfo.com

### JEMIMA'S €€/€€€
Pierre und Debbie verwöhnen ihre Gäste mit bester südafrikanischer Crossover-Küche – probieren Sie das Karoo-Lamm oder die gegrillten Straußen-Medaillons und zum Abschluss die Granny Apple Tarte. In der €€€ Villa hinter dem Restaurant versprechen drei kunstsinnig eingerichtete Zimmer himmlische Nachtruhe (nur als Ganzes zu mieten).
94 Baron van Reede Street
Tel. 044 272 08 08
https://thebrighthousevilla.co.za

### NOSTALGIE €€/€€€
Nostalgisch ist (fast) alles in diesem netten, von Mutter und Tochter geführten Restaurant und B & B, von der Einrichtung bis zu den Speisen, die sich an die traditionelle Karoo-Küche halten. Bemerkenswert sind auch das umfangreiche Frühstücksangebot und die leckeren Kuchen.
74 Baron van Reede Street
Tel. 044 272 40 85
www.oudtshoornrestaurant.co.za

### DE OUDE MEUL €€
Fleisch von Strauß, Kudu oder gar Krokodil ist die Spezialität des beliebten, etwas außerhalb gelegenen Restaurants an einer historischen Mühle.
R328, Schoemanshoek, Oudtshoorn, Tel. 044 272 73 08, https://oldmillgardenroute.co.za

### QUEEN'S HOTEL €€€
Das 1880 im Kolonialstil erbaute Hotel ist mit Antiquitäten eingerichtet. Es verfügt über 40 elegante Zimmer, Feinschmeckerrestaurant, holzgetäfelte Bar und Swimmingpool.
5 Baron van Reede St., Oudtshoorn 6625, Tel. 044 272 21 01
www.queenshotel.co.za

### DE ZEEKOE GUEST FARM €€/€€€
Die weitläufige Gästefarm liegt panoramareich in herrlicher Karoo-Landschaft mit Blick auf die Swartberge. Zimmer und Cottages verschiedener Kategorien lassen dem Geldbeutel oder dem Komfortbedarf die Wahl. Das Restaurant serviert Küche mit Pfiff. Vielseitige Aktivitäten von Wandern und Sternengucken bis hin zum Besuch bei einem Erdmännchenprojekt, das nicht nur Kinder bezaubert.
7 km südwestlich Oudtshoorn
Tel. 044 27 82 67 21
www.dezeekoe.co.za

unter die nachfolgenden **Show-Farmen**: Älteste ist die **Highgate Ostrich Farm**, 10 km südwestlich von Oudtshoorn, mit Besichtigung von Brutnestern, Fütterung, Shop und Lunch. Auf der **Safari Ostrich Farm** mit Café und Shop, 10 km südwestlich der Stadt, fahren Sie zuerst in einem Traktoranhänger über die Farm zu freilaufenden Straußen, bevor Sie alles über den Brutzyklus erfahren. In kleineren Gruppen erkunden Sie zu Fuß die **Cango Ostrich Farm** zwischen

BAEDEKER ÜBERRASCHENDES

# 6x FÜR KINDER

*Langeweile verboten!*

## 1. WILDKATZEN HAUTNAH

Auf der **Cango Wildlife Ranch** hat der Nachwuchs über 14 die Möglichkeit, Geparden anzufassen und zu streicheln. Auf der Farm werden verwundete Großkatzen wieder aufgepäppelt. (▶ **S. 209**)

## 2. FLINKE SEEHUNDE

Was gibt's Schöneres für Kinder als den Kontakt zu Tieren? Und mit Seehunden zu schwimmen gehört sicher zu den Höhepunkten Südafrikas. Wo? In **Plettenberg Bay**. (▶ **S. 170**)

## 3. FAMILIENSPASS

Die Riesenrutsche im Avalon **Thermalbad von Montagu** an der Route 62 ist der Hit. Während die Eltern in den Thermalbecken entspannen, können die Kids nicht genug bekommen vom rasanten Aqua-Slide. (▶ **S. 202**)

## 4. HOCH ÜBERM TROPENWALD

Spannung bei Groß und Klein ist garantiert bei der **Treetop Canopy Tour** durch die Baumkronen des Tsitsikamma-Tropenwalds. Zum Abschluss geht's am Stahlseil des Flying Fox rasant 34 m in die Tiefe (ab 7 J., ▶ **S. 173**)

## 5. UNTERWASSERWELTEN

Rendevous mit Pinguinen oder Tigerhai-Fütterung, Einsiedlerkrebse streicheln, Kelp befühlen oder Clownfische, Haie, und farbenprächtige Korallen bestaunen – in Kapstadts **Two Oceans Aquarium** ist immer was los! (▶ **S. 134**)

## 6. WAS IST EIN TOWNSHIP?

Aus der Sicht des elfjährigen Sive, der den Leser durch sein Township führt, verstehen Kinder die schwierigen Verhältnisse Südafrikas besser: **»African Kids: Eine südafrikanische Township-Tour«** (Peter Hammer Verlag).

Oudtshoorn und den Cango Caves und können sogar bei einer Straußenumarmung auf Tuchfühlung gehen. Während der **Berluda Ostrich Tour** erhalten Sie auf der Farm der Schoemans einen authentischen Einblick in die Arbeitsabläufe einer »**working farm**« inklusive einem Besuch der Brutstätten. Es gibt hier außerdem ein ausgezeichnetes Restaurant und hübsche Zimmer und Cottages. Und frühmorgens eine tolle Tour zu Erdmännchen.

**Highgate Ostrich Show Farm:** 80-Min.-Touren tgl. 8 – 17 Uhr | Erw. R 235, Kinder R 155 inkl. Lunch Erw. R 535, Kinder R 305 | http://highgate.co.za | **Safari Ostrich Farm:** 60-Min.-Touren tgl. 8 – 16 Uhr, Erw. ab R210, Kinder ab R 105, www.safariostrich.co.za | **Cango Ostrich Farm:** 45-Min.-Touren tgl. 8 –17 Uhr | Erw. R 140, Kinder R 90 www.cangoostrich.co.za | **Berluda Ostrich Tour:** Tourstart 9 Uhr Dauer 2 Std. | R 400, Kinder R 200 | www.berluda.co.za

**Geparden, weiße Löwen und Lemuren**

★ Cango Wildlife Ranch

Zum erfolgreichen Geparden-Projekt auf der Cango Wildlife Ranch 3 km östlich von Oudtshoorn, die ursprünglich als Krokodil-Zuchtfarm startete, gehören ebenso ausgewachsene Tiere wie Geparden-Welpen. Die Wildtiere wurden gerettet oder hier geboren. Außerdem leben hier weiße Löwen, Leoparden, Tiger und Servale. Im Valley of Ancients kann man Rosaflamingos, Paradiesvögel, Krokodile, Lemuren, Riesenschlangen und Flusspferde bestaunen. Mit dem **Encounter Ticket** können Besucher Geparden, Lemuren oder Servale streicheln und Krokodilen nahe kommen.

Tgl. 8.30 – 17, April – Nov. bis 16.30 Uhr | Erw. R 250, Kinder R150 Animal Encounters (mindestens 14 Jahre alt und 1,55 m groß): zusätzlich Erw. ab R250, Kinder ab R 180 | www.cango.co.za

**Abenteuer unter Tage**

★ Cango Caves

Ein Wunder der Natur sind die ausgedehnten **Tropfsteinhöhlen** gut 30 km nördlich von Oudtshoorn am Fuß der Großen Swartberge. In früheren Jahrhunderten diente die Höhle, in der konstant 18 °C herrschen, den San als Unterschlupf. Von ihren Felsbildern ist aber kaum etwas erhalten. Die 98 m lange, 49 m breite und 18 m hohe **Van Zyl's Hall** trägt den Namen des Mannes, der 1780 als Erster in die Dunkelheit vorstieß. Er entdeckte dabei ein besonders sehenswertes, 9 m hohes und schätzungsweise 150 000 Jahre altes Tropfsteingebilde, das er **Cleopatra's Needle** nannte. Auf weitere, insgesamt über 2,5 km lange Höhlen (Cango II – IV) stieß man 1972. Um ihr Ökosystem nicht zu zerstören, sind sie nur Forschern zugänglich. Am Eingang mit Infocenter, Restaurant und Shop starten tgl. Führungen. Die **Standard Tour** beginnt 9 – 16 Uhr zur vollen Stunde. Da in den Ferien großer Andrang herrscht, sollte man morgens kommen und

Stolze neun Meter ragt Cleopatra's Needle in der Van Zyl's Hall in die Höhe.

reservieren (Erw. R270, Kinder R 150). Zur halben Stunde startet 9.30 – 15.30 Uhr die **Adventure Tour**, die etwa 90 Minuten dauert – sie ist aber nur Durchtrainierten ohne Klaustrophobie zu empfehlen, da sie teilweise sehr steil ist und durch 45 cm enge Kamine führt (Erw. R 320, Kinder R 200, www.cango-caves.co.za).

★ Swartberg Pass

**Von der Kleinen in die Große Karoo**
Hinter den Cango Caves steigt die R 328 zum 1568 m hohen Swartberg Pass an. Die **Swartberge**, die die Grenze zwischen Klein und Groot Karoo bilden, stehen seit 2004 als Kapflora-Region auf der **Welterbeliste der UNESCO**. Die Bergkette erstreckt sich über 200 km und ist 2326 m hoch. Von den drei Passstraßen über den Gebirgszug ist der 1881 –1888 erbaute Swartberg Pass der spektakulärste. Die nicht durchgehend asphaltierte Straße ist bei Trockenheit mit dem Pkw problemlos befahrbar, jedoch sehr steil mit engen, unübersichtlichen Kurven. **Grandiose Ausblicke** sind garantiert, nicht minder faszinierend ist die **Fynbos-**Vegetation mit vielen Proteen.

# ★★ STELLENBOSCH

**Lage:** 50 km nordöstlich von Kapstadt | **Einwohnerzahl:** 155 000

*Stellenbosch steht für Südafrikas berühmteste Weinregion. Aber auch für eine ungewöhnliche Dichte an Kunstmuseen und Galerien, gemessen an der Größe des Unistädtchens. Nicht zu vergessen das kapholländische Architekturerbe, dessen Giebel und Veranden sich unter der mächtigen Eichenallee an der Dorp Street spreizen. Dieser Mix aus Wein, Kunst, Nostalgie und quirligem Studentenleben ergibt eine der bezauberndsten Städte am Kap.*

Wein und Wissenschaft

Die nach Kapstadt zweitälteste europäische Siedlung am Kap gründete Gouverneur Simon van der Stel 1679. Die ersten Siedler pflanzten Weizen in dem fruchtbaren Tal, doch schon bald erkannte man, dass Böden und Klima sich ausgezeichnet für den Weinbau eignen. Heute ist die Region eines der **wichtigsten Weinbaugebiete** des Landes. Seit 1918 ist Stellenbosch zudem Universitätsstadt. An der **ältesten Hochschule Südafrikas** lernten spätere Premierminister und Staatschefs wie Hans Strijdom, Daniel Malan und Jan Smuts – 2007 wurde Prof. Russel Botman erster nicht weißer Rektor der Eliteschmiede. Von den rund 33 500 Studenten sind heute 50 % Nichtweiße. Ein Uni-Erfolg ist auch Südafrikas »Silicon Valley«, der **Technopark** Stellenbosch.

**Kunst und Krempel**

★ Um die Dorp Street

Stellenboschs Hauptallee säumen weiß verputzte Häuser mit kunstvollen Giebeln und hübschen Vorgärten. Hier und in den Seitenstraßen sind besonders viele kleine Läden, Cafés und Kunstgalerien zu finden. Farbenfrohe Bilder und Skulpturen des Lokalkünstlers **Portchie** stellt **The Red Teapot Gallery** in der Church Street 25 aus, die auch schöne Mitbringsel anderer Kunsthandwerker der Region verkauft (http://www.portchie.com). Häufig sorgen Open-Air-Installationen der **Stellenbosch Arts Association** für einen spannenden Kontrast zwischen Alt und Neu. So auch die Wechselausstellungen in der 1851 von Carl Otto Hager erbauten lutherischen Stadtkirche, wo die **US Art Gallery** Werke präsentiert, die meist um aktuelle, sozial-

Knallbunt und humorvoll sind die gefragten Arbeiten des Lokalkünstlers Portchie.

# EXQUISIT UND NACHHALTIG

*Stellen Sie sich vor: Ein kapholländisches Herrenhaus mit geschwungenem Giebel in strahlendem Weiß. Auf seiner Terrasse elegant gedeckte Tische unter ausladenden Sonnenschirmen, von den nahen Bergen verdrängt eine kühle Brise die Hitze des Tages, und über den gleichmäßig gewellten Rebhängen verwandelt sich die Sonne in einen glutroten Ball. Was fehlt da noch zum Glück? Ein Glas Chenin Blanc vielleicht?*

Südafrikas Weine sind auf weltweitem Erfolgskurs. Mehr als 1,2 Mrd. Flaschen werden jährlich abgefüllt, vor allem im Kerngebiet am Kap. Auf den fruchtbaren Böden von Stellenbosch, Paarl, Franschhoek und Constantia produziert eine neue Winzergeneration mit modernsten Anbautechniken facettenreiche Spitzenweine. Auch immer mehr Farbige und Schwarze treten mit fein komponierten Tropfen ins Licht der Öffentlichkeit, ►Das ist Kapstadt S. 18.

## Wie alles begann

Südafrikas Wein-Historie beginnt mit Rebstöcken, die im Auftrag der VOC per Schiff aus Frankreich kamen. Am 2. Februar 1659 notierte Jan van Riebeeck: »Heute, der Herr sei gepriesen, wurde zum ersten Mal aus Kaptrauben Wein gepresst.« **Gouverneur Simon van der Stel** förderte den Weinanbau ab 1680 auf seinem Weingut Groot Constantia und in seiner Gründung **Stellenbosch**, heute das Zentrum des Wineland. 1688 pflanzten hugenottische Glaubensflüchtlinge in Franschhoek erste Reben und belebten den Weinbau auf breiter Front. Im 18. Jh. blieb die Qualität niedrig mit Ausnahme des an Europas Höfen sehr geschätzten Muskatwein **Vin de Constance**. England interessierte sich damals nur für **Kap-Sherry**, den Südafrikanern mundete der Brandy. Das änderte sich mit der **Kontinentalsperre** 1806. Bald er-

Verkostung auf dem Weingut Thandi bei Stellenbosch: Was erschnuppern Sie im Pinot Noir?

setzte südafrikanischer Wein in London die französischen Rebsäfte. Selbst im Exil auf St. Helena genoss Napoleon den legendären Muscadel von Constantia.

## Südafrikas Weine im Trend

Der internationale **Weinboom** begann für Südafrika mit dem Ende der Apartheid und dem Wegfall der Handelsbarrieren. Heute ist Südafrika **achtgrößter Weinproduzent** der Welt. Obwohl der Export in den Nach-Corona-Jahren etwas zurückging, verkaufte Südafrika 2023 306 Millionen Liter Wein ins Ausland, davon 50 Millionen nach Deutschland. Die neuen Kellermeister haben gelernt, das Besondere ihrer Trauben zu vermarkten und sich im WOSA, den **Wine Makers of South Africa**, organisiert. Allein am Westkap beschäftigt die Weinindustrie inzwischen gut 270 000 Arbeitskräfte.

## Spitzenlagen mit Qualitätssiegel

Das milde mediterrane Klima, fruchtbare Böden im bergigen Hinterland und vorherrschende Westwinde mit regelmäßigem Niederschlag sind Garant für die Spitzenlagen am Kap. Das neue Zauberwort »**Terroir**« rückt Mikroklima, Bodentyp und Winzerkunst in den Vordergrund. Die Wachstumsperiode umfasst rund acht frostfreie Monate. Hauptanbaugebiet ist das magische Dreieick um **Stellenbosch, Franschhoek** und **Paarl**. In den Bergen von **Tulbagh** wachsen hervorragende Weißweine, leichte Steens und Rieslinge sowie starke Grundweine für den Sherry. Worcester, Robertson, Swellendam und Klein Karoo sind Spezialisten für Dessert- und Destillierweine. Die Qualitätsbezeichnung »**Wines of Origin**«, vergleichbar mit der DOCG in Italien, bestätigt mit staatlichem Siegel am Flaschenhals die Herkunftsangabe, Sorte, Jahrgang, Lage und Qualität. Seit 2010 kennzeichnet Südafrika als erstes Weinland der Welt seine **nachhaltig erzeugten Weine** mit einem Siegel für »Integrity & Sustainabiltiy«.

## Weiß und Rot

Häufigste Rebsorte ist die ertragreiche weiße **Chenin Blanc**, eine seit dem 9. Jh. im Loire-Tal angebaute Edeltraube, die vermutlich mit Jan van Riebeeck ins Land kam – in Südafrika **Steen** genannt. Johann Graue veredelte sie auf Gut Nederburg ab 1936. Zwanzig Jahre später war der halbsüße Chenin Blanc einer der meistverkauften Weine der Welt. Den größten Hype am Kap generieren derzeit weiße Cuvées mit Chenin Blanc als Hauptpartner. Stark im Trend sind auch **Chardonnay** und **Sauvignon Blanc**. Extrem erfolgreich ist die Produktion von Rotwein. Bereits 1927 konnte Georg Canitz vom Gut Muratie die erste Flasche **Pinot Noir** einkorken. 1975 kreierte Gilbeys South Africa den ersten **Zinfandel**. Berühmt wurde die echte südafrikanische Traube **Pinotage**, die 1925 durch Kreuzung von Pinot Noir (Spätburgunder) mit Cinsaut entstand und einen samtigen Fruchtwein ergibt. Neben der spät reifenden Bordeaux-Traube **Cabernet Sauvignon** ist der heutige Star ein ganz alter: Die 3000 Jahre alte persische Rebsorte **Shiraz** erobert als Solitär wie im Blend alle Gaumen.
**John Platter's** renommierter »South African Wine Guide« liefert jedes Jahr neue Bewertungen von Südafrikas Weingütern, Winzern und mehr als 6000 Weinen (www.wineonaplatter.com).

## STELLENBOSCH ERLEBEN

### TOURISM INFORMATION

4 Church Street, Stellenbosch
Tel. 021 886 43 10
www.visitstellenbosch.org

### ❶ TERROIR/KLEINE ZALZE

**€€€/€€€€**

Das 100 ha große Weingut oberhalb vom Golfclub De Zalze wurde im Jahr 1683 von dem deutschen Einwanderer Nicholas Cleef gegründet. Heute bietet das Familienunternehmen nicht nur Kellerführungen und Weinproben, sondern auch ein schickes Landhotel und ein mediterranes Feinschmeckerrestaurant, das zu den besten am Kap zählt – unser Tipp: Nic van Wyks Langustenrisotto mit weißem Trüffelöl, dazu ein frischer Chenin Blanc 2018.
Strand Rd/R 44
Tel. 021 880 07 17
www.kleinezalze.co.za

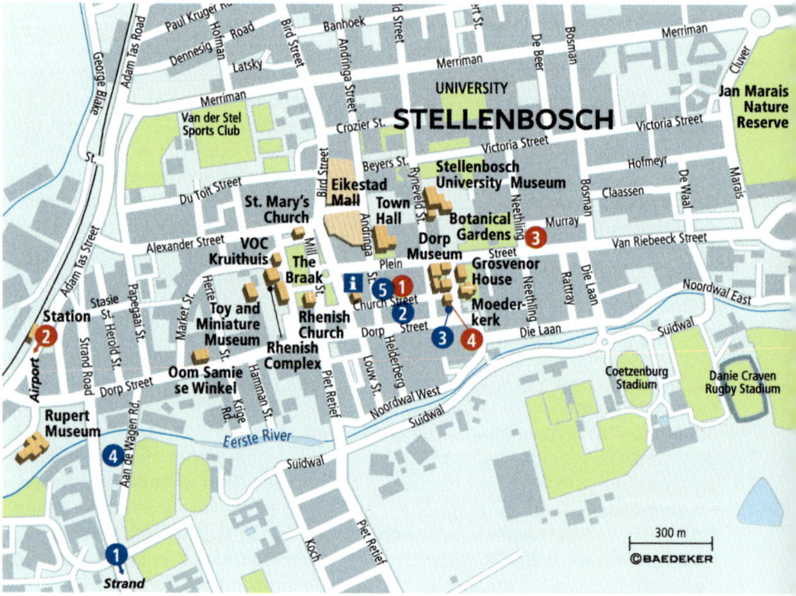


❶ Terroir/ Kleine Zalze
❷ Helena's Restaurant
❸ De Eetkamer
❹ De Volkskombuis
❺ Craft, Wheat & Hops

❶ Oude Werf
❷ Wedgeview Country House & Spa
❸ Roosenwijn Guest House
❹ De Hoek Manor

### ❷ HELENA'S RESTAURANT AT COOPMANHUIJS BOUTIQUE HOTEL & SPA €€€

Sanft geschmortes Karoo-Lamm mit Knoblauch-Kartoffelstampf oder Krummelpap, grünen Bohnen und Cumberland Sauce, Risotto mit Wildpilzen aus dem Hemel-en-Aarde-Tal und köstliche Desserts – nach dem Motto »Where the familiar is made spectacular« wird im Restaurant des Fünf-Sterne-Boutiquehotels Coopmanhuijs sehr lecker nach südafrikanischen Rezepten gekocht. Die romantische Location in einem 1713 erbauten Herrenhaus sieht aus wie eine lebensgroße Puppenstube. 16 bezaubernde helle Zimmer – sechs davon mit Balkon –, Pool und Spa.
33 Church St, Tel. 021 883 82 07
http://helenasrestaurant.co.za
www.coopmanhuijs.co.za

### ❸ DE EETKAMER €€

Genial für Experimentierfreudige: Auf »small plates« kommen Spezialitäten aus aller Welt auf den Tisch und man isst gemeinsam von allem, etwa Safranrisotto, Tandoori-Chicken oder Lammschulter.
3 Drostdy Street, Tel. 021 001 83 08, www.de-eetkamer.co.za

### ❹ DE VOLKSKOMBUIS €€/€€€

Das von Sir Herbert Baker entworfene Farmhaus ist seit über 30 Jahren kulinarische Institution. Die Küche hält sich an klassische kapholländischen Rezepte, die im gemütlichen Restaurant oder draußen im Garten hervorragend schmecken. Bestellen Sie zum Karoo-Lamm einen Shiraz.
Aan de Wagen Road
Tel. 021 741 09 80
https://devolkskombuis.co.za

### ❺ CRAFT, WHEAT & HOPS €€

Hier tobt der (studentische) Bär. Die Kneipe ist vor allem wegen ihrer Craft-Bier-Auswahl beliebt, dazugibt's tolle Stimmung, Pizza und Burger.
Andringa St, Tel. 021 886 51 16, www.craftwheatandhops.com

### ❶ OUDE WERF €€€

Südafrikas ältestes historisches Hotel geht auf das Jahr 1802 zurück, der jetzige georgianische Bau mit 58 geschmackvollen Zimmern stammt aus den 1890ern. Im schick gestylten Restaurant und im weinumrankten Innenhof werden südafrikanische Spezialitäten aus regionalen Zutaten aufgetischt – Lekker eet! Guten Appetit!
30 Church Street, Stellenbosch 7600, Tel. 021 887 46 08
www.oudewerfhotel.co.za

### ❷ WEDGEVIEW COUNTRY HOUSE & SPA €€€

Das Wellness-Hotel inmitten von Reben liegt paradiesisch ruhig etwas außerhalb von Stellenbosch und verwöhnt seine Gäste nicht nur mit eleganten Zimmern und zwei Pools, sondern auch mit einem angenehmen Spa und modern interpretierter südafrikanischer Küche.
Bonniemile, Stellenbosch
Tel. 021 881 3225
www.wedgeview.co.za

### ❸ ROOSENWIJN GUEST HOUSE €€/€€€

Viktorianisches Herrenhaus mit wunderschönen, hellen Dachgeschosszimmern im Safari-Stil, Pool und romantischer Hochzeitssuite (Nr. 7)
14 van Riebeeck St., Stellenbosch 7500, Tel. 021 883 33 37
www.roosenwijn.co.za

### ❹ DE HOEK MANOR €€€

Fünf nostalgische Zimmer in einem kapholländischen Gästehaus – konkurrenzlos zentral gelegen!
8 Drostdy Street
Tel. 021 886 99 88
www.dehoekmanor.co.za

## AUSGESUCHTE WEINGÜTER

### EIKENDAL WINE ESTATE

Auf der Bilderbuchfarm der Familie Saager produziert Kellermeister Aldert Nieuwoudt fruchtige frische Sommerweine wie den eleganten Chardonnay sowie erdige Rotweine aus Cabernet Sauvignon, Merlot und Cabernet Franc. Den Gast erwarten hier romantische Picknicks im Schatten mächtiger Eichen. Die Cucina di Giovanni zaubert Leckeres aus saisonalen Zutaten.
Liebevoll im Landhausstil möbliert ist die Eikendal Lodge mit neun Zimmern mitten in den Weinbergen, die man auf zwei markierten Wanderwegen selbst erkunden kann. Geführte Weinbergwanderungen, Vollmondfahrten mit dem Traktor und Führungen im Weinkeller sollten vorab angemeldet werden.
An der R44, 10 km südlich von Stellenbosch, Tel. 021 855 14 22
www.eikendal.com
Weinproben: Sept. – Mai, Di. – So. 11 – 19 im Winter tgl. 10 – 16 Uhr
Restaurant Di. – Sa. Lunch und Dinner, So. nur Lunch

### SEVEN SISTERS

Die sieben Schwestern, die tatsächlich hinter diesem Weingut stehen, gründeten Seven Sisters 2005 und zählen zu den wenigen People of Colour, die im weißen Weinbusiness Fuß fassen konnten (▶Das ist Kapstadt S. 18). Die ursprünglich aus dem Fischerort Paternoster stammende Familie war in alle südafrikanischen Winde zerstreut, bevor die sieben Schwestern mit dem Weingut bei Stellenbosch eine neue gemeinsame Heimat und Aufgabe fanden. Unter Leitung der energischen Vivian Kleynhans kaufte die Familie Grund und pflanzte 2013 die ersten Chardonnay- und Shiraz-Reben. 2016 präsentierten die Schwestern die ersten aus eigenen Trauben gekelterten Weine. Mit ihren Weinen haben sich die charmanten Damen inzwischen gut auf dem Markt etabliert. Vor allem der in französischer Eiche ausgebaute Brutus Family Reserve Chardonnay 2016 ist mit seinen Aromen von Zitrus und Vanille ein hoch gelobter Tropfen.
468/132 Welmoed Road, off Annandale Road, Lynedoch
Tel. 021 879 19 96
www.sevensisters.co.za
nach Voranmeldung
Verkostung ab R 70

### WATERFORD WINE ESTATE

Die junge Geschichte des Weinguts begann 1998 mit dem Kauf von 120 ha bestem Rebland an den Ausläufern des Helderbergs. Kevin Arnold, einer der führenden Winzer Südafrikas, der sich bereits auf Delheim und Rust en Vrede einen Namen gemacht hatte, konnte mit der Winery bei Stellenbosch seinen Lebenstraum erfüllen. Heute zählt das herrliche Anwesen im Stil eines toskanischen Landschlösschens zu den Topadressen am Kap. Der preisgekrönte Cuvée »The Jem« ist eine ausgewogene Mischung von Shiraz, Mourvèdre und Merlot. Über die Geschichte des südafrikanischen Weinbaus und die Wahl der Spitzengewächse erfahren die Teilnehmer bei der dreistündigen Wine Drive Safari inklusive Verkostung viele interessante Details. Geröstete Nüsse, Früchte und Marzipan sind bevorzugte Zutaten von Chocolatier Richard von Geusau. Seine sündhaft guten Schokoladen ergänzen beim Chocolate Wine Experience wunderbar die Aromen von Shiraz, Cabernet Sauvignon und Natural Sweet wine.
Blaauwklippen Road, Helderberg Stellenbosch, Tel. 021 880 53 00
www.waterfordestate.co.za
Mo. – So. 10 – 17 Uhr

WEITERE WEINGÜTER ▶S. 221

Bildhübsch: Das ehemalige Pastorenhaus ist heute Spielzeugmuseum.

kritische Themen kreisen. Seit 1791 gut im Geschäft ist **Oom Samie se Winkel**, 84 Dorp Street, ein viel besuchter viktorianischer Kramladen. Die 1863 am Ostende der Dorp Street im neogotischen Stil errichtete holländisch-reformierte **Moederkerk** mit dicken Bleiglasfenstern ist ein Meisterwerk von Carl Otto Hager. Der älteste der drei Vorgängerbauten war 1722 noch mit einem Strohdach gedeckt.

**US Art Gallery**: Mo. – Fr. 9 – 17, Sa. 9 – 13 Uhr | www.artthrob.co.za
**Oom Samie se Winkel**: Mo. – Fr. 8.30 – 17, Sa. 9 – 17, So. 9 – 16 Uhr

### Bummel um die Braak

Die Braak und Rhenish Corner

Auf der heute grünen »Brache« im Stadtzentrum wurden einst Militärparaden abgehalten. 1854 konnte die Kirche **St. Mary-on-the-Braak** geweiht werden. Weitere historische Bauten sind das 1777 für die VOC erbaute Munitionsdepot, das VOC Kruithuis und das Burgerhuis von 1797 in der Bloem Street. Von der barocken Kanzel der **Rhenish Church** wurden ab 1823 Sklaven unterrichtet. Das Ensemble der **Rhenish Corner** nutzt jetzt eine Kunstschule. Historische Puppen, Autos und Eisenbahnen zeigt das **Toy Museum** im ehemaligen Pfarrhaus der Rheinischen Mission.

**Toy Museum**: Di. – Fr. 9 – 16.30, Sa. 9 – 14 Uhr
Mai – Aug. So. geschl. | Erw. R 30, Kinder R 15

BAEDEKER WISSEN

# STELLENBOSCH DORP MUSEUM

*Im ältesten Stadtteil von Stellenbosch wurden vier Häuser aus der Zeit zwischen 1709 und 1929 liebevoll restauriert, um die Entwicklung von Architektur, Hauseinrichtung, Gärten und Mode vorzustellen. Nehmen Sie sich genügend Zeit für die Besichtigung – die Museumswächterinnen in historischen Kostümen beantworten gern alle Fragen (►Abb. S. 220).*

Mo. – Sa. 9 – 17,
So. 10 – 13 Uhr
Sept. – März bis 16 Uhr
Erw. R 40, Kinder R 20
**Eingang:** 18 Ryneveld Street
Tel. 021 887 29 37
www.stelmus.co.za

**① Schreuderhuis**
Im reetgedeckten Schröderhaus mit Lehmfußboden, gekalkten Wänden und Bleiglasfenstern wohnte ab 1709 der sächsische Mühlenverwalter Sebastiaan Schröder. Ein halbes Jahr nach Fertigstellung wurde das Haus im Februar 1710 auf der ersten Zeichnung von Stellenbosch abgebildet, heute ist es die älteste erhaltene Stadtwohnung Südafrikas. Möbel und Hausrat datieren aus der Zeit von 1690 bis 1720.

**② Blettermanhuis**
Kurz vor seinem Ruhestand ließ sich der wohlhabende Friedensrichter und letzte VOC-Droste (Magistrat) Hendrik Lodewyk Bletterman 1789 ein Haus im typischen kapholländischen Stil mit H-förmigem Grundriss und sechs Giebeln erbauen. Das Mobiliar stammt aus der zweiten Hälfte des 18. Jahrhunderts.

**③ Grosvenor House**
Die untere Etage des klassizistischen Patrizierhauses wurde 1782 für den Großbauern Christian L. Neethling begonnen, aber erst 1803 von seinem Nachfolger J. W. Herold mit einem ziegelgedeckten Flachdach fertiggestellt. Den neoklassizistischen Türrahmen am Eingang ziert im Giebelfeld eine biblische Palme für den Psalm 92, Vers 13: »Der Gerechte wird grünen wie ein Palmenbaum«.

**4 O. M. Bergh Hous**
Ursprünglich hatte auch das Haus des stellvertretenden Gerichtsvollziehers Olof Martinus Bergh ein Strohdach und ähnliche Giebel wie das Blettermanhuis, bevor es im späten 19. Jh. seine heutige Gestalt annahm. Die Tapeten, Möbel und Accessoirs sind typisch für die viktorianische Zeit zwischen 1840 und 1870.

**5 Gärten**
Sogar die Gärten sind wie zu ihrer Entstehungszeit mit Blumen, Obstbäumen, Gemüsebeeten, Heil- und Küchenkräutern bepflanzt.

OBEN: Im Salon des Grosvenor House steht ein Flügel von 1800.
UNTEN: Wissenswertes erzählen die netten Museumsdamen in historischen Kostümen.

**Moderne Kunst & Wohnkultur**

Stellenbosch University Museum

Das Kunstmuseum der Universität im neoklassizistischen Bloemhof an der Ryneveld Street 52 zeigt eine sehenswerte Ausstellung südafrikanischer **Künstler des 19. und 20. Jh.s** und renommierte Wechselausstellungen. Im 1876 gegenüber erbauten Erfurt Huis (Nr. 37) präsentieren die **Stellenbosch-Museen(****▶ S. 218/219)** in drei historischen Anwesen Möbel, Kleidung und Arbeitsgerät der ersten Siedler.

**University Museum**: Mo. – Sa. 9 – 16.30 Uhr | Spende erbeten, www.facebook.com/UsMuseum | **Stellenbosch-Museen**: Mo. – Fr. 9 – 17, Sa. bis 16.30, So. 10 – 16 Uhr | Erw. R 40, Kinder R 20

**Südafrikas Maler und Bildhauer des 20. Jahrhunderts**

★ Rupert Museum

Hans Meiring realisierte 2005 den schneeweißen, kapholländischer Architektur nachempfundenen Komplex für die private Kunstsammlung des milliardenschweren Tabakmagnaten Anton Rupert (1916 bis 2006). In drei Sälen wird südafrikanische Kunst präsentiert, darunter Arbeiten von Maggie Laubser, Alexis Preller, Jean Weiz, Lippy Lipshitz und **Irma Sterns** Frühwerk »Das ewige Kind« von 1916. Europa ist u. a. durch Käthe Kollwitz, Corbusier und Rodin vertreten.

Stellentia Avenue | Das Museum war 2025 geschlossen
https://rupertmuseum.org

**Fabergé-Eier oder Mountainbike-Parcours**

★ Hazendal Estate

Eine eigenwillige museale Kombination ist 5 km nördlich von Stellenbosch auf dem **Weingut** Hazendal zu besichtigen, das der Deutsche Christoffel Hazenwinkel 1699 gründeten: Die **Marvol Gallery** konzentrierte sich ursprünglich auf russische Künstler, hat inzwischen ihr Portfolio aber erweitert und präsentiert bei **Art Walks** Werke in der Galerie und Arbeiten zeitgenössischer Künstler auf dem Farmgelände. Die **Classic Car Collection** in einem gläsernen Showroom begeistert mit Oldtimern. **Wonderdal** heißt eine interaktive Show rund um verschiedene naturwissenschaftliche Themenbereiche, die als Mitmachausstellung konzipiert auch Kindern Freude bereitet. Last but not least keltert Hazendal auch exzellenten Wein und lädt zur Verkostung.

R304, Bottelary Road | **Marvol Gallery**: Di. – So. 9 – 17 Uhr | Eintritt frei | **Art Walks:** Do. 11 Uhr, R 60 | **Wonderdal:** Mo. – Sa. 9 – 18, So. bis 17 Uhr, 1 Std. R 85, Fr. – So. R 140 | **Bike-Park** tgl. 8 – 17 Uhr | Eintritt mit Rad R 50, Zuschauer R 10 | **Weinverkostung**: Mo. – Do. 10 – 17, Fr. – So. 10 – 20 Uhr, ab R 130 | www.hazendal.co.za

## Rund um Stellenbosch

**Immer dem Wein nach**

★★ Stellenbosch Wine Route

Um Stellenbosch verläuft seit 1971 die älteste Weinroute Südafrikas, die heute in fünf Teilrouten gegliedert ist. Höhepunkt des Jahres ist

das **Wine Festival** Ende Februar. Auf den meisten der über 200 Weingüter werden täglich Kellerführungen und Weinproben angeboten, viele haben ausgezeichnete Restaurants und Picknickmöglichkeiten – besondere Empfehlungen ►S. 216. Mit den Hop-on Hop-off-Touren des **Vine Hopper** (www.vinehopper.co.za) machen Besichtigung und Verkostung allen Spaß, weil niemand fahren muss.
Schon die Anfahrt durch eine kilometerlange Pinienallee ist beeindruckend. Gegründet wurde **Neethlingshof Estate** 1692 von Willem Barens Lubbe, einem deutschen Einwanderer. Heute bietet das herrliche Anwesen mit einem Herrenhaus von 1814 Weinproben seiner besten Weine, ein Muss: der Pinotage. Das Gut **Fleur du Cap** (früher Bergkelder) beeindruckt mit seinen großen Weinkellern im Papegaaiberg und kombiniert die Weinverkostung mit Salz aus allen Teilen der Welt – eigenwillig! **Blaauwklippen**, mit über 300-jähriger Tradition, punktet mit einem wunderschönen kapholländischen Herrenhaus und seinem familienfreundlichen Restaurant De Blaauwe Kitchen. **Meerlust** besitzt ebenfalls schmucke kapholländische Gebäude von 1756. Seine Weine sind nur in Barriques ausgebaut wie der dunkelrote Rubicon. **Morgenhof** hat einen wunderschönen Park, Restaurant und Fasskeller für 1600 Barriques – kosten Sie das Cuvée »Première Sélection« im Bordeaux-Stil. Ein Gedicht: das Wildcarpaccio mit Pilz-Panna-Cotta. Trocken, erdig und tanninbetont schmecken die preisgekrönten Rotweine vom Gut **Rust en Vrede**, eine über 300 Jahre alte, denkmalgeschützte Perle kapholländischer Architektur, die heute dem ehemaligen Rugby-Nationalspieler Jannie Engelbrecht gehört. 2004 lieferte Rust en Vrede auf Wunsch von Nelson Mandela die Weine zum Dinner seiner Nobelpreisverleihung in Oslo. Kulinarischer Höhenflug: das Estate Experience Menu von Fabio Daniel. Dass hier Weingüter fehlen, die von Schwarzen geführt werden, hat einen einfachen Grund: Es gibt mittlerweile zwar eine Reihe bekannter Winzer, aber Güter in schwarzer Hand sind Mangelware (►Das ist Kapstadt S. 18).
**Stellenbosch Wine Route**: www.wineroute.co.za | **Neethlingshof Estate**: Polkadraai Road, 6 km westlich von Stellenbosch | Mo. – Fr. 9 – 17, Sa., So. 10 – 16 Uhr | Weinprobe ab R 80, Kellerführung n. V. R65 p. Pers. | www.neethlingshof.co.za | **Fleur du Cap**: George Blake Road, Stellenbosch | Mo. – Fr. 9 – 18, Sa. 9 – 16 Uhr | Tasting Wein & Salz R 120 | www.fleurducap.co.za | **Blaauwklippen**: an der R 44 zwischen Stellenbosch und Somerset West | Mo. – Sa. 10 – 18, So. 10 bis 17 Uhr | Kellertouren n.V. | Wine & Chocolate Tasting R2200 p. Pers. www.blaauwklippen.com | **Meerlust**: 15 km südl. von Stellenbosch, Weinprobe & Shop: Mo. – Fr. 9 – 17, Sa., So. 10 – 15 Uhr | Tasting ab R 75 | www.meerlust.co.za | **Morgenhof Estate**: an der R 44 nördlich von Stellenbosch, Tasting auf Anfrage | http://morgenhof.com | **Rust en Vrede Wine Estate**: Annandale Road, 5 km südlich v. Stellenbosch Mo. – Sa. 9 – 17, So. 10 – 16 Uhr, ab R 120 | Restaurant, Di. – Sa. ab 18.30 Uhr, n.V. | Tel. 021 881 37 57 | http://rustenvrede.com

Ende Januar beginnt in Stellenbosch die Weinernte.

### Schwungvoll über den Wipfeln

Hottentots Holland Nature Reserve

Im 25 000 ha großen Schutzgebiet Hottentots Holland leben Zwergantilopen, Springböcke und Leoparden. Urlauber ohne Höhenangst schwingen sich auf einer vierstündigen geführten **Canopy-Tour** von 11 Plattformen aus an Drahtseilen über die Riviersonderend-Schlucht und durch die artenreiche Fynbos-Pflanzenwelt. Bis zu 320 m lang ist der Gleitflug von Plattform zu Plattform.

Canopy-Tour: R1200 pro Person | http://capecanopytour.co.za

### Geparden küsst man nicht

Cheetah Outreach

**Geparden streicheln** – dieser Wunsch steht bei den meisten Besuchern dieser Einrichtung an erster Stelle und wird auch (fast) immer erfüllt – man mag davon halten, was man möchte. Wichtiger ist allerdings die Tatsache, dass Cheetah Outreach seine Aufgabe darin sieht, Nutzviehhalter darüber aufzuklären, wie sie ihr Vieh schützen können, ohne Geparde gleich zu vergiften oder zu erschießen. Mithilfe Anatolischer Hirtenhunde beispielsweise, die es durchaus mit den flinken Raubkatzen aufnehmen. Außerdem zu sehen: Löffelhunde, Meerkatzen, Servale und Caracals sowie putzige Erdmännchen.

tgl. 10 - 17 Uhr, R 10, Cheetah Encounter Mi. - Mo. 10 - 13, 14 bis 15.30 Uhr, R 180 | www.cheetah.co.za

**Weingut vom alten Adel**

★ Vergelegen

Ohne Zweifel ist das 3000 ha große Anwesen 4 km nordöstlich von Somerset West eines der eindrucksvollsten und besten Weingüter Südafrikas. Auch Königin Elisabeth II., Bill Clinton und Nelson Mandela waren hier zu Gast. Am 1. Februar 1700 bekam der damalige Gouverneur Willem Adriaan van der Stel das Land zugesprochen, der das kapholländische Herrenhaus erbaute und erste Weinstöcke pflanzte. Im Laufe seiner wechselvollen Geschichte ging der Besitz 1917 an Sir Lionel und Lady »Ferrie« Phillips über, die das Weingut restaurierten und eine Bibliothek einrichteten. Eine Führung durch die hochmodernen Kelleranlagen mit Weinprobe sollte man sich nicht entgehen lassen – von den vier Produktionsebenen liegen drei unter der Erde. Das in Barriques ausgebaute Cuvée Vergelegen aus Cabernet Sauvignon, Merlot und Cabernet Franc gehört zu den Spitzenweinen des Landes. Setzen Sie sich im Sommer mit einem Picknickkorb unter einen der 300 Jahre alten Kampferbäume, nehmen Sie einen leichten Lunch im **Bistro Stables** oder besuchen Sie das preisgekrönte **Camphors**. Snoek, Springbock und Koeksisters stehen bei Chefkoch Michael Cooke auf der Karte – regelmäßig wird sein Lokal zu den Top-Adressen am Kap gewählt.

Lourensford Road | tgl. 9 – 17 Uhr | Eintritt: R 10 | Weinproben tgl. 10 – 16.50, ab R 85 | Kellerführung tgl. 11 Uhr, R 275 | Restaurant Mi. – So. 8.30 – 17, Fr., Sa. 18 – 21 Uhr | Tel. 021 847 21 11 | www.vergelegen.co.za

**Frisch von der Farm**

Elgin

Noch ist das fruchtbare Elgin Valley ein relativ weißer Fleck auf der touristischen Landkarte des Westkaps, aber die Kapstädter haben Elgins **Railway Market** längst endeckt. Ein findiger Geschäftsmann füllte eine ehemalige Lagerhalle mit diversen Farmshops, die frische regionale Produkte verkaufen, sorgte für Gastronomie und musikalische Untermalung und erreichte schließlich, dass die **Ceres Rail** ihre Route nach Elgin verlegte. Seither dampft die 1948 gebaute Jessica der Baureihe 19D mit historischen Waggons im Schlepptau jeden Samstag von Kapstadt nach Elgin und zurück, und dann geht es auf dem Railway Market besonders hoch her.

**Railway Market**: Sa., So. 9 – 16 Uhr | www.elginrailwaymarket.co.za
**Ceres Rail**: Fahrpläne unter www.ceresrail.co.za

**Wandern am Helderberg**

★ Helderberg Nature Reserve

Der Naturpark am Südosthang des 1138 m hohen **Helderberg Dome** ist für seine Proteen und artenreiche Vogelwelt bekannt. Am Eingang informiert das Visitors Centre über Bergfynbos und Vogelarten. Hier gibt es auch eine Karte mit den Wanderwegen zum Gipfel. 2 – 8 km lang sind die **Walking Trails** ab der Helderberg Farm mit Tea Garden im Sommer und kleinem Lokal im Winter.

**Naturreservat**: tgl. ab 7.30, Dez. – Feb. bis 20, März – Nov. bis 19, April – Okt. bis 17.30 Uhr | Erw. R 30 Kinder R 20, Pkw R 20 www.helderbergnaturereserve.co.za | **Helderberg Farm**: tgl. 8 – 17 Uhr | www.helderbergplaas.co.za | Wanderwege auch mit Übernachtungshütten

# ★ WEST COAST · CEDERBERGE

**Lage:** R 27, N 7, 100 – 250 km nördlich von Kapstadt
**www.capenature.co.za**

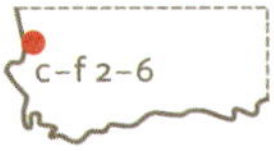


***Als hätte ein impressionistischer Künstler seine Farben über die Landschaft getupft, so sehen die Hügel des West Coast National Park und die Cederberge im Frühling aus. Millionen von Blumen öffnen dann ihre Blütenkelche und strahlen als kunterbunter Teppich der Sonne entgegen. Was die Westküste noch aufbietet: An ihren weißen Traumstränden brechen sich die Wellen des Atlantiks, im bergigen Buschland schmiegen sich verträumte Missionsdörfer zwischen bizarre Gesteinsformationen, und über 1000 Jahre alte Felsmalereien der San erzählen von der »Traumzeit«.***

Mann mit Durchblick: am Wolfsberg Arch in den Cederbergen

## WEST COAST UND CEDERBERGE ERLEBEN

### WEST COAST TOURISM
www.west-coast-info.co.za

### CLANWILLIAM TOURISM
34 Main Road, Clanwilliam
Tel. 027 482 20 24
www.clanwilliam.info

### CEDERBERG WILDERNESS AREA
www.cederberg.com
www.cederberg.co.za

### FLOWER POWER
Im Aug. und Sept. werden überall an der Westküste Wildblumenfeste gefeiert, über den Beginn der Frühlingsblüte informieren die **Flower Hotlines**: Weskus Flower Hotline Tel. 063 724 62 03 und die Namakwaland Flower Line Tel. 072 760 60 19.

### ROOIBOS TEA
Bei **Rooibos Ltd.** am Ou Kaapse Weg in Clanwilliam wird Südafrikas berühmter Rotbuschtee verarbeitet, der nur in den Cederbergen wächst. Den Namen verdankt der gesunde Durstlöscher seiner Farbe. Im Fabrikverkauf informiert ein Video über Anbau und Verarbeitung des Tees (Roite Street, Clanwilliam, Tel. 027 482 21 55, https://rooibosltd.co.za). Bei Wupperthal informiert die **Original Rooibos Cooperative** in ihrem hübschen Teehaus über ihre Arbeit (Church Square, Tel. 027 292 30 01, Mo. – Do. 9 – 16.30, Fr. 9 – 12 Uhr, www.wupperthal.co.za).

### DIE STRANDLOPER €€€
Man sitzt auf Holzbänken, die Füße im Sand, und genießt frische Muscheln, Hummer oder gegrillten Snoek mit einem Spritzer Zitrone. Bestellen Sie dazu das frisch gebackene Roesterkook Brot. Alkoholisches kann man mitbringen oder an der Bar kaufen – unbedingt reservieren!
Am Strand von Langebaan
Tel. 083 227 71 95
www.strandloper.com

### VOORSTRAND €€€
Die elegantere Alternative direkt am Strand mit den Füßen im Sand und Meerestieren auf dem Tisch
Strandlooperweg, Paternoster
Tel. 022 752 20 38
www.voorstrandt.com

### OEP VE KOEP €€€
So talentiert wie eigenwillig: In dem originellen Miniladen können Sie Muschel- und Linsen-Bobotie, Meeresfenchel und Sanddünenspinat kosten.
St Augustine Road, Paternoster
Tel. 022 752 21 05, nur bis 16 Uhr!

### THE BADGER'S GRILL €€
Rustikal und herzlich verwöhnt das Restaurant des Clanwilliam Hotel seine Gäste. Auf die Holztische kommt viel Grillfleisch sowie Sandwiches und Wraps.
22 Main Street, Clanwilliam
Tel. 027 482 28 88
https://thebadgersgrill.co.za

### OLIVE TERRACE BISTRO €€
Locker und entspannt speist es sich im Restaurant des Tulbagh-Hotels, dessen Karte von Asien über Südafrika bis Italien Spezialitäten aus aller Welt bereithält, auch veggie.
22 Van de Stel St, Tulbagh
Tel. 023 230 00 71
https://tulbaghhotel.co.za

### PADDAGANG RESTAURANT €€/€€€
Das elegante Weinhaus und Restaurant in einem historischen Gut pflegt

die kapholländische Küche und achtet auf Regionalität – vieles kommt aus dem eigenen Garten. Zum guten Essen gesellt sich oft Livemusik.
23 Church Street, Tulbagh
Tel. 083 390 42 89

### BUSHMANS KLOOF WILDERNESS RESERVE €€€€
Auf den Spuren der San,
► Magischer Moment S. 233
Tel. 027 482 82 00, Clanwilliam
www.bushmanskloof.co.za

### KAGGA KAMMA PRIVATE GAME RESERVE €€€€
Das private Naturreservat besitzt eine atemberaubende Landschaft, in der Sie Antilopen, Zebras und Streifengnus beobachten und uralte Felsmalereien der San bewundern können. Logiert und gespeist wird in luxuriösen, reetgedeckten Rundhütten oder einzigartigen Höhlensuiten. Wer will, kann unterm Sternenzelt schlafen.
Tel. 023 004 00 77
rund 120 km südöstl. von Citrusdal. Anfahrt über die R 303, vor Op-die-Berg den ausgeschildert Abzweig über den Katbakkies Pass nehmen. Eigene Landebahn-Transfer ab Kapstadt ist mit dem Kleinflugzeug möglich.
www.kaggakamma.co.za

### OYSTERCATCHER VILLA €€€
Bei Familie Christen schläft man in riesigen Doppelbetten, kann man von der Terrasse aus schwarze Kormorane, Wale, Delfine und Robben in der Bucht sehen.
1st Avenue, Shelley Point
St. Helena Bay
Tel. 082 903 96 68
www.oystercatcherlodge.co.za

### PATERNOSTER LODGE €€€
Sieben wunderschöne Doppelzimmer mit Meerblick und sehr leckere Fischgerichte im Restaurant.
64 St. Augustine Rd
Paternoster
Tel. 022 880 09 70
www.paternosterlodge.co.za

### THE FARMHOUSE €€€
Liebevoll restauriertes Farmensemble von 1860 mit Panoramablick über die Lagune, Kaminzimmer, Garten und Pool. Neben der tollen Lage sprechen das ausgezeichnete Restaurant mit preisgekrönter Weinkarte und legendärer Bar sowie mehrere nahe Kite-Camp mit Ausrüstungsverleih und Kursen für die »Farm«.
5 Egret Street, Langebaan
Tel. 021 430 40 00, www.thefarmhouselangebaan.co.za

### CLANWILLIAM HOTEL €€
Familiär geführtes Haus mit großzügigen Zimmern und guter Hausmannskost im Badger's Grill.
Main Street, Clanwilliam
Tel. 027 482 28 88
www.clanwilliamhotel.co.za

**Am »Wasserloch« einer fast ausgestorbenen Kultur**

★ !Khwa ttu

Knapp 70 km nördlich von Kapstadt versucht man im **San Culture & Education Centre** die uralten Traditionen der San zu bewahren. Die 850 ha des Naturreservats !Khwa ttu (= Wasserloch) gehören seit 2001 den San, die auf einstündigen Touren Wissenswertes über ihre Jagd, die faszinierende Vogelwelt und Heilpflanzen der Fynbos-Vegetation vermitteln – wer will, kann Pfeil und Bogen ausprobieren. Zum Zentrum gehören der Nachbau eines traditionellen San-Dorfes

Freestylen in der Langebaan-Lagune – der perfekte Surfurlaub!

und das moderne, perfekt in die Landschaft eingepasste **San Heritage Centre** mit einer von verschiedenen San-Gemeinschaften kuratierten Ausstellung zu Geschichte, Lebensraum und Kultur der San.
Tgl. 9 – 17 Uhr | Museum Erw. R 100, Kinder u. 12 J. frei | verschiedene thematische Touren ab R 245 p. P. | Restaurant und Übernachtungsmöglichkeiten | Anfahrt über R27 | www.khwattu.org

★ Darling

**Nostalgisches Städtchen mit Sinn für Humor**
Liebevoll restaurierte viktorianische Häuschen und Antiquitätengeschäfte säumen die Main Street der 1853 schachbrettartig angelegten Kleinstadt. Höhepunkt des Jahres ist die **Wildflower Show** im September. Wie man um 1900 Butter und Käse machte, zeigt das **Darling Museum** an der Pastorie Street. Vor allem am Wochenende ein Muss ist das bissig-schonungslose Kabarett und Theaterrestaurant von Comedy-Star **Pieter-Dirk Uys** alias Evita Se Perron (►Interessante Menschen) im alten Bahnhof, Arkadia Street 8.
**Tourist Info**: Pastorie Street | www.hellodarling.org.za | **Darling Museum**: Mo. - Do.. 9 - 16, Fr. 9 - 15.30, Sa., So. 10 - 15 Uhr, Erw. R 20, Kinder R 10 | **Evita Se Perròn**: Di. - So. 10 - 16 Uhr, Vorstellungen an den Wochenenden, Tickets: www.evita.co.za (Kinder erst ab 9 J.)

## ★ West Coast National Park

**Lagunen, Inseln und ein Blütenmeer**

Nationalpark

Der Nationalpark schließt die 18 km lange, jadegrüne Langebaan-Lagune und die Saldanha Bay mit ein. Die nach Admiral Antonio de Saldanha, dem Erstbesteiger des Tafelbergs, benannte Bucht ist wichtiger Militär- und Industriehafen, aber auch berühmt für ihre vorzüglichen **Austern**. Außer für sein Blütenmeer am kalten Benguela-Strom ist das Gebiet vor allem als **Brutstätte für Zugvögel** bekannt. Hier leben auch Streifengnus, Elenantilopen, Buntböcken und Kudus. Der zweitägige **Postberg Flower Trail** ist nur während der Wildblumenblüte im August und September zugänglich.

Sept. – März 7 – 19, April – Aug. bis 18 Uhr | Erw. R 87, Kinder R64 Während der Blüte R 272 bzw. R 136 | **Postberg Trail**: Buchung ab Juni über Tel. 022 707 99 02 | www.sanparks.org

**Sport und Spaß an goldenen Stränden**

★ Langebaan Lagoon

**Segler und Surfer** treffen sich an den endlosen goldenen Sandstränden von Langebaan, Fischfreunde sollten unbedingt im **Die Strandloper** einen Tisch reservieren (▶ S. 226). Von Langebaan aus starten dreistündige **Bootstouren** in die geschützte Langebaan-Lagune – ein Muss für Ornithologen. Von September bis März überwintern in der nährstoffreichen Marschlandschaft Tausende von **Zugvögeln** aus Europa. Zu beobachten sind Sichelstrandläufer, schwarze Austernfischer, Kormorane, Kaptölpel, Flamingos und Pelikane.

Schulen und Kurse zum **Kitesurfen, Kajakfahren und Segeln** findet man an der Main Rd im Cape Sports Center (https://capesports.co.za) und bei Windchasers (http://windchaserssa.com).

### Reise in die Urzeit

West Coast Fossil Park

Über 5 Mio. Jahre alte Fossilien sind im Park 15 km nördlich von Langebaan so präsentiert, wie sie aufgefunden wurden, darunter ein afrikanischer Bär, Säbelzahntiger, Mammuts und Urpferde. Eine moderne Ausstellung veranschaulicht die erdgeschichtliche Entwicklung.

Di. – Fr. 9 – 16 Uhr | Tel. 022 766 16 06
Erw. R 50, Kinder R 30| www.fossilpark.org.za

### Kulinarik und Wellness …

★ Paternoster

… erwarten den Besucher der charmanten Siedlung 25 km weiter nördlich, die ihre Zeit als kleines Fischerdörfchen weit hinter sich gelassen hat. Heute zählt Paternoster zu den beliebtesten Wochenendrefugien der Kapstädter. Frisch gebackenes Brot, selbst gemachte Marmeladen, fantastische Meeresfrüchte und jede Menge Trödel gibt's im viktorianischen **Oep ve Koep** (►S. 226). Seit 1936 weist der Leuchtturm am Cape Columbine Schiffen den Weg auf See.

## ★ Cederberge

### Heimat des Rooibos-Tees

Cederberg Wilderness Area

Die 230 km nördlich von Kapstadt am **Sneeuberg** bis auf 2027 m ansteigenden Cederberge sind berühmt für ihre **wild zerklüfteten Sandsteinfelsen** und uralten **Felszeichnungen der San**. Die ersten Bewohner des Kaps kannten bereits den **Rooibos-Tee** vom Strauch Aspalathus linearis, der nur in den Cederbergen wächst. Endemische Pflanzen des 71 000 ha großen Naturschutzgebietes sind auch die seltene **Clanwilliam-Zeder**, die Schnee-Protea und das Heilkraut Buchu. In den Cederbergen leben Paviane, Klippschliefer, Antilopen und Wildschweine. Ganz selten begegnet man auch Bergleoparden.

### Das Tal, wo die Zitronen blüh'n

Citrusdal

Als Tor zu den Cederbergen gilt Citrusdal, das **Zentrum für Zitrusfrüchte** im fruchtbaren Tal des »Elefantenflusses« Olifants River. Gut 17 % der südafrikanischen Jahresproduktion an Zitrusfrüchten stamen von hier und werden zum größten Teil von der Goede Hoop Citrus Ltd. für den Export verarbeitet. Der älteste Orangenbaum Südafrikas wächst nördlich der Stadt auf der Hex Revier Farm – er soll 250 Jahre alt sein und trägt immer noch Früchte. Nach Wanderungen durch die Cederberge erholen Sie sich im viktorianischen Thermalbad **The Baths** mit 43 °C heißen Mineralquellen und Restaurant, 16 km südlich.

**The Baths:** Unterkunft in Chalet und auf dem Campingplatz, keine Tagesbesucher | www.thebaths.co.za

**Felsskulpturen und Bildgeschichten**

Bizarre Steine und Felsmalereien

Die spektakulärsten Sandsteinformationen in den südlichen Cederbergen sind die Schluchten der **Wolfberg Cracks**, der gewaltige Felsenbogen des **Wolfberg Arch** (►Abb. S. 225) und die 20 m hohen Steinsäulen des **Maltese Cross** bei Dwarsrivier. In den **Stadsaal Caves**, 8 km hinter Dwarsrivier Richtung Ceres, sind Felszeichnungen der San aus jener Zeit erhalten, als es hier noch Elefanten gab.

Tagespermits für den Besuch der **Felsformationen** bei den Camps von **Capenature:** Erw. R 85, Kinder R 55

Besuch der **Stadsaal Caves:** Permits bei Dwarsriver Farm/Cederberg Cellars | R 60 | www.capenature.co.za, www.clanwilliam.info

**Alles über den roten Tee**

Clanwilliam

Die »Blume der Cederberge« zählt zu den ältesten Städten des Landes. Schon 1732 standen hier Höfe am Olifants River, wo heute ein **Stausee** beste Wassersportmöglichkeiten bietet. Wie Rotbusch-Tee wächst, kultiviert, handgepflückt und weiterverarbeitet wird, erfährt man in einem informativen Video von **Rooibois Ltd.**, in dessen Fabrikverkauf alle Rooibos-Wünsche wahr werden (►S. 226). Im Jahre 1864 schuf Carl Otto Hager die holländisch-reformierte Kirche an der Main Street, die alljährlich Ende August während der Wild Flower Show zu einer Blumenlandschaft ausgeschmückt wird. Das **Old Goal Museum** im ehemaligen Gefängnis am Ende der Main Street informiert über die Pionierzeit, die Kultur der San und den Teeanbau. Beim Spaziergang durch das **Ramskop Nature Reserve** oberhalb vom Clanwilliam Dam lernt man die unterschiedlichen Fynbos-Pflanzen der Region kennen (►Baedeker Wissen S. 244).

**Clanwilliam Tourism Office:** 2A Park Street | Tel. 027 482 20 24 www.clanwilliam.info

**Old Gaol Museum:** Mo. – Fr. 8.30 – 16, Sa. 9 – 12 Uhr | Erw. R 30, Kinder R 15 | **Ramskop Nature Reserve:** tgl. 8 – 16 Uhr | R 80

**Krebse, Vögel und Blumen**

Abstecher nach Lambert's Bay

Der nach einem britischen Admiral benannte Hafen **Lambert's Bay** (6000 Einw.), 60 km westlich von Clanwilliam, ist für Krebsfreunde das Reiseziel. Das bis 2016 äußerst gut besuchte Crayfish Festival fand leider ein jähes Ende, da der Bestand des **West Coast Rock Lobster** (Jasus lalandii) als gefährdet gilt. In den Lokalen der Stadt erhält man die Langustenart (afrikaans: »kreef«) aber immer noch. Ein weiterer Grund die Bay aufzusuchen: Das Sandveld der Küste erblüht wie die Karoo nach dem Frühlingsregen in bunter Pracht. Das Sammelsurium des **Sandveld Museum** illustriert Stadtleben, Fischindustrie und den Untergang des britischen Kreuzers »Sybille« 1901. Ein Spaziergang auf dem Damm zum 100 m vor der Küste liegenden, 3 ha großen **Bird Island** mit seinem Beobachtungsposten macht mit Tausenden von Kaptölpeln (Morus capensis) bekannt – einer der sechs Brutplätze auf der Welt. Der **Crayfish Trail** verbindet die Surferdestination Eland's Bay südlich von Lambert's Bay auf einer 60 km langen, sechs Tage dauernden Wanderung durch die vornehmlich flache Küstenlandschaft mit der Doring Bay im Norden – eine organisierte und geführte Unternehmung mit Unterkunft, Mahlzeiten und Gepäcktransport.

**Sandveld Museum**: Church Street | Di. – Fr. 10.30 – 15.30 Uhr | Eintritt: Erw. R 20, Kinder R 5 – 10 | **Bird Island**: Lambert's Bay Harbour tgl. 8 – 18 Uhr | Erw. R 45 Kinder R 25 | www.capenature.co.za
**Crayfish Trail**: Tel. 083 553 91 07 | Tour: um R 8000 | www.crayfishtrail.co.zaw

### Die Welt der San und Wildblumen

★ Sevilla Rock Art Trail

Nordöstlich von Clanwilliam windet sich die R 364 hinauf über den **Pakhuis Pass**. Kurz vor der Abzweigung Richtung Wupperthal liegt die **Traveller's Rest Farm**. Neun Stationen umfasst ihr 4 km langer Rundgang zu uralten **Felsmalereien der San**; Tickets bekommt man im Farmhaus bei Familie Strauss, die auch 12 nette Cottages vermietet und die Khoisan Kitchen betreibt – Spezialitäten sind gegrilltes Lamm und Waterblommetjebredie. Etwa 20 km südlich erreicht man den Abzweig ins **Biedouw Valley**, das für seine bizarren Felsformationen, Rooibos-Tee und die **Wildblumenblüte** im August und September berühmt ist.

Erw. R 50 Kinder bis 12 Jahren frei | Restaurant tgl. 9 – 18 Uhr
www.travellersrest.co.za

### Missionare und Schuster

Wupperthal

Eine Schotterpiste führt schließlich zur 1829 von Baron Theobold von Wurmb und Johann Gottlieb Leipoldt gegründeten ersten Station der **Rheinischen Mission**, die 1965 von der Herrnhuter Brüdergemeine übernommen wurde. Weiß getünchte Häuschen und eine reetgedeckte Missionskirche stehen in dem beschaulichen 600-Seelen-Dorf. Im einstigen Wohnhaus der Leipoldts sind das **Dorfmuseum**, die Tourismusinformation und ein hübsches Café mit Terrasse eingerichtet. Die von Nelson Mandela eröffnete Schuhmacher-Kooperative befindet sich im gleichen Gebäude wie einst die Schuhfabrik des deutschen Missionars Willy Strassberger – um 1900 trug fast jeder burische Farmer Wupperthaler »**Veldskoene**« aus Kuduleder. Die neue Schuhfabrik verkauft im **Factory Shop** am Church Square handgenähte Schuhe. Bio-**Rooibos-Tee** und aus dem Rotbusch ge-

### AUF DER SUCHE NACH LEGENDEN

Wer sind die **San**, die seit Jahrtausenden durch die Cederberge ziehen und deren mystische Felsmalereien von großen Jagden und einem Leben in Harmonie mit der Natur berichten? Abseits touristischer Pfade erschließt das 7500 ha große **Bushmans Kloof Wilderness Reserve** die faszinierende Welt der ersten Einwohner Südafrikas. Beim Besuch der Höhlenmalereien können Sie eintauchen in Geschichte und Traditionen. Zur Pirschfahrt durch die wilde, einzigartige Natur gehören auch Begegnungen mit den seltenen Kap-Zebras. Feine Küche und ein wunderbares Spa verwöhnen nach den Exkursionen im preisgekrönten Resort (www.bushmanskloof.co.za).

wonnene Seife gibt es im nostalgischen Lekkerbekkie-Laden. 75 Farmer in und um Wupperthal bauen heute Rooibos an. Auch die Heilpflanze Buchu gewinnt an Bedeutung.

**Wupperthal Tourism:** Church Square | www.wupperthal.co.za

## Von Citrusdal nach Ceres

**Kühne Pässe und rätselhafte Felsbilderbücher**

Schweiz Südafrikas

Seinen über 2000 m hohen, majestätischen Gipfeln verdankt die fantastische Bergwelt zwischen Citrusdal und Ceres den Spitznamen »Schweiz Südafrikas«. Folgen Sie der R 303 von Citrusdal nach Süden. Kurz vor **Op-die-Berg** zweigt die Straße über den Katbakkies Pass zum privaten Wildpark **Kagga Kamma** ab, wo 6000 Jahre alte Höhlenmalereien der San erhalten sind (► S. 227). Ein traumhaftes Panorama verspricht die Weiterfahrt über den 1018 m hohen **Gydo Pass**, der nach einer Euphobienart benannt ist, die weite Hänge des Skurweberges bedeckt. In **Ceres** lohnen die Pferdewagenausstellung des Transport Rider's Museum und das Ceres Nature Reserve mit heimischen Pflanzen und prähistorischen Felsbildern.

**Transport Rider's Museum**: Mo. -Do. 8.30 - 17, Fr. 8 - 16 Uhr | Erw. R 15, Kinder R 5 | www.ceresmuseum.co.za

★ Tulbagh

**Kapholländische Paradestraße**

Schöne Ausblicke eröffnet auch die Strecke über den 1846 – 1848 angelegten **Mitchell's Pass** in das 18 km entfernte **Wolseley**. Keine 22 km nördlich am Little Berg River liegt die hübsche Kleinstadt Tulbagh. Ihre prächtigen kapholländischen und viktorianischen Giebelhäuser an der Church Street wurden nach einem Erdbeben 1969 neu aufgebaut. Von ersten Siedlern und der Kunst des Weinbaus erzählt das **Oude Kerk Museum**. Louis Thibault nahm 1815 das Schlösschen Petit Trianon in Versailles zum Vorbild für das **Monbijou State House** an der Church Street 36. Von Thibault stammt auch der 1806 erbaute Sitz des Regionalbeamten der Kapregierung, **De Oude Drostdy**. Im Tulbagh Valley gibt es **renommierte Weingüter**. Kellertouren und Weinproben bieten u. a. die 1906 gegründete Tulbagh Winery, der Drostdy-Hof und Twee Jonge Gezellen.

**Tulbagh Tourist Information**: 38 Van der Stel Street, Tel. 23 230 13 48 | www.tulbaghtourism.co.za | **Oude Kerk Museum**: Mo. - Fr. 9 - 16, Sa. bis 13, So. 10 - 13 Uhr | Erw. R30, Kinder R5 | **Twee Jonge Gezellen**: Mo. - Sa. 10 - 16 Uhr | Kellertouren Mo. - Sa. 11 Uhr www.tulbaghwineroute.com

# WORCESTER · BREEDE RIVER VALLEY

**Lage:** 110 km nordöstlich von Kapstadt

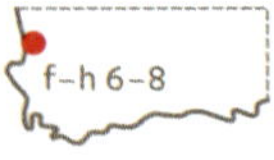


***Geschützt durch die Gebirgszüge von Hex River und Langeberg Mountains entwickelte sich das Tal des Breede River zu einem bedeutenden Weinbaugebiet. Nostalgisch und entspannt wirkt der Alltag in Städtchen wie McGregor oder Majiesfontein, wo viele Kreative eine neue Heimat gefunden haben.***

## WORCESTER UND BREEDE RIVER VALLEY ERLEBEN

### WORCESTER TOURISM
Mountain Mill Mall
Entrance 2 Worcester
Tel. 076 200 87 42
www.worcestertourism.com

### TEMENOS RETREAT €€€
Das Tebaldis Restaurant des Retreats lebt die asiatisch angehauchte Philosophie des Hauses kulinarisch aus, daher gibt es auch ein umfangreiches vegetarisches und veganes Speisenangebot. Alles ist frisch, vieles regional und immer sehr lecker! Übernachtet wird in 14 hübschen Cottages.
Ecke Bree/Voortrekker Street
McGregor, Tel. 023 625 18 71
www.temenos.org.za

### NUY ON THE HILL €€
Die Nuy Vinery lockt mit ihrem Restaurant in Panoramalage auf einem Hügel mit weiter Fernsicht ins Breede Valley vor allem an den Wochenenden viele Ausflügler. Spezialitäten sind Roosterkoek (gegrillte gefüllte Brötchen) vegetarische Bowls und südafrikanische Tapas. Dazu natürlich hauseigene Weine und Craft-Biere.
R 60 zwischen Worcester und Robertson, Tel. 023 347 02 72
https://nuywinery.co.za

### LORD MILNER HOTEL€€
Das Laird's Arms Restaurant des nostalgischen Hotels prunkt mit viktorianischem Ambiente, gegen das die Qualität der traditionellen südafrikanischen Küche etwas abfällt. Aber man muss es erlebt haben.
Nur Lunch, Tel. 023 561 30 11
www.matjiesfontein.com

### STRICTLY COFFEE €€/€
Üppiges Frühstück, Snacks zum Lunch, Kuchen am Nachmittag und vor allem frisch gerösteter, köstlicher Kaffee – hier ist alles frisch, schmeckt fein und macht Lust auf mehr.
5 Voortrekker Road, Robertson
Tel. 023 626 66 91
www.strictlycoffee.co.za

**Lebendige Vergangenheit**

Worcester

Die mit 140 000 Einwohnern größte Stadt im Breede River Valley wurde 1822 von Gouverneur Charles Somerset gegründet und nach dessen Bruder Worcester – sprich »Wuster« – benannt. Berühmtester Sohn der Stadt ist der Literaturnobelpreisträger **John M. Coetzee**, der hier seine Kindheit verbrachte (▶ Interessante Menschen). Die Giebelhäuser an der Church Street erhielten ab 1850 Veranden im viktorianischen Stil. An der Ecke Baring Street steht mit dem **Beck House ein weiteres, gut erhaltenes Beispiel dieses Architekturstils.** Wie die ersten Siedler lebten, präsentiert einen Kilometer außerhalb das **Worcester Museum** mit Trekburen-Hütte und Khoikhoi-Camp an der R 60 Richtung Robertson. Gezeigt wird, wie man damals Seife herstellte, Schafe schor, Tabak rollte, Kerzen drehte und Kaffee röstete, wie Milk Tart gebacken und 60-prozentiger »Witblits« gebrannt wurde.

Worcester Museum: Mo. – Fr. 8 – 16, Sa. 8 – 13 Uhr
Erw. R 15, Kinder R 5 | www.worcestermuseum.org.za

★ Karoo Desert

### Wenn die Tausendschönchen blühn

Der **Karoo Desert National Botanical Garden**, ein Halbwüstenpark 2 km nördlich von Worcester, hat eine der größten **Sukkulenten**-Sammlungen weltweit, die sich im August und September in ein Blütenmeer verwandelt. Man kann auch Samen kaufen, z. B. vom Köcherbaum oder den »Namaqualand Daises«, wie die Tausendschönchen hier heißen.

Tgl. 7 – 18 Uhr | Erw. R 55, Kinder R 15 | www.sanbi.org

★ Aquila Private Game Reserve

### Malariafrei auf Safari

Gute 20 km hinter dem Hex River Pass zweigt von der N 1 die R 46 Richtung Die Venster ab. Nach gut 10 km ist das 4500 ha große **Wildreservat** Aquila ausgeschildert mit luxuriösen Chalets im afrikanischen Busch. Nur zwei Fahrstunden von Kapstadt entfernt können Sie hier malariafrei im Geländewagen, mit Quad oder zu Pferd auf Safari gehen und Ausschau halten nach den »**Big Five**«.

Safari ab R 1890(nachmittags), mit Übernachtung ab R 4420
Tel. 0861 737 37 83, www.aquilasafari.com

Matjiesfontein

### Sehnsucht nach der guten alten Zeit

Etwas abseits der N 1, fast 100 km nordöstlich von Worcester, kündigt der Union Jack die einsame **Bahnstation** Matjiesfontein an – auch Zwischenstopp der Luxuszüge Blue Train und Rovos Rail, und das nicht von ungefähr: Denn die hübsche Kleinstadt pflegt ihr viktorianisches Architekturerbe inklusive dem historischen Criquet Ground. Gegründet wurde die »**Oase im Nichts**« von dem findigen Schotten James Douglas Logan in viktorianischer Zeit an der damals neuen Hauptstrecke Kapstadt – Johannesburg. Um 1900 war der verträumte Flecken ein mondäner Kurort, in dem betuchte Prominente wie Cecil Rhodes, Lord Randolph Churchill und Rudyard Kipling rauschende Feste feierten. Der Glanz des Empire wird im Lord Milner Hotel als Erbe bewahrt (► S. 235). Fragen Sie an der Rezeption nach einer Rundfahrt im roten **Londoner Doppeldeckerbus**.

www.matjiesfontein.com

★ Robertson

### Zum Winzerdinner edle Tropfen

Fast 50 Kellereien hat das berühmte **Robertson Wine Valley** am Fuß der mächtigen Langeberg Mountains, 50 km südöstlich von Worcester. Das **Robertson Museum** an der Kruger Street 50 erzählt die Geschichte des 1853 gegründeten Hauptortes im Tal, der auch für seine Rosenzucht und die besten **Rennpferde** Südafrikas bekannt ist. Magische Momente verspricht Mo & Rose auf dem **Soekershof** an der Ausfallstraße Richtung Ashton, der von Monika und Axel mit viel Liebe erneuert worden ist. Hunderte von Planzenarten, darunter Kakteen, Aloen, Sukkulenten und Wolfsmilchsgewächse machen den Garten zu etwas Besonderem. Das wunderschön renovierte Wine Bistro in einer alten Scheune verwöhnt mit europäisch inspirierter Kapküche und edlen Tropfen.

**Robertson Museum**: Mo. – Sa. 9 – 12 Uhr | Eintritt frei, Spende erbeten | www.robertson62.com | **Soekershof**: Bistro und nettes Gästehaus mit 9 Zimmern | www.moandrose.co.za

Viljoensdrift

13 km an der R 317 nach Südosten geht es in Viljoensdrift vor allem an den Wochenenden hoch her: Im Deli decken sich die Ausflügler mit regionalen Produkten fürs Picknick ein, um das Eingekaufte dann bei der **Flusskreuzfahrt auf dem Breede River** zu verspeisen. Auch Weinverkostungen und ein kleines Bistro mit malerischer Terrasse zum Fluss kitzeln den Gaumen. Alljährlich im September feiert Robertson sein populäres **Weinfest «Taste the Tradition«**. Geboten werden nicht nur Verkostungen, sondern auch Weinbergbegehungen, Winzerdinner, Kerzenschein-Konzerte, Bootsfahrten und Kunsthandwerk aus der Region. Livemusik und Weinproben gehören im Oktober zum »Wine on the River Festival« (beide https://robertson winevalley.com).

**Viljoensdrift**: Mo. – Fr. 9 – 17, Sa. 10 – 16, 1. So./Monat 10 – 15 Uhr
50-min. Flusskreuzfahrt: Erw. R 120 m. Weinverkostung, Kinder R 50
www.viljoensdrift.co.za

**Mit Kunstsinn und Achtsamkeit**

★ McGregor

In den reetgedeckten Cottages und Bauerngärten des Bilderbuchdörfchens aus dem 19. Jh. scheint die Zeit stillzustehen. Viele Künstler und Kunsthandwerker haben sich hier niedergelassen: In der **Mill-Stone-Töpferei** wird hochwertiges Porzellan gefertigt (http://millstonepottery.co.za), Roy Reycraft baut aus Messing Sonnenuhren und die Malerin Jo Nowicki gibt Zeichenkurse. Vor allem aber ist es die lässige Atmosphäre, die Besucher begeistert und zur Übernachtung animiert – vielleicht im Temenos-Retreat mit Yoga am Morgen? In Verbindung mit einem Abendessen im beliebten Restaurant Tebaldis ein perfekter Ausflug (▶ S. 235).

**McGregor Tourism**: Voortrekker Street
https://tourismmcgregor.co.za

# H

# HINTER-GRUND

*Direkt, erstaunlich, fundiert*

Unsere Hintergrundinformationen beantworten (fast) alle Ihre Fragen zu Kapstadt.

Besuchermagnet: Das bunte Bo-Kaap-Viertel boomt und kämpft gleichzeitig gegen die Gentrifizierung. ▶

# DIE STADT UND IHRE MENSCHEN

*Was versteht man unter Fynbos, wofür sorgt der »Kapdoktor« und wo endet der afrikanische Kontinent? Wie lebt die Weltstadt mit dem Erbe der Apartheid, wo steht die Regenbogennation heute und warum nennen die Captoniens ihre Stadt Mother City?*

## Wunderwelt am Kap

Für den englischen Freibeuter und Weltumsegler Sir Francis Drake war das stürmische Kap das schönste Ende des Erdkreises. Fossilienfunde belegen, dass die über 700 km parallel zur Küste verlaufenden Bergketten der **Kapiden** bis zu 440 Mio. Jahre alt sind. Sie gehörten

Wahrzeichen Kapstadts ist der mächtige Tafelberg, den im Sommer häufig ein weißes »Tischtuch« verdeckt.

einst zum Urkontinent **Gondwana**, der die heutigen Kontinente Amerika und Afrika zusammenhielt, bevor er vor 150 Mio. Jahren begann sich aufzuspalten. Die Auffaltung der **Swartberge und Tsitsikamma-Berge** ist auf Plattenbewegungen durch die Kontinentalverschiebung zurückzuführen, bei der sich vor 100 – 70 Mio. Jahren die südamerikanische unter die afrikanische Platte schob. Höchste Erhebung ist mit 2326 m der Seweweeksport-Berg, bekanntester Berg aber bleibt Kapstadts Wahrzeichen, der 1086 m hohe **Tafelberg**, der steil zum Meer abfällt. Die Kapketten bestehen überwiegend aus Tafelbergsandstein, Quarziten, Schiefer und Kap-Granit. Große Teile der Kapketten waren während der Eiszeit vor 30 000 – 10 000 Jahren mit Gletschern überzogen. Aber erst die Erosion durch Wasser und Wind hat der felsigen Küste mit breiten Sandstränden ihre heutige Form verliehen. **Südlichster Punkt des afrikanischen Kontinents** ist das sturmumtoste Cape Agulhas auf 20° östlicher Länge – und nicht das bekannte **Kap der Guten Hoffnung** an der Südspitze der Kaphalbinsel.

Traumstrände an zwei Ozeanen

Rund um Kapstadt verwöhnt ein sommertrockenes und winterfeuchtes **Mittelmeerklima** mit gut 3000 Sonnenstunden pro Jahr. Grund hierfür sind die Lage unterhalb des subtropischen Hochdruckgürtels und zwei Meeresströmungen: der aus dem **Indischen Ozean** kommende warme Agulhas-Strom trifft auf den kalten, antarktischen Benguela-Strom des **Atlantiks**. Schönwetterbringer sind das südatlantische St.-Helena-Hoch und das Makarenen-Hoch über dem Indischen Ozean. Aufgrund der **umgekehrten Jahreszeiten** ist auch das Meer im Feb./März rund um Kapstadt am wärmsten. Allerdings ist das Baden im Atlantik bei maximal 17 °C nur etwas für Ambitionierte, während die vom Agulhas-Strom begünstigte False Bay und die Garden Route ganzjährig Wassertemperaturen bis 22 °C aufweisen.

Das »Tischtuch« des Tafelbergs

Eine Besonderheit ist der **Cape Doctor**. So wird ein im Sommer oft wochenlang wehender strammer **Südostwind** genannt, der nicht nur jede Menge Staub aufwirbelt, sondern im Talkessel am Tafelberg auch für den nötigen Luftaustausch sorgt. Damit es perfekt funktioniert, müssen mehrere Faktoren zusammenkommen: Sommer, Wind und Feuchtigkeit. Denn nur wenn im Sommer der Cape Doctor weht, der über dem Meer Feuchtigkeit aufnimmt und in die Höhe trägt, entsteht ein Wolkengebilde, das sich wie ein großes, weißes Tischtuch sanft über den Tafelberg legt und an seinen Hängen hinunterzufließen scheint (▶ Abb. S. 240/241).

## Endemische Kapflora und Tierwelt

UNESCO-Weltnaturerbe

▶Baedeker Wissen S. 244

Seit 2004 steht die einzigartige Pflanzenwelt im südwestlichen Kapland auf der Liste des UNESCO-Weltnaturerbes. Die in Südafrika **Fynbos** genannte macchiaähnliche Kapflora passt sich perfekt sommerlicher Trockenheit an. Der mineralarme Boden zwingt die Vegetation, von der Asche des letzten Feuers zu leben oder eine Symbiose mit Mycorrhiza-Organismen zu bilden. Charakteristisch sind **Erika**-Zwergsträucher, **Kapschilf** und **Kapginster**, aber auch die größten fleischfressenden Pflanzen unseres Planeten. 85 verschiedene **Proteen** wurden am Kap gezählt, darunter Südafrikas Nationalblume, die **Königsprotea**, mit untertellergroßen farbenprächtigen Blütenständen – Karl von Linné (1707 – 1778) hatte die Pflanzen nach Proteus benannt, einem wandlungsfähigen Meeresgott der griechischen Mythologie. Aster-, Strohblumen-, und Storchschnabelarten, 1400 verschiedene Zwiebel- und Rhizompflanzen, 96 Gladiolenarten, Orchideen, Iris- und Schwertliliengewächse, Geranien und Freesien vervollständigen das Blütenmeer. **Rooibos**, Honigbusch und die Aloe-Pflanze werden in der Naturheilkunde genutzt. Zur Frühlingsblüte im August und September verwandeln sich selbst wüstenhafte Landstriche entlang der Westküste in Wildblumenparadiese. In

OBEN: Fast ein Drittel der Pflanzengattungen der Kapflora gibt es nirgendwo sonst auf unserem Planeten.
UNTEN: Klippschliefer leben in Felsspalten, lieben das Sonnenbaden – und erinnern an pummelige Kaninchen.

# FLORALES KÖNIGREICH FYNBOS

*Die Kapregion bildet als »Capensis« eines der sechs Florenreiche der Welt, obwohl es nur 0,04 % der Erdoberfläche einnimmt. Es ist als einziges Florenreich nur auf ein Land beschränkt. Die Vegetation besteht hauptsächlich aus kleinwüchsigem, immergrünen Hartlaubgebüsch, das der mediterranen Macchie sehr ähnlich ist. Sie wird daher auch Kap-Macchie genannt. Geläufiger ist aber der Begriff Fynbos, eine Ableitung des Afrikaans vom holländischen »fijn bosch« = »feiner Busch«*

▶ **Ökozone Fynbos**

Auf einer Fläche von ca. 70 000 km² gedeihen am Kap zwischen dem 18. und dem 27. östlichen Längengrad an die 9300 Pflanzenarten, von denen 70 % endemisch sind. Allein auf der Kaphalbinsel wurden mehr als 2600 Pflanzenarten gezählt – zum Vergleich: in ganz Deutschland etwa 3200.

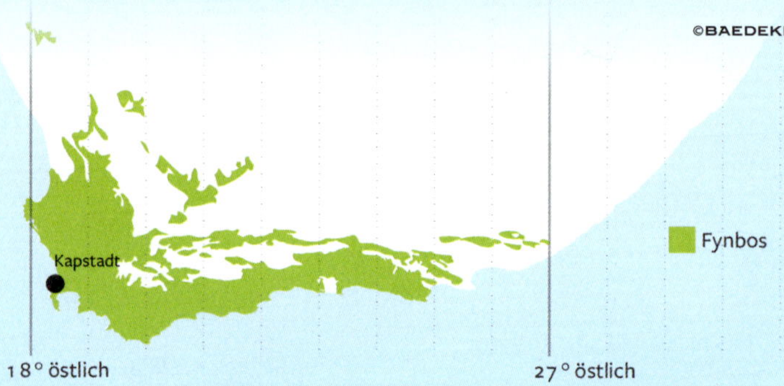


**Kap-Aloe (Aloe ferox)**
Schon in der Bibel wird die Aloe als Heilkraut erwähnt. Ihr Bittersaft wird für seine abführende, entzündungshemmende und desinfizierende Wirkung geschätzt – und heute in vielen Beauty-Produkten verwendet.

**Watsonia stenosiphon** gehört zur Iris-Familie und ziert viele Gärten.

Auf den meeresnahen Dünen wächst der bis zu 5 m hohe **Milchbaum**, der einen weißen Saft produziert.

**Erica**
Mehr als 600 Erica-Arten bedecken weite Teile der Hänge und Ebenen.

## ▶ Gründe der Artengefährdung

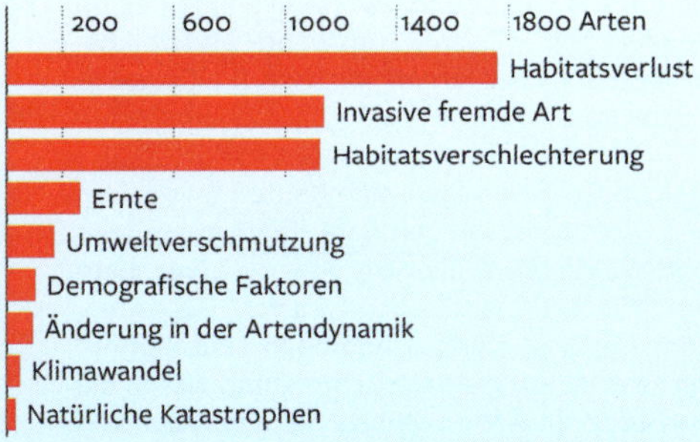


## ▶ Artenreiche Vegetation

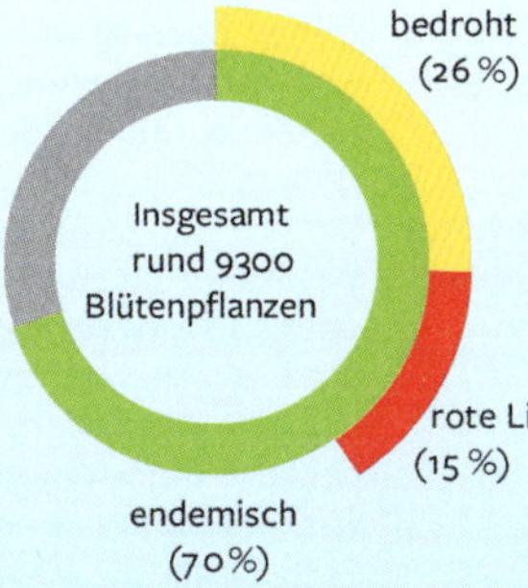


## ▶ Symbiose mit Feuer

Durch natürliche Buschbrände, die idealerweise alle 10 – 14 Jahre stattfinden, werden viele Fynbos-Arten erst im Wachstum stimuliert. Dadurch kommen die Samen in der Erde an Sonnenlicht und Nährstoffe.

**Silberbaum (Leucadendron argenteum)**
Die weiß behaarten Blätter gaben dem Silberbaum seinen Namen. Alle 84 Arten kommen nur in der Capensis vor.

**Roridula dentata**
Mit ihren klebrigen Blättern fängt sie Insekten, die von auf der Pflanze lebenden Wanzen gefressen werden, deren Kot der Roridula als Dünger dient.

**Clivia mirabilis**
wurde erst 2001 vier Autostunden nördlich von Kapstadt entdeckt.

Die **Königsprotea (King Sugarbush – Protea cynaroides)** mit ihrer bis zu 3 0 cm großen, meist rosafarbenen Blüte ist Südafrikas Nationalblume.

Nur in den Cederbergen kommt die **Schneeprotea (Protea cryophila)** vor. Sie wächst auf den höchsten Gipfeln und blüht nur in den heißen Monaten von Januar bis März.

**Rotbusch (Aspalathus linearis)**
wird wild gesammelt und in den Cederbergen auch angebaut. Als Rotbusch- oder Rooibostee ist er wichtiges Exportprodukt.

**Haemanthus sanguineus**
Vertreter der »Feuerblumen«. Sie sind die ersten, die nach einem Buschfeuer zum Vorschein treten.

Feuchtgebieten wie dem Knysna Forest und der Tsitsikamma-Region stehen über 40 m hohe Mahagoni-, Eisen-, Stinkwood- und Yellowwood-**Baumriesen**. Nur in den Cederbergen wachsen die Clanwilliam-Zeder und die Schneeprotea.

Malariafrei auf Safari!

Das am Kap einst zahlreiche Großwild lässt sich heute nur noch in **Wildreservaten** erleben. Auf dreistündigen Safarifahrten im Jeep oder zu Pferd hat man die Möglichkeit, die »**Big Five**« – Löwe, Leopard, Büffel, Nashorn und Elefant –, aber auch Giraffen, Geparden, Zebras, Stachelschweine, Impalas, Kudus, Antilopen und Springböcke in freier Wildbahn zu erleben. Viele Besucher kombinieren die Garden Route mit einem Stopp im Addo Elephant Park nördlich von Port Elizabeth, wo mehr als 600 Kap-Elefanten leben. Dass die am Tafelberg heimischen **Klippschliefer** (► Abb. S. 243+) mit den Dickhäutern verwandt sind, wird nur an zwei nachwachsenden Zähnen im Oberkiefer sichtbar. Eine Besonderheit ist ihre Iris, die sich so weit verengen kann, dass sie stundenlang direkt in die Sonne blicken können. Paviane, Bergzebras, Gnus und Springböcke leben am Kap der

Eigentlich sollte die Hautfarbe keine Rolle mehr spielen. Trotzdem spüren die jungen Südafrikaner, wie ihr Land bis heute mit den Folgen der Apartheid kämpft.

Guten Hoffnung. Dem nur in Südafrika heimischen **Buntbock** ist bei Swellendam ein eigener Nationalpark gewidmet.
Touristenmagnet bei Simon's Town ist die **Pinguinkolonie** am Boulders Beach. **Wale und Haie** lassen sich in den Monaten von Juni bis November an der False Bay, bei Hermanus und entlang der Garden Route sichten. Die **fantastische Unterwasserwelt** von Atlantik und Indischem Ozean stellt das Two Oceans Aquarium an Kapstadts V & A Waterfront vor. Die Tsitsikamma Section des Garden Route National Park besitzt einen Unterwasserlehrpfad für Schnorchler. Mutige können bei Gansbaai im Käfig zu Weißen Haien abtauchen.
Auf riesigen Farmen wird der größte Vogel der Welt, der **Strauß**, in der Klein Karoo in Oudtshoorn gezüchtet. Seeadler, Pelikane, Kormorane, Tölpel, Albatrosse und Südafrikas Nationalvogel, der **Paradieskranich**, sind an Kapstadts Küsten heimisch. Ganz der Vogelwelt widmet sich das World of Birds Wildlife Sanctuary in Hout Bay. Unter 20 Schlangenarten sind **Puffotter** und **Kapkobra** giftig.

## Mother City

Mutterstadt Südafrikas

Seit dem Ende der Apartheid hat Kapstadt sich grundlegend verändert. Das Stadtzentrum ist sicherer geworden, viele Viertel wurden mittels großzügiger Sanierungsprogramme modernisiert. Auch nach der WM 2010 boomt die Tourismusbranche, wird am Kap investiert, explodieren die Grundstückspreise. Mit knapp 58 Mio. Menschen ist Südafrika das bevölkerungsreichste Land Afrikas. Nach Johannesburg ist **Kapstadt** (Afrikaans: **Kaapstad**, Xhosa: **iKapa**) zweitgrößte Metropole des Landes. Sie ist Sitz des südafrikanischen **Parlaments** und Hauptstadt der Western Cape Province (West-Kaap). Als **erste Stadtgründung** der Kolonialzeit nennen die Südafrikaner sie »Mutter aller Städte« (Moederstad, Mother City).

Bevölkerungswachstum und Strukturprobleme

Der Großraum Kapstadt zählte 2023 rund **4,8 Mio. Einwohner**, die Western Cape Province 7,4 Millionen. Längst ist die Mutterstadt am Tafelberg das begehrteste Zuzugsgebiet des Landes – jeder zehnte Südafrikaner lebt heute am Westkap. Auch wenn der Lebensstandard in Kapstadt deutlich höher ist als in anderen Provinzen, kämpft die Stadt durch das das enorme Bevölkerungswachstum und die anhaltende Landflucht mit erheblichen Infrastrukturproblemen. In der **City Bowl**, wie die Innenstadt genannt wird, wohnt nur die Minderheit der Kapstädter. Die Mehrheit ist noch immer in denselben Stadtvierteln der Cape Flats zu Hause, deren Lebensbedingungen sich trotz erkennbarer Bemühungen der Regierung nur sehr langsam verbessern. 2022 hatte in den riesigen **Townships** ein Viertel aller Haushalte noch immer keinen Strom, Trinkwasseranschluss oder Toilette (▶Das ist Kapstadt S. 12, ▶Baedeker Wissen S. 122).

# Kapstadt

Cape Town

Als erste Stadtgründung der Kolonialzeit auch Südafrikas »Mutterstadt« (Moederstad/Mother City)

Lage:
Südspitze Afrikas, 45 km nördlich vom Kap der Guten Hoffnung am Fuß des Tafelbergs

Fläche:
**2455 km²**

Einwohner: **5,06 Mio.** (2024)
Im Vergleich:
Berlin: 3,4 Mio.

Bevölkerungsdichte:
**2061 Einwohner/km²**

Zeit:
Zeitgleich im mitteleuropäischen Sommer, im Winter MEZ **+ 1 Std.**

## Flagge

1996 wurde die neue Flagge von Kapstadt eingeführt. Das weiße Element stilisiert die Silhouette des **Tafelbergs** und der Nachbarberge **Devil's Peak** und **Lion's Head**. Die Farben Rot, Blau, Gelb und Grün stehen für die Regenbogennation.

## Verkehr

Cape Town International Airport ist **zweitgrößter Flughafen** Südafrikas und vom Stadtzentrum über die N2 erreichbar. MyCiTi **Airport Shuttle** zum Civic Centre und zur V&A Waterfront. Die neuen komfortablen **MyCiTi-Busse** verbinden das Stadtzentrum auch mit dem Tafelberg, Sea Point, Camps Bay, Table View, Parklands und Hout Bay. Hauptverkehrsmittel sind Auto und Taxi. Rote Hop-on-Hop-off-Doppeldeckerbusse bieten **Sightseeingtouren**.

## Verwaltung

Kapstadt ist die **Hauptstadt der Provinz Westkap** (Western Cape / West-Kaap) und Sitz des südafrikanischen Parlaments. Bürgermeisterin ist seit 2021 **Geordin Hill-Lewis** von der Democratic Alliance (DA). Kapstadt ist administrativ in **24 Ortsteile (Subcouncils)** aufgegliedert. Jeder dieser Subcouncils wird aus drei bis sechs Stadtbezirken (Wards) gebildet. Insgesamt gibt es 111 Wards, die jeweils einen gewählten Repräsentanten ins Stadtparlament entsenden.

## Wirtschaft

Kapstadt erwirtschaftete 2022 mit rund 25 **Mrd. €** 9,6 % des südafrikanischen BIP.

**Wichtigste Wirtschaftszweige:**
Fertigungsindustrie,Tourismus, Textilherstellung, Landwirtschaft, Informationstechnologie, Werbebranche, Filmindustrie, Transport und Handel

**Tourismus:**
Rund **1,2 Mio. Besucher** pro Jahr (2022)
**Arbeitslosenquote:**
**26 %** (2022)

**Sprachen:**

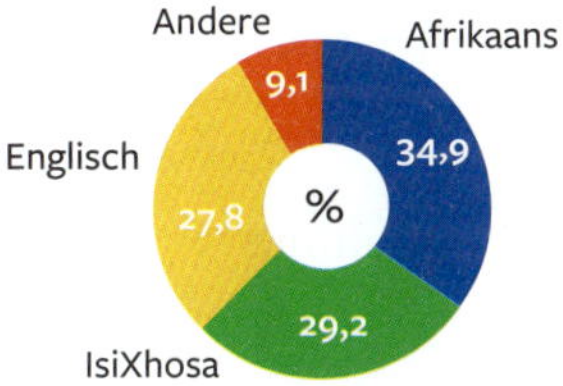


## Klimastation Kapstadt

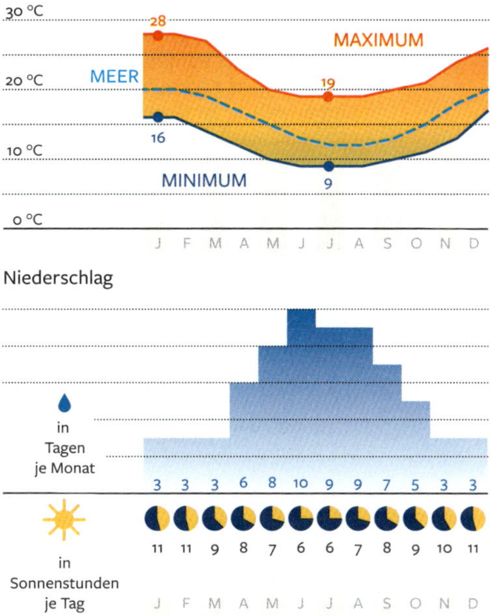


## Südafrikas größte Städte

2024 in Millionen

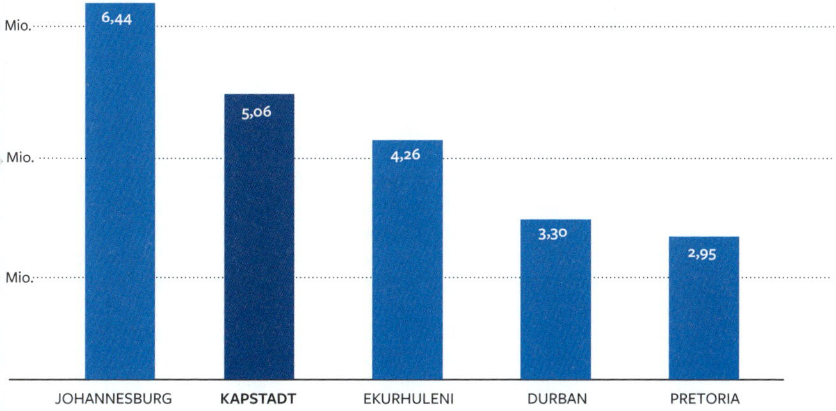

Bürgermeister

Die außerordentliche Größe der **Unicity of Cape Town** von 2455 m² ist das Resultat mehrerer kommunaler Gebietsreformen. Kapstadts Gemeinderat hat 210 Abgeordnete, die in 105 Wahlkreisen nominiert werden. Der **Bürgermeister** wird von der Ratsversammlung gewählt. Bei den Kommunalwahlen 2021 erhielt die Democratic Alliance (DA) in Kapstadt 66 % der abgegebenen Stimmen. Aktueller Bürgermeister ist **Geordin Hill-Lewis** von der Democratic Alliance.

Rainbow Nation

Kapstadt ist die einzige Stadt Südafrikas, in der die **Farbigen (Coloureds)** mit 42 % die Mehrheit bilden. Der Anteil der **Schwarzen** liegt bei knapp 39 % – in Südafrikas Gesamtbevölkerung bei fast 80 %. Die **Weißen**, die bis zum Ende der Apartheid politisch, wirtschaftlich und kuturell bestimmend waren, stellen nur 16 % der Bevölkerung. Die meisten Kapstädter sprechen **Afrikaans** und **Englisch**, ein Drittel **Isixhosa** (wie ital. »cosa«). Unter 1 % liegt der Anteil von Sesotho, Zulu, Setswana und anderen Sprachen der **Regenbogennation**. Mehr als drei Viertel der Kapstädter sind Christen, wobei der Großteil den **Unabhängigen Schwarzen Kirchen** angehört, von denen es mehrere Tausend gibt. 10 % sind Muslime, 0,5 % Juden, 0,2 % Hindus.

## Wirtschaft: Tourismus, Wein und Werbefilme

Licht und Schatten

Durch die Korruption und hemmungslose Plünderung der Staatskasse durch die jeweiligen politischen Akteure gehören die Wachstumsaussichten für Südafrika derzeit zu den schwächsten der G20-Staaten. 2022 trug Kapstadt auf regionaler Ebene drei Viertel und national gut 10 % zum Bruttoinlandsprodukt bei. In Südafrikas **Boomtown** sind bedeutende Finanzhäuser, Versicherungen und internationale Ölkonzerne ansässig, haben die wichtigsten Handelspartner Südafrikas ihren Sitz.

Während die Ausgaben für **Bildung** mit einem Fünftel den größten Einzelposten im Staatshaushalt ausmachen, bleibt die Effizienz des Bildungssystems ein entscheidendes Problem. Viele Schulabschlüsse entsprechen nicht dem internationalen Standard und gut ausgebildete Facharbeiter sind Mangelware. Das schlägt sich auch im großen Wohlstandsgefälle zwischen Schwarz und Weiß nieder, das noch immer die Gesellschaft spaltet und Hauptursache für die hohe Kriminalität und das Wiederaufleben rassistischen Denkens auf beiden Seiten ist. Gleichzeitig ist eine neue, einflussreiche und gut betuchte schwarze Elite entstanden, die allmählich die Macht in Politik und Wirtschaft an sich zieht (▶Das ist Kapstadt S. 12).

Das 2004 verabschiedete **Black Economic Empowerment** (BEE, Gesetz zur wirtschaftlichen Gleichstellung der Schwarzen), nach dem südafrikanische Firmen mehrheitlich schwarze Teilhaber, Führungskräfte und Angestellte aufweisen müssen, versucht die Folgen der Apartheid zu entschärfen, birgt jedoch auch neue Hürden, da vorrangig nicht das Arbeitsergebnis, sondern die Zugehörigkeit zur schwarzen Mehrheit zählt. **Arbeitslosigkeit und Armut** weiter Teile der Bevölkerung sind die Sorgenkinder der südafrikanischen Wirtschaft und stellen eine der größten Herausforderungen für das Wirtschaftswachstum des Landes dar. Wenngleich die Arbeitslosenquote in der Provinz Western Cape offiziell mit knapp 20 % angegeben wird, dürfte sie allein in der Township Khayelitsha mit mehr als 1 Mio. Einwohnern eher das Doppelte betragen. Vom Wirtschaftswunder ausgeschlossen sind nach wie vor über 40 % aller Haushalte, die an oder unterhalb der Armutsgrenze leben. Die Gesundheitsstatistik zeigt, dass zwar die Aids-Vorsorge am Kap in den letzten Jahren besonders bei Frauen zugenommen hat, die Zahl der Tuberkulose-Fälle sich aber in den letzten zehn Jahren fast verdoppelt hat. **HIV/AIDS**-bedingte Krankheiten sind mit 85 000 Todesfällen im Jahr immer noch die häufigste Todesursache in Südafrika.

**Touristenmagnet**

Achillesferse ist und bleibt die **Energieversorgung**. An Südafrikas Strommonopolist Eskom zeigt sich, was passiert, wenn die Grenze zwischen Staat und Regierungspartei verwischt. Immer wieder kommt es zu Stromausfällen. Der Bau von Wind- und Photovoltaik-Anlagen soll die Energiegewinnung nachhaltiger gestalten.
Stärkster Wachstumsfaktor ist die **Tourismusbranche**, die nach den Einbrüchen durch die Corona-Epidemie nun wieder wächst, aber unter Stromausfällen und drohendem Wassermangel leidet. Als erster Küstenstadt der Welt drohte der Mother City das Wasser auszugehen. Durch Sparanstrengungen und bessere Regenfälle ist die Sorge vor einem **Day Zero**, an dem kein Wasser mehr aus den Leitungen läuft, zwar mittlerweile verflogen, doch Wasser bleibt ein wichtiges Thema. Die Stadt setzt seither vermehrt auf alternative Quellen. Vor allem Hotels und Gästehäuser haben mit Meerwasserentsalzungsanlagen, Brunnenlöchern, Wassertanks und Schmutzwasserrecycling reagiert. Auch Touristen sind aufgefordert, die Sparbemühungen zu unterstützen. Kapstadts Modelle könnten international Schule machen, denn die Mutterstadt ist nur eine von vielen weltweit, deren Bevölkerung schneller wächst als die Wasserinfrastruktur.
Mehr als 1,2 Mio. ausländische Gäste besuchen jedes Jahr die Kapregion, fast 200000 Arbeitsplätze hängen direkt vom Tourismus ab – Tendenz steigend. Wichtige Arbeitgeber sind außerdem die Textil- und Nahrungsmittelindustrie, mit Schwerpunkt auf **Wein** und Obstanbau: Mehr als 50 % werden für den Export produziert. Angelockt von günstigen Wechselkursen, westlicher Infrastruktur, fantastischen Drehorten und Traumwetter hat sich Kapstadt auch zum Topziel der **Film- und Modebranche** entwickelt, die hier alles vom Spielfilm bis zum Modeclip drehen.

# GESCHICHTE

*Wann kamen die ersten Bewohner ans Kap, wer war Jan van Riebeeck, wer Cecil Rhodes? Wie kam es zur Apartheid und welche Aufgabe hatte die »Wahrheitskommission«? Kapstadts Geschichte spiegelt die Historie des ganzen Landes wider von den Khoisan bis zur jungen »Regenbogennation«.*

**Wiege der Menschheit**

Südafrika gilt als eine Wiege der Menschheit. Die von der UNESCO zum Weltkulturerbe erklärten ältesten Knochenfunde in Sterkfontein belegen, dass in Südafrika schon vor etwa 3,5 Mio. Jahren **Hominiden** lebten, Frühformen des Menschen (Australopithecus), die entwicklungsgeschichtlich zwischen Mensch und Affe stehen. Die ältesten Funde von Steinwerkzeugen sind 1,5 Mio. Jahre alt. Am Kap hat besonders der frühe **Homo sapiens** Spuren hinterlassen. Versteinerte Fußabdrücke an der **Langebaan-Lagune** werden auf 120 000 Jahre datiert.

**Älteste Kunstwerke der Welt**

Die auf 77 000 v. Chr. datierten Ockersteine mit abstrakten Ritzzeichnungen, die man in der **Blombos-Höhle** am Cape Agulhas entdeckte, gelten als die ältesten Kunstwerke der Menschheit. An gleicher Stelle fand man 41 erbsengroße Schneckengehäuse mit von Menschenhand gebohrten Löchern und Ockerspuren: ein um 75 000 v. Chr. gefertigtes Collier, das älteste Schmuckstück der Erde.

**Jäger und Sammler**

Vorfahren der seit 40 000 Jahren in Südafrika und am Kap lebenden San und Khoikhoi-Stämme (**Khoisaniden**) schufen ab 28 000 v. Chr. tausende **Felsbilder** und -gravuren als Zeugnisse ihrer Jagd, Magie und künstlerischen Schaffenskraft. Zahllose Funde bestätigen die kontinuierliche Existenz der Khoisaniden am Kap bis zum Beginn des 20. Jh.s. Ab 700 n. Chr. gibt es Hinweise auf Viehzucht der Khoikhoi.

## Entdecker am Kap

**Portugiesische Seefahrer**

Phönizier und laut Herodot auch Karthager umsegelten Afrika bereits Jahrhunderte vor Christi Geburt. 1485 erreichte Diogo Cão die Küste Namibias. 1488 umrundete **Bartolomeu Diaz** nach Landung in Walvis Bay das »**Kap der Stürme**« und sichtete am 3. Februar Rinder und Hirten an der Mossel Bay. Portugals König João II. war von Diaz' Reisebericht so begeistert, dass er das Kap zukunftsfroh in Cabo de Boa Esperança umtaufte. Auf der Suche nach dem Seeweg nach Indien gelang **Vasco da Gama** 1497 die Umsegelung des »**Kaps der Guten Hoffnung**«. Vier Jahre später entdeckte **Antonio de Saldanha** durch einen Navigationsfehler die Tafelbucht. Er ging als

Die portugiesischen Seefahrer Diogo Cão, Bartolomeu Diaz und Vasco da Gama entdeckten Ende des 15. Jh.s das Kap (Castle of Good Hope).

erster Europäer an Land, bestieg den Tafelberg und nahm das Gebiet als **Saldania** in Besitz. Wie schon Saldanha geriet auch sein Landsmann **Francisco de Almeida** 1510 hier mit den Khoikhoi in Konflikt. Nach versuchtem Viehraub und Kindesentführung kehrten weniger als die Hälfte seiner 150 Männer lebend an Bord zurück.

Holländer und Briten

1601 und 1608 gingen Schiffe der **Holländisch-Ostindischen Kompanie** (Vereenigte Ostindische Compagnie; **VOC**) in der Saldanha Bay vor Anker und begannen Tauschhandel mit den Khoikhoi. Der neue Name Tafelbucht (Table Bay, Tafel Baai) kam auf. Ohne Folgen blieben 1605 die Besitzansprüche der **Britisch-Ostindischen Kompanie** (British East India Company; BEIC).

## Kapholländische Kolonie

Gründung Kapstadts

Im März 1647 lief die »Niew-Haerlem« der VOC, in der Tafelbucht auf Grund. Die gestrandete Mannschaft baute ein provisorisches Fort, legte Gemüsegärten an und suchte erste Kontakte zu Einheimi-

# GESCHICHTE

## DIE ANFÄNGE

| | |
|---|---|
| **28000 v. Chr.** | Steinzeit-Jäger und -Sammler am Kap |
| **700 n. Chr.** | Viehzucht der Khoikhoi |

## ENTDECKER AM KAP

| | |
|---|---|
| **1488** | Bartolomeu Diaz segelt ums Kap der Guten Hoffnung. |
| **1497/1498** | Vasco da Gama findet den Seeweg nach Indien. |
| **1503** | Als erster Europäer betritt Antonio de Saldanha die Südspitze Afrikas. |
| **1601/1608** | Die Holländer taufen das Kap »Tafelbucht«. |

## KAPHOLLÄNDISCHE KOLONIE

| | |
|---|---|
| **1652** | Jan van Riebeeck baut die erste Siedlung am Kap. |
| **1688** | Hugenotten pflanzen in Franschhoek erste Reben. |
| **1779** | Beginn der bis 1878 dauernden Xhosa-Kriege |

## BRITISCHE KRONKOLONIE

| | |
|---|---|
| **1806** | Kapstadt wird Hauptstadt der Kapkolonie. |
| **1834** | Abschaffung der Sklaverei |
| **1835–1841** | Der Große Treck |
| **1899–1902** | Zweiter Burenkrieg |
| **1910** | Gründung der Südafrikanischen Union |

## APARTHEID UND WIDERSTAND

| | |
|---|---|
| **1923** | Trennung der Stadtteile Kapstadts nach Hautfarben |
| **ab 1948** | Verschärfung der Apartheid-Gesetze |
| **1961** | Gründung der Republik Südafrika |
| **ab 1966** | Gewaltsame Auflösung des District Six |
| **1986** | Aufhebung der Passgesetze |

## MANDELA UND DER NEUBEGINN

| | |
|---|---|
| **1994** | Die ersten demokratischen Wahlen gewinnt der ANC. Nelson Mandela wird Staatspräsident. |
| **1996 –1998** | Arbeit der Wahrheits- und Versöhnungskommission |
| **1997** | Die neue südafrikanische Verfassung tritt in Kraft. |

## KAPSTADT HEUTE

| | |
|---|---|
| **2010** | Fußball-WM |
| **2017** | Eröffnung des Zeitz MOCAA |
| **2018** | Kapstadt droht eine dramatische Wasserknappheit. |
| **2021** | Geordin Hill-Lewis wird zum Bürgermeister gewählt. |
| **2024** | Trotz Verlusten gewinnt der ANC die Parlamentswahl. Cyril Ramaphosa bleibt Präsident. |

schen. Die strategische Lage der Tafelbucht und der heraufziehende Konflikt mit England bewogen die VOC 1651, **Jan van Riebeeck** (►Interessante Menschen) mit dem Bau einer befestigten Proviantstation zu beauftragen. Am **6. April 1652** erreichten Riebeecks »Drommedaris«, »Reijger« und »Goede Hoope« die Tafelbucht – die ersten drei von fünf Schiffen. 82 Männer und acht Frauen gingen an Land, unter ihnen van Riebeecks Frau Maria de la Quellerie. Dieser Tag gilt als **Gründungsdatum von Kapstadt**.

Junge Kapkolonie

Trotz Anfangsschwierigkeiten konnten die Bedürfnisse der **VOC** bald erfüllt werden. Ab 1657 gelang dies vor allem durch **Sklaven** aus den ostindischen Kolonien Mosambik und Madagaskar. 1666 begann man mit dem Bau des **Kapstädter Kastells** (Castle of Good Hope), heute eines der ältesten Steingebäude Südafrikas. Als zweite Siedlung am Kap wurde Stellenbosch 1679 durch den holländischen Gouverneur Simon van der Stel gegründet, wenig später folgte Swellendam. 1676 änderte die VOC ihre Einwanderungspolitik – die Kapkolonie sollte sich nun selbst ernähren. Aus Holland, Deutschland und Frankreich wanderten Aussiedler ein, die zu **»Buren«** (»boeren«, »Bauern«) wurden und auch das Umland am Kap besiedelten. Unter den Franzosen waren viele **Hugenotten**, die nach der Aufhebung des **Edikts von Nantes** aufgrund religiöser Verfolgung ihre Heimat verließen. 1688 erreichten die ersten 164 Hugenotten auf holländischen Schiffen die Kapregion. Sie ließen sich in **Franschhoek** (Französischer Winkel) nieder und pflanzten dort die ersten Reben. Kämpfe mit **Khoikhoi und San** wurden 1659 und 1671 gemeldet. Als Folge zogen sich die als »Bosjesman« diffamierten »**Buschmänner**« weiter ins Landesinnere zurück. Der eklatante Frauenmangel brachte die VOC auf die Idee, holländische Mädchen, zumeist Vollwaisen, ans Kap zu holen. Doch wurden auch Ehen zwischen Siedlern, Sklaven und Einheimischen geschlossen, aus denen die Vorfahren der »**Coloureds**« (Farbigen) hervorgingen. 1693 wurde **Scheich Yusuf** nach einem Aufstand auf Java ans Kap verbannt, wo er mit seinen Anhängern die erste muslimische Gemeinde Kapstadts gründete.

Aufstieg ud Niedergang der VOC

Um 1720 waren die Tafelbucht, Paarl, Stellenbosch, Franschhoek, Drakenstein und Tulbagh besiedelt, die einheimischen San und Khoikoi zum Großteil vertrieben. Beamte der **Holländisch-Ostindischen Kompanie** (**VOC**), denen kein eigener Landbesitz gestattet war, koordinierten erfolgreich den Aufbau der Kolonie. Von den Lebensmittelpreisen bis zum Handel mit Elfenbein, Fellen, Leder, Straußeneiern und Sklaven unterlag alles der Kontrolle der VOC. 1713, 1755 und 1767 sorgten Pockenepidemien für empfindliche Rückschläge. Dennoch standen in Kapstadt Mitte des 18. Jh.s bereits 1200 feste Häuser im **kapholländischen Baustil** mit weiß getünchten Mauern und geschwungenen Giebeln, lebten 4000 Buren in und

um Kapstadt, hinzu kamen freie Farbige und Sklaven. 1761 stand das heutige Old Town House am Greenmarket Square.
Aufgrund fallender Wein- und Weizenpreise legten sich immer mehr Bauern Rinder- und Schafherden zu, die weniger Kapital und Arbeit erforderten. Auf der Suche nach neuem Weideland drangen die halbnomadischen »**Trekboers**« mit ihren Herden entlang der Ostküste in unbesiedeltes Land vor. 1779 stießen sie am Great Fish River mit den Xhosa (Bantu) zusammen. Der erste von neun blutigen **Xhosa-Kriegen** begann, die bis 1878 dauerten.
Anfang 1782 schüttete die VOC ihre letzte Dividende aus. Der vierte Englisch-Holländische Krieg 1780–1783 leitete den Niedergang ein. Zwar wurden am Kap gelandete verbündete Franzosen begeistert empfangen, sogar eine Modewelle brach aus. Aber die Unzufriedenheit mit der korrupten, wenig schlagkräftigen Verwaltung, ausbleibende Gelder und die Ideen der Französischen Revolution 1789 sorgten für Turbulenzen. Buren in Swellendam und Graaff-Reinet bildeten 1795 **revolutionäre Nationalversammlungen** und erklärten ihr Gebiet zu freien Republiken.

## Britische Kronkolonie

**Republikanisches Intermezzo**

Im Juli 1795 landeten **britische Truppen** in Muizenberg, sechs Wochen später kapitulierte die VOC. 1798 wurde Kapstadt von einem verheerenden Stadtbrand heimgesucht. Im selben Jahr erlosch auch die VOC. In Kapstadt und Stellenbosch lebten zu der Zeit 6000 Weiße, weitere 12 000 »Trekboers« zogen im Land umher. Hinzu kamen 15 000 Khoikhoi und etwa 22 000 Sklaven. Nach dem **Frieden von Amiens 1802** musste die Kapkolonie an Holland zurückgegeben werden. Euphorische republikanische Neuerungen samt Gebietsreform, Förderung des Weinbaus, Einführung spanischer Merinoschafe zur Verbesserung der Wollqualität und die Säkularisierung des Bildungswesens griffen aber in der »**Batavischen Republik**« nur kurz. 1806 landeten 4000 britische Soldaten am Kap und siegten in der **Schlacht von Blouberg**. Kapstadt wurde **Hauptstadt** der 1814 gegründeten britischen Kronkolonie. Gewisse Freiheiten brachte 1809 das »**Hottentotten-Gesetz**«, das die Khoikhoi zu britischen Untertanen machte und Zwangsarbeit verbot. Der Sklavenhandel, seit 1807 auf britischen Schiffen untersagt, wurde am 1. Dezember 1834 offiziell am Kap verboten – mit dem **Ende der Sklaverei** kamen 59 000 Menschen frei.

**Der Große Treck (Groote Trek)**

Der Zuzug von 6000 Briten um 1820, die Einführung der englischen Amtssprache und des britischen Rechtssystems, Dürre und Landknappheit, vor allem aber die Abschaffung der Sklaverei und die liberale, auf Gleichberechtigung zielende Politik am Kap löste 1835 den »Großen Treck« der Buren aus. Bis 1841 verließen gut **10 000 Buren**

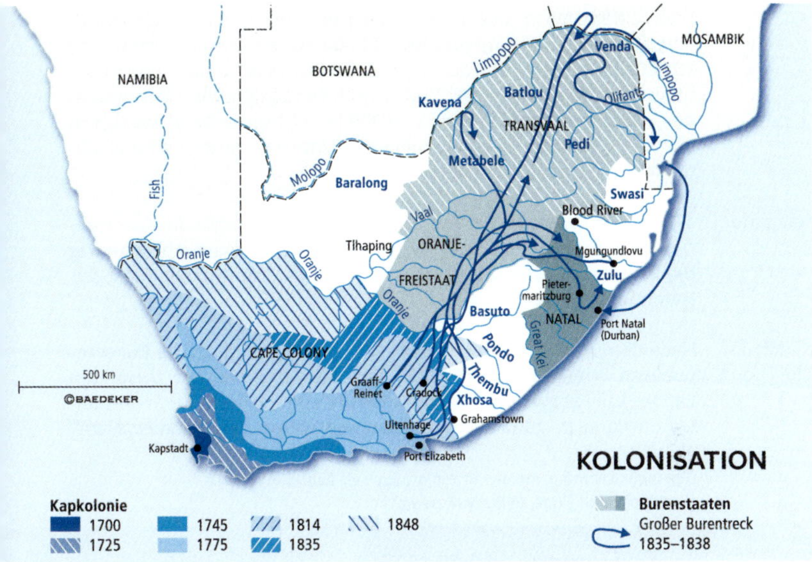


(20 % der weißen Bevölkerung), die sog. **Voortrekker**-Pioniere, die Kapkolonie in mehreren Zügen gen Osten. Während die Buren Xhosa-Grenzkriege und die Schlacht am Blood River mit den Zulu ausfochten und die **Burenrepubliken** gründeten, erhielt **Kapstadt 1853** begrenzte Selbstverwaltung und garantierte in der Verfassung das **Wahlrecht für freie Farbige und Schwarze mit Besitz**. An der Tafelbucht brannte 1882 das erste elektrische Licht. Die Diamanten- und Goldfunde in Kimberley und Johannesburg erfassten auch die Kapkolonie und lösten eine zweite Kolonistenwelle aus. Kapstadt expandierte: Zur **Kronkolonie** gehörten 1865 auch Britisch-Kaffraria (Ciskei) und 1871 Basutoland (Lesotho).

Zweiter Burenkrieg

Bis Ende des 19. Jh.s erschlossen **Eisenbahnlinien** von Kapstadt nach Kimberley und Johannesburg das Land. Kapstadt boomte, ab 1860 bauten Sträflinge Wellenbrecher und die **Alfred Docks** in die windgeschützte Table Bay. Unter Premierminister **Cecil Rhodes** erfolgte 1894 der Anschluss des gesamten, zwischen Kei-Fluss und Natal gelegenen Landes an die Kapkolonie. 1885 wurde das Gebiet südlich des Molopo-Flusses als Kronkolonie Betschuanaland unter britischen Schutz gestellt, 1895 der Kapkolonie eingegliedert. Der Goldrausch, permanenter Zuzug in die Burenrepubliken, Angst vor Anglisierung und der fehlgeschlagene, britisch geplante Jameson-Raid-Putsch Ende 1896 lösten 1899 den zweiten Burenkrieg aus.

Nach anfänglichen Siegen unterlagen die Buren, ein zermürbender **Guerillakrieg** begann, bei dem 34 000 Buren, 22 000 Briten und 15 000 Schwarze ums Leben kamen. Die Briten verfolgten eine »Politik der verbrannten Erde«: Die Farmen der kämpfenden Buren wurden niedergebrannt, Frauen und Kinder in **Konzentrationslagern** interniert, wo über 26 000 von ihnen an Unterernährung und schlechten hygienischen Bedingungen starben.

Segregation

Als 1901 in Kapstadt die **Beulenpest** ausbrach, nutzte die Kapregierung die Epidemie als Begründung für die räumliche **Abtrennung der schwarzen Bevölkerung** in gesonderte Wohnviertel nahe der Hafendocks und bei Maitland.

Südafrikanische Union

Nach dem **Frieden von Vereeniging** 1902 waren auch die Burenrepubliken britische Kolonien. Mit dem Wiederaufbau des zerstörten Landes kam es zur Annäherung von Buren und Briten. Durch den von Großbritannien geförderten Zusammenschluss der Kolonien Natal,

Die Khoikoi wurden von den Briten oft auch als Führer eingesetzt. (Castle of Good Hope, Military Museum)

Kapkolonie, Transvaal und Oranje entstand 1910 die zum Britischen Empire gehörende Südafrikanische Union mit 1,2 Mio. weißen und 4,6 Mio. nicht weißen Einwohnern. Pretoria wurde Regierungssitz, Kapstadt Sitz des Parlaments und Bloemfontein Sitz des Obersten Gerichtshofs. In der **neuen Verfassung** war das Wahlrecht ausschließlich Weißen vorbehalten. Nur in der Kapprovinz blieb das seit 1853 geltende liberalere Gesetz für wohlhabendere Schwarze und Coloureds in Kraft – die Schwarzen verloren dieses Recht 1936, die Coloureds zwanzig Jahre später. Die Minenarbeitergesetze von 1911, die Abschaffung des Streikrechts und das Verbot von Landerwerb für Schwarze 1913 (**Native Land Act**) außerhalb genehmigter Gebiete – den späteren Homelands – bildeten die **ersten Apartheid-Gesetze**.

## Apartheid und Widerstand

**Einschränkung der Freiheit**

Am Ende des Ersten Weltkriegs starben in Kapstadt Tausende an der Spanischen Grippe. Blutig niedergeschlagenen Streiks konkurrierender weißer und schwarzer Arbeiter zu Beginn der 1920er folgte 1923 der **Urban Areas Act**, der die Trennung von Stadtteilen nach Hautfarbe festlegte. 1927 trat der **Immorality Act** in Kraft, der sexuelle Beziehungen von Menschen verschiedener Hautfarbe mit Gefängnis bedrohte. Unter Premier Hertzog wurde **Afrikaans** 1925 zweite offizielle Landessprache. Nach siebenjähriger Bauzeit konnte 1922 der Chapman's Peak Drive eröffnet werden, 1929 folgten die Seilbahn auf den Tafelberg und der Botanische Garten in Kirstenbosch. 1935 wurde das Zentrum Richtung Meer aufgeschüttet. Im September 1939 trat die Südafrikanische Union unter Premier Jan C. Smuts auf Seiten der Alliierten in den **Zweiten Weltkrieg** ein.

**Verschärfung der Apartheid**

Nach dem **Wahlsieg der National Party** im Jahr 1948 begann die Regierung unter Daniel F. Malan damit, die vollständige **Apartheid** gesetzlich zu verankern. Der **Population Registration Act** von 1950 teilte die Südafrikaner in Weiße, Schwarze, Inder und übrige Coloureds, der **Group Areas Act** aus demselben Jahr bestimmte, dass die Menschen nur in zugewiesenen Gebieten leben und arbeiten durften. Unter **J. G. Strijdom** wurde im Jahr 1956 Schwarzen und Coloureds das Wahlrecht entzogen. Hunderte weitere Gesetze sorgten dafür, dass die Apartheid im Alltag umgesetzt wurde. Der ANC seinerseits organisierte den gewaltfreien Widerstand, Streiks und Protestmärsche, 1960 wurde die »**Freiheits-Charta**« verkündet (▶Baedeker Wissen S. 260). Das **Massaker von Sharpeville** während einer friedlichen Anti-Apartheid-Demonstration im März 1960 rief weltweite Empörung hervor. Als im selben Jahr mehr als 30 000 Bewohner der **Kapstädter Townships** gegen die neuen Passgesetze protestierten – alle Nichtweißen mussten fortan das »Book of Life«

# AFRICAN NATIONAL CONGRESS

*Politisch ist der ANC die dominierende Kraft Südafrikas. Die Partei regiert bis auf die Western Cape Province alle Provinzen des Landes und stellt in den Großstädten bis auf Kapstadt auch die Bürgermeister. Doch sein Stern ist im Sinken begriffen. Mit 57,5 % gewann der ANC 2019 zwar erneut die Parlamentswahlen, er musste jedoch erhebliche Stimmenverluste hinnehmen und verlor 2024 die absolute Mehrheit.*

Im Januar 1912 gründeten schwarze Intellektuelle in Bloemfontein den »South African Native National Congress« – 1923 in **African National Congress** (ANC) umbenannt. Die Organisation verstand sich von Anfang an nicht als rein afrikanische Interessenvertretung, öffnete sich allen Hautfarben und akzeptierte sowohl das Christentum als auch Englisch. Praktisch war sie aber eine schwarze Widerstandspartei, kämpfte gegen Rassismus und ethnische Rivalitäten sowie für das politische Mitspracherecht der schwarzen Bevölkerungsmehrheit. Denn den Schwarzen wurde nicht nur das Wahlrecht verweigert, ab 1913 durften sie nur in Reservaten leben und außerhalb dieser keinen Grundbesitz erwerben. Boykotte und Streiks gehörten vorrangig zum politischen Werkzeug des frühen ANC. Hauptsächlich ging es – wie bei den Streiks der Minenarbeiter in den frühen 1920er-Jahren – um die Verbesserung der schlechten Arbeitsbedingungen.

## Eskalation

Angeregt durch die **Atlantik-Charta** 1941, in der Roosevelt und Churchill eine freiheitliche Weltordnung als Kriegsziel verkündeten, forderte der ANC 1943 die vollen Bürgerrechte für die schwarzen Südafrikaner. Die Regierung unter J. C. Smuts erteilte eine klare Absage. Von da an radikalisierte sich der ANC. 1944 entstand unter Mitwirkung der späteren Freiheitskämpfer Nelson Mandela, Walter Sisulu und Oliver Tambo die ANC-Jugendliga, die härtere Maßnahmen wollte. Ziel war jetzt nicht mehr die Integration in das politische System der Weißen, sondern die Befreiung von diesem. Auf die immer repressiver werdenden Apartheid-Gesetze antwortete der ANC mit Boykotten, Streiks und – in Anlehnung an Gandhis gewaltlosen Widerstand – zivilem Ungehorsam. 1952, als das weiße Südafrika den 300. Jahrestag der Landung Jan van Riebeecks feierte, nahmen zum ersten Mal Zehntausende Schwarze an einer Gegendemonstration teil. Im Juni 1955 trafen sich bei Soweto 3000 Vertreter aller südafrikanischen Bevölkerungsgruppen – Schwarze, Coloureds, Inder und auch Weiße der neuen Liberalen Partei – zu einem Volkskongress gegen die Apartheid. Er verabschiedete die **Freedom Charter** mit der Forderung nach Gleichberechtigung für alle – bis in die 1990er war sie Grundlage des politischen Programms des ANC. Nach dem Kongress ließ die südafrikanische Regierung 156 Führer der verschiedenen Bewegungen verhaften und wegen Hochverrats vor Gericht stellen. Nach fünf Prozess-Jahren wurden aber alle Angeklagten freigesprochen. Einer von ihnen, der Vorsitzende des ANC, **Albert Luthuli**, erhielt 1961 den Friedensnobelpreis. Doch die Kongressallianz zerfiel im Hinblick auf das weitere Vorgehen. Auch im ANC kamen Spannungen auf: Die Pluralisten forderten Gleichberechtigung, während die Afrikanisten ein von weißer Herrschaft befreites Südafrika antrebten. 1959 gründeten die Afrikanisten den **Pan Africanist Congress** (PAC).

## Der Krieg ...

Für 1960 planten ANC und PAC große Kampagnen gegen die verhassten Passgesetze. Der PAC rief für den 21. März 1960 zu einer friedlichen Demonstration vor der Polizeiwache von **Sharpeville** auf. Die Polizisten, die sich bedroht fühlten, schossen in die Menge, 69 Demonstranten starben. Das Ausland reagierte entsetzt und empört. Im ganzen Land fanden Streiks und Demonstrationen statt, die noch mehr Menschenleben forderten. Die Regierung reagierte hart. Am 8. April 1960 verbot sie ANC und PAC, die nun im Untergrund und Exil weiterarbeiteten. Beide Parteien gründeten Kampforganisationen, der ANC den **Umkhonto we Sizwe** (Speer der Nation) mit **Nelson Mandela** an der Spitze, der nach der Verbannung von Luthuli und der Verurteilung von Sobukwe zum Präsidenten des ANC und zum Führer der Schwarzenbewegung aufstieg. Dieser Organisation gelangen zwar einige spektakuläre Anschläge, doch sie wurde 1963 zerschlagen. Mandela, der 1962 verhaftet und zu fünf Jahren Gefängnis verurteilt worden war, wurde 1963 aufgrund des im Hauptquartier des Umkhonto gefundenen Materials wegen Sabotage zu lebenslanger Haft verurteilt. Für einige Zeit schien es, als hätte die Regierung den Widerstand der Schwarzen gebrochen. Aktivisten wurden auch ohne Urteil inhaftiert, viele starben in Polizeigewahrsam. Die Hinrichtungen erreichten Rekordhöhe. Anfang der 1970er entstanden neue Organisationen, darunter solche, die ein »schwarzes Bewusstsein« nach dem Vorbild der Black-Panther-Bewegung in den USA schaffen wollten. Als die Regierung das Afrikaans, die »Sprache der weißen Unterdrücker«, im Schulunterricht einführen wollte, demonstrierten am 16. Juni 1976 in **Soweto** 20 000 Schüler – die

Ein Bild, das um die Welt ging: Opfer des blutigen Schüleraufstandes in Soweto

Wahrlich ein historischer Moment: Südafrikas neuer Präsident Nelson Mandela, flankiert von seinem späteren Nachfolger Mbeki (links) und Ex-Präsident de Klerk, am 9. Mai 1994

Polizei schoss wahllos auf die unbewaffneten Kinder und Jugendlichen, zwei wurden getötet. Im ganzen Land kam es zu blutigen Unruhen. Diesmal gelang es der Regierung erst Ende 1977, die Lage wieder unter Kontrolle zu bringen. Sie verbot und verfolgte alle radikal-oppositionellen Organisationen; der Führer der Black-Consciousness-Bewegung, **Steve Biko**, starb 1977 im Gefängnis an den Folgen der Folter.

## ... und sein Ende

Im Ausland wuchs die Sympathie für den ANC und **Nelson Mandela**. Im Juni 1980 erlaubte die deutsche Bundesregierung dem ANC als erster afrikanischer Befreiungsbewegung, in Bonn ein Informationsbüro einzurichten. 1990 ließ Staatspräsident **Frederik de Klerk**, der »Gorbatschow Afrikas«, trotz heftigem Widerstand aus den eigenen Reihen und der weißen Ultrarechten den ANC, den PAC und die kommunistische Partei wieder zu. Er entließ Mandela aus der Haft und begann den Dialog mit dem früheren Gegner. Aus den ersten freien **Parlamentswahlen** in Südafrika 1994 ging der ANC mit fast zwei Drittel der Stimmen als stärkste Partei hervor. 2009 übernahm der Zulu **Jacob Zuma** das Amt des Präsidenten, das er nach Korruptionsvorwürfen 2018 auf Druck seiner Partei wieder abgeben musste. Sein Nachfolger **Cyril Ramaphosa** war seit 2014 Vizepräsident. Der erfolgreiche Geschäftsmann hat versprochen, die grassierende Korruption einzudämmen, Südafrika für Investoren attraktiv zu machen und die Wirtschaft anzukurbeln. Die Korruptionsskandale und Kleptokratie Zumas und zahlreicher hoher ANC-Funktionäre haben in der Bevölkerung zu großem Unmut geführt. Bei den Parlamentswahlen 2024 verlor der ANC die absolute Mehrheit.

samt Eintrag aller Grenzübergänge und Arbeitgeber mit sich führen –, verhängte die Regierung den Ausnahmezustand, wurden der ANC und die PAC verboten.

Wachsener Widerstand

Im Oktober 1960 ließ Premierminister **Hendrik Verwoerd** durch Volksentscheid über eine Republik abstimmen: 52,3 % votierten für eine **unabhängige Republik Südafrika** – stimmberechtigt waren nur Weiße. Nachdem auch London immer lauter die Apartheid kritisierte, trat Südafrika im März 1961 aus dem British Commonwealth aus. Innerhalb kurzer Zeit wurden die Gesetze weiter verschärft, gab es Massenverhaftungen. Gleichzeitig gewann der **ANC** an Einfluss, sein Vorsitzender **Albert Luthuli** erhielt 1961 den Friedensnobelpreis. Am 5. August 1962 wurde **Nelson Mandela** verhaftet und 1963 im Rivonia-Prozess zu lebenslanger Haft auf Robben Island verurteilt. 1966 beschloss die Regierung den Abriss des multikulturellen Kapstädter **District Six**. Im selben Jahr fiel Regierungschef Verwoerd einem Attentat zum Opfer. 1967 gelang Christiaan Barnard im Groote-Schuur-Krankenhaus die **erste Herztransplantation** der Welt. Millionen Schwarze wurden in den 1970ern in die Homelands zwangsumgesiedelt. 1976 sorgte der blutige **Schüleraufstand in Soweto** erneut für weltweites Entsetzen.

Boykott und Ausnahmezustand

Eine **Verfassungsänderung** der Regierung **Pieter Willem Botha** brachte 1984 den Coloureds und Indern eingeschränkte politische Rechte. Die im gleichen Jahr gestartete ANC-Kampagne wurde gnadenlos unterdrückt, mehr als 2300 Menschen starben, Zehntausende wurden verhaftet. Nach massiven internationalen Wirtschaftssanktionen hob Botha 1985 das Verbot der Mischehen, 1986 die Passgesetze auf. Tausende Schwarze suchten daraufhin ihr Glück am Kap. Die Forderung nach Freilassung **Nelson Mandelas** erhielt weltweite Unterstützung. Nach gescheiterten Geheimgesprächen 1986 traf sich Botha am 5. Juli 1989 erstmals mit Mandela. Doch weder Botha noch die National-Partei waren ernsthaft bereit, die Macht zu teilen. Nach **blutigen Unruhen** in den Townships verhängte Botha den **Ausnahmezustand**, der bis 1990 dauern sollte.

## Mandela und der Neubeginn

Die Wende

Im Jahr 1989 schlossen sich ANC, UDF und die Cosatu zu einer Koalition zusammen. Tausende demonstrierten in Kapstadt für die Abschaffung der Apartheid. Auch der Druck des Auslands nahm weiter zu. Die harten Sanktionen lähmten die Wirtschaft, Banken und Auslandskapital zogen sich zurück. Im August 1989 wurde der Vorsitzende der National Party, **Frederik Willem de Klerk**, Staatspräsident. In seiner historischen Rede zur Parlamentseröffnung in Kapstadt am **2.**

**Februar 1990** leitete er die Wende am Kap ein: Er hob das Verbot von ANC und Pan African Congress auf, lockerte den Ausnahmezustand und kündigte Verhandlungen über eine neue Verfassung an. Nach 27 Jahren endete für **Nelson Mandela** am 11. Februar 1990 die Inhaftierung auf Robben Island. Ein Jahr später wurden die **Apartheid-Gesetze aufgehoben**. Für ihre Bemühungen um Versöhnung und ein demokratisches Südafrika bekamen Mandela und de Klerk 1993 gemeinsam den **Friedensnobelpreis**. Mehr als 7 Mio. in den Homelands lebende Schwarze erhielten 1994 ihre südafrikanische Staatsbürgerschaft zurück. Aus den **ersten demokratischen Wahlen** am 27. April 1994 ging der ANC als klarer Sieger hervor – von den 23 Mio. Wahlberechtigten waren fast 18 Mio. Schwarze. **Nelson Mandela** wurde am 10. Mai **erster schwarzer Staatspräsident Südafrikas** (▶Interessante Menschen). Nach 342 Jahren endete damit die weiße Vorherrschaft am Kap.

Die 1994 eingeführte **Nationalflagge Südafrikas** zeigt sechs Farben: Schwarz für die nicht weiße Bevölkerung, Gold für den Reichtum an Bodenschätzen und die immer scheinende Sonne Südafrikas, Grün für das grüne Land, Rot für das Blut, das bei den Befreiungskämpfen vergossen wurde, Blau für die Ozeane und den Himmel, Weiß für die weiße Bevölkerung. Die »Regenbogenflagge« ist Ausdruck des Bemühens, Einheit und Versöhnung zu fördern.

Seit 2000 hat Südafrika ein neues **Staatswappen**. Es zeigt einen von Getreideähren umgebenen Schild mit zwei menschlichen Figuren, die den Felszeichnungen von Linton entlehnt sind. Den Schild flankieren je zwei Stoßzähne. Darüber folgen nacheinander eine Protea, ein Sekretärvogel mit ausgebreiteten Schwingen und die aufgehende Sonne. Die Stoßzähne werden durch den Wahlspruch »Einheit in Unterschiedlichkeit« in der Sprache der Khoisan verbunden.

Truth and Reconciliation Commission

Zur Aufarbeitung der Vergangenheit setzte Mandela im Sommer 1996 für zwei Jahre eine »**Wahrheits- und Versöhnungskommission**« mit Desmond Tutu (▶Interessante Menschen) als Vorsitzenden ein, die die Menschenrechtsverletzungen untersuchen sollte, die während der Apartheid begangen worden waren. Sie hat – auch wenn Hauptverantwortliche wie P. W. Botha unbehelligt blieben – einen wesentlichen Beitrag zum **Prozess der Versöhnung** zwischen den Volksgruppen geleistet. Zahlreiche Morde und Anschläge konnten geklärt werden, viele Opfer erhielten finanzielle Entschädigung.

Neue Verfassung

Nach zweijährigen Verhandlungen wurde am 8. Mai 1996 die neue südafrikanische Verfassung verabschiedet, die am 4. Februar 1997 in Kraft trat. Im Dezember 1997 übernahm **Thabo Mbeki** von Mandela den ANC-Vorsitz und das Präsidentenamt.

Rugby-Helden: Siya Kolisi streckt die begehrte Webb Ellis Trophy in die Höhe – als erster schwarzer Kapitän führte er die Springboks 2019 zum Weltmeistertitel.

## Kapstadt heute

**Große Momente**

2003 verfolgten Millionen Menschen weltweit das erste **Aids-Benefiz-Konzert »46664«** (Mandelas Häftlingsnummer) aus dem Kapstädter Green-Point-Stadion. Nach vergeblichen Anläufen, die Olympischen Spiele nach Kapstadt zu holen, bekam Südafrika den Zuschlag für die **Fußball-WM 2010**, acht WM-Spiele fanden im neuen Cape Town Stadion statt. Mit einem knappen 12:11-Sieg krönten sich die Springboks beim World Championship in Frankreich 2023 nach 1995, 2007 und 2019 zum vierten Mal zum **Rugby-Weltmeister**. Angeführt wurden sie von Siya Kolisi, dem ersten schwarzen Kapitän eines südafrikanischen Rugby-WM-Teams – ein historischer Moment der Regenbogennation und starkes Zeichen gegen Rassismus (► S. 301).

**Wer regiert die Stadt**

Im März 2006 wurde die deutschstämmige **Helen Zille** von der liberalen Demokratischen Allianz (DA) überraschend zur neuen Bürgermeisterin von Kapstadt gewählt, ein Jahr später war sie die neue Vorsitzende der Demokratischen Allianz (▶Interessante Menschen). Stadtrat **Dan Plato** (DA) löste Helen Zille 2009 als Bürgermeister ab, nachdem die 48-Jährige zur Premierministerin des Western Cape ernannt worden war. Bei den **Kommunalwahlen** 2011 und 2016 blieb Kapstadt die einzige größere Stadt in Südafrika, in der sich der ANC nicht durchsetzen konnte. Ende 2021 übernahm Geordin Hill-Lewis von Patricia de Lille erneut das Bürgermeisteramt.

»

In dieser Stadt lebten die Menschen lange vor dem restlichen Südafrika ohne Rassenschranken.

«

*Helen Zille*

**Stadtentwicklung**

Die Jahre 2012 und 2013 waren geprägt von **Streiks** der Bergleute, Metallarbeiter und Farmarbeiter sowie blutigen Auseinandersetzungen. Berichte über das »Massaker von Marikana« und der Tod von 34 Bergleuten gingen um die Welt. Gefordert wurden vor allem Mindestlöhne, Mietpreissubventionen und bessere Krankenversorgung. Gleichzeitig verzeichnete die Automobilbranche Rekordumsätze.
2013 erschütterte eine Nachricht das ganze Land: **Nelson Mandela** ist tot. Nach zehn Tagen Staatstrauer wurde der »Vater der Regenbogennation« in Qunu beigesetzt – Zehntausende gaben ihm das letzte Geleit (▶ Interessante Menschen).
Dass Kapstadt **World Design Capital 2014** war, tangierte nur einen kleinen Teil der Bevölkerung, lockte aber noch mehr Touristen an die Südspitze Afrikas. Das Stadtentwicklungsprojekt »**Vision 2030**« soll Kapstadt zum attraktiven Standort für internationale Topunternehmen ausbauen, Akademiker anlocken und neue Arbeitsplätze schaffen. Sicherheit und Effizienz sind dabei Schlüsselthemen.

**Wassermangel**

Eine anhaltende Dürre 2015 hatte dramatische Folgen für die Wasserversorgung Kapstadts. 2018 drohte der »**Day Zero**«: Die Dämme, die Stadt und Umland versorgen, waren nahezu leer, die städtische Wasserversorgung stand vor dem Aus. Mit Apellen zum Wassersparen wurde die Krise gemeistert, die Probleme aber bleiben wegen der rasch anwachsenden Bevölkerung.

**Jacob Zuma stürzt**

Im Februar 2018 gab der von Korruputionsvorwürfen gebeutelte Staatspräsident Jacob Zuma sein Amt auf. Nachfolger wurde der innerparteiliche Rivale Cyril Ramaphosa. Die nach dem vorsitzenden Richter benannte »**Zondo-Kommission**« sowie weitere Untersuchungen deckten bei teils live im Fernsehen übertragenen Befragungen das weit verzweigte Korruptionsnetz auf, in das Jacob Zuma und ranghohe Funktionäre des ANC verwickelt waren.

Cyril Ramaphosa steht vor großen Herausforderungen wie Vetternwirtschaft und fehlende Bildung – und viel politischem Gegenwind, auch aus der eigenen Partei.

**Wahlen und Visionen**

2019 feierte Südafrika 25 Jahre Demokratie. Die neue Verfassung gilt als eine der fortschrittlichsten der Welt. Doch noch immer haben die meisten Südafrikaner kaum sozialen Kontakt zu Menschen anderer Hautfarben, die Kluft zwischen Arm und Reich wächst und die Bildung sinkt weiter (▶Das ist Kapstadt S. 14).
Bei den **Parlamentswahlen 2024** konnte sich der ANC trotz großer Verluste wieder die Mehrheit sichern: 40,8 % der Wähler stimmten für die Partei unter dem ANC-Vorsitzenden und neuen **Staatschef Cyril Ramaphosa**. Zweitstärkste Kraft wurde die größte Oppositionspartei, die Demokratische Allianz, mit 21,8 %. Überraschende Dritte wurde die von Ex-Präsident Jacob Zuma erst kurz zuvor gegründete uMkhonto we Sizwe (MK) mit 14,6%. Ob Ramaphosa seine hochgesteckten Ziele für ein hartes Durchgreifen gegen Korruption, Wirtschaftsreformen und die Sanierung maroder Staatsbetriebe sowie eine schnellere Umsetzung der Landreform tatsächlich wird erfüllen können, bleibt abzuwarten.

# KUNST UND KULTUR

*Das mystische Erbe der San, elegante, kapholländische Herrenhäuser, farbenfrohe Township Art und junge Kunstmuseen dokumentieren die Vielfalt der Kulturen am Kap.*

Im Wappen geehrt

Tausende von **Felsmalereien und Gravuren der San** (früher als **Buschmänner** bezeichnet), die den Kontinent seit 40 000 Jahren bevölkern, sind in Südafrika entdeckt worden – die ältesten sind auf 3000 v. Chr. datiert. Pferde und Darstellungen weißer Siedler zeigen, dass die Kunst bis ins 19. Jh. ausgeübt wurde. Häufig sind Jäger, Sammler und große Säugetiere wie Giraffen oder Elenantilopen dargestellt. Spannend sind Trancebilder der »Traumtänze« von Heilern und Schamanen. Sie zeigen die Verwandlung in fabulöse Tierwesen, rituelles Nasenbluten beim Übergang in die Anderswelt oder mystische »Ohrenschlangen«. Am Gürtel eines San fand man einen Beutel mit zehn Farben, darunter **Metall- und Pflanzenfarben** sowie eine Mischung aus gebranntem Kalk und Blut von Wildtieren. Leider sind

Ein schönes Beispiel für den kapholländischen Stil: das Weingut Zorgvliet

fast alle Felsbilder durch Witterungseinflüsse bedroht. Am Westkap kann man im **Bushmans Kloof Wilderness Reserve** am Fuß der Cederberge mit kundiger Führung über 130 Höhlenzeichnungen der San besichtigen (▶Magischer Moment S. 233). Zwei San-Figuren zieren das Schild im neuen **Wappen Südafrikas**. Auch sein Wahlspruch entstammt der ausgestorbenen Xam-Sprache der Khoisan: »!ke e: / xarra //ke« – »Einheit in Unterschiedlichkeit« (▶Abb. S. 264).

Schneeweiße Giebelhäuser

Die afrikanischen Traditionen wurden von den weißen Siedlern ignoriert und stattdessen Europa zum Vorbild genommen. So entstand ein eigener »**kapholländischer Baustil**« mit eleganten Herrenhäusern rund ums Kap. Schöne Beispiele liefern das Dorp Museum in Stellenbosch und die vielen **Weingüter** im Constantia Valley und um Paarl, Stellenbosch und Franschhoek wie Groot Constantia, Boschendal, La Motte oder Lanzerac. Auch in Kapstadt selbst stehen einige dieser Häuser mit symmetrischem Grundriss in T-, H- oder U-Form, geschwungenem Giebel, großem Vorraum, erhöhter Veranda und dicken, weiß getünchten Mauern. Ursprünglich **reetgedeckt**, erhielten die Häuser ab Mitte des 18. Jh.s häufig Flachdächer wie Kapstadts Rust-en-Vreugd.
Die ältesten Gebäude Kapstadts sind die 1660 errichtete **Slave Lodge** in der Adderley Street und das 1666 begonnene **Castle of Good Hope**. Aus dem späten 18. Jh. stammt das Koopmans-de-Wet-Haus, eine Arbeit des Franzosen **Louis Michel Thibault**, der auch die Staatsresidenz De Tuynhuis an der Parliament Avenue und zahlreiche Gebäude der Holländisch-Ostindischen Kompanie (VOC) im Hinterland schuf. Wichtige Impulse setzte ab 1777 der aus der Nähe von Freiburg im Breisgau stammende Holzschnitzer **Anton Anreith**, der auch die Kanzel der Groote Kerk schnitzte. Ab Ende des 18. Jh.s entstanden die farbenfrohen Häuschen im **Bo-Kaap**-Viertel.

Britische Einflüsse

Nachdem Südafrika britische Kolonie geworden war, setzte sich der klassizistisch geprägte **georgianische Stil** durch. Spätes Beispiel hierfür ist das **Bertram House**. Eindrucksvoll änderte die **viktorianische Epoche** das Antlitz Kapstadts: Überall entstanden hübsche Veranden und üppige Vorgärten. Schmiedeeiserne Balkone wie an der **Long Street** kamen Mitte des 19. Jh.s in Mode. Im Zuge des Gold- und Diamantenrauschs konnten Monumentalbauten wie das **neoklassizistische Parlament** finanziert werden. Ende des 19. Jh.s eroberte die Neogotik die Kirchenbaukunst. Als Hauptvertreter gilt der auch als Leuchtturmbauer bekannte Bremer **Carl Otto Hager** mit der Moederkerk in Stellenbosch. **Sir Herbert Baker** schuf für Cecil Rhodes Anfang des 20. Jh.s die Residenz Groote Schuur im neokapholländischen Stil. Das Ende der viktorianischen Ära markiert an der Grand Parade die **City Hall**, das ehemalige Rathaus mit Stilelementen der italienischen Neorenaissance.

**Art déco und Moderne** In den 1930ern entstanden viele Art-déco-Gebäude am Greenmarket und entlang der Adderley Street. Als Höhepunkt gilt das **Old Mutual Building** an der Darling Street mit beeindruckendem Fassadenschmuck. Zukunftsimpulse setzte zur Jahrtausendwende der riesige Shoppingkomplex der **Century City** in Durbanville. Nach wie vor im Ausbau ist die **V & A Waterfront**, längst eine der bekanntesten Besucherattraktionen Südafrikas. Hier begeistert seit 2017 der architektonisch wie künstlerisch spannende Bau des **Zeitz MOCAA**. Der britische Architekt Thomas Heatherwick wandelte dafür ein ehemaliges Getreidesilo in ein futuristisches Kunstmuseum um.

**Traditionelle Volkskunst** Mit strahlenden Farben und linearen geometrischen Mustern gestalten die **Ndebele**-Frauen aus dem Nordosten des Landes ganz eigene Bildideen. Ihre Malereien und Perlenarbeiten werden auf Kapstadts **Craft Markets** und in zahlreichen Läden ebenso verkauft wie Kunsthandwerk aus ganz Afrika. Typische Mitbringsel sind die traditionellen Tierfiguren aus Holz, Masken, Schmuck, Töpfer-, Flecht- und Webarbeiten. Eine gute Auswahl – und nicht billige »Airport-Art«-Massenware – findet man an der V & A Waterfront, an der Church Street, auf dem **Greenmarket Square** und im **African Craft Wholesale Market** an der Long Street. International anerkannte Ndebele-Künstlerinnen sind Dorah Sibanyoini, Mainah-Mbonani und **Esther Mahlangu** – zum 75-jährigen Jubiläum des Autoherstellers BMW bemalte sie einen 520i im typischen Ndebele-Design. Längst hängen ihre Arbeiten im New York Museum of Arts and Design. 2018 wurde Dr. Esther Mahlangu von der Universität Johannesburg mit der Ehrendoktorwürde ausgezeichnet. Auch der Perlenschmuck und die bestickten Stoffpuppen der **Zulu** sind herrlich bunt – Zulu-Beadwork bekommt man bei **Monkeybiz** online (www.monkeybiz.co.za). Von afrikanischen Einflüssen inspiriert sind auch die Arbeiten weißer Designerinnen wie der Töpferin und Gründerin von Monkeybiz **Barbara Jackson** oder **Carrol Boyes**, die unter anderem exklusive Bestecke aus englischem Hartzinn und ansprechende Lifestyleprodukte fertigt (www.carrolboyes.com). Die Keramik von **Clementina van der Walt** ist inzwischen sogar in der South African National Gallery ausgestellt. Ihr farbenfrohes Geschirr der Serie Africa Café Range ist erfreulich alltagstauglich (Oranjezicht Market, www.clemantina.co.za).

**Townships** Ein **Erbe der Apartheid** sind die trostlosen Townships mit ihren endlosen Siedlungen aus Wellblechhütten (**Shacks**). Zwar versuchen staatliche Wohnungsbauprogramme wie das N2-Gateway-Projekt zwischen Flughafen und City neuen, dringend benötigten Wohnraum zu schaffen, doch aufgrund von Missmanagement, Korruption und fehlenden Geldern haben sich die Bedingungen bisher nicht wesentlich verbessert. Als »Vater« der **Township Art** gilt der frühere Jazzpianist **Gerard Sekoto** (1913 – 1993), der schon in den 1940ern das

Beim Maboneng Township Arts Experience können Sie auf geführten Touren durch Langa Wechselausstellungen lokaler Künstler wie Dathini Mzayiya besuchen.

harte Leben in den schwarzen Ghettos von Südafrika expressiv auf die Leinwand bannte. Viele Bewohner der Townships verdienen heute mit Kunsthandwerk ihr Geld. **Aus alten Dosen, Kronkorken, Draht und Plastikabfällen** fertigen sie praktische Dinge, originelles Blechspielzeug, Weihnachtsbaumschmuck oder witzige Collagen – reichlich Auswahl haben der **Greenmarket Square**, **Streetwires** und der **African Craft Wholesale Market**.

Künstler der Moderne

In der Vielfalt der zeitgenössischen südafrikanischen Kunst spiegelt sich die neue, selbstbewusste Identität. Jeden Monat öffnen neue Ateliers und Galerien – über den Wandel der Kunstszene informiert die Website **www.artthrob.co.za**. Ihre jüngsten Arbeiten stellen Südafrikas Kreative alljährlich auf der **Design Indaba Expo** aus (www.designindaba.com). Die jährlich aktualisierte **Arts & Crafts Map** von Cape Town Tourism informiert mit Öffnungszeiten, Lageplan und kurzen Beschreibungen über die wichtigsten Galerien, Curio Shops und Kunsthandwerkermärkte der Kaphalbinsel. In der **South African National Gallery** im Company's Garden sind südafrikanische Maler der Moderne wie Jane Alexander, Willie Bester und William Kentridge (▶Interessante Menschen), aber auch junge **Township Art** und naive Kunst vom Kap zu sehen. Stark vom Expressionismus geprägt war die Künstlerin Irma Stern, deren Werk im

**Irma Stern Museum** in Rondebosch zu sehen ist. Eigenwillige Akzente im Stadtbild setzen Brett Murrays Statue »Africa« an der St. Georges Mall und Gavin Younges »Stillleben mit Eiscreme-Hörnchen und Blue Cheese«, eine Hommage an Cézanne aus kalifornischem Redwood, nahe dem Clock Tower an der Waterfront.
In der **StateoftheART Gallery**, 50 Buitenkant Street, werden moderne Gemälde, Zeichnungen, Skulpturen, kuriose »Mixed Medias«, Fotografien und Drucke vom Kap präsentiert. Über 70 Künstler sind hier vertreten, darunter Bongani Njalo, Arlene Amaler-Raviv und Lionel Smit (www.stateoftheart-gallery.com). Wie international anerkannt zeitgenössische Künstler Südafrikas sind, beweist die immer länger werdende Liste derer, die auf der **Biennale in Venedig** anzutreffen sind. 2024 entsandte Südafrika zum Thema »Quiet Ground« das Künstlerkollektiv MADEYOULOOK, bestehend aus Molemo Moiloa und Nare Mokgotho. Das **Zeitz MOCAA** (Zeitz Museum of Contemporary Art Africa) an der V & A Waterfront präsentiert eine der umfassendsten Sammlungen moderner afrikanischer Kunst weltweit.

Ideen, Konzepte und Visionen

**Woodstock** gilt als neue Hochburg der Designer, der Kreativen, der Künstler. Im **Bronze Age Studio** lassen renommierte Bildhauer wie William Kentridge oder David Brown ihre Skulpturen gießen (http://bronzeage.co.za). Zeitgenössische südafrikanische Kunst zeigt **The**

Mit bundten Holzbrettern, alten Dosen, Draht und viel Fantasie erzählt Recyling-Kunst vom Leben in den Townships.

**Goodman Gallery** an der Sir Lowry Road (www.goodman-gallery.com). Um die Ecke in der Argyle Street verleiht die **Whatiftheworld Gallery** jungen Talenten eine Stimme und veranstaltet auch öffentliche Diskussionsabende, an denen Kunstwerke besprochen werden (www.whatiftheworld.com). Jeden ersten Donnerstag im Monat, zum »First Thursday«, öffnen Galerien und Studios ihre Türen für Besucher. Das Programm wird auf http://first-thursdays.co.za/capetown bekannt gegeben.

# INTERESSANTE MENSCHEN

## Herr der Herzen: Christiaan Barnard

(1922–2001)
Chirurg

Am 3. Dezember 1967 gelang am Groote-Schuur-Krankenhaus in Kapstadt die **erste Herztransplantation der Welt**. Über Nacht wurde Dr. Christiaan Barnard zum Star. In einer vierstündigen Operation hatte Barnard mit seinem Team dem 55-jährigen Louis Washkansky das Herz einer tödlich verunglückten 25-Jährigen eingesetzt. Zwar starb der Gemüsehändler wenige Tage später an einer Lungenentzündung, doch weitere Transplantationen waren erfolgreicher. Seither wurden über 100 000 Herzen verpflanzt, in Deutschland etwa 400 pro Jahr. Barnard selbst führte 420 Herztransplantationen durch. Der Sohn eines Pfarrers in einer Buren-Gemeinde in der Großen Karoo avancierte vom Herzpionier zum internationalen Jetset-Playboy. Mit Sophia Loren, Grace Kelly und Gina Lollobrigida zierte er Hochglanzmagazine – seine drei Ehen scheiterten. Nachdem schwere Arthritis ihn 1983 zur Berufsaufgabe zwang, kümmerte er sich in der Christiaan Barnard Foundation um herzkranke Kinder. Vorgehalten wurde Barnard ein mindestens taktisches Verhältnis zur Apartheid. 1993 nahm er zusätzlich die griechische Staatsbürgerschaft an, acht Jahre später starb er an einem Asthmaanfall auf Zypern.

## Der Wörtersammler: Wilhelm Bleek

(1827–1875)
Sprachwissenschaftler

Der Sohn eines Berliner Theologen studierte afrikanische Sprachen in Bonn und Berlin. 1854 nahm Bleek an einer Expedition an den Niger und in den Tschad teil. Ein Jahr später erstellte der Sprachwissenschaftler auf Einladung des anglikanischen Bischofs Colenso in Natal ein Zulu-Wörterbuch samt Grammatik. Nach seiner Promotion zog Bleek 1856 als erster Kurator der South African Library und offizieller Übersetzer von Gouverneur Grey ans Kap. Hier konnte er sich der Erforschung der Bantu- und Khoisan-Sprachen und der Sammlung afrikanischer Märchen und Sagen widmen. Seine »Vergleichende Grammatik der **südafrikanischen Sprachen**« gilt als Meilenstein der Afrikanistik. 1862 heiratete er Jemima Loyd und ließ sich im Kapstädter Vorort Mowbray nieder. Um Sprache, Kultur und Religion der Khoisan genau studieren zu können, holte Bleek Häftlinge aus Robben Island und dem Breakwater-Gefängnis in sein Heim. Bis zu 28 »Buschmänner« lebten bei ihm. Nach seinem frühen Tod 1875 führten seine Schwägerin Lucy Loyd und seine Tochter Dorotea die Forschungsarbeiten weiter und publizierten 1911 das am Ende 13 000 Blätter umfassende Werk über die Khoisan, das seit 1997 zum **UNESCO-Weltdokumentenerbe** zählt. Digital aufbereitet ist es zugänglich unter http://lloydbleek collection.cs.uct.ac.za.

## Aufrechter Moralist: John Maxwell Coetzee

(geb. 1940)
Schriftsteller

Seine Jugendjahre verbrachte der Kapstädter Coetzee oft in Worcester, wo auch sein Roman »Der Junge. Eine afrikanische Kindheit« spielt. Nach dem Studium von Englisch und Mathematik in Kapstadt promovierte und lehrte er in den USA, bevor er 1972 ans Kap zurückkehrte. Hier war er bis 2000 an der Universität von Kapstadt Professor für Literatur. International bekannt wurde Coetzee 1977 durch »Im Herzen des Landes« über die beklemmende Vater-Tochter-Beziehung auf einer einsamen Wüstenfarm. Der 1980 verlegte Roman »Warten auf die Barbaren«, eine Parabel über Macht und Ohnmacht, wurde mit Südafrikas höchstem Literaturpreis, dem CNA Literary Award ausgezeichnet. 1984 bekam Coetzee für »Leben und Zeit des Michael K.« den **Booker-Preis** und wurde 1999 für seine düstere Romanpassion »Schande« zum zweiten Mal für den Booker-Preis nominiert. 2003 folgte der **Literaturnobelpreis**. Ein Jahr zuvor war Coetzee nach Australien gezogen, wo er an der University of Adelaide lehrt. 2013 erschien »Die Kindheit Jesu«, fünf Jahre später die Fortsetzung »Die Schulzeit Jesu«. Angekündigt ist eine Kurzgeschichtensammlung unter dem Titel »Moral Tales«.

## Madonna der Townships: Brenda Fassie

(1964–2004)
Popsängerin

Bevor die 39-jährige Popsängerin nach 13 Tagen im Koma am 9. Mai 2004 im Sunninghill Hospital in Johannesburg starb, waren an ihrem Krankenbett Nelson Mandela und Präsident Thabo Mbeki erschienen. Der Autopsiebericht sprach von einer Überdosis Kokain. Die **Königin**

**des Kwaito**, der südafrikanischen Townshipmusik, wurde als jüngstes von neun Kindern in Kapstadts ältestem Township Langa als Tochter einer Pianistin geboren. Bereits mit fünf Jahren verdiente sie erstes Geld durch Auftritte für Touristen. Sechzehnjährig zog sie dann nach Soweto, trat mit der Gruppe »Joy« auf und wurde Leadsängerin der Township-Band »**Brenda and the Big Dudes**«. Ein Bandmusiker wurde 1985 Vater ihres Sohnes Bongani »Bongz« Fassie. Auf den Spuren seiner Mutter gestaltete dieser 2005 den Soundtrack zum oscarprämierten Straßenräuber-Film »**Tsotsi**« mit. Die in »Tsotsi« verwendete Pidgin-Townshipsprache »Tsotsitaal« aus English, Afrikaans, Zulu, Sotho und Tswana nutzte auch Brenda in ihren Kwaito-Songs. Weder ihre Drogenprobleme, ihr exzessiver Lebensstil noch geplatzte Konzertauftritte konnten ihrer ungeheuren Popularität schaden. Ihr größer Comeback-Erfolg war »Memeza« – das 1998 meistverkaufte Album Südafrikas. Drei Jahre später kürte sie das Time Magazine zur »Madonna der Townships«.

## Schattenspiele der Apartheid: William Kentridge

(geb. 1955) **Grafiker, Filmemacher und Regisseur**

Wenn William Kentridge ein Museum bespielt, klingen afrikanische Rhythmen durch die Räume, spuken Schattenspiele über Leinwände. Im Sommer 2019 eröffneten das Zeitz MOCAA und die Norval Foundation die größte Kentridge-Ausstellung auf afrikanischem Boden. Gezeigt wurden bis Frühsommer 2020 Zeichnungen, Animatio-

Mit Kohlestift, Graphit und Pastell inszeniert Kentridge die Geschichte seines Heimatlands als fantastische multimediale Installation.

nen, Skulpturen und große Installationen aus dem 40-jährigen Schaffen des Grafikers, Filmemachers und Regisseurs. Kentridge zählt zu den erfolgreichsten Künstlern unserer Zeit. »In meinem Werk geht es um die **Vorläufigkeit des Augenblicks**«, sagt Kentridge, der im Jahr 1955 in Johannesburg geboren wurde und sich schon früh in der Anti-Apartheid-Bewegung engagierte. Seine Eltern, beides Rechtsanwälte, vertraten schwarze Südafrikaner in Zeiten der Apartheid vor Gericht. William studierte Politik und Afrikanistik, danach Kunst und Theater in Johannesburg und Paris. In den 1980ern entstanden die ersten Animationsfilme, die die sozialen Missstände seines Heimatlandes reflektieren. Mit Kohlestift, Graphit und Pastell zeichnet er jedes Bild selbst. Später folgten Theaterprojekte und Operninszenierungen wie 2017 Bergs »Wozzeck« für die Salzburger Festspiele und 2018 »The Head & the Load«, eine multimediales Requiem des Ersten Weltkriegs über die gnadenlosen Kolonialmächte und das Leiden der schwarzen Bevölkerung. Erzählt werden immer wieder kleine Geschichten und Absurditäten, die zusammen ein **großes Gesellschaftsbild** ergeben. Spielerisch und mit viel Fantasie verbindet Kentridge die eigene Biografie mit fiktiven Figuren, um Kolonialismus, Flucht und Vertreibung in Afrika eindrucksvoll zu thematisieren.

## Frauenpower: Thuli Madonsela

(geb. 1962)
Juristin

Als die Zondo-Kommission (▶S. 266) im August 2018 ihre Arbeit aufnahm, war dies sicherlich ein Tag größter Genugtuung für die **Korruptionsbekämpferin** Thulisile Nomkhosi »Thuli« Madonsela. Als Kind einfacher Eltern am 28. September 1962 in Soweto geboren, studierte sie Jura in Eswatini (Swaziland) und an der Universität Witwatersrand, trat dem ANC bei, leitete 1994 die Wahlkommission für die ersten freien Wahlen und war maßgeblich an der Erarbeitung einer neuen südafrikanischen Verfassung beteiligt. Staatspräsident Jacob Zuma ernannte Thuli Mandosela 2009 zum **Public Protector**. Ihre Aufgabe war es, Regierungsmitglieder zu überwachen und Fehlverhalten anzuzeigen. Nach der Aufdeckung mehrerer Korruptionsfälle hoher ANC-Funktionäre, die allerdings nicht alle verfolgt wurden, stieß Mandosela 2014 auf Jacob Zumas privaten Hausbau, für den der Präsident Staatsgelder abgezweigt hatte. Ihre Aufforderung, das Geld zurückzuzahlen, ignorierte Zuma und entband Mandosela 2016 von ihrem Posten. Da hatte die Korruptionsbekämpferin aber bereits ein weiteres Dossier zusammengetragen über die Verwicklung der indischstämmigen Millionärsfamilie Gupta in diverse Bestechungsfälle. Nach Zumas nicht zuletzt durch Thuli Mandoselas Recherche erzwungenem Rücktritt ist eben dieses Dossier die Grundlage für die Wahrheitsfindung der **Zondo-Kommission**.

## Häftling 46664: Nelson Mandela

(1918–2013)
Ikone der Versöhnung

Zum 100. Geburtstag des Bürgerrechtlers erschienen 2018 im Beck Verlag eine neue, umfassend recherchierte Biographie sowie Briefe aus dem Gefängnis, die Mandela während seiner Haft schrieb. 10 052 Tage saß Mandela von 1962 bis 1990 hinter Gittern, 18 Jahre allein auf Robben Island. Dass ausgerechnet dieser **Staatsfeind Nummer 1** zur Stimme der Freiheit und ein international verehrter Staatsmann wurde, gehört zu den wunderbaren Wendungen der Weltgeschichte. Mandelas Name steht für Widerstand, das Ende der Apartheid und Versöhnung. Ohne ihn wäre das Schicksal Südafrikas anders verlaufen. Nach mehr als einem Vierteljahrhundert in Haft übernahm Mandela, der selbst noch nie gewählt hatte, nach den ersten freien Wahlen im Jahr 1994 als erster schwarzer Südafrikaner das **Präsidentenamt**.

»
Wer Hass verspürt, der kann nie frei sein.
«

*Nelson Mandela nach seiner Freilassung aus der Haft im Februar 1990*

Geboren wurde Rohlihlahla Dalibhunga Mandela – umgangssprachlich für »Unruhestifter« – in Qunu, einem winzigen Dorf der südafrikanischen Provinz Ostkap. Sein Vater war traditionelles Oberhaupt und Berater von Jongintaba, dem König der Thembu, einer Volksgruppe der Xhosa. Am ersten Schultag erhielt er von seiner Lehrerin einen »zivilisierten« Namen: Nelson. Nach weiteren »1000 Kränkungen, die Wut in mir erzeugten, rebellische Haltung, das Verlangen, das System zu bekämpfen, das mein Volk einkerkerte«, trat der studierte Rechtsanwalt 1944 dem African National Congress bei und gründete mit Walter Sisulu, Oliver Tambo und anderen die Jugendliga des **ANC**. 1952 eröffnete Mandela mit Tambo die **erste schwarze Anwaltskanzlei** Südafrikas. Nach seinem Aufruf zur gewaltfreien Übertretung von Apartheid-Gesetzen wurde ihm 1952 von der Regierung jede politische Tätigkeit verboten. Sechs Jahre später heiratete Mandela die schwarze Sozialarbeiterin Winnie Nomzamo Madikizela. Nach dem Massaker von Sharpeville 1961 wurde der ANC verboten, Mandela ging in den Untergrund. Er organisierte einen Generalstreik, der blutig niedergeschlagen wurde. Auch für Mandela war damit der gewaltfreie Widerstand vorbei und er landete im militanten Flügel des ANC, »Umkhonto we Sizwe«, dem »Speer der Nation«, der Sabotageaktionen verübte. 1962 wurde Mandela verhaftet und im **Rivonia-Prozess** zu 5 Jahren verurteilt. 1964 wurde diese Strafe zu lebenslänglich erweitert, seine Häftlingsnummer **46664** (466. Delinquent des Jahres 64) zum Synonym des Anti-Apartheid-Kampfes.

Als erster schwarzer Präsident führte Mandela sein Land auf den Weg zu Demokratie und Versöhnung – hier mit seiner Frau Graça Machel.

Nach **28 Jahren Haft** wurde Mandela nach zunehmendem Druck aus dem In- und Ausland von Präsident Frederik de Klerk am 11. Februar **1990 freigelassen**. Gemeinsam setzten sich de Klerk und Mandela danach für die **Abschaffung der Apartheid** und eine Politik der Versöhnung ein. Für ihre Bemühungen erhielten sie im Dezember 1993 den **Friedensnobelpreis**. Am 10. Mai 1994 trat Nelson Mandela sein Amt als **Staatspräsident Südafrikas** an. Im Zentrum seiner Politik stand die Annäherung der geteilten Gesellschaft, die Versöhnung aller Südafrikaner. Im Jahr 1996 ließ sich Mandela von seiner Frau Winnie scheiden, die nach kriminellen Machenschaften zunächst alle politischen Ämter niederlegen musste. Mit dem Wahlsieg Mbekis 1999 schied der als »**Madiba**« verehrte »große, alte Mann Afrikas« und eine der beeindruckendsten Persönlichkeiten des 20. Jh.s aus dem Amt. An seinem 80. Geburtstag heiratete Mandela zum dritten Mal: Seine Frau wurde Graça Machel, die Witwe des ehemaligen Präsidenten von Mosambik. Am 5. Dezember 2013 starb Mandela mit 95 Jahren. Zehn Tage hielt das Land Staatstrauer. Dann erwiesen ihm Zehntausende sowie Staatsoberhäupter aus aller Welt die letzte Ehre, bevor er in seinem Heimatdorf Qunu beigesetzt wurde. Die Lücke, die er hinterlassen hat, ist gewaltig, »sein« ANC längst gespalten. Sie fehlt, »Madibas Magic«, mit der er sein Land zusammenhielt. Stationen seines Lebens findet man unter **http://mandela.southafrica.net**. Unbedingt lesenswert sind seine im Gefängnis verfassten, 2013 verfilmten Memoiren »**Der lange Weg zur Freiheit**«, die er im elften Jahr auf Robben Island zu schreiben begann (Fischer 2014).

## Vater von Company's Garden: Jan van Riebeeck

(1619 – 1677) Gründer Kapstadts

Geboren wurde der Gründer Kapstadts im niederländischen Culemborg. Ab 1639 diente er der **Holländisch-Ostindischen Kompanie (VOC)** als Schreiber und Hilfschirurg im indonesischen Batavia (Djakarta) und leitete den Handelsposten in Tonkin/Vietnam. Zehn Jahre später heiratete van Riebeeck die 20-jährige Maria de la Quellerie, die ihm während ihres kurzen Lebens – sie starb 1664 in Malakka – acht Söhne gebar. 1651 wurde Van Riebeeck das Kommando für den Aufbau eines **Stützpunktes an der Tafelbucht** übertragen, der die Schiffe auf ihren langen Reisen zwischen Europa und Asien mit frischen Lebensmitteln versorgen sollte. Am 6. April 1652 gingen die ersten drei Schiffe in der Bucht vor Anker mit 82 Männern und 8 Frauen an Bord. Der erste Winter war hart, 20 Menschen starben in den feuchten Hütten. Zum Schutz ließ van Riebeeck ein Lehmfort errichten und setzte einen Signalmast für vorbeifahrende Schiffe. Obst und Gemüse wurden angebaut, den Fleischbedarf suchte man durch Tauschhandel mit den Khoikoi zu decken. Durch den Bau eines Anlegers wurde der Hafen sturmsicherer. Als Riebeeck 1662 das Kap verließ, um in Malakka ein Kommandantenamt anzutreten, hatte Kapstadt vier Straßen mit einfachen Häusern, lebten dort 200 Weiße und 180 Sklaven. Van Riebeeck starb 1677 in Batavia.

## Ein Menschenfischer: Desmond Mpilo Tutu

(1931 – 2021) Streitbarer Bischof

»Gott ist kein Christ!« Mit dieser Aussage sorgte der Ehrengast des Kölner Kirchentags 2007 für helle Aufregung – das gleichnamige Buch wurde 2012 bei Patmos verlegt. Dabei hatte der 1996 emeritierte Erzbischof erst das Engagement der Deutschen gegen die Apartheid gelobt, Fremdenfeindlichkeit und Rassismus verdammt und Gott auf Seiten der Armen, Hungernden und Versklavten gesehen. »Sollen wir denn zu Mahatma Gandhi oder dem Dalai Lama sagen: Tut uns leid, ihr seid keine Christen, ihr kommt nicht in den Himmel?« Den **Friedensnobelpreis** erhielt der in Transvaal geborene Xhosa 1984 für seine Arbeit als Generalsekretär des südafrikanischen Kirchenrats. Im gleichen Jahr wurde er zum ersten schwarzen Bischof von

OBEN: Desmond Tutu bei den ersten freien Wahlen 1994 in Kapstadt
UNTEN: Eine Frau von Format aus Darling. Comedy-Star Pieter-Dirk Uys alias Evita Se Perron kennt auf der Bühne keine Gnade.

Johannesburg, 1986 zum Erzbischof von Kapstadt und damit zum **Oberhaupt der anglikanischen Kirche Südafrikas** ernannt. Die Kapstädter St. George's Cathedral machte er zum Hort des gewaltfreien Widerstandes. Als Vermittler zwischen ANC und Inkatha brachte er den Demokratisierungsprozess in den 1990ern voran. 1996 – 1998 übernahm Tutu den Vorsitz in der **Wahrheits- und Versöhnungskommission** zur Aufarbeitung der Verbrechen während der Apartheid. Vier Schritte zu mehr Menschlichkeit sind die Botschaft in seinem »Buch des Vergebens«, das 2015 erschien. Desmond Tutu starb im Alter von 90 Jahren in Kapstadt. Seine Asche wurde in der St. George's Cathedral beigesetzt.

## Die schrille Evita: Pieter-Dirk Uys

(geb. 1945) König(in) der Satire

Dem Apartheid-Regime war der provokante **Kabarettist** stets ein Dorn im Auge, aber es wagte nie, Uys offen anzugreifen – seine Beliebtheit war sein Schutz. Der Sohn eines calvinistischen Vaters aus alter Burenfamilie und einer jüdischen Berlinerin, die 1937 vor den Nazis nach Südafrika geflohen war, begann seine Schauspielkarriere 1969 im dramatischen Fach. Seit den 1970ern verfasste Uys mehr als 20 Theaterstücke, trat er in mehr als 30 Ein-Mann-Shows wie »Paradise is closing down« oder »Foreign Aids« im südafrikanischen Fernsehen auf. Berühmt wurde »PDU« als schrille Drag Queen **Evita Bezuidenhout**, die nördlich von Kapstadt im alten Bahnhof von Darling residiert und als »Evita vom Kap« selbst schlimmste Wahrheiten beim Namen nennt. Auch nach der Wende blieb **Evita Se Perron** (Afrikaans = Bahnsteig) kritisch, verkörperte sie in »Truth Omissions« und »You ANC nothing yet« die Scheinliberalen im neuen Südafrika. Mit seinem HIV-Aufklärungsprogramm »For Facts sake!« besucht der engagierte **Aids-Aktivist** Uys heute Townships und Schulen am Kap. Der vierfache Ehrendoktor Uys gastierte 2008 auch im jüdischen Museum Berlin mit »Ein (jüdischer) Bure in Berlin«. 2013 erschien sein Roman »Panorama«, in dem er seinem Theaterstück über Robben Island eine neue, aktuelle Form verlieh (http://pdu.co.za).

## Heilige Johanna vom Kap: Helen Zille

(geb. 1951) Premierministerin am Kap

Helen Zille hat es weit gebracht: Erst wird sie 2006 überraschend die erste weibliche **Bürgermeisterin Kapstadts**, dann Vorsitzende der Democratic Alliance und 2009 zur **Premierministerin der Provinz Western Cape** gewählt. Die Urgroßnichte des Berliner Milieu-Zeichners **Heinrich Zille** wurde in Johannesburg geboren. Das jüdische Elternhaus – Vater Wolfgang war 1934 aus Dessau, Mutter Mila Cosmann 1936 aus Essen vor dem deutschen Rassenwahn nach Südafrika

geflohen – stellte sich auch gegen die Apartheid. Als junge Journalistin beim Rand Daily Mail deckte Helen Zille 1977 die Wahrheit über den Tod des populären Bürgerrechtlers **Steve Biko** auf, der in Haft durch Prügel der Sicherheitspolizei gestorben war.
Zilles klare Sprache und persönliche Glaubwürdigkeit erreichen offenbar die Menschen. 2006 gewann Zille, die auch Afrikaans und Xhosa spricht, für die Democratic Alliance Party (DA) die Kommunalwahlen in Kapstadt und drängte den seit 13 Jahren amtierenden ANC-Bürgermeister Mfeketo aus dem Amt. Ein Jahr später löste sie Tony Leon als **Parteivorsitzende der Democratic Alliance Party** ab – und blieb dies bis Mai 2015. Mit ihrem Beispiel ermutigt sie die Bürger dazu, die Verhältnisse nicht als gegeben hinzunehmen und für die eigene Zukunft und die der Gesellschaft zu kämpfen. Schon früh

Gern mittendrin: Helen Zille nimmt im politischen Alltag kein Blatt vor den Mund und kämpft mit Leidenschaft und hartnäckiger Unerschrockenheit für die Freiheit.

erkannte sie, dass es ohne Bildung kein wahrhaft freies Südafrika geben kann. Dieses Anliegen vertrat sie auch vehement in ihrer Zeit als Premierministerin der Provinz Westkap von 2009 bis 2019. Für besondere Verdienste um den Wert der Freiheit wurde ihr 2012 in Stuttgart die Reinhold-Maier-Medaille verliehen, zwei Jahre später in Frankfurt der Freiheitspreis der Friedrich-Naumann-Stiftung. 2019 machte sie im südafrikanischen Wahlkampf mit dem Aufruf Furore, die Südafrikaner sollten die Steuerzahlungen verweigern, würde der ANC erneut stärkste Partei. Bestärkt durch die Enthüllungen der Zondo-Kommission (►S. 266) wirft sie dem ANC tiefgreifende korrupte Strukturen vor.

## Der Erfinder des Reiseführers: Karl Baedeker

(1801 – 1850)
**Verleger**

Als Buchhändler kam Karl Baedeker viel herum, und überall ärgerte er sich über die »Lohnbedienten«, die die Neuankömmlinge gegen Trinkgeld in den erstbesten Gasthof schleppten. Nur: Wie sollte man sonst wissen, wo man übernachten könnte und was es anzuschauen gäbe? In seiner Buchhandlung hatte er zwar Fahrpläne, Reiseberichte und gelehrte Abhandlungen über Kunstsammlungen. Aber wollte man das mit sich herumschleppen? Wie wäre es denn, wenn man all das zusammenfasste? Gedacht, getan: Zwar hatte er sein erstes Reisebuch, die 1832 erschienene »Rheinreise«, noch nicht einmal selbst geschrieben. Aber er entwickelte es von Auflage zu Auflage weiter. Mit der Einteilung in »Allgemein Wissenswertes«, »Praktisches« und »Beschreibung der Merk-(Sehens-)würdigkeiten« fand er die klassische Gliederung des Reiseführers, die bis heute ihre Gültigkeit hat. Bald waren immer mehr Menschen unterwegs mit seinen »Handbüchlein für Reisende, die sich selbst leicht und schnell zurecht-finden wollen«. Die Reisenden hatten sich befreit, und sie verdanken es bis heute Karl Baedeker.

# E
# ERLEBEN & GENIESSEN

*Überraschend, stimulierend, bereichernd*

Mit unseren Ideen erleben Sie typische, tolle und ganze neue Seiten Kapstadts.

Meeresfrüchte an Safransauce: einer der Genüsse der vorzüglichen Kapküche. ►

# AUSGEHEN

*Schicke Szenetreffs, relaxte Kneipen oder heiße Tanzschuppen mit coolen DJs, in Kapstadt wird für jeden etwas geboten. Die Szene ändert sich schnell, fast jede Woche verschwindet oder kommt ein neuer Treff hinzu – und immer wird irgendwo am Kap eine besondere Party gefeiert.*

**Cooler Jazz und heiße Rhythmen**

Kapstadt feiert das Leben mit Musik, die ihren eigenen Groove hat. Die angesagten Clubs spielen jeden Trend und Stil, von Jazz bis Kwaito, Hip-Hop und House. In der **Weltmetropole des Jazz** sollte man sich mindestens eine Jamsession in der Piano Bar oder im Asoka gön-

Treff der Buppies, der Black Urban Professionals: das Long Street Café

nen oder Karten für ein Konzert von Altmeister Abdullah Ibrahim (▶Baedeker Wissen S. 288). Als Ghoema Jazz haben auch die Folksongs der Farbigen beim **Kapstädter Karneval** (▶Baedeker Wissen S. 318) in den Cape Jazz Eingang gefunden. In den 1920ern entwickelte sich aus afrikanischen und westlichen Musicalelementen die **Marabi**-Musik als ein unverwechselbarer Stil der schwarzen Arbeiterklasse. Sie erlebt heute ebenso eine Renaissance wie die traditionellen afrikanischen Trommelklänge, die im Drum Café im Stadtteil Observatory aufleben.

Wie kein anderer Stil steht **Kwaito** für Lebensgefühl und Selbstbewusstsein der schwarzen Jugend Südafrikas. Ursprünglich in Johannesburgs Multikulti-Stadtteil Hillbrow groß geworden, entwickelte sich die explosive Mischung aus Hip-Hop, Rhythm 'n' Blues, Raggamuffin, Reggae und Drum 'n Bass zur Musik der Post-Apartheid-Ära. Dank des privaten Radiosenders YFM schaffte es die Protestmusik ab 1997 auch in die Jugendzimmer der weißen Mittelklasse. Die Texte sind eine Kombination aus afrikanischen Sprachen, Englisch und Scamtho, dem Slang der Townships. Gefragteste Stimme des Kwaito wurde in den frühen 1990ern **Brenda Fassie**, die »Madonna der Townships« (▶Interessante Menschen). Die Anfangsbuchstaben von den Namen der drei High School Kids Tokollo Tshabalala, Kabelo Mabalane und Zwai Bala stehen heute für die erfolgreichste Kwaito-Band **TKZee**. International gefragt sind ebenso **Bongo Maffin** mit Thandiswa Mazwai als Frontfrau und **Zola**.

Zu den Stars des 21. Jh.s zählt die Hip-Hop-Formation **Die Antwoord** um das Duo Ninja und Yolandi Visser, deren meist in Afrikaans vorgetragene Provokationen über Herkunftsschranken hinweg die Jugend zu Ovationen hinreißen – während die Elterngeneration entsetzt ein Verbot fordert. Auch die Prophets of da City begeistern mit Hip-Hop, sind allerdings nicht ganz so provokativ. **Tumi Molekane**, auch bekannt als Stogie T, ist nicht nur erfolgreicher Rapper, sondern schreibt auch Gedichte. Mit sozialkritischen Texten rappt sich **Youngsta** in seinem typischen »Kaapstad Sound« und einer Mischung aus Englisch, Afrikaans und Township-Slang an die Spitze der südafrikanischen Charts.

**Wann und wo?**

Brennpunkte des Nachtlebens sind die **V & A Waterfront**, die **Long Street** und die Straßen um den **Greenmarket Square**, die Promenaden von **Clifton** und **Camps Bay**, die Studentenviertel Woodstock und Observatory sowie das junge Trendviertel **De Waterkant**. Partys, DJs, Clubs und Feste – Tageszeitungen wie »Cape Argus« und »Cape Times« informieren täglich über das Programm in Clubs und Konzert-Locations, auch online. **www.whatsonincapetown.com** informiert über Events und Konzerte.

Weitere Onlineportale: www.tourismcapetown.co.za
www.capetownmagazine.com | https://eventsincapetown.com

# ALL THAT JAZZ

BAEDEKER WISSEN

*Kapstadt feiert das Leben mit Swing und Soul. Nacht für Nacht wird in den angesagten Clubs und Bars am Tafelberg gejazzt. Und beim Internationalen Jazz Festival Ende März spielen Weltstars wie Abdullah Ibrahim oder Kamasi Washington, aber auch lokale Größen wie der Bassist Edgar Muzah oder der junge Gitarrist Vuma Levin. Gerade bei diesen Konzerten lohnt das Zuhören – Südafrikas Jazzszene ist ungemein dynamisch.*

Symbolfigur des südafrikanischen Jazz ist der Komponist, Pianist und Bandleader **Abdullah Ibrahim** (Dollar Brand), einer der einflussreichsten Jazzmusiker unserer Zeit, der nach jahrzehntelangem Exil in Europa und den USA seit 1990 wieder in Kapstadt lebt. Die Jazzlegende wuchs in Kensington auf, einem der schlimmsten Schwarzen-Ghettos von Kapstadt. »Musik hat mein Leben gerettet«, sagt Ibrahim, der 1974 mit **Basil Coetzee** die Musik von **Manenberg** komponierte, die inoffizielle Hymne der Befreiungsbewegung. 2024 hat der 89-Jährige noch einmal ein neues, kraftvolles Album veröffentlicht, das schlicht »3« heißt.

» Jazz ist eine universale Sprache, die von jedem verstanden wird. Ein Mittel gegen Unterdrückung und Gewalt. Und ebenso auch Ausdruck von Versöhnung. «

*Abdullah Ibrahim*

Erste Takte des **South African Jazz** erklangen Anfang der 1930er in den Townships am Kap. Die Mischung aus Marabi und amerikanischem Bebop, Rhythm 'n' Blues, Jump und Jive beherrschte die Clubs und Tanzhallen von Kapstadt ebenso wie der Kwela- und der Phata-Phata-Tanz. Wie viele seiner Altersgenossen kaufte der junge Adolphus Brand in den **1950ern** am Hafen die Jazz-Schallplatten der amerikanischen Seeleute. Weil er dafür immer einige Dollar in der Tasche hatte, hieß er bald **Dollar Brand**. Unter diesem Künstlernamen begleitete er Gesangsgruppen und wurde 1959 ebenso wie der begnadete Jazztrompeter **Hugh Masekela** Mitglied der **Jazz Epistles**, Südafrikas berühmtester Jazzband. Ihre Musik wurde zum »Sound of Freedom«, eine Antwort auf den immer stärker werdenden Druck der **Apartheid**. Doch nach dem blutigen Massaker von Sharpeville verließ Brand, der sich nach Konvertierung zum Islam Abdullah Ibrahim nannte, 1962 das Land. Erst nach Ende der Apartheid kehrte er ans Kap zurück.

## Multikulturelle Wurzeln

In den 1950ern erlebte der »Cape Jazz« seine Blütezeit, wurde er politischer Ausdruck von Freiheit und Selbstbewusstsein gegenüber dem rassistischen Polizeistaat. Gefahrlos war dies nicht: **Winston Mankunku** spielte auf dem Saxofon sein legendäres »Yakhal Inkomo« (»brüllender Stier«) nur hinter dem Vorhang. Vielfältige Wurzeln machten den Cape Jazz rasch autark: Uralte Rhythmen der Khoisan und Xhosa mit ihren Ghoema-Trommeln und Trancegesängen mischten sich mit Pauken, Trompeten und Marschmusik der Kolonialherren und dem musikalischen

Das Herz des Jazz schlägt in Kapstadts einzigartiger Musikszene.

Erbe der Sklaven, den Banjos und Brass-Instrumenten der »Minstrels«. Schließlich führte der Exodus durch die Apartheid den **Cape Jazz in alle Welt**. Pianisten wie Tete Mbambisa, Hotep Galeta und Mark Fransman, Saxofonisten wie Basil Coetzee, Morris Goldberg und Buddy Wells, Gitarristen wie Jonathon Butler, Alvin und Errol Dyers feierten internationale Erfolge. »Godfather« des Cape Jazz blieb Abdullah Ibrahim, der heute nur noch selten in seiner Heimatstadt auftritt. Zu den etablierten Kapstädter Jazzinterpreten gehören und gehörten auch Gitarrist und Komponist **Mac McKenzie** und seine Goema Captains of Cape Town, **Hilton Schilder** mit der Kultband The Genuines und der früh verstorbene Altsaxofonist **Robert Edward Jansen**. Topevent für Jazzfans ist das **Cape Town International Jazz Festival** Ende März/Anfang April (www.capetownjazzfest.com).

## Jamsessions live

Der Dienstagabend mit Live-Jazz im **Asoka** (►S. 290) gilt bei Jazzfreunden als gelungener Auftakt der Woche. Der **Hanover Street Jazz Club** im GrandWest Casino verspricht »The Big Easy«-New-Orleans-Atmosphäre (►S. 291). Außer köstlichem Essen bietet das **Kloof Street House** sonntags zwischen 13 bis 15 Uhr auf der Terasse smoothe Jazz-Rythmen (30 Kloof St, Gardens, www.kloofstreethouse.co.za). In **Marco's African Place** an der Rose Lane 15 in Bo-Kaap (►S. 314) gibt es täglich Live-Entertainment. Pure Nostalgie strahlt **The Athletic Club & Social** (35 Buitengracht Street, http://theathletic.co.za/) aus. In dessen Basement Bar spielt abends die junge Jazz-Szene. Aktuelle Veranstaltungen listet https://capetownjazz.weebly.com/jazz-gig-guide.html

## EMPFOHLENE ADRESSEN

### BARS UND KNEIPEN

► Karte S. 292/293

**1 ASOKA BAR**
In einem eleganten viktorianischen Stadthaus untergebracht, besitzt das Asoka wirklich Stil. Das Restaurant bietet asiatische Küche; dazu DJ-Abende und Livemusik-Events.
68 Kloof Street, Gardens
Tel. 021 422 09 09
https://asoka.za.com

**2 BASCULE**
Edle Weine vom Kap und tolle Tapas zum Cocktail. Für ein spannendes Tasting stehen über 500 Whiskys aus aller Welt zur Wahl.
Cape Grace, Waterfront, Tel. 021 410 70 82, www.capegrace.com

**3 CAFÉ CAPRICE**
Hipper Platz für einen Sonnenuntergang direkt am Strand. In der Saison tgl., sonst am Wochenende DJ-Musik. Cocktail-Renner: 2Oceansvibe. Im Restaurant Frühstück mit Eggs Benedict, Tapas, Salate und Grillgerichte.
37 Victoria Road, Camps Bay
Tel. 021 438 83 15
http://cafecaprice.co.za

**4 CAFÉ ROUX**
Entspannte Atmoshäre, gute Burger und Steaks, Stand-up-Comedy und viele Livemusik-Events
The Farm Village, 270 Chapman's Peak Drive, Tel. 021 789 25 38
www.caferoux.co.za

**5 CHINCHILLA**
Die perfekte Location für den Sundowner – voraus rauscht der Ozean, und in den Gläsern perlt Champagner, blitzen bunte Drinks.
The Promenade Building, Victoria Rd, Camps Bay, Tel. 021 286 50 75
https://chinchillarooftop.co.za

**6 THE SKY BAR**
Die Dachterrasse gehört zu den beliebtesten Sundowner-Locations in Kapstadt. Die Long Street zu Füßen schmecken eiskaltes Bier und perfekt gemixte Cocktails.
Grand Daddy Hotel, 38 Long Street, Central
Tel. 021 424 72 47
www.granddaddy.co.za

**7 GRAND CAFÉ & BEACH**
Mit seiner einzigartigen Lage an einem privaten Strand ist das Café der Tipp schlechthin. Das Essen landet fangfrisch auf dem Teller.
Granger Bay Road, Green Point
Tel. 021 425 05 51
www.grandafrica.com

**8 LEOPARD BAR**
Coole Cocktails und Gin Tasting mit Blick auf den Atlantik und Lion's Head, ►Magischer Moment S. 80

**9 STRANGELOVE COCKTAIL LOUNGE**
In Kapstadts Hop Distillery dreht sich alles um Gin und Vodka. Die daraus gemixten Drinks genießen die Gäste in der hauseigenen Lounge über der Destillerie mit Blick auf das Geschehen unten und begleitet von feinen Tapas.
7 Hopkins Street, Salt River, Tel. 021 447 19 50, www.hopedistillery.co.za/cocktaillounge

**10 MARVEL**
Hier läuft Hip-Hop und Electronic-Sound, es gibt zwei Billardtische, Tischfußball, süffiges Bier und eine winzige Tanzfläche.
236 Long Street, Central
Tel. 021 426 58 80
www.instagram.com/marvelbarcapetown

### ⓫ PLANET BAR
In der exklusiven Bar schlürft man prickelnden Champagner und exotische Cocktails.
Hotel Belmond Mount Nelson
76 Orange St, Gardens
Tel. 021 483 10 00
www.belmond.com

### ⓬ PUBLIK
Lassen Sie sich überraschen! In dieser kleinen Weinbar gibt es ausgesuchte, nachhaltig produzierte Bioweine von kleinen Farmen am Westkap.
11d Kloofnek Road, Tamboerskloof, https://publik.co.za

### ⓭ THE BUNGALOW
Atlantic Breeze, Tropical Crush oder Martini Royale? Hier genießt man den Sundowner an lauen Sommerabenden mit Meerblick und schlürft dazu Austern mit Chili & Wodka Salsa.
Glen Country Club, 3 Victoria Road, Clifton, Tel. 021 438 20 18
www.thebungalow.co.za

### ⓮ THE GIN BAR
Es gibt nicht nur Gin in diesem sehr gut versteckten Szenetreff in einem Innenhof hinter dem Honest Chocolate Café, das den einzigen Zugang bildet. Hier wird nicht experimentiert, sondern klassisch gemixt, z. B. Martinis und Negronis.
64A Wale Street, Tel. 011 241 22 77, www.theginbar.co.za

### ⓯ TIGER'S MILK
Mojito, Margarita oder Endless Summer? Die junge stylische Szenekneipe ist Treffpunkt an lauen Sommerabenden, mit Bier vom Fass, Wein, coolen Cocktails, Burger, Tacos und Pizza.
55 Kloof Street, Gardens
Tel. 021 137 18 53
https://tigersmilk.co.za

### ⓰ TJING TJING
Kommt Ihnen was japanisch vor? In dieser coolen Rooftop-Bar (eigentlich nur eine kleine Terrasse) und auf zwei weiteren Etagen fühlen Sie sich wie in Fernost. Hippe urban people nuckeln an Lychee Martinis und wippen zu den topaktuellen Sounds der Electronic-Szene.
165 Longmarket Street
Tel. 021 422 49 20
www.tjingtjing.co.za

### ⓱ VISTA BAR & LOUNGE
Manhattan, Side Car oder Daiquiri? Die Bar verspricht nicht nur tolle Cocktails, sondern auch einen atemberaubenden Blick auf den Tafelberg.
One & Only Hotel, Dock Road
Tel. 021 431 58 881
www.oneandonlycapetown.com

## CASINO

### ⓲ GRANDWEST CASINO
Kasino im Stil von 1900 mit Nachbauten aus dem District Six. Außer Spieltischen auch riesige Eislaufarena, Bowlingbahn, Kinos und guten Jazz im »Hanover Street«.
1 Vanguard Drive, Goodwood
Tel. 021 505 77 77
www.suninternational.com

## CLUBS & DISKOTHEKEN

### ⓳ COCO
Der Club ist Tummelplatz der reichen Kapstädter Jugend aller Hautfarben und sehr exklusiv – geöffnet ab 22 Uhr. Wenn die Musik zu laut wird, verzieht man sich eine Etage tiefer in die ähnlich ambitionierte Gold Bar auf einen gepflegten Whiskey.
70 Loop Street
Tel. 078 591 18 13,

### ⓴ DIZZY'S BAR
Der 3-in-1-Spot: Restaurant, Bar und Lounge. Gutes Essen und Party »all night long«
41 The Drive, Camps Bay
Tel. 021 438 26 86
https://dizzyscampsbay.co.za

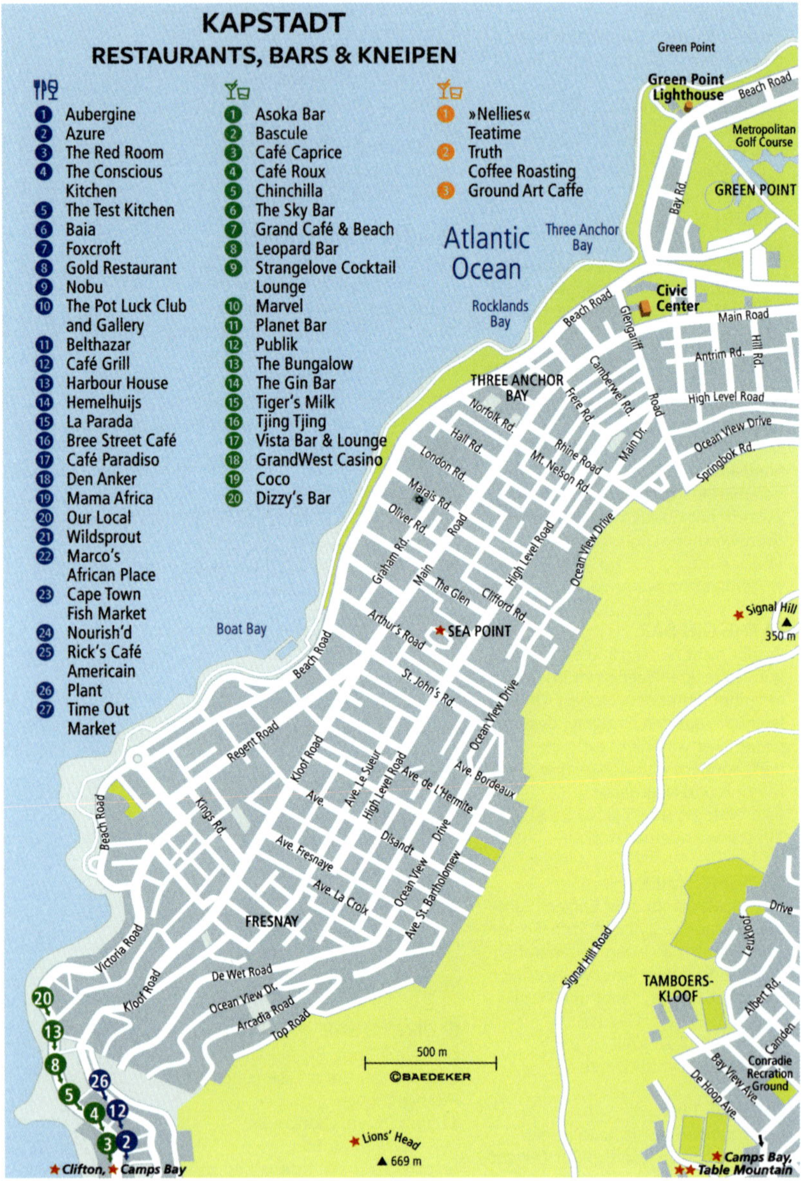
KAPSTADT
RESTAURANTS, BARS & KNEIPEN
1 Aubergine
2 Azure
3 The Red Room
4 The Conscious Kitchen
5 The Test Kitchen
6 Baia
7 Foxcroft
8 Gold Restaurant
9 Nobu
10 The Pot Luck Club and Gallery
11 Belthazar
12 Café Grill
13 Harbour House
14 Hemelhuijs
15 La Parada
16 Bree Street Café
17 Café Paradiso
18 Den Anker
19 Mama Africa
20 Our Local
21 Wildsprout
22 Marco's African Place
23 Cape Town Fish Market
24 Nourish'd
25 Rick's Café Americain
26 Plant
27 Time Out Market
1 Asoka Bar
2 Bascule
3 Café Caprice
4 Café Roux
5 Chinchilla
6 The Sky Bar
7 Grand Café & Beach
8 Leopard Bar
9 Strangelove Cocktail Lounge
10 Marvel
11 Planet Bar
12 Publik
13 The Bungalow
14 The Gin Bar
15 Tiger's Milk
16 Tjing Tjing
17 Vista Bar & Lounge
18 GrandWest Casino
19 Coco
20 Dizzy's Bar
1 »Nellies« Teatime
2 Truth Coffee Roasting
3 Ground Art Caffe
Green Point
Green Point Lighthouse
Beach Road
Metropolitan Golf Course
GREEN POINT
Bay Rd.
Atlantic Ocean
Three Anchor Bay
Rocklands Bay
Civic Center
Beach Road
Glengariff Road
Main Road
Hill Rd.
Antrim Rd.
High Level Road
Ocean View Drive
Springbok Rd.
THREE ANCHOR BAY
Norfolk Rd.
Camberwel Rd.
Frere Rd.
Hall Rd.
Rhine Road
Main Dr.
London Rd.
Mt. Nelson Rd.
Marais Rd.
Oliver Rd.
Main Road
High Level Road
Ocean View Drive
Graham Rd.
The Glen
Clifford Rd.
Arthur's Road
SEA POINT
Signal Hill
350 m
Boat Bay
Beach Road
St. John's Rd.
Ocean View Drive
Regent Road
Kloof Road
Ave. Le Sueur
High Level Road
Ave. de L'Hermite
Ave. Bordeaux
Ave.
Beach Road
Kings Rd.
Ave. Fresnaye
Disandt
Drive
Ocean View
Ave. St. Bartholomew
Ave. La Croix
FRESNAY
Victoria Road
Kloof Road
De Wet Road
Ocean View Dr.
Arcadia Road
Top Road
Signal Hill Road
TAMBOERS-KLOOF
Leeuwkloof
Drive
Albert Rd.
Camden
Conradie Recration Ground
Bay View Ave.
De Hoop Ave.
500 m
©BAEDEKER
Lions' Head
669 m
Clifton, Camps Bay
Camps Bay, Table Mountain

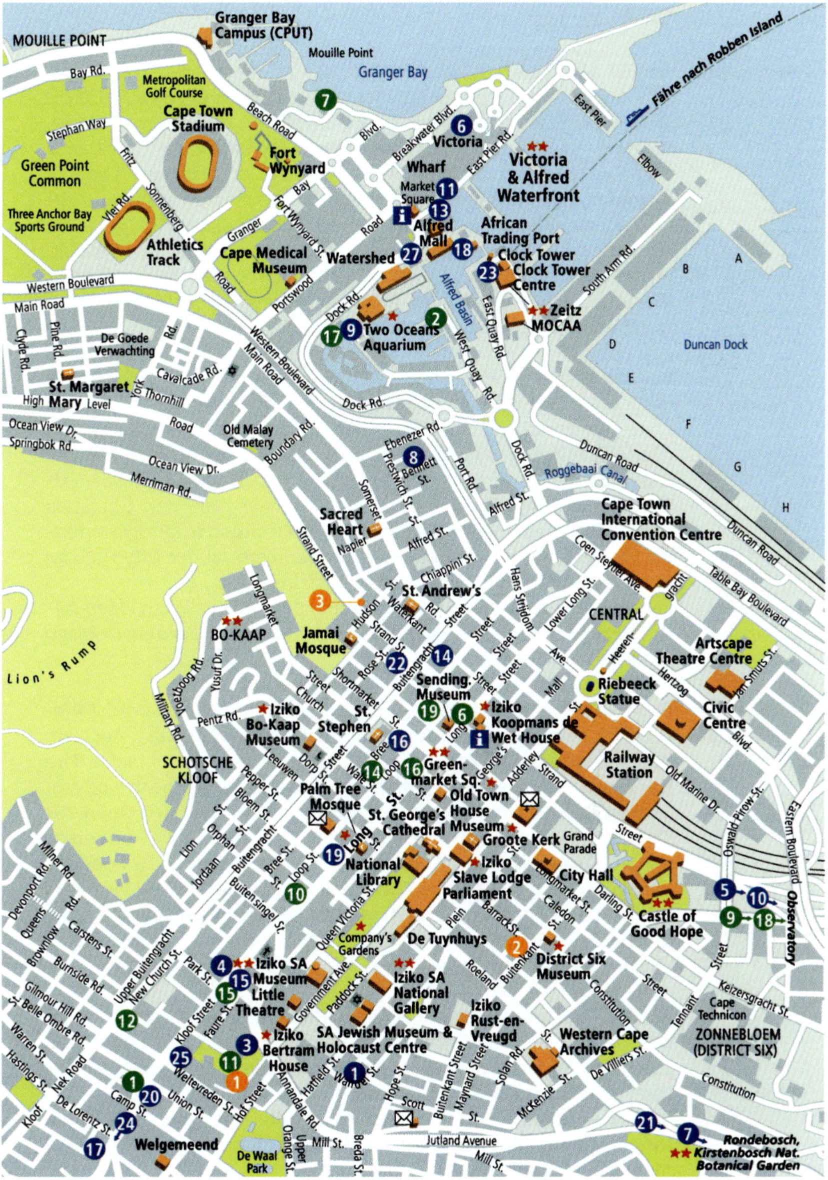
MOUILLE POINT
Granger Bay Campus (CPUT)
Mouille Point
Granger Bay
Fähre nach Robben Island
Bay Rd.
Metropolitan Golf Course
Cape Town Stadium
Stephan Way
Beach Road
Green Point Common
Fritz
Fort Wynyard
Breakwater Blvd.
Victoria Wharf
East Pier Rd.
Victoria & Alfred Waterfront
East Pier
Elbow
Three Anchor Bay Sports Ground
Vlei Rd.
Sonnenberg
Athletics Track
Granger
Bay
Fort Wynyard St.
Road
Market Square
Alfred Mall
African Trading Port
Clock Tower
Clock Tower Centre
Cape Medical Museum
Watershed
Alfred Basin
South Arm Rd.
Western Boulevard
Main Road
Portswood
Road
Dock Rd.
East Quay Rd.
Zeitz MOCAA
Two Oceans Aquarium
West Quay
Rd.
Duncan Dock
A
B
C
D
E
F
G
H
Clyde Rd.
Pine Rd.
De Goede Verwachting
Rd.
Cavalcade Rd.
St. Margaret Mary
High Level
York
Thornhill
Road
Western Boulevard
Main Road
Dock Rd.
Ocean View Dr.
Springbok Rd.
Old Malay Cemetery
Boundary Rd.
Ebenezer Rd.
Prestwich St.
Bennett St.
Port Rd.
Dock Rd.
Duncan Road
Roggebaai Canal
Ocean View Dr.
Merriman Rd.
Sacred Heart
Napier
Somerset
St.
Alfred St.
Alfred St.
Cape Town International Convention Centre
Duncan Road
Strand Street
Chiappini St.
Hans Strijdom
Coen Steytler Ave.
Gracht
Table Bay Boulevard
St. Andrew's
Waterkant
Rd.
Street
Lower Long St.
CENTRAL
Longmarket
BO-KAAP
Jamai Mosque
Hudson
Strand St.
Street
Street
Ave.
Heeren
Artscape Theatre Centre
Lion's Rump
Yusuf Dr.
Rose St.
Shortmarket
Buitengracht
Street
Mall
Herzog
Jan Smuts St.
Riebeeck Statue
Voetboog Rd.
Church
Street
Sending. Museum
Military Rd.
Pentz Rd.
Iziko Bo-Kaap Museum
St. Stephen
Long
Iziko Koopmans de Wet House
Civic Centre
Bree
Blvd.
Railway Station
SCHOTSCHE KLOOF
Leeuwen
Dorp St.
Street
Loop
Green-market Sq.
George's
Adderley
Strand
Old Marine Dr.
Pepper St.
Wale St.
St.
Old Town House
Bloem St.
Palm Tree Mosque
St. George's Cathedral
Museum
Oswald Pirow St.
Eastern Boulevard
Lion
Orphan
St.
Long St.
Groote Kerk
Grand Parade
Street
Milner Rd.
Jordaan
Buitengracht
Bree St.
Loop St.
National Library
Iziko Slave Lodge
St.
City Hall
Longmarket St.
Devonport Rd.
Queens
Rd.
Buitensingel St.
St.
Parliament
Darling St.
Castle of Good Hope
Observatory
Carstens St.
Queen Victoria St.
Barrack St.
Caledon
St.
Browning
Plein
Company's Gardens
De Tuynhuys
Street
Burnside Rd.
Upper Buitengracht
New Church St.
Park St.
Iziko SA Museum
Roeland
Buitenkant
District Six Museum
Keizersgracht St.
Gilmour Hill Rd.
Little Theatre
Government Ave.
Paddock St.
Iziko SA National Gallery
Constitution
Street
Tennant
Cape Technicon
St. Belle Ombre Rd.
Kloof Street
Faure St.
Iziko Rust-en-Vreugd
St.
Western Cape Archives
ZONNEBLOEM (DISTRICT SIX)
Warren St.
Iziko Bertram House
SA Jewish Museum & Holocaust Centre
De Villiers St.
Hastings St.
Nek Road
Weltevreden St.
Hatfield St.
Wandel St.
Hope St.
Buitenkant Street
Maynard Street
Solan Rd.
Constitution
Kloof
De Lorentz St.
Camp St.
Union St.
Hof Street
Annandale Rd.
Scott
McKenzie St.
St.
Rondebosch, Kirstenbosch Nat. Botanical Garden
Welgemeend
De Waal Park
Orange St.
Upper
Mill St.
Breda St.
Jutland Avenue
Mill St.

## Vorhang auf!

**Ballett und Theater**

An der Uni Kapstadt wird **Ballett** gelehrt. Hier erhielt auch der Schöpfer des »Stuttgarter Ballettwunders«, **John Cranko** (1927 bis 1973), die erste Ausbildung, bevor er mit 19 Jahren auswanderte. Weltklasseniveau zeigen das **Cape Town City Ballet**, die Cape Dance Company und das Jazz Art Dance Theatre im **Artscape Theatre Komplex**, der auch für seine brillanten Operninszenierungen, Klassikkonzerte, Theateraufführungen und Ballett bekannt ist (www.artscape.co.za, www.capetownopera.co.za, www.capetowncityballet.org.za).Moderne Stücke, Tanz und Konzerte werden im **Baxter Theatre** gegeben, wo auch Musicals, Comedy und Modeschauen stattfinden (https://baxter.uct.ac.za).

**Oper und Konzerte**

Bei den ersten afrikanischen Opernfestspielen im Jahr 1995 wurde mit Roelof Temminghs »**Enoch, Prophet of God**« in Kapstadt die erste »afrikanische Oper« uraufgeführt, die traditionelle Klänge Afrikas mit zeitgenössischer Musik verbindet. Mark Dornford-May gewann mit der Verfilmung der Bizet-Oper »Carmen« in Xhosa – »**U-Carmen e-Khayelitsha**« – auf der Berlinale 2005 den Goldenen Bären. Das **Cape Town Philharmonic Orchestra** (Programmkalender auf www.cpo.org.za) spielt im Konzertsaal der City Hall, im Artscape Theatre und gelegentlich auch im Baxter.
Jedes Jahr aufs Neue ein Spektakel sind die sommerlichen Open-Air-**Konzerte im Kirstenbosch National Botanical Garden** (▶Magischer Moment S. 86).

**Kabarett und Kleinkunst**

Biss und Beine hat Evita Se Perròn, die Kultfigur von Kabarettist **Pieter-Dirk Uys** (▶Interessante Menschen, http://pdu.co.za). Auch am Kap boomt das Musical. Theater, Livebands und Zirkus bietet **The Barnyard Theatre** in Tygervalley (www.barnyardtheatre.co.za). Shakespeare-Fans treffen sich alljährlich im **The Maynard Open-Air Theatre** (www.maynardville.co.za). Ein Erlebnis sind die Aufführungen im **Oude Libertas Amphitheatre** von Stellenbosch. Populäre Kleinkunst wird im **Theatre On The Bay** in Camps Bay (www.pietertoerien.co.za) geboten. **The Armchair** heißt eine entspannte Kombination aus Pub, Kleinkunst und Livemusik-Events in Observatory (https://armchair.kamooni.africa).

**Kinos**

Auch in Kapstadt laufen die üblichen Blockbuster. Dienstag ist Kinotag mit reduziertem Eintrittspreis. Das Kinoprogramm findet man auf **https://whatsonincapetown.com/movies**. Kinokarten gibt es über **webtickets** und am Schalter.
Interessante Beiträge mit Afrikabezug laufen auf dem **Cape Town International Film Market & Festival** im Oktober und dem Dokumentarfilmfest **Encounters** im Juli.

## NÜTZLICHE ADRESSEN

### TICKETSERVICE

**www.webtickets.co.za**
Veranstaltungshinweise und Buchung per Kreditkarte

### THEATER UND MUSICALS

#### ARTSCAPE THEATRE COMPLEX (EHEM. NICO MALAN THEATRE)

Auf drei Bühnen Ballett, Theater, Oper, klassische Konzerte, Varieté, Kunstausstellungen und Charitybälle.
10 D F Malan Street
Tel. 021 410 78 39
www.artscape.co.za

#### BAXTER THEATRE

Musicals, Comedy und Theater, im Restaurant trifft man zu später Stunde die Darsteller.
Main Road, Rondebosch
Tel. 021 685 78 80
www.baxter.co.za

#### THEATRE ON THE BAY

Pieter Toerien präsentiert Musicals, Kabarett, Comedy und Tanz.
1a Link Street, Camps Bay
Tel. 021 438 33 01
www.pietertoerien.co.za

### KINOS

#### LABIA ON ORANGE

Das älteste unabhängige Kino Südafrikas (!) wurde 1949 eröffnet. Programmkino mit netter Kaffeebar.
68 Orange Street, Gardens
Tel. 021 424 59 27
www.thelabia.co.za

#### GALILEO OPEN AIR CINEMA

Von Nov. bis April können Filmfreunde sich Di. an der V & A Waterfront, Mi. in den Kirstenbosch Botanical Gardens und Do. in der Willowbridge Mall abends Filme unter freiem Himel anschauen. Karten online ab R 110.
Tel. 071 471 87 28
http://thegalileo.co.za

#### DINNER & MOVIE

16 Sessel hat das kleine Kino der Nobelherberge, in dem auch Nichtgäste neue Filme sehen können – natürlich mit Popcorn, Eis und Milchshakes. Oder buchen Sie das dreigängige Kinomenü im Restaurant Azure.
Twelve Apostels Hotel, Victoria Rd, Camps Bay, Tel. 021 437 90 00
www.12apostelshotel.com

Zu Besuch bei Evita Se Perròn im alten Bahnhof von Darling.

# BEWEGEN UND ENTSPANNEN

*Mit zwei Ozeanen verspricht Kapstadt nicht nur Sonnenanbetern, sondern auch Tauchern, Seglern und Surfern mit und ohne Kite ein fantastisches Revier. Den Adrenalinkick pur garantieren Abseilen, Bungee-Jumping und Kloofing.*

Wind und Wellen

Die Kapstädter sind Wasserratten, **segeln** bei Wind und Wetter und lieben das Strandleben. Bei 150 km Küste rund ums Kap ist auch reichlich Gelegenheit dazu – egal ob man nur sonnenbaden, mit der ganzen Familie **schwimmen, schnorcheln oder surfen** möchte. An der Westküste steigen die Wassertemperaturen auch im Sommer selten über 20 °C. Die Strände an der **rauen Atlantikseite** sind zwar recht geschützt vor den Sommerwinden, doch die See ist gut 5 °C kälter als an den **Buchten der False Bay**. Noch angenehmer sind die Wassertemperaturen entlang der Garden Route am Indischen Ozean.

Traumstrände am Indischen Ozean

Türkisblaues Wasser, endlose weiße Sandstrände und eines der besten Wassersportangebote der Welt warten am Indischen Ozean. **Strand Beach** vor den Toren von Somerset West ist Hotspot für Hobie-Cat-Segler und Surfer. Für Sonnenanbeter und lange Strandspa-

ziergänge empfiehlt sich der **Melkbaai Beach** mit zwei Gezeitenpools. Schicke Jachten dümpeln im Hafen von **Gordon's Bay**, dessen breiten Bikini Beach die Volleyballer nutzen. Einer der beliebtesten Badestrände ist **Muizenberg** – das Wasser ist angenehm warm, der Strand endlos und feinsandig. Gegen den häufigen Wind bieten bunte Badehäuschen und Holzzäune Schutz. Die bekanntesten Surfspots heißen hier Sunrise Circle und Surfer's Corner. In den Sommermonaten sorgen »Beach Marshalls« für Sicherheit an der **False Bay**. Familien kommen gern an die flach abfallenden Strände von **Fishhoek** und **Kalk Bay**. **Boulders** schönen Sandstrand zwischen großen Granitblöcken lieben auch 3000 kleine Brillenpinguine. Rund ums Kap der Guten Hoffnung tummeln sich Taucher, Surfer und Kajakfahrer. Die besten Strände im Cape of Good Hope Nature Reserve sind **Platboom Beach, Buffels Bay** und **Diaz Beach**, die aber unbewacht sind – achten Sie unbedingt auf die starken Strömungen!

Surfspots und windgeschützte Buchten am Atlantik

Für erfahrene **Kitesurfer** bietet die Atlantikküste hohe Wellen am Sunset Reef, Crayfish Factory, 365s und Outer Kom. Nur Profis reiten die ultimative Welle am **Dunes**-Strand bei Noordhoek (www.waves cape.co.za). Ideal für einen **Ausritt** ist der 8 km lange Long Beach von **Noordhoek**. Zwei sichere Familienstrände am sonst rauhen Atlantik hat **Hout Bay** am Ausgangspunkt des Chapman's Peak Drive. Nördlich schließt sich der **Sandy Bay Beach** an, Kapstadts FKK-Strand. **Llandudno** ist ein beliebter Surfertreff, allerdings nichts für

Bunte Badehäuschen bieten am Strand von Muizenberg Schutz gegen den häufigen Wind.

Anfänger. Sonnen, surfen und Beachvolleyball – die stadtnahen, breiten Sandstrände von **Camps Bay** sind am Wochenende zwar meist voll, aber absolut trendy, mit Topservice entlang der Palmenpromenade und immer gut für eine Strandparty. Mächtige Granitklötze teilen den Strand von **Clifton** in vier Abschnitte: Nr. 1 gilt als Laufsteg, Nr. 4 ist familiengerecht mit Blauer Flagge und Windschutz. Hotspots für Surfer sind nördlich von Kapstadt **Jeffrey's Bay Langebaan** und der **Bloubergstrand** mit spektakulärem Blick auf den Tafelberg. Am **Sunset Beach** treffen sich Windsurfer aus aller Welt (►S. 302).

Golferparadies

Golfen hat seit 1885 Tradition am Kap – Golfguides online ►S. 302. Ältester Golfclub Südafrikas ist der von Sir Henry D'Oyley gegründete **Royal Cape Golf Club** in Wynberg, ein flacher Kurs mit schmalen Fairways (www.royalcapegolf.co.za). Bis heute macht der Club seinem königlichen Titel alle Ehre, gehören die 18 Fairways zu den schönsten der **20 Kurse rund um den Tafelberg**. Golfen ist im Vergleich zu Europa günstig und in Südafrika Volkssport. Auf den meisten Plätzen gibt es Caddies. Zehn Autominuten von der City kann man im **Rondebosch Golf Club** mit Blick auf den Devil's Peak spielen (https://rondeboschgolfclub.com). Einziger Links-Kurs am Kap ist der **Milnerton Golf Club** am Bloubergstrand, ein anspruchsvoller Parcours mit Tafelberg-Blick (www.milnertongolf.co.za).
Nahe der False Bay bei Fish Hoek liegt traumhaft der **Clovelly Country Club** mit relativ kurzem, aber anspruchsvollem Kurs (http://clovelly.co.za). Knapp 20 Minuten fährt man von Kapstadt bis zum anfängerfreundlichen **Westlake Golf Club** zwischen Kiefern und Pinien in den Ausläufern der Silverline Mountains (www.westlakegolfclub.co.za). Topadressen in den Winelands sind der von Südafrikas Golflegende Gary Player gestaltete **Erinvale Golf Club** am Fuß der Helderberg Mountains in Somerset West (www.erinvalegolfclub.com) und der **Steenberg Golf Club**, eine echte Herausforderung mit viel Wasser und Bunkern im Constantia Valley (www.steenberggolfclub.co.za). Windgeschützt in den Weinbergen liegt der **Stellenbosch Golf Club** der Universitätsstadt (www.stellenboschgolfclub.com). Auch für weniger versierte Spieler ist der gemütliche **Hermanus Golf Club** ein Vergnügen, aber aufgepasst: Hier leben Paviane, die gern den Ball mitnehmen (www.hgc.co.za). Das von Peter Matkovich entworfene **Arabella Golf Estate** an der Bot River Lagune gehört zu den Top Ten Südafrikas (http://arabellacountryestate.co.za).

Golfen an der Garden Route

Zu den weltbesten Golf Resorts zählt an der Garden Route das **Fancourt Country Club Estate** (►S. 161). Auch der üppig grüne **George Golf Club** am Fuß der Outeniqua-Berge, wo schon 1886 Golf gespielt wurde (www.georgegolfclub.co.za), der relativ hügelige **Mossel Bay Golf Club** (www.mosselbaygolfclub.com) und der Meisterkurs **Oubaai** (www.oubaai.co.za) von Südafrikas Golfstar Ernie Els haben

Pinguinen hautnah begegnen auf einer geführten Kajaktour am Boulders Beach

herrliche Fairways. 70 m über dem Meer thront der **Pezula Championship Course** auf dem östlichen Knysna Head (www.pezulagolf estate.com). Beim **Plettenberg Bay Country Club** mit mächtigen Eichen und Yellowwood-Bäumen kann man Affen und manchmal sogar dem seltenen Knysna-Lourie-Papagei begegnen (www.plettgolf.co.za). Und auf keinem Platz kommt das »19. Loch« zu kurz!

Seekajak und Tauchen

Die besten Windbedingungen am Atlantik herrschen von September bis Mai. Mit **Seekajaks** kann man die Küste entlangpaddeln. Tauchen ist ein weit verbreiteter, meist preiswerter Volkssport. Rund ums Kap machen zahlreiche **Schiffswracks,** mächtige Tangwälder und die verspielt-neugierigen **Seelöwen** das Tauchen zum unvergesslichen Erlebnis. Dazu prunken die Felsriffe mit opulenter Farbenpracht. Trotz bescheidener Wassertemperaturen scheint jeder Quadratzentimeter von bunten Schwämmen, Anemonen und Kaltwasser-Korallen besiedelt, die wiederum Lebensraum für Seepferdchen, Langusten und Katzenhaie sind. Wer auch hier lieber zusammen mit Sandtigerhaien taucht, kann das nach Anmeldung in Kapstadts **Two Oceans Aquarium** tun. Im Grunde ist es grotesk, Haie mit blutigen Fischresten anzulocken. Mit voller Wucht und gebleckten Gebiss rasseln die bis zu 6 m großen Raubfische beim **Käfigtauchen mit Weißen Haien** gegen die Gitterstäbe – vor **Gansbaai** östlich von Kapstadt wird das umstrittene Abenteuer von Mai bis Oktober angeboten. Auch die angenehmsten Wassertemperaturen rund ums Kap liegen wegen der kalten Benguela-Strömung nur zwischen 8 und 18 °C. Hier sollte man mit Neopren- oder Trockenanzug tauchen.

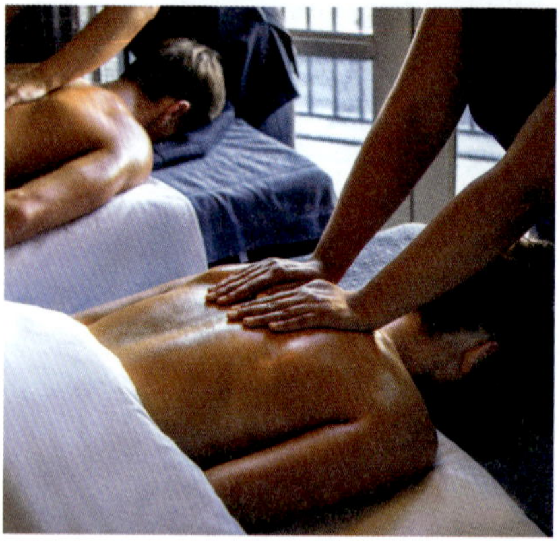

OBEN: Relaxen bei einer Sunset Massage im Spa des 12 Apostles
UNTEN: Einen Wellnesstag mit Partnermassage können Sie im Spa des Cape Grace buchen.

**Ausdauer- und Abenteuersportarten**

Aus aller Welt kommen die Teilnehmer des **Two Oceans Marathon** über 56 km (www.twooceansmarathon.org.za) und des 108 km langen Radrennens **Cape Town Cycle Tour** (www.capetowncycletour.com). Viele Kapstädter gehen im ▶Table Mountain National Park zum Bergsteigen, **Wandern** und **Mountainbiken**. Adrenalin pur versprechen **Abseilen, Sandboarding, Bungee Jumping, Wildwasser-Rafting** und **Kloofing** (▶S. 302). Mutige buchen einen **Tandemsprung** über dem Lion's Head (www.wallendair.com).

**Nationalsportarten**

Einst ein verhasstes Symbol der Apartheid, ist der ehemalige »Weißen-Sport« **Rugby** zu einem gemeinsamen Hoffnungsträger der Nation geworden: Als Südafrika 2023 in Frankreich nach 2019, 2007 und 1995 zum vierten Mal Rugby-**Weltmeister** wurde, führte erneut Siya Kolisi die **Springboks** als Kapitän ins WM-Finale – der erste Schwarze in 126 Jahren (▶S. 265). Während der Apartheid hatten die Townships gejubelt, wenn die Springboks verloren. Doch bei der Heim-WM 1995 überreichte Mandela als erster schwarzer Präsident im Springbok-Trikot dem weißen Kapitän François Pienaar den WM-Pokal – eine unglaubliche Geste der Versöhnung, für die ihm Hollywood mit dem Film »**Invictus**« ein Denkmal setzte. Pienaar trug übrigens die Nr. 6, genau wie Kolisi. Fans können sich ein Spiel im DHL Stadium ansehen. Südafrikas **Kricket**-Mannschaft, die »Proteas«, spielen im Newlands Cricket Oval (146 Campground Road, www.newlandscricket.com). **Pferderennen** sind ein gesellschaftliches Ereignis. Höhepunkt ist das alljährliche J & B Met auf dem Kenilworth Race Track (105 Rosmead Ave, https://caperacing.co.za). Die Kapstädter sind zudem begeisterte **Fußballfans**. Heimspiele des Erstligisten Ajax Cape Town finden im DHL Stadium statt (▶S. 78).

**Wellness und Yoga**

Auch Entspannung tut dem Körper gut, erst recht nach einem Reisetag im Auto oder einem adrenalinlastigen Abenteuer. Als traditionelle Ruheoase mit Schwimmbad und Hammam locken die **Long Street Baths** (▶S. 49). Perfekter Ort, um Energie zu tanken und sich verwöhnen zu lassen, ist die Wellnessoase des **Cape Grace Hotel & Spa** – seine Kalahari-Massage kombiniert traditionelle afrikanische und moderne Anwendungen mit einem atemberaubenden Blick auf die V & A Waterfront (West Quay Road, Tel. 021 410 71 00, www.capegrace.com). Sie können sich auch eine Sunset Massage mit pflegenden Ölen aus Kap-Pflanzen im lichtdurchfluteten Pavillon des **12 Apostles Hotel & Spa** buchen – der dramatische Blick auf den Atlantik ist nicht zu toppen. Oder gönnen Sie sich eine wohltuende Thaimassage im **Mai Thai Wellness Spa** in De Waterkant (18 Dixon Street, Tel. 021 418 07 13, www.maithaiwellness.com).
Einen Überblick über das Angebot an **Yoga-Klassen** listet www.mindbodyonline.com/explore/fitness/yoga-studios-cape-town-wc-za. Leider werden nur wenige Kurse als offen geführt.

# NÜTZLICHE ADRESSEN

## ADRENALIN-AKTIVITÄTEN

### ABSEIL AFRICA
Gut 60 m Abseilen auf dem nahezu senkrechten Paarl Rock
ab R 700, Tel. 072 065 15 20
http://abseilafrica.co.za

### BUNGEE JUMPING
Laut Guinness-Buch ist der weltweit höchste kommerzielle Bungee-Sprung von der Bloukrans River Bridge.
►Garden Route, S. 171

### HOTTENTOTS HOLLAND KLOOFING
Nur Nov. bis April: 8stündige, 17 km lange Klettertour durch die Suicide Gorge samt 3 – 14 m tiefen Kloofsprüngen in eiskalte Felsenpools.
Hottentots Holland Nature Reserve, Grabouw
Tel. 028 841 43 01
www.capenature.co.za

## GOLF

### WWW.GOLFINSOUTHAFRICA.COM, WWW.GOLFXTRA.DE

## MOUNTAINBIKE & QUAD

### AFRICAN BIKERS
Mountainbiketouren vom Tafelberg, Radeln durch die Winelands, Yoga, Rad & Wandern an der Garden Route, Kap-Halbinsel per E-Bike Back-up mit Begleitfahrzeug
Königsbacher Str. 34, 76237 Pfinztal, Tel. 06221 647 81 55
www.africanbikers.de

### DOWNHILL ADVENTURES
Mit bis zu 80 km/h im Quad über die Sanddünen am Melkbosstrand oder im Atlantis Dunes Nature Reserve, 30 Min. von Kapstadt
Shop 1, Overbeek Building
Ecke Kloof/Orange Street
www.downhilladventures.com

## REITEN

### IMHOFF FARM
Ausritte am 8 km langen Sandstrand von Noordhoek
Tel. 021 783 45 45
http://imhofffarm.co.za

## SANDBOARDING

### DOWNHILL ADVENTURES
Halb- und Ganztagstouren zum Dünenareal Witsands, 40 Min. von Kapstadt, oder nach Betty's Bay. Auch Quadbiking, s. oben

### GARY'S SANDBOARDING
Günstige, halbtägige Kurse im Sandboarding, tgl. 8.30 bis 17.30 Uhr ab Gary's Surf School (► S. 91). Geboarded wird in Scarborough

### SANDBOARDING CAPE TOWN
Per Buggy geht's die Dünen hoch und dann wird geboarded. Nur nach Voranmeldung!
Tel. 084 665 13 14, http://sandboardingcapetown.com

## SEGELN, SURFEN, KITEN

### CAPE SPORTS CENTRE
Kurse für Kite- und Windsurfing, auch für Anfänger und Kinder, 2-std. bis ganztägige Kajaktouren
98 Main Street, Langebaan
Tel. 022 772 11 14
www.capesport.co.za

### GARY'S SURF SCHOOL
### ROXY SURF SCHOOL
### SURFSTORE AFRICA
► S. 91

### WINDCHASERS
Tolle Kitekurse mit Unterkunft
88 Main Road, Langebaan
Tel. 082 079 05 00
www.facebook.com/p/Windchasers-Kitesurfing-South-Africa-100062852898815

### OCEAN STAR SAILING ACADEMY
Alle Segelscheine vom Schnupperkurs bis zum Yachtmaster Offshore und Yachtmaster Ocean
Shop 5 & 7, Quay 5
V & A Waterfront
Tel. 021 418 40 74
www.oceanstarsailing.com

### SPRINGTIDE SAILING CHARTERS
Tagestörn von Knysna zur Buffalo Bay. Oder segeln Sie beim Sunset Cruise durch die Knysna Lagune bei einem Glas Champagner in den Sonnenuntergang, ab R 1050.
Knysna, Garden Route
Tel. 044 382 03 21
http://springtide.co.za

### HOTSPOTS ...
... für Surfer und Kitesurfer sind der Sunset Beach, Dolphin Beach, die Strände der False Bay, Platboom im Cape Point Nature Reserve und der Strand von Langebaan
www.wavescape.co.za

### OPEN OCEAN
Kite-»Surfari«-Schule mit Verleih und Verkauf von Sportgerät
Shop 53, Eden On The Bay
Shopping Centre, Bloubergstrand
Tel. 021 554 17 29
https://openocean.africa

## SEEKAJAK, KATS & SUP

### KAYAK ADVENTURES
Täglich mehrere geführte Touren an der Atlantikküste, R 400 p. P.
Harbour Rd, Hout Bay
Tel. 082 497 87 97
www.kayakadventures.capetown

### KAYAK CAPE TOWN
Tgl. ab 8.30 Uhr 2-std. geführte Kajaktour zu den Pinguinen am Boulder's Beach, R 350 p. P., ►Abb. S. 299
April – Okt. auch eine Vollmondtour
Wharf Street, Simons Town
Tel. 065 707 44 44
http://kayakcapetown.co.za

## TAUCHEN

### HAITAUCHEN IM TWO OCEANS AQUARIUM
►S. 134

### SCUBA SHACK
Schnorcheln mit Seehunden, Käfigtauchen mit Haien, Wracktauchen um die Kaphalbinsel, z. B. im Kelpwald vor Camps Bay zum 1698 gesunkenen VOC-Schiff »Huis te Kraaiestein«
6 Corfu Ave., Capri Village, Sunnydale, Tel. 072 567 94 57
www.scubashack.co.za

### MARINE DYNAMICS
Beobachtung des Weißen Hais und Käfigtauchgänge um Dyer Island vor Gansbaai
5 Geelbek Street, Kleinbaai
Tel.082 380 34 05
www.sharkwatchsa.com

### INTO THE BLUE
Wracktauchen, Tauchen mit Seehunden, Cow Sharks, Tauchen im Haikäfig. Auch Tauchkurse und komplette Tauchurlaube auf modernen Booten. Shop tgl. 9 – 18 Uhr geöffnet.
88 Main Road, Seapoint
Tel. 021 434 33 58
www.diveschoolcapetown.co.za

### TABLE BAY DIVING
Spannende Tauchgänge an der Westküste und in der False Bay zu Wracks und Korallengärten; auch mehrtägige Kurse vom Padi Open bis Dive Master
Quay 5, V & A Waterfront
Tel. 021 419 88 22,

# ESSEN UND TRINKEN

***Kapstadt gilt als die kulinarische Hauptstadt Südafrikas mit einer abwechslungsreichen Restaurantszene vom preiswerten Take-away bis zur raffinierten Sterne-Küche. Afrikanische Einflüsse mischen sich mit orientalischen Gewürzaromen und europäischen Rezepturen, ideenreiche Küchenchefs servieren spannende Menüs zu edlen Weinen der Region.***

Bunte Speisekarte

Weintrauben, Äpfel und Papayas, Rinder, Strauße und Krokodile, Fische vom kalten Atlantik und Meeresgetier aus den warmen Gestaden des Indischen Ozeans – die **Vielfalt Südafrikas** spiegelt sich auf den Farmermärkten am Kap wider. Heute hat die Regenbogennation nicht nur elf offizielle Landessprachen, sondern auch einen Speisezettel, der viel verrät über die Menschen, die hier leben. Wie es schmeckt, hängt daher vor allem davon ab, wo man zu Gast ist. Abwechslungsreich und außergewöhnlich mischen sich **afrikanische, malaiische, indische und europäische Esskultur**. Take-aways haben meist gute Qualität und bieten von Fish 'n Chips über asiatische Küche bis zur Pizza alles für den kleinen Hunger. »Deli« sind Delikatessläden, die oft einen Imbiss mit raffinierten Sandwiches, Quiches oder Wraps haben. Feinschmecker kommen am Kap voll auf ihre Kosten, denn selbst Restaurants mit berühmten Küchenchefs sind vergleichsweise günstig. Auf der Tageskarte stehen saisonale Gerichte und der »Catch of the Day«, fangfrischer Fisch und Meeresfrüchte.

Mahlzeiten

Das südafrikanische Frühstück (**Breakfast**) ist reichhaltig wie das britische mit frischen Säften, Eiern, Schinken, Speck und gegrillten Tomaten. Zwischen 11 und 15 Uhr nimmt man meist nur ein leichtes Mittagessen (**Lunch**) ein. Hauptmahlzeit ist ab 18 Uhr das Abendessen (**Dinner**), das mehrere Gänge umfassen kann. In guten Restaurants muss auch unter der Woche reserviert werden. In Lokalen ohne Schanklizenz darf man seine eigenen Weinflaschen mitbringen (**BYO – »Bring Your Own**«), dafür wird ein geringes Korkengeld – das **Corkage** – verlangt.

Vegetarisch/ Vegan

Traditionelle südafrikanische Küche kommt kaum ohne tierische Produkte aus. Abseits der Städte kann es deshalb durchaus schwierig werden, sich wohlschmeckend vegetarisch oder vegan zu ernähren. Kapstadt gleicht das mit einer Fülle pflanzenbasierter Optionen aus, ob am Imbissstand oder im Restaurant. Auch die meisten Fine-Dining-Lokale führen vegetarische/vegane Menüs auf der Karte.

Fleisch über alles

Südafrikas Farmer züchten traditionell **Rinder**, doch die waren nicht fürs Familienessen gedacht, sondern zur Zucht, als Zugtiere des

Ochenskarrens und für den Verkauf. Gegessen wurde auf eigenem Grund geschossenes **Wild**. Kudu & Co. kamen also gerade recht, und dass sie dabei auch noch unverschämt gut schmecken und das gesündere Fleisch haben, weil es besonders fettarm ist und ungesättigte Fettsäuren überwiegen, nimmt jeder heute gerne in Kauf. Neben Kudu und Springbock werden auch Gnu und Krokodil serviert. Der Vogel **Strauß** wird auf Farmen der Kleinen Karoo gezüchtet. Selbst wenn Angaben zum niedrigen Cholesteringehalt aus dem Fabelreich stammen, ist Straußenfleisch fast fettfrei und sehr schmackhaft.

**Geliebtes Braai**

Was wohl alle Südafrikaner eint, ist die Liebe zum Fleisch. Auf keinen Fall abschlagen sollte man daher eine Einladung zum Braai (sprich: »brei«), der **südafrikanischen Variante des Barbecue.** Gegrillt wird eigentlich immer, ob Steaks, Hähnchenschlegel oder Wild. Dazwischen ringelt und zischt die **Boerewors,** eine mit Koriander gewürzte Mettbratwurst aus Rind- und Hammelfleisch, die an Straßenständen auch mit Röstzwiebeln als Hot Dog verkauft wird. Besonders lecker ist **Karoo-Lamm**, da die Schafe der Halbwüste herb-aromatische Kräuter fressen. Mit dem Braai wird gerne schon mittags begonnen und dabei der Hitze des Tages und der Glut mit viel Bier entgegengewirkt. Ganz korrekt ist das Feuer unterm Rost, wenn es nicht

Probieren Sie ein kapmalaiisches Curry mit zartem Karoo-Lamm!

# BOBOTIE, BREDIE & BILTONG

*Dank der Einflüsse zahlreicher Ethnien ist die Küche am Kap so multikulti wie keine andere auf dem Kontinent – da kann ein braver Hackfleischauflauf ganz schnell zur raffinierten Delikatesse werden.*

**Crayfish**: Ihre Seltenheit macht die scherenlosen Schalentiere zu einer besonderen Delikatesse. Sie werden von den Einheimischen Cray- oder Crawfish genannt und in Reusen gefangen. Fischer brauchen dafür eine Lizenz und dürfen nur eine begrenzte Anzahl aus dem Meer holen, um den Bestand nicht zu gefährden. Crayfish wird entweder in einem Gemüsefond gekocht oder auf Holzkohle gegrillt. Als klassische Beilage gibt es gewürzten Reis, Zitronenscheiben und eine leichte Mayonnaise.

**Waterblommetjie Bredie**: Bei ungünstigem Grillwetter treffen sich die Kapstädter gern zum Bredie, einem deftigen Lammeintopf. Das Nationalgericht wird mit Tomaten, Kohl oder Wasserlilien als »**Potjiekos**« im gusseisernen Topf gegart. Die zarten Wasserhyazinthen, die dem beliebten Stew seinen Namen gaben, wachsen nur an den Dämmen und in den Marschgebieten des westlichen Kaps und auch nur im Frühling. Dann schwärmen die Menschen aus und sammeln die Delikatesse ein. Zwiebeln, Knoblauch, Schaf- oder Lammfleisch, Kartoffeln, Äpfel und Gewürze köcheln zu Hause mit Wein vor sich hin, und am Ende werden die Hyazinthen für 20 Minuten dazugegeben. Serviert wird das Ganze mit Reis und Zitronenspalten. Die Hyazinthen werden gern auch als Suppe zubereitet.

**Bobotie**: Jeder hat etwas beigesteuert zu diesem Auflauf mit Lamm- oder Rinderhackfleisch, der bereits im 17. Jh. auf den Speisekarten stand und den Inder und Malaien am Kap weiterentwickelt haben. Die Zubereitung ist kinderleicht und schmeckt der ganzen Familie: Das Fleisch wird mit in Milch eingeweichtem, gut ausdrücktem Toastbrot, Zwiebeln, Rosinen, gerösteten Mandeln, Aprikosenmarmelade, Kräutern, Curry und Chutney vermischt, angebraten und mit einer Eiercreme im Ofen überbacken. Dazu passt Safranreis.

**Koeksisters** heißt die süßeste Verführung seit die weißen Siedler Südafrika betreten haben. Die kleinen Hefezöpfe, die in Fett ausgebacken werden, sind mit einer Zitronenglasur überzogen. Der Name leitet sich von den afrikaan-

sen Wörtern »Koek« für Kuchen und »Sissen« für frittieren ab. Eine ziemlich fettige, aber auch äußerst leckere Angelegenheit!

**Mieliepap**: Über alle Herkunftsschranken hinweg sind die Kinder Südafrikas mit diesem Maisbrei groß geworden. Das Rezept ist einfach: Wasser, grobes Maismehl und etwas Salz eine halbe Stunde unter Rühren aufs Feuer – das war's. Doch unendlich sind die Variationen: Olivenöl gibt zusätzlichen Nährwert, Rosmarin oder Thymian peppen den neutralen Geschmack auf. Nimmt man statt Wasser Milch und Zucker, entsteht ein perfektes Frühstück. Traditionell wird ungewürzter »Pap« mit den Händen zu Bällchen gerollt, in Sauce getunkt und in den Mund geschoben.

**Kürbisblätter**: Das Lieblingsgemüse vieler Südafrikaner ist nicht das ganze Jahr verfügbar. Die jungen Blätter und Blüten des Kürbis werden mit fein geschnittenen Zwiebeln, Knoblauch, Tomaten, Salz, Pfeffer und Ingwer gedünstet und mit ein paar Spritzern Zitronensaft abgeschmeckt. Das grüne Gemüse erinnert vom Geschmack her an Spinat, ist aber wesentlich zarter und ergibt zusammen mit Mieliepap eine vollständige und sehr schmackhafte Mahlzeit.

**Biltong**: Schon die ersten Siedler aßen luftgetrocknetes Fleisch von Kudu, Rind oder Springbock, dem Nationaltier Südafrikas. Biltong schmeckt ausgezeichnet auch zu Bier und Wein. Generell gilt das getrocknete Wildfleisch von Kudu, Strauß oder Krokodil als hervorragend. Biltong finden Sie in jedem Geschäft und auch an Tankstellen-Kiosken. Als Mitbringsel sollte man es sich folienverschweißt einpacken lassen.

mit Holzkohle, sondern mit **Hartholz** angefacht wurde, das rot glühend dem Fleisch einen besonderen Geschmack verleiht. Beilagen sind Salate, Pickles, pikante Chutneys und **Chakalaka**, eine scharfe Soße aus Tomaten, Zwiebeln und Paprika sowie **Mieliepap** (▶S. 307) oder Ofenkartoffeln und Kürbisgemüse – oft im gusseisernen Topf bereitet, dem **Potjie**, der mit seinen drei Beinen direkt in die Glut gestellt wird. Braai dient allerdings nicht nur dem Essen, es ist für Schwarz und Weiß ein **soziales Ereignis,** an dem die ganze Familie und möglichst auch die Freunde teilnehmen. Außerdem kann man hier seine Fähigkeiten in der Zubereitung des absolut perfekten Steaks vergleichen. Wie wollen Sie Ihr **Steak?** Mögen Sie es rosa gebraten, bestellen Sie es »medium rare« oder sogar »rare« – in Südafrika tendiert man zu durchgebratenem Fleisch. Die Kapstädter grillen auch gern Fisch am Strand wie Snoek oder Yellowtail.

**Kapmalaiische Küche**

Probieren Sie unbedingt die kapmalaiischen Spezialitäten! Hoch im Kurs stehen Gemüse-, Hühnchen- und Lamm-**Curry** (▶Abb. S. 305) sowie **Samoosas**, frittierte Teigtaschen, mit würziger Rinderhack-, Hühnerfleisch- oder Gemüsefüllung. **Sosaties** sind Fleischspießchen aus mariniertem Lamm- oder Schweinefleisch, **Bobotie** ist ein Curryauflauf mit gehacktem Lamm (▶S. 306). Als Festtagsessen gilt **Mavrou**. Auch hier wird Lamm mit einer Symphonie aus Gewürzen zubereitet. Die herzhaften **Breyanis**, eine Art Risotto, stehen ebenfalls hoch im Kurs. Zahlreich sind die Desserts. Unbedingt **Gula Melaka**, den köstlichen Sago-Pudding, probieren!

**Meeresfrüchte**

Dass Kapstadt am Meer liegt, zeigt sich natürlich auch auf der Speisekarte. Kap-Delikatessen sind etwa **Crayfish** (Langusten, ▶ S. 306) und **Rocklobster** (Felshummer), gegrillter **Kingklip**, eine Dorschart mit festem Fleisch, und der **Cape Salmon** (Lachs) – am besten mit Zitronenbutter, Knoblauchsoße und Folienkartoffel serviert. Zum **Line Fish**, wie der Tagesfang genannt wird, gehören häufig auch **Cod** (Kabeljau), **Yellowtail** (Brasse), **Butterfish, Snoek** (Butterfisch, Hechtmakrele) und **Perlemoen** (Abalone), eine handgroße Seeschnecke aus dem Atlantik. Die besten **Austern** stammen aus der Saldanha Bay an der West Coast und aus Knysna an der Garden Route.

**Obst und Gemüse**

Salat und Gemüse sind immer frisch und können dank strenger Kontrollen ohne Bedenken verzehrt werden. Aromatische Früchte aus Südafrika bereichern die Speisekarte nicht nur zum Dessert. Am Kap wachsen Tafeltrauben, Äpfel, Birnen, Zitrusfrüchte, Mangos und die **Cape Gooseberries** (Kapstachelbeeren), kleine gelbe Früchte für Kuchen und Konfitüren. Kürbis ist eine Standardbeilage und wird in diversen Variationen zubereitet, auch die Süßkartoffel begleitet gerne Fleischgerichte – eine nahrhafte und leckere Angelegenheit.

**Desserts**

Zum Abschluss wählen Kapstädter gern den **Kaapse Brandewynpoeding**, einen Dattelkuchen mit Sahne und Brandy, oder den **Malva Pudding**, einen süßen Kuchen aus Milch, Zucker, Sahne und Aprikosenmarmelade mit Vanillesauce. **Melktert** ist eine Art Käsekuchen mit Blätterteigboden, der mit Erdbeeren oder anderen Früchten serviert wird. Heiß geliebt sind die **Koeksisters** (► S. 306).

**Dresscode**

In besseren Lokalen sind abends nur selten Männer in Shorts zu sehen, auch wenn Südafrikaner die kurzen Hosen lieben. Auf dem Land und in Ferienorten ist die Shorts bei Einheimischen meist erste Wahl. In Kapstadt ist die Kleiderordnung also **sehr entspannt.** Wenn man gut essen gehen will, sind bei den Herren Hemd und lange Hose angeraten, bei den Damen wird akzeptiert, was gefällt. Welche Kleidung erwartet wird, geben viele Restaurants auf ihrer Webseite an.

**Im Restaurant**

Nach Betreten des Lokals **warten die Gäste am Eingang**, bis sie platziert werden. Das Bedienungspersonal lebt großteils vom Trinkgeld, manchmal erhält es auch überhaupt keinen Stundenlohn. Das **Trinkgeld von 10 – 15 %** wird zusammen mit der Rechnung bar entrichtet, bei Kreditkartenzahlung ist es auf dem Bon gesondert auszuweisen – das Personal erhält es bei Einbuchung des Betrags.

Ein echtes Erlebnis: In Woodstocks Test Kitchen in der Old Bisquit Mill können Sie zusehen, wie Spitzenköche zaubern – zu jeder Speise wird etwas erklärt.

## Was wird getrunken?

Nach alter britischer Tradition hebt man zum »**Sundowner**« gern ein Glas Gin Tonic oder Whisky. Die Winzermeister vom Kap sind weltberühmt für ihre **Spitzenweine** (▶Das ist Kapstadt S. 17, ▶Baedeker Wissen S. 212). Wein kann man auf dem Weingut oder im Supermarkt kaufen, Bier und Spirituosen sind nur im **Liquor Store** erhältlich. Unter 18-Jährige dürfen keinen Alkohol erwerben, und er darf nicht an öffentlichen Plätzen wie z. B. am Strand konsumiert werden. Immer mehr lokale Brauereien produzieren schmackhafte Alternativen zu den marktbeherrschenden südafrikanischen Bieren »Castle« und «Lions«. Das populäre Windhoek Lager aus Namibia wird nach dem deutschen Reinheitsgebot gebraut. Am Kap wird auch ausgezeichneter **Brandy** gebrannt. **Mampoer** ist ein Kirschlikör, **Witblits** ein hochprozentiger Trester. Nur 17 % Alkohol besitzt der sahnigsüße **Amarula-Likör** aus Früchten des Marula-Baums.

**Alkoholfreie Getränke**

Das **Leitungswasser** ist in Kapstadt bedenkenlos trinkbar, die Wasserqualität eine der besten der Welt. **Mineralwasser**, frisch gepresste **Fruchtsäfte** und die üblichen **Soft Drinks** (Cola, Fanta, Sprite) sind überall erhältlich. Oder versuchen Sie alternative einmal die erfrischenden südafrikanische **Appletizer** und **Grapetizer**. Ein ausgezeichneter Durstlöscher, dazu tanninfrei und reich an Vitamin C ist der **Rooibos-Tee**.

## AUSGESUCHTE RESTAURANTS ▶Karte S. 292/293

### PREISKATEGORIEN

3-Gänge-Menü ohne Getränke

€€€€ über 400 Rand
€€€ 250 – 400 Rand
€€ 100 – 250 Rand
€ bis 100 Rand

WWW.EATOUT.CO.ZA
WWW.RESTAURANTS.CO.ZA
Kapstädter Restaurants, Speisekarten und Preise

### ❶ AUBERGINE €€€€

Zu Kapstadts Top Ten zählt das Spitzenrestaurant im Haus des Richters John Wylde aus dem 19. Jahrhundert. Harald Bresselschmidt und seine Crew verwöhnen mit raffinierter französisch-kapmalaiischer Küche und den berühmtesten südafrikanischen Weinen – göttlicher Abschluss: das Soufflé. Für besondere Anlässe kann man die »Auslese«-Villa in der Hope Street 115 buchen.
39 Barnet Street, Gardens
Tel. 021 465 00 00
www.aubergine.co.za

### ❷ AZURE €€€€

Romantik pur: Ein Candle-Light-Dinner im Azure mit Blick auf Atlantik und Lion's Head werden Sie nicht vergessen. Ob fangfrische Austern von der Westküste, Crayfish Cocktail, knusprige Entenbrust mit Baby Pak Choi oder ein authentisches kapmalaiisches Curry – die Gerichte von Christo Pretorius sind ein Gedicht. Oder kommen Sie nachmittags

zu »Tea by the Sea« mit warmen Scones und köstlichen Sandwiches.
The Twelve Apostles Hotel
Victoria Road, Camps Bay
Tel. 021 437 90 29, ▶Abb. S. 312
www.12apostleshotel.com

## CONSTANTIA VALLEY

▶Baedeker Wissen S. 64

### ❸ THE RED ROOM €€€

Holzgetäfelte Wände und tiefe Polstersessel schmücken den himmlischen Hotspot der Gastroszene, der sich unter dem neuen Chef Liam Tomlin mit feiner pan-asiatischer Küche neu erfunden und preislich abgespeckt hat.
Belmond Mount Nelson Hotel
76 Orange St, Central, Tel. 021 483 15 16, www.belmond.com

### ❹ THE CONSCIOUS KITCHEN €€/€€€

Der Name ist Programm: Regionale Zutaten, Bio, pflanzenbasiert, Zero Waste ... Das hippe Café erfüllt alle Kriterien für achtsamen Genuss und ist als eines der wenigen vegetarischen Lokale Fr. und Sa. auch abends geöffnet. Dann gibt's conscious Snacks und Drinks!
34 Kloof Street, Gardens
Tel. 081 521 09 67
www.theconsciouskitchen.co.za

### ❺ THE TEST KITCHEN €€€€/€€€

Mit einem Abenteuer der Aromen überzeugt das junge Team von Luke Dale-Roberts im Szeneviertel Woodstock. Seine Gäste bekommen hervorragendes Essen aus besten Produkten in lockerer Atmosphäre. In rubinroten Regalen lagern Lukes Lieblingsweine vom Kap. Zum Rinder-Tataki passt ein Constantia Uitsig Semillon, zum holzkohlegegrillten Spanferkel ein Eagles & Nest Viogner.
Unit 104A, Old Biscuit Mill
375 Albert Road, Woodstock
Tel. 021 447 23 37
▶Abb. S. 309
www.thetestkitchen.co.za

### ❻ BAIA €€€/€€€€

An einem sonnigen Tag gibt es keinen besseren Platz zum Lunch als die große Terrasse des Baia mit Blick auf die Waterfront. Probieren Sie die Riesengarnelen mit Ingwer, Chili und Knoblauch oder den gegrillten Kingklip.
1. Stock, Victoria Wharf
Portswood Road
V & A Waterfront
Tel. 021 421 09 35/6/7
http://baiarestaurant.co.za

### ❼ FOXCROFT €€€/€€€€

Was Glen Foxcroft Williams auf Teller und in Schalen zaubert, hat höchste Qualität, geht gemessen daran aber preislich nicht durch die Decke. Gerichte wie Wildsteak mit Auberginen, Roter Bete und Ricotta oder Entenbrust an Nektarinen, Oliven und Thymian lassen die Leidenschaft für französische Küche erkennen.
Groot Constantia Rd, Shop 8/9
Constantia Centre, Tel. 021 202 33 04, www.lacolombe.restaurant/foxcroft

### ❽ GOLD RESTAURANT €€€/€€€€

In diesem exotisch in warmen Farben eingerichteten Restaurant unternehmen Sie eine kulinarische Reise durch Afrika: Von tunesischen Harissa Chicken Wings über Pilau-Reis aus Zanzibar bis zu namibischer Lammwurst und südafrikanischen Samoosas erleben Sie beim 14-Gänge-Menü die ganze Bandbreite von Gewürzen und Zubereitungsarten des schwarzen Kontinents. Begleitet von Tänzen und Musik ein unvergesslicher Abend.
15 Bennett Street
Green Point
Tel. 021 421 46 53
http://goldrestaurant.co.za

OBEN: Für besondere Anlässe empfiehlt sich ein Dinner am Meer im maritim inspirierten Azure mit spannendem Tasting Menu zum Sonnenuntergang. UNTEN: Süß, scharf und exotisch sind die aromareichen Gerichte aus allen Teilen des schwarzen Kontinents, die im Mama Africa charmant serviert werden.

### ❾ NOBU €€€

Japan trifft Peru am Kap und im edlen One-&-Only-Hotel. Seit 2024 bezaubert das neu gestaltete Edelrestaurant Nobu mit dieserFusionsküche die Kapstädter. Chefin Micky King, eine der wenigen Frauen in der Fine-Dining-Liga der Mother City, sorgt auch dafür, dass südafrikanische Aromen nicht zu kurz kommen. Ihr Kingcrab Amazu Ponzu ist unvergessener, purer Genuss!
One & Only Cape Town, Dock Rd V & A Waterfront, Tel. 021 431 58 88, https://noburestaurants.com

### ❿ THE POT LUCK CLUB AND GALLERY €€€/€€€€

Neue Lässigkeit, ohne Kompromisse bei der Qualität. Das Lokal von Starkoch Luke Dale-Roberts ist wie seine Test Kitchen (►S. 311) ein Megaerfolg – also rechtzeitig buchen!
The Silo, Old Biscuit Mill, 375 Albert Rd, Woodstock, Tel. 021 447 08 04, http://thepotluckclub.co.za

### ⓫ BELTHAZAR €€€

Springbock Carpaccio, Rote Beete-Kürbis-Salat, saftige T-Bone-Steaks, Langusten, Kudu, Krokodil und Eland, dazu eine ausgezeichnete Weinkarte und Traumblick auf dem Tafelberg.
Shop 153, Victoria Wharf, V&A Waterfront, Tel. 021 421 37 53
https://belthazar.co.za
►Abb. S. 315

### ⓬ CAFÉ GRILL €€€

Entspanntes California Feelin' mit fangfrischem Fisch, knackigen Salaten, leckeren Burgern und köstlichem Eis – und Blick auf den Atlantik.
The Twelve Apostles Hotel
Victoria Road, Camps Bay
Tel. 021 437 90 29
www.12apostleshotel.com

### ⓭ HARBOUR HOUSE €€€

Sushi, Sashimi und die beste Fischsuppe. Fragen Sie nach dem Fang des Tages oder bestellen Sie gegrillten Crayfisch. Auch Top: Beef Rib Eye mit Sauce Bordelaise.
Quay Four, Ground Floor, V & A Waterfront, Tel. 021 418 47 44
www.harbourhouse.co.za

### ⓮ HEMELHUIJS €€€

Lammrücken mit Koriander und Pflaumensoße oder Lachs mit Sesam, Schokoladenbutter und Daikon-Rettich – Jacques Erasmus ist nicht nur beim Kochen originell, auch seine frisch gepressten Säfte sind Genuss pur. Zum Abschluss können Sie noch das eigens designte Geschirr kaufen.
71 Waterkant Street
De Waterkant
Tel. 021 418 20 42
http://hemelhuijs.co.za

### ⓯ LA PARADA €€€

Die Einrichtung ist rustikal und gesellig: Die Gäste sitzen an langen Tischen, und die Auswahl an wirklich originellen Tapas ist phänomenal – wie wäre es mit Blumenkohl-Popkorn oder getrüffelten Kartoffelchips? Zu Zweit bestellt man als Hauptgericht am besten eine große Platte »De Todo«, von allem etwas.
Unit 5, Kloof Street, Gardens
Tel. 021 001 73 12
http://laparada.co.za

### ⓰ BREE STREET CAFÉ €€€

Café und Laden der angesagten Kafferöster von Rosetta: Coole Einrichtung, sanfte Reggae-Vibes und exzellenter Kaffee entspannen selbst Workoholics. Unbedingt probieren: Kyotostyle-Kaffee, schwarz, auf Eis.
97 Bree Street
Tel. 021 447 40 99
www.rosettaroastery.com

### ⓱ CAFÉ PARADISO €€/€€€

Bezaubernde Oase! Aus der Küche duftet es nach frisch gebackenem Brot. Setzen Sie sich in den Garten und bestellen Sie Pasta, Kudu im

Speckmantel und eines der himmlischen Desserts.
110 Kloof Street, Gardens
Tel. 021 003 81 02
www.cafeparadiso.co.za

### 18 DEN ANKER €€/€€€

Fangfrische Austern von der Westküste, Tigergarnelen mit Chili und Knoblauch, Gelbflossenthun mit Pfefferkruste und »Moules Marinières« (nicht aus Brüssel, sondern aus Langebaan) – und zu allem das passende belgische Bier.
Pierhead, V & A Waterfront
Tel. 021 419 02 49
www.denanker.co.za

### 19 MAMA AFRICA €€/€€€

Ein Muss an Kapstadts Ausgehmeile mit charmanter Bedienung und Livemusik – Marimba, Jazz und Kwaito. »Mama kocht für dich heute Abend!« ist das Motto der leckeren afrikanischen Küche quer durch den Kontinent; tgl. ab 18.30 Uhr.
178 Long Street, Central, ▶Abb. S. 312, 060 934 80 63
www.mamaafricacpt.com

### 20 OUR LOCAL €€

Frühstück, Lunch oder Dinner im Gewächshaus: Das originelle Restaurant serviert täglich leckere Bistroküche.
117 Kloof Street, Gardens
Tel. 064 642 50 04
www.ourlocal.co.za
So.abends geschl.

### 21 WILDSPROUT €€

Ganz ohne Fleisch/Fisch geht es in dem sympathischen Café/Deli/Laden nicht, aber das Angebot vom Frühstück bis zum High Tea ist zu 80 % vegetarisch oder vegan und dazu absolut köstlich! So der Wrap mit Ziegenkäse, Tomaten, Hummus und karamellisierten Zwiebeln.
278 Main Road, Kenilworth
Tel. 068 649 61 47
https://wsprout.co.za

### 22 MARCO'S AFRICAN PLACE €€

Saftige T-Bone-Steaks, Ochsenschwanz-Curry oder lieber gegrillter Springbock? Livemusik und Jazzevents mit populären Musikern wie Jimmy Dludlu und Sylvia Mdunyelwa.
15 Rose Lane, Bo-Kaap
Tel. 021 423 54 12
www.marcosafricanplace.com

### 23 CAPE TOWN FISH MARKET €€

Restaurant, Fischmarkt und Sushi Bar in einem. Ob leichte Gerichte oder Spezielles aus dem Wok, der Laden boomt. Filialen u. a. am Canal Walk, in Bloubergstrand und Camps Bay.
Shop 159, Kings Warehouse Portswood Close, V & A Waterfront, Tel. 021 418 59 77
www.ctfm.co.za

### 24 NOURISH'D €€

Mehr Café als Restaurant, mit großem vegetarischem und veganem Angebot an Snacks, vom Frühstück über Toasts, Wraps und Bowls bis hin zu Smoothies und Kuchen.
177 Kloof Street, Gardens
Tel. 064 755 24 31
https://nourishd.co.za

### 25 RICK'S CAFÉ AMÉRICAIN €€/€

In einem viktorianischen Haus mit schmiedeeisernen Balkonen, Piano Bar und Dachterrasse gibt's leckere Tagines, Tequilas, Gins und Bier.
103 Kloof Street
Tel. 021 424 11 00
https://rickscafe.co.za

### 26 PLANT €€

Plant war eines der ersten veganen Lokale in Kapstadt. Wie bei der Konkurrenz gibt's fantasievoll komponierte Bowls, Wraps und Salate, aber auch Burger und Pasta. Und als eines der wenigen »gesunden« Lokale hat Plant täglich bis 22 Uhr geöffnet.
87 Victoria Road, Camps Bay
Tel. 076 296 16 65
www.plantcafe.co.za

Saftige Steaks und fangfrischer Fisch vom Grill: Nach einem Bummel durch die Boutiquen speisen Sie im Belthazar direkt am Kai der V & A Waterfront.

### 27 TIME OUT MARKET €

Ob herzhaft oder süß, an den kulinarischen Ständen der Markthalle bekommen Sie leckere, frisch gemachte Spezialitäten aus aller Welt – von Fernost bis originär südafrikanisch.
Dock Road, Old Power Station Building 19, Pier Head V&A Waterfront, Tel. 408 76 88, www.timeout.com/time-out-market-cape-town

## CAFÉS

### 1 »NELLIES« TEATIME €€€

►Magischer Moment S. 62

### 2 TRUTH COFFEE ROASTING €€

Vom britischen Guardian bereits vor Jahren zum besten Café der Welt gewählt, könnte sich diese Kaffeerösterei mit Café und Deli im Stil der Steampunk-Bewegung eigentlich auf ihren Lorbeeren ausruhen – tut sie aber nicht. Hier wird Kaffee zelebriert, und Sie zelebrieren mit – von der Auswahl der Bohne und des Röstgrades bis zum fertigen, tiefschwarzen Wachmacher. Kuchen, Sandwiches, Frühstück etc. gibt es auch.
36 Buitenkant Street, Central
Tel. 021 20170 00
https://truth.coffee

### 3 GROUND ART CAFFE €€

Ein Künstler an den Maschinen und viel Kunst an den Wänden. Der Barista versteht es, die Zubereitung des Kaffees mit allem Know-how zu zelebrieren. Dazu gibt es allerlei Frühstücksleckereien, leichte Snacks und den Blick auf den Tafelberg..
160 Strand Street
De Waterkant
Tel. 021 418 13 31
www.groundartcaffe.co.za

# FEIERN

*Von Neujahr bis Silvester gibt es in Kapstadt und Umgebung immer etwas zu feiern. Und das tun die Capetonians gerne zusammen mit Besuchern aus der ganzen Welt. Doch wer dabei sein möchte, sollte rechtzeitig Tickets reservieren, um noch einen guten Platz zu bekommen.*

**Wann, was, wo?** Die Kapstädter sind so sportbegeistert wie vergnügungssüchtig. Im Januar feiern die »Kapenaars« Karneval auf afrikanisch, zum Sommer am Kap gehören Jazz, Cricket und spektakuläre Radrennen. Verschiedene Festivals feiern die Wildblumenblüte, Weinernte, Rückkehr der Wale oder den Beginn der Austernzeit in Knysna. Einen detaillierten Überblick findet man unter **http://.tourismcapetown.co.za**. Tickets gibt es meist online bei den Veranstaltern oder unter **www.webtickets.co.za**.

Oper und Jazz: Beim Internationalen Jazz Festival stehen Stars wie Sibongile Khumalo auf der Bühne, die 2021 verstarb.

# FESTKALENDER

## FEIERTAGE

**1. Januar**: Neujahrstag (New Year's Day)
**21. März**: Tag der Menschenrechte (Human Rights' Day, Tag von Sharpeville 1960)
**Karfreitag**
**Ostermontag** (Family Day)
**27. April**: Freiheitstag (Freedom Day, erinnert an die ersten freien Wahlen 1994)
**1.Mai**: Tag der Arbeit (Workers' Day)
**31. Mai**: Tag der Republik
**16. Juni**: Tag der Jugend, Youth Day, erinnert an den Schüleraufstand in Soweto 1976)
**9. August**: Nationaler Frauentag (National Women's Day)
**24. September**: Tag des Erbes (Heritage Day, ursprünglich Shaka-Tag der Zulu)
**16. Dezember**: Tag der Versöhnung (Day of Reconciliation), ursprünglich Day of the Vow (Gelöbnistag) der Voortrekker zur Erinnerung an die Schlacht am Blood River 1838; auch Gründungstag des militanten Flügels des ANC 1961
**25. Dezember: Weihnachtstag**
**26. Dezember**: Tag des guten Willens (Day of Good Will). Fällt ein Feiertag auf einen So., gilt der folgende Montag als Feiertag.

## EVENTS IM JANUAR

### MINSTREL CARNIVAL

Kapstadts spektakulärer Neujahrskarneval am 2. Januar, ► Baedeker Wissen S. 318

### THE SUN MET PFERDERENNEN

Nicht nur ein Sportevent, sondern das gesellschaftliche Ereignis. Auf dem Kenilworth Racecourse sind Ende Jan. die extravagantesten Hüte und neueste Mode zu bestaunen.

### UP THE CREEK

Mitbringen: Zelt und Gummiboot oder Luftmatratze, denn als Tribüne dient der Breed River außerhalb von Swellendam, und in dem lässt man sich treiben, während man bekannten Bands und DJs zuhört
www.upthecreek.co.za

## FEBRUAR

### CAPE TOWN PRIDE

Afrikas größtes Straßenfest der Gay-Szene. Das einwöchige Fest findet Ende Februar statt.
https://cptpride.org

## MÄRZ

### INVESTEC CAPE TOWN ART FAIR

Die größte Messe für zeitgenössische Kunst aus Afrika, Ende Februar.
investeccapetownartfair.co.za

### LIGHTHOUSE FESTIVAL

Pflichttermin für Fans elektronischer Musik mit den Größen der Szene und Neu-Entdeckungen aus Afrika, Ende Februar im DHL-Stadion in Kapstadt.
https://lighthouse.plus

### CAPE TOWN CYCLE TOUR

Auf 108 km mit 1200 Hm geht es am zweiten Sonntag im März um die Kaphalbinsel. Über 35 000 Teilnehmer.
www.capetowncycletour.com

### HOLI ONE FESTIVAL

Farbenfrohe Hindu-Tradition
www.holifestival.com

### CAPE TOWN JAZZ FESTIVAL

Mehr als 40 Bands aus aller Welt auf fünf Bühnen am letzten März – oder ersten Aprilwochenende
www.capetownjazzfest.com

# KARNEVAL IN KAPSTADT

*Jedes Jahr am 2. Januar tanzen Tausende singend und musizierend durch die Straßen von CBD und Bo-Kaap, lassen ihre Hüte fliegen und ihre Schirmchen kreisen. Monatelang haben sich die über 150 farbenfrohen Spielmannszüge auf diesen Tag vorbereitet, den Höhepunkt des Cape Town Minstrel Carnival.*

Freigelassene Sklaven feierten an ihrem einzigen freien Tag im Jahr ab 1834 mit Festen und Umzügen auch die Abschaffung der Sklaverei. Die Ausgestaltung des Straßenumzugs wurde maßgeblich von Seeleuten der Südstaaten beeinflusst, die 1848 Ideen vom Mardi Gras in New Orleans mitbrachten. In wenigen Jahren entwickelte sich der Karnevalsumzug zum Fest der Farbigen. Während der Apartheid nutzten ihn viele als politisches Sprachrohr. Nur selten griff die Polizei ein, da sie den Text der **Moppies**, der Spottlieder im Kaapse-Taal-Dialekt, meist nicht verstand. In den 1950er- und 1960er-Jahren fand der Karneval am Liesbeeck Parkway statt, später im Hartleyvale Stadium. Dafür mussten die Organisatoren Sondergenehmigungen beantragen, da das Stadion in einem »weißen« Siedlungsgebiet lag. Ab 1977 wurde der Straßenumzug von der Apartheid-Regierung gänzlich verboten und durfte erst wieder nach der Machtübernahme durch den ANC durchgeführt werden. Heute finden die Abschlussveranstaltungen im **Cape Town Stadium** statt. Der farbenfrohe Wettkampf zwischen den Gruppen beginnt am Neujahrsnachmittag und wird am 2. Januar und den darauf folgenden zwei Samstagen so lange fortgesetzt, bis die Sieger feststehen. Keine leichte Entscheidung, denn 13 000 Teilnehmer kämpfen mit ihren Teams um die Ehre in verschiedenen Kategorien wie beste Band, schönste Kostüme, frecheste Moppies und stilvollste Parade.

## Kaapse Klopse

»Voorloper«, Tambourmajor und Captain des jeweiligen **Kapstädter Karnevalvereins** (Kaapse Klopse) folgen die Narren (»**Coons**«) mit Sonnenschirmchen, kunterbunten Kostümen und weiß geschminkt – eine Parodie auf die einstige weiße Herrschaft. Dazu ertönt Blasmusik mit Banjos, Trompeten und den klassischen Ghoema-Trommeln. In weißen, fingerlosen Handschuhen und Damenoutfit sind auch die »**Moffies**« aus Kapstadts Gay-Szene mit von der Partie. Viele Kapstädter genießen das stundenlange Spektakel der Spielleute (**Minstrels**) zwischen Bo-Kaap und Adderley Street. Die besten Gruppen und Sänger werden Ende Januar/Anfang Februar in spektakulären Finals ausgezeichnet. Als Nelson Mandela 1998 Schirmherr des Karnevals wurde, war es amtlich: Die Riesenparty ist Regenbogenkultur pur. Zudem ist das Ereignis die älteste »Street-Party« der Welt. Tickets können online über Computicket gebucht werden (https://computicket.com).

## Juvie Boys & Co.

Da die Organisation immer aufwendiger wurde, gründete man im Jahr 1996 **The Cape Town Minstrel Carnival Association** (CTMCA) als Dachverband für den Karneval. Damals gab es zwölf Teams; 2025 nahmen 18 Teams

Älteste Street-Party der Welt: Beim Minstrel Carnival am 2. Januar tanzen bunt geschminkte Narren durch die Straßen der Mutterstadt.

und 20 000 Mitglieder teil. Manche Bezeichnungen wie Golden Sixties, Lavender Superstars oder Fabulous Star Spangles entspringen der Fantasie, andere wie Santam District Six Entertainers oder Pick N Pay Lentegeur tragen den Namen des Sponsors, die Herkunft einiger Teams verraten Namen wie Heideveld Entertainers oder Cape Flat Minstrels.

## Ehrensache!

Auch außerhalb der Festivitäten spielt der Karneval eine bedeutende Rolle. Die **Kaapse Klopse**, die Spielmannsvereinigungen, haben sehr dazu beigetragen, dass Drogenmissbrauch, AIDS und Kriminalität thematisiert wurden. Besonders die Chöre und Tanzgruppen spielen eine wichtige Rolle. Sie geben Erwachsenen und besonders auch Kindern einen sozialen Halt, denn die Proben finden bis zu dreimal pro Woche statt und sorgen so für ein Gefühl des Zusammenhalts. Die CTMCA hat zudem eine Initiative ins Leben gerufen, in der Jugendliche lernen, ihre Kostüme selber zu nähen, eine Ausbildung, die sie auch später einsetzen können.
Nicht zu verwechseln ist das Event mit dem **Cape Town Carnival**, der alljährlich Mitte März auf dem Fanwalk in Greenpoint stattfindet und eher an den Karneval in Rio erinnert. Mehr als 2500 Tänzer verschiedener Karnevalskademien geben hier ihr Bestes. Infos unter **http://cape towncarnival.com**.

## APRIL

### KLEIN KAROO ARTS FESTIVAL
Afrikaansgeprägtes Kunst- und Kulturfestival in Oudtshoorn
https://kknk.co.za

### TWO OCEANS MARATHON
Einer der schönsten Marathonläufe der Welt über 56 km um die ganze Kaphalbinsel, oft am Meer entlang. Immer Ostern, ab Friedhof von Constantia Nek. Auch Minimarathons.
www.twooceansmarathon.org.za

## JUNI BIS NOVEMBER

### WHALE WATCHING
Zwischen der False Bay bei Kapstadt und Plettenberg Bay an der Garden Route kann man Wale beobachten, die zum Kalben ans Kap kommen – am besten bei Hermanus,
►Baedeker Wissen S. 182 – 185.

## ENDE JUNI/ANFANG JULI

### OYSTER FESTIVAL
Zehn Tage dauert das Knysna-Austernfestival, bei dem bis zu 200 000 Austern verspeist werden.
www.knysnaoysterfestival.co.za

## AUGUST BIS OKTOBER

### WILDFLOWER FESTIVALS
Binnen weniger Tage erblühen nördlich von Kapstadt Millionen von Wildblumen in prachtvollen Farben – und das wird vielerorts gefeiert.
http://clanwilliamwildflowershow.co.za

### BLOMME & BUBBLES
Paternosters Wine Lounge feiert ein Wochenende Anfang September Wein, Kunst und Musik – ein fröhlicher Mitmach-Event.
https://paternosterwinelounge.co.za/blommebubbles

### CAPE TOWN COUNTRY FESTIVAL
Country-Stars aus aller Welt und Südafrika, präsentiert im DHL-Stadion.
Kapstadt, www.ctcfest.net

### WHALE FESTIVAL
Die Rückkehr der Glattwale feiert man in Hermanus Ende Sept. mit Straßenmärkten, Theater und Musik.
www.whalefestival.co.za

### NEDBANK CAPE WINEMAKERS GUILD AUCTION
Auf der Weinauktion in Somerset West ersteigern Weinexperten aus aller Welt Spitzenweine vom Kap.
www.capewinemakersguild.com

### ROCKING THE DASIES
Südafrikas größtes Rock-Festival startet zur Wildblumenblüte Anfang Oktober auf dem Cloof Wine Estate.
www.cloof.co.za

## NOVEMBER BIS MÄRZ

### KIRSTENBOSCH SUMMER SUNSET CONCERTS
►Magischer Moment S. 86

## DEZEMBER

### MOTHER CITY QUEER PROJECT
Große Gayparty ab Mitte Dez. bis Neujahr mit Gala und Maskenball
www.mcqp.co.za

### WEIHNACHTEN
In der Adventszeit streift Santa Claus im roten Flanellmantel samt Pudelmütze und Rauschebart durch die klimatisierten Einkaufspaläste und die Fußgängerzone der St. Georges Mall, um Kinder aller Hautfarben zu erfreuen. In den letzten Tagen vor Weihnachten locken Stände des Cape Town Summer Market, der sich über den Company's Garden verteilt, mit Gartenparty, gutem Essen und Livemusik.

# MUSEEN

***Nicht nur an Regentagen lohnt ein Besuch in den zahlreichen Museen. Das Angebot reicht von historischen Themen über Rugby und Ausstellungen zur jüngsten Geschichte der Regenbogennation bis hin zu Weltklassekunst aus dem guten alten Europa und dem neuen, aufregenden Afrika.***

Iziko Museen

In vielen Museen bekommen Kinder, Studenten und Senioren **Ermäßigungen** – die jeweiligen Websites weisen darauf hin. 13 der wichtigsten Museen sind heute unter dem Dach der **Iziko Museums of Cape Town** vereint. »Iziko« – in der Sprache der Xhosa »Herd« bzw. »Feuerstelle« – soll auf die zentrale Funktion der Zusammenkunft von Menschen verweisen. Die offiziellen Namen beginnen jetzt alle mit Iziko, z. B. Iziko South African Museum (www.iziko.org.za). Bei den Sehenswürdigkeiten von A bis Z werden die Museen unter ihrem Eigennamen als Stichwort geführt.

Top 5 Museen

Bei der Vielfalt der Angebote ist es nicht einfach, eine Entscheidung zu treffen. Besuchermagnet Nummer eins ist das Museum auf ▶**Robben Island**, wo Nelson Mandela inhaftiert war. Es ist allerdings nur per Schiff erreichbar und so gefragt, dass man Wochen im Voraus Tickets reservieren sollte. Einen ganzen Tag kann man im Iziko ▶**South African Museum** verbringen und Dinos, Felsmalereien der San oder die Sammlung über Kulturen des Kontinents bestaunen. Das ▶**District Six Museum** zeigt eine bewegende Ausstellung zur Apartheid-Geschichte. Farbenfroh wie das Stadtviertel, in dem es steht, wird im Iziko ▶**Bo-Kaap Museum** vom Leben der Kapstädter Muslime erzählt. Zu einem kulturellen Highlight entwickelt sich das futuristische **Zeitz MOCAA**, in dem die zeitgenössische Kunst Afrikas einen würdigen, architektonischen Rahmen findet.

## MUSEEN IN KAPSTADT, IN DEN WINELANDS UND AN DER GARTEN ROUTE

### GESCHICHTE / KULTURGESCHICHTE

AFRIKAANS LANGUAGE MUSEUM
▶Paarl, S. 197

BARTOLOMEU DIAS MUSEUM
▶Garden Route, Mossel Bay, S. 157

BECK HOUSE MUSEUM
▶Worcester, S. 235

APARTHEID FORCIBLY EVICTED 60 000 PEOPLE FROM DISTRICT SIX.
MOST LEFT WITH LITTLE MORE THAN A SUITCASE.
EXPERIENCE FORCED REMOVALS LIKE THE 60 000 RESIDENTS OF DISTRICT SIX DID.
WWW.DISTRICTSIX.CO.ZA
50
YEARS SINCE APARTHEID DESTROYED OUR MOST DIVERSE COMMUNITY
District Six
MUSEUM
tailleur
moppen
over
kinderen

BERTRAM HOUSE (IZIKO)
►Government Avenue, S. 73

BO-KAAP MUSEUM (IZIKO)
►Bo-Kaap, S. 49

BOSCHENDAL
MANOR HOUSE
►Magischer Moment S. 155

CASTLE OF GOOD HOPE
►S. 55, ►Baedeker Wissen S. 56

C. P. NEL MUSEUM
►Route 62, Oudtshoorn, S. 205

DARLING MUSEUM
►West Coast, Darling, S. 229

DE OUDE DROSTDY MUSEUM
►West Coast, Tulbagh, S. 234

DE WET'S HUIS MUSEUM
►Hermanus, S. 186

DISTRICT SIX MUSEUM
►S. 69

DORP MUSEUM
►Stellenbosch, Baedeker Wissen S. 218

DROSTDY MUSEUM
►Overberg, Swellendam, S. 192

GROOT CONSTANTIA
MUSEUM (IZIKO)
►Constantia Valley, S. 63

HOLOCAUST CENTRE
►South African Jewish Museum, S. 324

HOUT BAY MUSEUM
►Hout Bay, S. 84

HUGUENOT MEMORIAL
►Franschhoek, S. 149

KOOPMANS-DE-WET
HOUSE (IZIKO)
►Strand Street, S. 112

MILLWOOD HOUSE
►Garden Route, Knysna S. 167

MORAVIAN MISSION MUSEUM
►Overberg, Genadendal S. 190

MUSEUM VAN DE CAAB
►Franschhoek, Solms-Delta, S. 154

OLD GOAL MUSEUM
►West Coast, Cederberge Clanwilliam, S. 231

OUDE KERK MUSEUM
►West Coast, Cederberge Tulbagh, S. 234

PAARL MUSEUM
►Paarl, S. 196

ROBBEN ISLAND MUSEUM
►S. 94, 136

ROBERTSON MUSEUM
►Worcester, S. 236

SHIPWRECK MUSEUM
►Bredasdorp, S. 145

SIMON'S TOWN MUSEUM
►Simon's Town, S. 103

SLAVE LODGE (IZIKO)
►Adderley Street, S. 45

SOUTH AFRICAN
JEWISH MUSEUM
In Südafrikas ältester Synagoge von 1863 eröffnete Nelson Mandela zur Jahrtausendwende das neue Begegnungszentrum der Juden am Kap. Blickfang ist die in honigfarbenem Jerusalemer Sandstein ausgeführte Museumsfassade. Im 19. Jh. lebten über

**District Six Museum: Fast 60 000 Menschen wurden im sechsten Bezirk zwangsgeräumt, die meisten gingen mit wenig mehr als einem Koffer.**

4000 britische und deutschstämmige Juden in Südafrika. Bis 1930 wanderten Tausende osteuropäische Juden ein. Ihnen ist das »Schtetl« nach Vorbild des litauischen Dörfchen Riteve gewidmet. Thorarolle und Widderhorn-Schofar werden ebenso gezeigt wie ein Film über Nelson Mandela, laut Oberrabbiner Cyril Harris ein »Vorbild dessen, was ein Mensch sein kann«. Im **Holocaust Centre** wird multimedial von Antisemitismus, Drittem Reich und Deportationen in die Todeslager, aber auch von Rettung, Widerstand und Befreiung erzählt – bis 1935 gelang über 1000 deutschen Juden die Flucht ans Kap, wie Zeitzeugen in Videofilmen berichten. Zur Einweihung war Helen Suzman (1917 – 2009) Ehrengast – 2015 ehrte eine eigene Aussellung die Menschenrechtlerin, die 36 Jahre im Parlament gegen die Apartheid kämpfte.
88 Hatfield Street, Gardens
MyCiTi-Busse und Hop-on-Hop-off-Busse halten beim Eingang
Parkplatz, So. – Do. 10 – 17, Fr. bis 14 Uhr, Erw. R 50, Kinder frei, Audioguides und Führungen
http://sajewishmuseum.org.za
Holocaust Centre: Eintritt frei
www.holocaust.org.za

STELLENBOSCH DORP MUSEUM
►Baedeker Wissen, S. 218

WORCHESTER MUSEUM
►Worcester, S. 235

## KUNST UND ARCHÄOLOGIE

DIAMOND MUSEUM
►V & A Waterfront, Shimansky Diamond Tour, S. 136

FISH HOEK VALLEY MUSEUM
Das Museum zeigt prähistorische Funde des 12 000 Jahre alten »Fish Hoek Man«: In der Peers Cave fanden Victor Peers und sein Sohn 1926/27 Überreste von neun prähistorischen Menschen und Steinwerkzeuge.
59 Central Circle, Fish Hoek
Di. – Fr. 9.30 – 12 Uhr
Erw. R 20, Kinder R 10
www.fishhoek.com

IRMA STERN MUSEUM
►Rondebosch, S. 98

MARVOL GALLERY
►Stellenbosch, S. 221

NORVAL FOUNDATION
►S. 93

MICHAELIS ART COLLECTION (IZIKO)
►Greenmarket Square Old Town House, S. 75

RUPERT MUSEUM
►Stellenbosch, S. 221

SOUTH AFRICAN MUSEUM (IZIKO)
►S. 107

SOUTH AFRICAN NATIONAL GALLERY (IZIKO)
►S. 108

ZEITZ MOCAA
►Das ist Kapstadt S. 21
►S. 138

## NATUR UND TECHNIK

CAPE AGULHAS LIGHTHOUSE MUSEUM
►Cape Agulhas, S. 145

CAPE MEDICAL ZMUSEUM
►Green Point, S. 78

HEART OF  CAPE TOWN MUSEUM
►Woodstock, S. 138

Erschütternde Einblicke im Robben Island Museum

HOUT BAY MUSEUM
►Hout Bay, S. 84

JOSEPHINE MILL
►Kirstenbosch, Newlands, S. 88

JOUBERT HOUSE
►Route 62, Montagu, S. 202

OLD HARBOUR MUSEUM
►Hermanus, S. 186

OUTENIQUA
TRANSPORT MUSEUM
►Garden Route, George, S. 160

PLANETARIUM (IZIKO)
►South African Museum, S. 108

RUST EN VREUGD (IZIKO)
Den kapholländischen Stil des 18. Jh.s präsentiert das elegante frühere Stadthaus des Staatsanwalts der Holländischen Ostindien-Kompanie, Willem Cornelis Boers. Die im Rokokostil gefertigte Lünette über dem Haupteingang wird Anton Anreith zugeschrieben. Hier ist ein Teil der im ►Castle of Good Hope untergebrachten Iziko **William Fehr Collection** zu bewundern. Die Gemälde, Zeichnungen und Radierungen des 17.–19. Jh.s zeigen die Anfänge der Kapkolonie, historische Begebenheiten und Szenen des maritimen Lebens. Regelmäßig Sonderausstellungen zeitgenössischer südafrikanischer Künstler.

78 Buitenkant Street, Gardens
Do. – Fr. 9 – 16 Uhr
Eintritt R 60
www.iziko.org.za

### SHIPWRECK MUSEUM
►Bredasdorp, S. 145

### SOUTH AFRICAN AIR FORCE MUSEUM
Erzählt wird die Geschichte der nach eigenen Angaben zweitältesten Luftwaffe der Welt. Nach dem Zweiten Weltkrieg waren SAAF-Piloten z. T. auch zivil als Postflieger oder Diamantentransporteure unterwegs und trugen ab 1960 als Buschpiloten zur touristischen Erschließung des Landes bei. Unter den ausgestellten Oldtimern sind eine Mustang P51D, ein Fieseler Storch und eine Spitfire.
Air Force Base, Piet Grobler Street, Ysterplaat, Mi. – Fr. 7 – 15 Sa. 8.30 – 12 | Eintritt frei
https://saafmuseum.org.za

### SOUTH AFRICAN MUSEUM (IZIKO)
►S. 107

### SA NAVAL MUSEUM
►Simon's Town, S. 104

### WARRIOR TOY MUSEUM
Krieg und Spielzeug? NIcht nur: Neben einer Armee von Zinnsoldaten gibt's auch historische Teddys, Puppen und über 4000 Modellautos.
1067 King George Way, Simon's Town, Di. – Fr. 10 – 14, Sa., So. 10 – 15 Uhr, Erw. R 15

### WHALE HOUSE MUSEUM
►Hermanus, S. 186

# SHOPPEN

***Kapstadt gibt sich kosmopolitisch. Schillernde Kreationen südafrikanischer Designer wie Gavin Rajah, Jenni Button oder Nkhensani Nkosi locken alljährlich die Kreativen aus aller Welt zur Cape Town Fashion Week. Die Einkaufszentren sind Shopping-, Event-, und Gourmettempel im Riesenformat. Beim Bummel durch die City findet man Haute Couture, Vintage und junge afrikanische Labels, Antiquitätenshops, Weinläden und bunte Märkte mit afrikanischem Kunsthandwerk.***

Einkaufsparadies

Auf der Suche nach den heißesten Sommeroutfits sind **Hout, Long** und **Kloof Street** »the place to be«. Das trendige **Cape Quarter** steht für exklusives Lifestyle-Shopping. Feine Antiquitätengeschäfte sind an der Church und Shortmarket Street zu Hause. In der Fußgängerzone St. George's Mall locken Kaufhäuser, Diamanten und bunte Straßenstände. Farbenfroh bedruckte Stoffe, Perlenschmuck, Holzschnitzereien, Specksteinarbeiten, Masken und originelle Blechkunst aus den Townships bekommt man am **Greenmarket Square**. Kunsthandwerk aus ganz Afrika bietet der **African Craft Wholesale Market,** 91 Long Street. Viele talentierte Goldschmiede haben sich am Kap niedergelassen. Günstig sind Leder-, Sport- und Outdoor-

Kleidung. Ultimatives Shopping versprechen sowohl die **V & A Waterfront** als auch der Canal Walk im Konsumtempel **Century City** an der N1 bei Milnerton.
Die meisten **Geschäfte öffnen** Mo. – Fr. 9 – 17, Sa. 9 – 13 Uhr, Shopping Malls tgl. bis 21 Uhr. In **Tax free**-Geschäften kann man mit dem entsprechenden Rechnungsbeleg mehrwertsteuerfrei Souvenirs, Kleidung, Schmuck etc. kaufen. Die **Mehrwertsteuer** (VAT) von derzeit 15 % erhält man bei der Ausreise am Flughafen zurückerstattet, sofern der Warenwert 250 Rand übersteigt.

## EMPFOHLENE ADRESSEN

### ANTIQUITÄTEN

#### ANTIQUE ARCADE
Ein Dutzend kleiner Antiquitätenläden mit Möbeln, edlem Porzellan und Silberschmuck
127 Long Street, Central

#### CHURCH STREET ANTIQUE MARKET
Antikes, Kitsch und Trödel findet man im Sommer täglich, im Winter Do. – Sa. auf dem Straßenmarkt zwischen Long und Burg Street.

### EINKAUFSZENTREN

#### CANAL WALK SHOPPING CENTRE
Ultimatives Shopping in über 400 Läden in ►Durbanville, S. 147

#### CAVENDISH SQUARE
Tgl. geöffnet, mehr als 200 exklusive Modegeschäfte
1 Dreyer Street
Claremont
www.cavendish.co.za

#### V & A WATERFRONT
Schicke Ladenpassagen, afrikanisches Kunsthandwerk, junge Modeboutiquen und Märkte im Vergnügungsviertel am Hafen, ►S. 128

### KUNSTGALERIEN

#### AVA GALLERY
Zeitgenössische Arbeiten, Kataloge und Kunstmagazine
35 Church Street, Central
www.ava.co.za

#### CAPE GALLERY
Zeitgenössische Künstler vom Kap wie Makiwa Mutomba, Helen van Stolk und Madla Vanyaza
60 Church Street, Central
www.capegallery.co.za

#### GOODMAN GALLERY
Liza Essers zeigt gefragte Künstler Südafrikas wie Adejoke Tugbiyele, Willem Boshoff, Haroon Gunn-Salie und Tracey Rose, die im Südafrika-Pavillon auf der 58. Biennale 2019 in Venedig ausstellte.
3. Etage, Fairweather House
176 Sir Lowry Road
Woodstock
www.goodman-gallery.com

#### WHATIFTHEWORLD GALLERY
Renommierte Kunstvernissagen im hippen Stadtteil Woodstock. Ausgestellt werden neben bekannten Künstlern wie Julia Rosa Clark und Thania Petersen auch Newcomer.
16 Buiten Street, Woodstock
www.whatiftheworld.com

Auf dem Greenmarket Square finden Sie fantasievolle Township Art.

## KUNSTHANDWERK

### GREENMARKET SQUARE
Erste Adresse für Kunsthandwerk aus ganz Afrika mit unzähligen Ständen für Holzschnitzerei, Stoffe, Perlenschmuck, Speckstein- und Recyclingkunst, ►S. 74

### AFRICAN CRAFT WHOLESALE MARKET
Das Afrika-Haus an Kapstadts Long Street

### STREETWIRES ARTISTS COLLECTIVE
Aus einer Künstlerinitiative hat sich Streetwires zu einem der größten Produzenten von originellem Kunsthandwerk aus Perlen und Draht entwickelt und arbeitet immer noch als Kollektiv. Tolle Souvenirs, vom Mini-Chamäleon bis zur Riesen-Oryx.
354 Albert Rd, Woodstock, https://streetwires.netshomizam.com

### TRIBAL TRENDS
Formschönes von Carrol Boyes, Fruchtbarkeitspuppen aus Kamerun und schöner Silberschmuck – alles etwas teurer, aber ausgesuchte Stücke in sehr dekorativem Ambiente
72–74 Long Street, Central
www.instagram.com/tribal_trends72

### ZEITZ MOCAA
Im Museumsshop finden Sie hochwertige Mitbringsel aus jungen Designerateliers.
►S. 141

## MÄRKTE

### ADDERLEY FLOWER MARKET
►S. 44

### GRAND PARADE
Blumen-, Gemüse- und Stoffe
►S. 73

GREENPOINT MARKET
Sonntags heißt es Feilschen neben dem Fußballstadion, ►S. 79

## MODE

AFRAID OF MICE
Ausgesuchte Vintage-Mode vom Feinsten – absolut im Trend
99 Harrington Street, www.facebook.com/AfraidOfMice

AFRICA NOVA
Kente-Stoffe aus Ghana, Terrakotta aus Angola, Zulu-Speere, Skulpturen und Schmuck aus Südafrika
Watershed, V & A Waterfront
www.africa-nova.com

GAVIN RAJAH ATELIER
Elegant, ausgefallen und trotzdem tragbar – Beyoncé, Brad Pitt und Tyra Banks tragen die Kollektionen vom gefeierten Gründer der Cape Town Fashion Week.
The Studios, 63, 114 Rose Street, Tel. 021 424 78 42, www.instagram.com/gavinrajah

GRANADILLA
Den Granadilla-Eislollys der Strandverkäufer am Clifton Beach verdankt das hippe Label für Badeshorts und Bikinis seinen Namen.
Shop A9, Watershed, 17 Dock Road, V & A Waterfront
https://granadillaswim.com

JUST CRUIZIN'
Ein Hauch »Out of Africa« weht über den pastellfarbenen Hosen, Blusen, Shorts und Kleidern aus reiner Baumwolle – ideal für Freizeit und Reise.
68 Waterkant Street, De Waterkant, https://justcruizinclothing.com

MERCHANTS ON LONG
Hinter der historischen Fassade punktet Südafrikas erster Concept Store mit hochwertiger Designer-

mode, Schmuck und Accessoires – alles »made in Africa«.
34 Long Street, Central
www.merchantsonlong.com

### MUNGO
Das Familienunternehmen produziert an der Gardenroute und ist mit seinen afrikanisch-mediterran geprägten Webarbeiten aus Naturmaterialien ökozertifiziert. Angeboten werden wunderschöne Plaids, Kissenbezüge, Handtücher ...
78 Hout Street
www.mungo.co.za

### PRESIDENTIAL
Es wird viel Geld mit Nelson Mandelas Image gemacht, auch hier. Aber die typischen Madiba-Hemden, in denen Mandela (fast) alle seine Auftritte absolvierte – egal ob Seide oder Leinen, Batik oder Print – sind zu schön!
Shop 6249, Victoria Wharf
www.presidential.co.za

### TSONGA
Aus Südafrika: handgemachte schicke Schuhe, Taschen und Accessoires aus feinstem Leder
Shop 48, Constantia Village Mall
www.tsonga.com

### VELDSKOEN SHOES
Die Kultschuhe aus Südafrika bzw. modisch-bunte Abwandlungen der traditionellen »vellies« aus Kudu-Leder gibt es in verschiedenen Schuh- und Outdoor-Läden, in großer Auswahl aber hier.
19 Amphion Street
Paarden Eiland
www.veldskoen.com

### VICTORIA WHARF
Sexy, elegant, innovativ, klassisch, außergewöhnlich oder romantisch – Topadresse für junge Mode, Designeroutfits und Outdoorbekleidung
V & A Waterfront
www.waterfront.co.za

## SCHMUCK

### AFROGEM
Sehen Sie in der Werkstatt zu, wie Diamant, Topaz und Amethyst in Gold und Silber gefasst werden.
181 Buitengracht Street, Central
www.afrogem.co.za

### THE DIAMOND WORKS
Diamantentour mit Besuch der Werkstatt, wo Sie alles über Schliff, Schmuckherstellung, Gold- und Diamantenabbau erfahren. Die Wall of Fame zeigt preisgekrönte Unikate, die Tansanit-Boutique exquisite Stücke der violett-blauen Edelsteine.
Ground Floor, 10 Christiaan Barnard St, City Centre
www.thediamondworks.co.za

### PHILIPPA GREEN
Gefragte Goldschmiedin mit formschönen Ringen und Silberarmreifen
63 Shortmarket Street, First Floor, Central
http://philippagreen.com

### JEWEL AFRICA
Hier können Sie den Goldschmieden bei der Arbeit zusehen, Diamanten und die seltenen Tansanite bewundern, die nur in einer kleinen Mine bei Arusha am Kilimanjaro in Tansania abgebaut werden. Auch afrikanisches Kunsthandwerk wird hier angeboten.
Foyer A, 1st Floor, Sovereign Quay, 34 Somerset Road, Green Point, http://jewelafrica.com

## WEIN

### CAROLINE'S FINE WINE CELLAR
Pinotage, Chenin Blanc oder Shiraz? Über 1500 verschiedene Weine vom Kap stehen zur Auswahl, aber auch edle Tropfen aus Europa.
Schöne Geschenkideen
33 Regent Road, Sea Point
www.carolineswine.com

# STADTBESICHTIGUNG

*Die Metropole am Kap kann man tagsüber gut zu Fuß erkunden – sofern man sich auf belebten Straßen und Plätzen aufhält. Die V & A Waterfront ist auch abends ein sicherer Platz. Wer mit dem Mietauto in der Innenstadt unterwegs ist, wird bald feststellen, dass etwas knapp ist: die Parkplätze.*

Zu Fuß durch die Stadt

Unter **www.capetown.travel/itineraries-tours/9-unique-cape-town-tours** und bei Cape Town Tourism im Pinnacle Building Ecke Burg und Castle Street finden Sie unterschiedlichste **Themen-Rundgänge** zu Shopping, Kunsthandwerk, Bo-Kaap, Woodstock Art, Wein und vielem mehr. Kapstädter führen Touristen durch ihre Stadt: Das ist das spannende Konzept von »withlocals« (www.withlocals.com/de/s/republic-of-south-africa/cape-town).

Mit dem Bus

**Hop-on, Hop-off** heißt es bei den Stadtrundfahrten von **City Sightseeing** im offenen, roten Doppeldeckerbus. Zur roten City Tour gehören Waterfront und Tafelberg – Tickets für die Seilbahn gibt es beim Busfahrer. Die blaue Tour führt um die Kaphalbinsel und hält u. a. an der World of Birds und in Kirstenbosch. Die gelbe Downtown

Willkommen an Bord! Vom Quay 5 der V & A Waterfront können Sie im High Speed Boot, Katamaran oder Gaffelsegler ablegen, um die weite Tafelbucht zu erkunden.

Tour hält am South African Museum, District Six Museum und Castle of Good Hope, die lila Wine Tour in Groot Constantia, Eagles' Nest und Beau Constantia. Besonderes Highlight: Die Sunset Tour zum Signal Hill. Die begleitenden Kommentare im Bus sind mehrsprachig, auch auf Deutsch.

Mit dem Fahrrad oder Motorrad

Mit dem Rad durch Kapstadt, begleitet von einem ebenso passionierten Rad-Fan wie Geschichtenerzähler, verspricht eine tolle Mischung aus Sport und Unterhaltung, zu buchen beispielsweise bei **City Cycle Tours** (www.citycycletours.co.za). Beim **Sidecar-Trip** werden bis zu zwei Personen von einem Chauffeur in einem Motorrad-Gespann entweder über die Kaphalbinsel, durch das Weinland oder zur Westküste kutschiert (www.sidecars.co.za). **Cape Bike Travel** organisiert begleitete Harley-Davidson-Touren rund ums Kap, durch die Cederberge und auf der Route 62 (www.capebiketravel.com).

Mit dem Boot

Eine knappe halbe Stunde dauert die Hafenrundfahrt der **Harbour Cruise**, die alle 20 Minuten beim Two Oceans Aquarium von der V & A Waterfront startet und am Nelson Mandela Gateway und dem Clock Tower vorbeischippert. So richtig hinaus aufs Meer fahren größere Schiffe zu Segeltörns und romantischen **Champagner Sunset Cruises**. Beliebt nicht nur bei Kindern ist das **Jolly Roger Pirate Boat** mit spannendem Entertainment auf See (▶ S. 333).

Hop-on, Hop-off: Mit den City-Sightseeing-Bussen, die auch an der Promenade von Camps Bay halten, können Sie ein- und aussteigen, wann immer Sie mögen.

## EMPFOHLENE ANBIETER

### AUSSERGEWÖHNLICHE SAFARIS

Di. und Do. gibt es Führungen im **Cape Town Stadium** (►S. 178). Im Kontrast dazu stehen die **Townships**, die man nur geführt besuchen sollte (►S. 126). Neben **Wildlife**-Touren in Wildreservaten (► S. 24, ► S. 41, ► S. 176) stehen **Koch-Safaris** hoch im Kurs, die im Bo-Kaap in die Welt kapmalaischer Gewürze entführen (► S. 48)
www.capetown.travel/itineraries-tours/9-unique-cape-town-tours

### IM DOPPELDECKERBUS

#### CITY SIGHTSEEING CAPE TOWN

»Hop-on, Hop-off« durch Kapstadt. Ticket Office und Start tgl. 9 – 17 Uhr am Two Oceans Aquarium, V & A Waterfront. Auch Hafen-, Kanalfahrten und Touren mit Motorrad-Gespann.
81 Long Street, Tel. 021 511 60 00
www.citysightstseeing.co.za

### BOOTSTOUREN

#### HTTPS://WATERFRONT CHARTERS.CO.ZA

Blitztouren mit dem Jetboat, Sundowner Cruises, Hafenrundfahrten – das Unternehmen organisiert, was das Herz begehrt.

#### WWW.ABSOLUTE ADVENTURES.CO.ZA

Im Speed Boat durch die Tafelbucht – ein rasantes, nasses Vergnügen.
1 Std., max 12 Passagiere, R 950 p. P., ab Quay 5, V & A Waterfront

#### WATERFRONT BOATS

Tgl. Bootsausflüge, Segeltörns, Hafenrundfahrten, Breakfast, Champagne und Sundowner Cruises
5 Quay, V & A Waterfront
Tel. 021 418 31 68
Sunset-Törn ab R 370
www.yacoobyachts.co.za
www.waterfrontcharters.co.za
https://waterfrontadventures.activitar.com

### SIGHTSEEING-TOUREN

#### ABCD TOURS

Ob 3 Std. Jogging durch Khayelitsha, eine 4-Std.-Radtour durch die Township oder 4 Std. Night Life Experience – Ziel ist es, Kontakte zu schaffen, die über Sightseeing hinausgehen. Mit den Einnahmen werden Sportprojekte für Jugendliche unterstützt.
Ecke Mew Way & Spine Road Bandwidth Barn, Khayelitsha
Tel. 067 044 46 31, Radtour ab R 950, Jogging ab R 550 p. P.
www.abcd-concepts.co.za

#### COOKING TOURS

Aromen und Gewürze von Bo Kaap kombiniert die charmante Zainie Misbach bei unterhaltsamen Kultur- und Kochtouren mit viel Hintergrundinfos. Der Hit: Koesister Tour.
www.bokaapcookingtour.co.za

#### COFFEEBEANS ROUTES

Musik-, Bier-, Design-, Fashion- und Kunst-Safaris. Besonders interessant: die Revolution Route zu wichtigen Plätzen im Leben von Nelson Mandela und anderer Apartheid-Gegner. Bei den Touren durch die Winelands wird auch »Street Art« präsentiert (Radtour, 4 Std.) oder man besucht Bio-Winzer.
2nd floor Dover House, 44 Orange Street, Tel. 021 813 61 40
http://coffeebeansroutes.com

#### HUBSCHRAUBER-RUNDFLÜGE

►Magischer Moment S. 132

# ÜBERNACHTEN

*Kapholländische Herrenhäuser, viktorianische Anwesen und ausgefallene Designerideen, traumhafte Aussichten aufs Meer oder den mächtigen Tafelberg, in Kochkunst umgesetzte Rezepte aus aller Welt, wohlige Wellness und warmherzige Gastgeber – selbst Jugendherbergen haben am Kap ein ganz besonderes Flair.*

Wie man sich bettet

Der **Tourism Grading Council of South Africa** (TGCSA) zertifiziert alljährlich die Hotels, Pensionen, B & Bs und Campingplätze mit mit einem bis zu fünf Sternen (www.tourismgrading.co.za). Der Tou-

rismusboom der letzten Jahre hat Kapstadt viele neue Unterkünfte beschert, vom luxuriösen 5-Sterne-Haus mit Seeblick und Spa über stilvolle viktorianische Gästehäuser bis zu gemütlichen B&Bs und charmanten Backpacker Hostels. In der Hauptsaison von November bis April und den südafrikanischen Schulferien (Ostern, September) sollte man jedoch unbedingt **rechtzeitig reservieren**! Zeit und Geld sparen frühzeitige **Online-Buchungen** direkt bei der Unterkunft oder über Online-Portale wie booking.com, hrs.de, kapstadt.de, capetown.travel/stay oder airbnb. Häufig muss man eine Anzahlung leisten. In der Nebensaison kann man nicht selten eine Kategorie zum gleichen Preis nach oben klettern. Das Frühstück ist in der Regel im Preis inbegriffen und meist als üppiges Buffet angerichtet.

In den Farben des Meeres: die Traumsuiten des Twelve Apostles Hotel & Spa

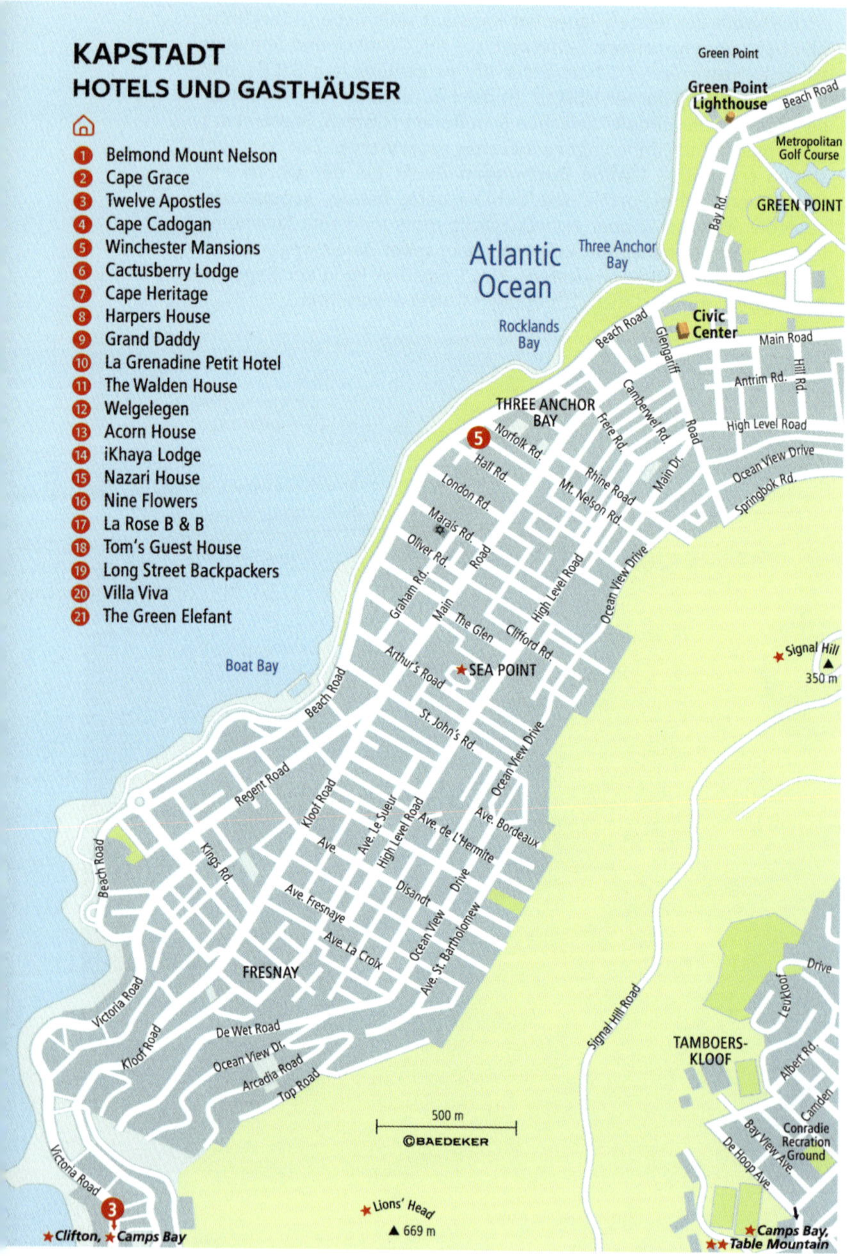
KAPSTADT
HOTELS UND GASTHÄUSER
1 Belmond Mount Nelson
2 Cape Grace
3 Twelve Apostles
4 Cape Cadogan
5 Winchester Mansions
6 Cactusberry Lodge
7 Cape Heritage
8 Harpers House
9 Grand Daddy
10 La Grenadine Petit Hotel
11 The Walden House
12 Welgelegen
13 Acorn House
14 iKhaya Lodge
15 Nazari House
16 Nine Flowers
17 La Rose B & B
18 Tom's Guest House
19 Long Street Backpackers
20 Villa Viva
21 The Green Elefant
Atlantic Ocean
Green Point
Green Point Lighthouse
Beach Road
Metropolitan Golf Course
GREEN POINT
Bay Rd.
Three Anchor Bay
Rocklands Bay
Civic Center
Main Road
Glengariff
Antrim Rd.
Hill Rd.
High Level Road
Ocean View Drive
Springbok Rd.
THREE ANCHOR BAY
Norfolk Rd.
Hall Rd.
London Rd.
Marais Rd.
Oliver Rd.
Camberwel Rd.
Frere Rd.
Rhine Road
Mt. Nelson Rd.
Main Dr.
Graham Rd.
Main Road
The Glen
Clifford Rd.
Arthur's Road
SEA POINT
St. John's Rd.
Signal Hill
350 m
Boat Bay
Regent Road
Kloof Road
Ave. Le Sueur
High Level Road
Ave. de L'Hermite
Ave. Bordeaux
Kings Rd.
Ave.
Ave. Fresnaye
Disandt
Drive
Ave. La Croix
Ocean View
Ave. St. Bartholomew
FRESNAY
Victoria Road
Kloof Road
De Wet Road
Ocean View Dr.
Arcadia Road
Top Road
Signal Hill Road
TAMBOERSKLOOF
Leukloof
Drive
Albert Rd.
Camden
Conradie Recration Ground
Bay View Ave.
De Hoop Ave.
500 m
©BAEDEKER
Lions' Head
669 m
Clifton, Camps Bay
Camps Bay, Table Mountain

MOUILLE POINT
Granger Bay Campus (CPUT)
Mouille Point
Granger Bay
Fähre nach Robben Island
Bay Rd.
Metropolitan Golf Course
Cape Town Stadium
Beach Road
Stephan Way
Green Point Common
Fort Wynyard
Three Anchor Bay Sports Ground
Athletics Track
Cape Medical Museum
Victoria
Wharf
Market Square
Victoria & Alfred Waterfront
East Pier
Elbow
Alfred Mall
African Trading Port
Clock Tower
Clock Tower Centre
Watershed
Alfred Basin
Two Oceans Aquarium
Zeitz MOCAA
South Arm Rd.
Duncan Dock
Western Boulevard
Main Road
De Goede Verwachting
St. Margaret Mary
High Level
Cavalcade Rd.
Thornhill Road
Ocean View Dr.
Springbok Rd.
Merriman Rd.
Old Malay Cemetery
Boundary Rd.
Dock Rd.
Ebenezer Rd.
Duncan Road
Roggebaai Canal
Cape Town International Convention Centre
Sacred Heart
St. Andrew's
CENTRAL
Lion's Rump
BO-KAAP
Jamai Mosque
Artscape Theatre Centre
Riebeeck Statue
Civic Centre
Iziko Bo-Kaap Museum
St. Stephen
Sending. Museum
Iziko Koopmans de Wet House
Railway Station
SCHOTSCHE KLOOF
Palm Tree Mosque
Green-market Sq.
Old Town House Museum
St. George's Cathedral
Groote Kerk
Grand Parade
National Library
Iziko Slave Lodge
Parliament
City Hall
Castle of Good Hope
Observatory
Company's Gardens
De Tuynhuys
District Six Museum
Iziko SA Museum
Little Theatre
Iziko SA National Gallery
Iziko Rust-en-Vreugd
Cape Technicon
ZONNEBLOEM (DISTRICT SIX)
Iziko Bertram House
SA Jewish Museum & Holocaust Centre
Western Cape Archives
Welgemeend
De Waal Park
Jutland Avenue
Mill St.
Rondebosch
Kirstenbosch Nat. Botanical Garden

## AUSGESUCHTE HOTELS ▶Karte S. 336/337

**PREISKATEGORIEN**
Doppelzimmer mit Frühstück
€€€€ über 3000 Rand
€€€ 2000 – 3000 Rand
€€ 1300 – 2000 Rand
€ bis 1300 Rand

### ❶ BELMOND MOUNT NELSON €€€€

Seit viktorianischer Zeit empfängt der rosafarbene Traumpalast des Reeders Sir Donald Currie seine Gäste in unnachahmlich luxuriösem Stil. Zeitlose Eleganz und bester Service sind Programm der Hotellegende. Im Garten spaziert man im Sommer durch ein Blütenmeer aus Rosen, die mächtigen Baumriesen des Parks sind genauso alt wie das charmante Kolonialgebäude. Im holzgetäfelten Lord Nelson Restaurant stehen Austern, Springbock und eine unwiderstehliche Nyangbo-Schokoladetorte auf der Karte (▶S. 311). Regelmäßig werden klassische Konzerte gegeben. Oder buchen Sie für den Afternoon Tea im »Nellie«, ▶Magischer Moment S. 62.
76 Orange Street, Gardens
Tel. 021 483 10 00
www.belmond.com

### ❷ CAPE GRACE €€€€

Das für seine Nachhaltigkeit preisgekrönte 5-Sterne-Haus zwischen V & A Waterfront und Jachthafen zählt zu den Leading Hotels of the World. Seine edle Ausstattung haben vom Kronleuchter bis zur Wandbemalung lokale Künstler ausgeführt. Antike Artefakte der San und handbemalte Stoffe zitieren die multikulturellen Traditionen am Kap. Jedes der Zimmer mit Marmorbad hat Blick auf den Tafelberg oder schmucke Segeljachten. Farmen aus der Region und die umliegenden Küstengewässer liefern die Zutaten für die fantastische Küche im hauseigenen Heirloom Restaurant. Zum Hotspot am Wasser wird abends die Bascule Bar, die mit edlen Weinen und mehr als 400 Whiskys aus aller Welt aufwarten kann. Jede Sünde wert sind das Fingerfood und die Törtchen zum Afternoon Tea. Wohlige Wellness verspricht eine Massage im Spa mit exklusiver Fynbos-Beauty-Serie.
West Quay Road, V & A Waterfront, Tel. 021 410 71 00
www.capegrace.com

### ❸ TWELVE APOSTLES HOTEL & SPA €€€€

Atemberaubend ist allein schon die Lage am Fuß der Zwölf Apostel direkt am Atlantik. Die strahlend weiße Nobelherberge ist ein Wahrzeichen Kapstadts und wird von Seeleuten als Navigationspunkt genutzt. Gäste erwarten wunderschöne Zimmer und Suiten im modernen Kapstil, zwei Poolgärten und das preisgekrönte Sanctuary Spa mit Felsengrotte. Der Sundowner wird auf der Terrasse am Atlantik serviert, bevor Sie zum romantischen Dinner im Gourmetrestaurant Azure Platz nehmen (▶S. 310). Zum Schluss vielleicht noch ein Blockbuster im Privatkino?
Kostenloser Shuttle alle 15 Min. in die City, Victoria Road, Camps Bay, Tel. 021 437 90 00, ▶Abb. S. 334, www.12apostleshotel.com

### ❹ CAPE CADOGAN €€€/€€€€

Das sehr persönlich geführte Boutiquehotel im viktorianischen Stil, das unter Denkmalschutz steht, bietet zwölf geschmackvoll eingerichtete Zimmer, einen Pool und einen offenen Kamin sowie eine gut sortierte Bibliothek, außerdem werden spannende Besuche von sozialen Einrichtungen im Township organisiert.
Upper Union Street, Tamboerskloof, Tel. 021 480 80 80
www.more.co.za/capecadogan

OBEN: Faible für Komfort und Zimmer mit Aussicht? Schön schlummern Sie im Cape Grace an der V & A Waterfront.
UNTEN: Pink Lady – eine bezaubernde Bleibe am Fuß des Tafelbergs ist das viktorianische Belmond Mount Nelson.

### 5 WINCHESTER MANSIONS €€€/€€€€

▶S. 81

### 6 CACTUSBERRY LODGE €€€

Harmonische Farben und geschmackvolles Design, eine nette Lounge, Pool und sonniger Innenhof verleihen dem viktorianischen Haus Wohlfühlatmosphäre. Müsli, Obstsalat und frische Säfte stehen auf dem Frühstückstisch, abends gibt es Rotwein unterm Eukalyptusbaum.
30 Breda Street, Oranjezicht
Tel. 076 918 5246
https://cactusberry.co.za

### 7 CAPE HERITAGE €€€

Hübsche Zimmer in einem Gebäude des 18. Jh.s mit kleinem Innenhof und Whirlpool auf der Dachterrasse. Die älteste Weinrebe Südafrikas wurzelt hier – der Riesling aus den Trauben wird für karitative Projekte versteigert. Zum Frühstück gibt es hausgemachte Backwaren und Bio-Smoothies. Am Heritage Square laden feine Restaurants zur kulinarischen Reise von Asien bis Afrika ein.
90 Bree Street, Central
Tel. 021 424 46 46
www.capeheritage.co.za

### 8 HARPERS HOUSE €€€/€€€€

Außen viktorianisch, innen top-modern. Mit nur acht Zimmern eine sehr individuelle, angenehme Unterkunft, 5 Min. Fußweg zur V & A Waterfront.
2 Varneys Road, Greenpoint
Tel. 021 434 35 01
www.harpershouse.co.za

### 9 GRAND DADDY €€€

Glänzend untergebracht: Über den Dächern der Long Street stehen auf der Dachterrasse des Hotels sieben silberne Vintage-Wohnwagen zum Übernachten.
38 Long Street, Central
Tel. 021 424 72 47
www.granddaddy.co.za

### 10 LA GRENADINE PETIT HOTEL €€€

Zentral gelegen und dabei eine richtige Oase – diese französisch inspirierte »Pension« mit fünf Zimmern und einem Cottage in einem umgebauten Pferdestall ist unglaublich charmant, wunderbar ruhig und so hübsch! Dass auch die Gastgeber Maxime und Mélodie einfach nur bezaubernd sind – wen wundert's?
15 Park Road, Gardens
Tel. 021 424 13 58
www.lagrenadine.co.za

### 11 THE WALDEN HOUSE €€€

Nahe der Kloof Street mit Bars und guten Restaurants in Gehweite liegt die weiße Kolonialzeit-Villa von 1900 mit ihren eleganten Zimmern – geschlafen wird in Leinenbettwäsche. Wer will, kann neben dem Pool im Garten frühstücken. Von der Veranda bietet sich den Gästen ein toller Blick auf den Tafelberg.
5 Burnside Road
Tamboerskloof
Tel. 021 424 42 56
http://walden-house.com

### 12 WELGELEGEN €€€

Wunderschönes viktorianisches Boutiquehotel mit Pool, Bibliothek, Wellnessbereich und tollem Frühstück im Innenhof mit Blick auf den hübschen Garten. Um die Ecke an der Kloof Street sollten Sie im Café Paradiso einen Tisch reservieren, ▶S. 314.
6 Stephen Street, Gardens
Tel. 021 426 23 73
https://welgelegen.co.za

### 13 ACORN HOUSE €€€/€€

Über 100 Jahre alt ist das denkmalgeschützte Meisterwerk von Sir Herbert Baker, das er 1904 mit großzügigen Veranden, Säulengängen in warmen Holztönen und viel weißem Stuck entwarf. Das familiär geführte Haus punktet mit liebevoller Dekoration, Pool, Garten und gut sortiertem

Weinkeller. Mehrere Cafés sind nur 5 Gehminuten entfernt.
1 Montrose Avenue, Oranjezicht
Tel. 071 094 24 81
www.acornhouse.co.za

### 14 IKHAYA LODGE €€

iKhaya, in Xhosa »Zuhause«, ist ein Boutiquehotel mit 18 Zimmern in authentischem afrikanischen Design. Es gibt ein Frühstücks- und Lunch-Buffet mit großer Auswahl an frischen lokalen Gerichten. Auch Apartments für Selbstversorger werden angeboten. Kostenfreies sicheres Parken. Nur wenige Gehminuten zu netten Cafés und Restaurants.
Mill Street, Dunkley Square
Gardens, Tel. 079 971 35 45
www.ikhayalodge.co.za

### 15 NAZARI HOUSE €€

Geschmackvolle, moderne Ferienwohnungen mit gut ausgestatteter Küche, Balkon und Blick auf den Tafelberg, im Bo-Kaap-Viertel, nur 100 m von der Bree Street.
41 Jordaan Street Bokaap
Tel. 079 792 95 38
per booking.com

### 16 NINE FLOWERS €€

Jedes der neun Zimmer ist einer Kapblume mit farblich geschmackvoll abgestimmten Stoffen und Wandtönen gewidmet. Das denkmalgeschützte Haus aus viktorianischer Zeit führen Marrin und Matthias aus Deutschland. Nebenan gibt es vier schöne Selbstversorger-Studios, Parkplätze sind gleich gegenüber.
133 – 135 Hatfield Street
Gardens, Tel. 021 462 14 30
https://nine-flowers-guest-house.capetown-hotels-za.com/en

### 17 LA ROSE B & B €€

Bunt wie das Viertel ist auch diese Unterkunft im Herzen von Bo Kaap. Neun freundlich eingerichtete Zimmer und die herzliche Fürsorge von Adheena und Yoann gestalten den Aufenthalt angenehm und entspannt. Dass es jede Menge Tipps gibt, versteht sich von selbst.
32 Rose Street, Bo Kaap
Tel. 021 422 58 83
www.larosecapetown.com

### 18 TOM'S GUEST HOUSE €€

Liebevoll dekorierte Zimmer mit afrikanischer Kunst und Bildern lokaler Künstler. Der Tag beginnt mit einem leckeren Frühstück auf der Terrasse am Poolbereich. Wenige Gehminuten zu guten Restaurants.
144 Breda Street, Oranjezicht
Tel. 079 129 96 28
www.tomsguesthouse.com

### 19 LONG STREET BACKPACKERS €

Great vibes! Das gelb-blaue Eckhaus mit schmiedeeisernen Balkonen liegt neben den Bars der Long Street. Gebucht werden können gepflegte Ein- und Doppelzimmer sowie Dorms mit Etagenbetten für 4 bis 10 Personen. Bar, Braai und Küche.
209 Long Street, Central
Tel. 021 423 06 15, www.longstreetbackpackers.co.za

### 20 VILLA VIVA €

Die gute Jugendherberge mit 2- bis 8-Bett-Zimmern und vom TGCSA geprüften 5 Sternen ist auch Fair Trade zertifiziert. Pool, Cocktailbar, Waschmaschine und Tourenangebote.
74 New Church Street, Central
Tel. 021 423 55 55
www.backpackers.co.za

### 21 THE GREEN ELEPHANT €

Die drei persönlich geführten Häuser mitten im Studentenviertel bieten große, helle Doppel- und 6-Bett-Zimmer, dazu gibt's eine Bar, Küche und Waschmaschine.
57 Milton Road, Observatory
Tel. 021 448 63 59
www.greenelephant.co.za

# P

# PRAKTISCHE INFOS

*Wichtig, hilfreich, präzise*

Unsere Praktischen Infos helfen in (fast) allen Situationen in Kapstadt weiter.

Moderne MiCiTi-Busse verbinden Flughafen, City und V & A Waterfront. ►

DO IT
WITH
ENERGY
Lucozade
104SEA POINT
CA 405-229

## KURZ & BÜNDIG

### ELEKTRIZITÄT
220/230 V Wechselstrom, die Steckdosen sind für drei runde Stifte ausgelegt. Dafür brauchen Sie einen **Adapter**, den Sie an der Hotelrezeption oder im Supermarkt bekommen – am besten schon zu Hause kaufen! Steckdosen für Smartphone, iPad, Elektrorasierer und Fön sind meist für Eurostecker ausgelegt.

### GELD
Währung in Südafrika ist der Rand (ZAR). Kreditkarten werden akzeptiert. Am Flughafen und in Banken befinden sich Geldautomaten.
1 EUR = 19,34 ZAR
1 ZAR = 0,05 EUR
1 CHF = 20,47 ZAR
1 ZAR = 0,05 CHF

### SPERRNOTRUF
Einheitliche Notfall-Nummer für sämtliche sperrbaren Medien wie Bank- und Kreditkarten, aber auch für Handys ist die **+49 11 61 16**.
www.sperr-notruf.de

### NOTRUFE

### POLIZEI
Tel. 10111

### ALLGEMEINER NOTRUF
Tel. 10177
Tel. 112 (Mobiltelefon)

### DEUTSCHES GENERALKONSULAT
Tel. 021 405 30 00
https://southafrica.diplo.de
Tel. 078 608 09 50 (außerhalb der Öffnungszeiten, auch per SMS)

### PANNENHILFE AA
Tel. 0861 00 02 34
www.aa.co.za

### WAS KOSTET WIE VIEL?
Einfache Mahlzeit ab 70 Rand
3-Gänge-Menü ab 350 Rand
1 Tasse Kaffee ab 20 Rand
1 Bier ab 25Rand (0,33 l)
Doppelzimmer ab 600 Rand
Benzin: 1 l Super ab 22 Rand

Preise für Restaurants ►S. 310
Preise für Hotels ►S. 338

### ZEIT
Südafrika gehört derselben Zeitzone an wie Osteuropa (GMT + 2). Während der mitteleuropäischen Sommerzeit besteht so Zeitgleichheit, im Winter ist Südafrika 1 Stunde voraus.

# ANREISE · REISEPLANUNG

**Anreise mit dem Flugzeug** South African Airlines (SAA), Lufthansa, British Airways, KLM, Quatar Airways, Condor, Swiss und Emirates fliegen Kapstadt täglich bzw. mehrmalspro Woche via Amsterdam, London, Doha, Dubai und Johannesburg an. Condor und SAA bieten auch **Direktflüge ab Frankfurt/M.** an. Die Flugzeit von Frankfurt nach Kapstadt beträgt bei einem Stopp in Johannesburg mindestens 14, im Direktflug ca. 11 Stunde – da es keine Zeitverschiebung gibt **ohne Jetlag**! Ideal ist ein Nachtflug mit morgendlicher Ankunft. Für die Hauptsaison (Okt. bis März) sollte frühzeitig gebucht werden, günstiger sind die Flüge im südafrikanischen Herbst (April – Juni). Linienflugtickets müssen in der Regel drei Tage vor dem Rückflugtermin bei der jeweiligen Fluggesellschaft rückbestätigt werden (**reconfirmation**) – Hinweise finden sich auf dem Flugticket bzw. der Homepage der Airline.

**Flughafen Kapstadt**

Flugzeuge landen auf dem **Cape Town International Airport** (CTIA) rund 20 km östlich des Stadtzentrums – mit dem Auto, Shuttle-Bussen oder Taxi in 20 bis 30 Minuten über die Autobahn N 2 erreichbar (►S. 346). Alle großen Mietwagenfirmen sind am Flughafen vertreten – buchen Sie Ihren Wagen am besten vorab!

**Reisedokumente**

Besucher aus Deutschland, Österreich und der Schweiz benötigen für die Einreise nach Südafrika einen **Reisepass**, der mind. 30 Tage über das Ausreisedatum hinaus gültig ist. **Kinder** brauchen einen gültigen Reisepass; die internationale Geburtsurkunde ist nicht mehr vorgeschrieben. Minderjährige, die ohne oder nur mit einem Elternteil reisen, müssen eine notariell beglaubigte Zustimmung der Eltern/vom anderen Elternteil auf Englisch (Affidavit, Mustervorlage bei der Südafrikanischen Botschaft) vorlegen, dazu eine beglaubigte Kopie von deren/dessen Ausweis und Adresse. Für Ein- und Ausreisestempel müssen zwei Seiten frei sein. Bei Ankunft erhält man ein **»visitor's visa«**, das für max. 90 Tage gilt. Wer länger bleiben will, braucht ein Visum. Die Vorlage des Rückflugtickets und/oder der Nachweis ausreichender Geldmittel können verlangt werden – Kreditkarte genügt. Weitere Auskünfte erteilen die Südafrikanische Botschaft in Berlin (berlin.consular@dirco.gov.za) und das Südafrikanische Generalkonsulat in München (munich.consular@dirco.gov.za). Kopien von Reisedokumenten sollten separat und im Fototresor des Smartphone aufbewahrt werden.

**Führerschein**

Für Südafrika wird ein **internationaler Führerschein** benötigt, allerdings gilt dieser nur in Verbindung mit dem **nationalen Führerschein**. Das Mindestalter für die Automiete ist 21 Jahre. ADAC-Mitglieder können gegen Vorlage ihres **ADAC-Ausweises** kostenlos den Automobilclub AA (www.aa.co.za) in Anspruch nehmen.

**Gesundheit**

Die Western Cape Province mit Kapstadt, den Winelands und der Garden Route ist **malariafrei**. Für den Urlaub sind keine speziellen Impfungen erforderlich, trotzdem sollte man gegen Polio, Tetanus, Diphterie und Hepatitis A und B geimpft sein. Die **Sonne** am Kap

FLUGHAFEN KAPSTADT

CAPE TOWN INTERNATIONAL AIRPORT (CTIA)
Günstig, sicher und bequem ist der Airport Shuttle von MyCiTi-Busse, der alle 20 Min. zum Civic Centre pendelt (ab R 75, tgl. 5.30 – 21 Uhr). Vor Einstieg in den Bus braucht man eine aufgeladene MyConnect-Karte, die am Flughafen, Civic Centre und anderen Busstationen erhältlich ist (www.myciti.org.za). Taxis warten vor dem Flughafen, eine Fahrt in die Stadt dauert 20 Min. und kostet ca. R 500, mit Uber-Taxis ca. R 300 (www.uber.com). Shuttle-Dienste vom Hotel zum Flughafen übernehmen auch Citi Hopper (ab R 280 für 2 Pers., www.citihopper.co.za) und Backpacker Bus (R 400/Pers., www.backpackerbus.co.za).
Flugauskunft: Tel. 086 727 78 88
www.capetown-airport.com

FLUGGESELLSCHAFTEN

SOUTH AFRICAN AIRWAYS (SAA)
Tel. am CTIA: 011 978 11 11
www.flysaa.com

AIR NAMIBIA
Tel. am CTIA:
021 936 27 55
www.airnamibia.com

BRITISH AIRWAYS
Tel. 011 441 84 00
www.britishairways.com

CONDOR
Tel. 021 812 38 60
www.condor.com

KLM
Tel. am CTIA:
086 024 77 47
www.klm.com

LUFTHANSA
Tel. in Kapstadt:
086 184 25 38
www.lufthansa.com

FLYSAFAIR
Tel. 021 936 90 07
www.flysafair.co.za
Preisgünstige Inlandsflüge

MANGO
Tel. 086 100 12 34
www.flymango.com

---

scheint viel intensiver als in Deutschland. Sonnenbrille, Sonnenhut und Sonnenschutzmittel mit hohem Lichtschutzfaktor sollten daher im Reisegepäck sein. Kapstadts **Trinkwasserqualität** ist hervorragend. Südafrika verfügt über eine gute medizinische Versorgung, Kapstadt hat eine Reihe ausgezeichneter Privatkliniken. Bei Inanspruchnahme **medizinischer Hilfe** wird bar oder mit Kreditkarte bezahlt. Deutsche Krankenkassen übernehmen in der Regel keine Behandlungskosten. Schließen Sie daher vor der Reise unbedingt eine **Auslands-Krankenversicherung** mit Rücktransport ab!

Zollbestimmungen

**Nach Südafrika** dürfen zollfrei eingeführt werden: 1 l Spirituosen, 2 l Wein, 200 Zigaretten, 20 Zigarren, 250 g Tabak, 250 ml Eau de Toilette und 50 ml Parfüm, ferner Geschenke im Wert von 5000 Rand. Pflanzen und Tierprodukte dürfen nur mit besonderer Genehmigung ausgeführt werden. Handel mit gefährdeten Pflanzen und Tieren ist strengstens verboten.

Bei der **Wiedereinreise nach Deutschland** und Österreich dürfen für den privaten Gebrauch 1 l Spirituosen, 2 l Wein oder Bier, 250 g Kaffee, 100 g Tee, 200 Zigaretten oder 250 g Tabak sowie Geschenkartikel im Wert von 430 € von Reisenden über 17 Jahren eingeführt werden – Infos: **www.zoll.de**. Bei der Wiedereinreise **in die Schweiz** liegt die Freigrenze für Spirituosen bei 1 l mit mehr als 15 % Alkohol oder 2 l Spirituosen mit weniger als 15 Vol.-%. Zollfreie Souvenirs dürfen einen Warenwert von 300 CHF nicht überschreiten.

**Kamera, Batterien, Akkus**

Ob analog oder digital: Fotoausrüstung ist in Kapstadt teurer als in Mitteleuropa, also nehmen Sie ausreichend Filme, Akkus und Speicherchips von zu Hause mit – und Adapter nicht vergessen! Die besten Fotos werden morgens bis 9 und nachmittags ab 16 Uhr geschossen, da den Tag über die Sonne sehr hell scheint. Ruhig Kamera, iPhone und iPad auch mal aus den Händen legen und Südafrika einfach nur auf sich wirken lassen.

# AUSKUNFT

### SOUTH AFRICA TOURISM

(Südafrikas Fremdenverkehrsamt)
Wissenswertes, Tipps und Angebote der Südafrika-Community mit Reiseberichten, Foren und Online-Services
Service Centre Deutschland:
info.de@southafrica.net
www.southafrica.net

### CAPE TOWN TOURISM

Reservierung von Hotels, Mietwagen und Touren, Internetcafé und Souvenirshop. Auch Infos zur Westkap-Provinz. Weitere Infobüros im Clock Tower Centre an der V & A Waterfront, im Canal Walk Shopping Centre, an der unteren Station der Tafelberg-Seilbahn und im Kirstenbosch National Botanical Garden
City Hall Visitor Experience,
Darling Street
Cape Town 8001
Tel. 0861 322 223
www.capetown.travel

### CAPE TOWN CITY PASS

Die Karte wird online bestellt und ermöglicht raschen und teils kostenlosen Zugang zur Red City Tour, Tafelbergbahn oder dem Zeitz MOCAA.
1 Tag: Erw. R 1395, Kinder R 945
auch 2- und 3-Tageticket
https://capetown.citypass.co.za

### SÜDAFRIKANISCHE BOTSCHAFT

#### IN DEUTSCHLAND

Tiergartenstr. 18, 10785 Berlin
Tel. 030 22 07 30
www.suedafrika.org

#### IN ÖSTERREICH

Sandgasse 33, A-1190 Wien
Tel. 01 320 64 93
www.suedafrika-botschaft.at

### IN DER SCHWEIZ

Alpenstr. 29, CH-3006 Bern
Tel. 031 350 13 13
www.eda.admin.ch/pretoria

### DIPLOMATISCHE VERTRETUNGEN IN KAPSTADT

### DEUTSCHES GENERALKONSULAT

Roeland Park, 4 Stirling Street
Cape Town 8000
Tel. 021 405 30 00
Notfallnummer
nach Dienstschluss:
Tel. 078 608 09 50
www.southafrica.diplo.de

### ÖSTERREICHISCHES GENERALKONSULAT

1A Lower Scott Road
Observatory, Tel. 063 131 97 66
www.bmeia.gv.at

### SCHWEIZER GENERALKONSULAT

1 Thibault Square, 26th Floor
Ecke Long Str/Hans Strijdom Ave
Cape Town 8001
Tel. 021 400 75 00
www.eda.admin.ch

### WEITERE INTERNETADRESSEN

### HTTP://KAPSTADT.ORG
### WWW.KAPSTADT.DE
### WWW.KAPSTADT.NET

Gelungene Websites in deutscher Sprache mit aktuellen Tipps zu Kapstadt und der Kapregion, Foren, Blogs und Reiseangeboten von deutschsprachigen Hotels und Gästehäusern über Tourenanbieter bis hin zu Shopping und Mietwagen

### HTTP://KAPSTADT.COM

Wissenswertes, News und Tipps zum Kap und zur Garden Route.

### WWW.KAPSTADT-TOUR.DE

Alle Sehenswürdigkeiten, Events, Unterkünfte und Einkaufstipps zu Kapstadt und Umgebung; wirkt etwas antiquiert, ist aber aktuell und interessant.

### WWW.TIMEOUT.COM/CAPE-TOWN

Aktuelles Online-Magazin mit interessanten Features zum Thema Essen oder Musik und mit »Hitlisten«: Die zehn besten Restaurants in Kapstadt, die schönsten Strände, Märkte ...

### WWW.COMETOCAPETOWN.COM

Buchungsplattform für ungewöhnliche Unterkünfte wie todschicke Apartments, Rooftop-Suiten etc., ergänzt durch Tipps für Essen, Shopping, Nightlife

### WWW.CAPETOWN.TRAVEL

Offizielle Seite der Touristinfo: Übernachtung, Restaurants, Aktivitäten und alternative Vorschläge

### HTTPS://SECRETCAPETOWN.CO.ZA

Wie cool ist das Leben in Kapstadt! Secret Cape Town ist flott fotografiert und geschrieben. Blogs mit Tipps fürs beste Frühstück, das ultimative Wochenende und den besten Spots fürs Braai. Und Buchungsmöglichkeit.

### WWW.KAPSTADTMAGAZIN.DE

Das Beste aus Kapstadt mit Online-Reiseführer

### HTTP://MAPMYWAY.CO.ZA

Die Initiatoren geben verschiedene interaktive aber auch gedruckte Themenkarten wie etwa Per Rad durch Kapstadt, Jüdisches Kapstadt, Food, Drink & Party in Khayelitsha etc. heraus und informieren über aktuelle Veranstaltungen.

# ETIKETTE

Im **Restaurant** sucht man sich nicht selbst einen Platz, sondern wartet am Eingang, bis ein Platz zugewiesen wird. In der Rechnung ist zwar die Mehrwertsteuer (VAT), nicht aber das **Trinkgeld** (Tip) enthalten. 10 % Trinkgeld sind üblich – da viele Kellner aber ihren Lohn nahezu ausschließlich über dieses Tipping beziehen, sind bei gutem Service 15 % angemessen. Auf Safari sind mindestens 100 Rand Trinkgeld pro Person und Tag in die Tipping Box üblich.

Please wait to be seated!

Die Kapstädter lieben es sportlich und bevorzugen **legere Kleidung**. Besonders im Sommer darf das Jackett ruhig im Schrank bleiben. Auch zum Dinner kleidet man sich zwanglos schick. Ausnahmen bilden einige Spitzenhotels, Top-Restaurants und Nachtclubs, die auf gewisse Etikette wie »keine Sportkleidung« bestehen.

Kleidung

Wer Personen fotografieren will, sollte vorher **um Erlaubnis fragen**. Dies gilt besonders auf dem Lande, aber auch in muslimischen Gemeinden und Townships. Militärische Einrichtungen sind tabu!

Fotografieren

Die Südafrikaner sind seit den Umwälzungen der 1990er-Jahre besonders für die Wortwahl sensibilisiert. Dies ist nicht allein in den vielen Umbenennungen von Stadt- und Straßennamen erkennbar. Viele Wörter tragen auch heute noch den Stachel der Apartheid und verschwinden daher nach und nach aus dem Sprachgebrauch. So ist das Wort »Kaffer« in allen Variationen längst durch treffendere Bezeichnungen selbst in Flora und Fauna ersetzt worden.

Sprache

# GELD

Währungseinheit ist der **südafrikanische Rand (ZAR)**. 1 Rand entspricht 100 Cents. Die Vorderseiten der Banknoten sind in Englisch bedruckt, auf der Rückseite erscheinen jeweils zwei der elf Amtssprachen der Regenbogennation. Es gibt Banknoten zu 10, 20, 50, 100 und 200 Rand sowie Münzen zu 5, 10, 20 und 50 Cents sowie 1, 2 und 5 Rand. Pro Person dürfen 5000 Rand in bar ein- bzw. ausgeführt werden, für andere Währungen gelten keine Auflagen.

Währung

Der Wechselkurs ist in Südafrika besser (►S. 344). An **Geldautomaten** (**ATMs**) lässt sich mit **Bankkarten**, die das Maestro-Logo

Geld wechseln

tragen, sowie **Kreditkarten** rund um die Uhr Geld abheben. Geldautomaten gibt es am Flughafen, in Shopping Malls, Supermärkten, an Tankstellen und natürlich in Banken. Bei Barabhebungen sollte man vorsichtig sein, da es neben Überfällen auch zu Manipulationen an Geldautomaten kommen kann. Gängige Kreditkarten werden von allen Banken, den meisten Hotels, Restaurants, Autovermietern und vielen Geschäften akzeptiert. **Banken** sind meistens Mo.–Fr. 9 bis 15.30, Sa. 8.30–11.30 Uhr geöffnet. **Reiseschecks** und Devisen können bei allen großen Banken eingelöst werden.

# LESETIPPS

Klassiker, Krimis und Romane

**Lauren Beukes**: Moxyland. Nur noch antiquarisch erhältlich. Kapstadt in naher Zukunft: Eine neue Form der Apartheid hat Einzug gehalten: zwischen Arm und Reich, Online und Offline. Ein erschreckend aktueller Roman über den Verlust der Freiheit in einer technikhörigen Welt.

**Stephan Bierling**: Nelson Mandela. Rebell, Häftling, Präsident. Beck 2018. Fundiert und fesselnd verknüpft Bierling die Geschichte Südafrikas mit dem Leben des Nobelpreisträgers.

**Andrew Brown**: Würde. btb 2012. Im Widerstand gegen die Apartheid für die United Democratic Front aktiv, landete Brown mehrmals vor dem Gericht, für das er heute als Anwalt tätig ist. Zudem ist er jede Woche als Reservepolizist in Kapstadt unterwegs. Sein brillanter Krimi erzählt die Geschichte einer Liebe zwischen einem Mittelklasse-Anwalt und einer nigerianischen Prostituierten.

**Patrick Flanery**: Absolution. DVA 2013. Preisgekrönter Debütroman über Südafrika heute und die langen Schatten der Apartheid – über Schuld, Wahrheit und Versöhnung.

**Athol Fugard**: Tsotsi. Diogenes 2006. Das Township-Melodram, das Südafrikas bekanntester Theaterautor schon 1960 verfasste, ist eine zeitlose Parabel über das Gute und Böse im Menschen. Die Verfilmung erhielt 2006 den Oscar als »bester fremdsprachiger Film«.

**Nadine Gordimer**: Keine Zeit wie diese. Berlin Verlag 2013. Mit poetischer Präzision blickt die erste Literaturnobelpreisträgerin des Landes 20 Jahre nach dem Ende der Apartheid auf Möglichkeiten und verpasste Chancen des neuen Südafrika.

**Nelson Mandela**: Der lange Weg zur Freiheit, ▶S. 279

**Deon Meyer**: Die Stunde des Löwen, Aufbau 2024. Auf den wohl bekanntesten Krimiautor Südafrikas und seinen brummigen Ermittler Benny Griessel ist Verlass: spannender Plot und Atemlosigkeit bis zur letzten Seite. Und ganz nebenbei ein farbiges Portrait des Lebens in und um Kapstadt. Lesenswert sind auch die anderen Krimis von Kultautor Deon Meyer wie »Dreizehn Stunden«, »Der Atem des Jägers« oder »Tod vor Morgengrauen«, in denen Meyer schnell und spannend erzählt, wie das neue Südafrika riecht, schmeckt und klingt.

**Christa Morgenrath, Eva Wernecke**: Imagine Africa 2060. Geschichten zur Zukunft eines Kontinents. Peter Hammer 2019. Zehn literarische Stimmen aus zehn Ländern Afrikas zum Thema Zukunft.

**Mike Nicol**: Sleeper. btb 2019. Zuerst wird der Energieminister ermordet, dann bringt sich der ermittelnde Polizist um. Spätestens als der Name ISIS fällt und Uran in dem Fall eine Rolle spielt, wird Fish Pescado klar, dass dies für einen kleinen Privatdektiv eine Nummer zu groß ist. Dritter Band der Kapstadt-Trilogie, in der Pescado mit seiner Model-Freundin in der Welt der Reichen, Schönen und Korrupten am Kap ermittelt.

**Masande Ntshganga**: positiv. Das Wunderhorn 2018. Ein furioser, wütender, witziger, sarkastischer und philosophischer Roman über die Jugend im heutigen Südafrika: Die Protagonisten, einer HIV-positiv, sind gut ausgebildet, sehen aber keine Perspektiven und leben im hippen, aufstrebenden Kapstadt von Party zu Party, experimentieren mit Drogen und suchen das Glück.

**Michèle Rowe**: Kap der Lügen. Knaur 2018. Das Revier der jungen schwarzen Kommissarin »Persy« Jonas sind die Straßen des Noordhoek-Township bei Kapstadt, in dem sie selbst aufgewachsen ist. Als eines Tages die Leiche eines stadtbekannten Lehrers am Strand angespült wird, scheint der Fall tief in ihr früheres Leben zu reichen. Vielschichtiger Krimi mit gutem Gespür für Details und Stimmungen.

**Joyce Summer**: Tod am Kap. E-Book 2019. Wassernot plagt die Bewohner der Mother City und auch in den Townships brodelt es. Da wird am Kap der Guten Hoffnung die Leiche einer jungen Touristin entdeckt. Ein Fall für den rugbyspielenden Hühnen Captain Pieter Strauss von der Kapstädter Spezialeinheit der Valke.

Zur Einstimmung

**DUMONT Bildatlas Südafrika**. DUMONT 2024. Tom Schulze, Daniela Schetar und Friedrich Köthe liefern tolle Impressionen von der Mutterstadt Südafrikas und der Vielfalt am Kap.

# NOTDIENSTE

IN KAPSTADT

ALLGEMEINER NOTRUF
Tel. 10177, Handy 112,
021 480 77 00

POLIZEI
Tel. 10 111

FEUERWEHR
Tel. 10 177

TOURISTENPOLIZEI
Tel. 021 421 51 15

BERGRETTUNG (MOUNTAIN RESCUE)
Tel. 086 110 64 17
(Tafelberg und Table Mountain NP)

GROOTE SCHUUR HOSPITAL
Main Road, Observatory
Tel. 021 404 91 11

DEUTSCHSPRACHIGE ÄRZTE
Eine aktuelle Liste mit deutschsprachigen Ärzten bietet die Website der Deutschen Botschaft unter https://southafrica.diplo.de.
Allgemeinärzte: **Dr. Waschnig**, 2 School Road, Eerste River, Tel. 021 904 59 72 | **Dr. Brauer**, Suite 106, Level 1, Clock Tower Office Suites, V & A Waterfront, Tel. 021 419 18 88 | **Dr. Woermann**, Villa Maria Building, 3 Kloof Nek Road, Tamboerskloof, Tel. 021 423 24 25 | **Dr. Esdar**, 1 Milner Road, Tamboerskloof, Tel. 021 424 19 92 (Zahnarzt)

GIFTZENTRUM
Tel. 086 155 57 77

SEENOTRETTUNG (SEA RESCUE)
Tel. 087 094 97 74
www.nsri.org.za

FLUGRETTUNG
Tel. 021 937 12 11
Automobilclub Südafrika AA
Tel. 0861 00 02 34
(Pannendienst)
www.aa.co.za

IN DEUTSCHLAND

ADAC-NOTRUFZENTRALE
Tel. 0049 89 76 76 76
(Medizinische Hilfe, Flugrettung)
Tel. 0049 89 22 22 22 (Unfälle)
www.adac.de

---

# PREISE UND VERGÜNSTIGUNGEN

Günstiger als in Europa

Trotz des schwankenden Wechselkurses besitzt der Euro in Südafrika große Kaufkraft. Nicht nur Benzin, auch Shoppen und Schlemmen sind günstiger als in Europa, ►S. 344. Möglichkeiten zum Sparen bieten Frühbucherrabatte, Last-Minute-Angebote, Online-Buchungen und der **Capetown City Pass** mit freien Eintritt zu über 70 der beliebtesten Attraktionen (https://capetown.citypass.co.za, ►S. 347).

Mit einer **Wild Card** (R 4160/1 Pers., R 6495 /2 Pers., www.sanparks.org/wild-card/overview), die Sie am besten online vor der Reise kaufen, haben Sie ein Jahr lang Zugang zu mehr als 80 südafrikanischen **Nationalparks**, darunter der Table Mountain NP, Boulders Beach, Cape of Good Hope, Agulhas NP, Addo Elephant Park, Cape Nature NP, Bontebok NP, West Coast NP und De Hoop Naturreservat. Leider sind Tafelberg und Kirstenbosch National Botanical Garden nicht im Verbund. Wer das Ticket für die Gondel auf den Tafelberg direkt an der Gondelstation kauft, erhält aber 20% Rabatt als Wild-Card-Besitzer. Die Rückerstattung der **Mehrwehrtsteuer** (Tax Refund gegen Einkaufsbelege bei der Ausreise am Flughafen erhältlich) spart 15 %! In Museen haben **Kinder** unter 6 Jahren häufig freien, ältere Kinder und Jugendliche meist um 50% reduzierten Eintritt. Auch für **Senioren** gelten Ermäßigungen.

# REISEZEIT

Ganzjähriges Reiseziel

Aufgrund des milden **mediterranen Klimas** (▶ Klimadiagramm S. 249) kann man am Kap rund ums Jahr Urlaub machen, besonders zu empfehlen sind Frühjahr und Herbst. Durch die Lage auf der Südhalbkugel sind die Jahreszeiten mit denen in Europa vertauscht. Traumhaft ist die **Wildblumenblüte** im Kap-Frühling ab Ende August, zwischen Juni und November bevölkern **Wale** die Küste, die aus der Antarktis zum Kalben ans Kap kommen.

Die **Badesaison** mit wärmeren Wassertemperaturen dauert von Ende Okt. bis April. Höhepunkt der Saison ist Dezember – von Weihnachten bis Mitte Januar nehmen die meisten Südafrikaner ihren Sommerurlaub. Entsprechend ausgebucht sind dann viele Hotels. Im **Hochsommer** erreichen die Temperaturen in Kapstadt und in Küstennähe 25 bis 30 ° C. In der Klein Karoo können die Temperaturen zur gleichen Zeit auf über 40 ° C steigen. Am Atlantik weht auch sommers häufig eine steife Brise.

Der **Winter** von Mitte Mai bis Sept. kann regnerisch ausfallen mit kurzen, heftigen Schauern. Die Temperaturen fallen zwar nur selten unter 5 °C, aber auf dem Tafelberg kann schon mal Schnee liegen. Die Tageshöchsttemperaturen schwanken im Winter zwischen 15 und 19 °C. Zu dieser Zeit steht das Buschgras niedrig, wenn sich Großwild an den Wasserlöchern der Nationalparks versammelt – gute Voraussetzung für exzellente Fotos. In Kapstadt blüht derweil das Kulturleben mit Festivals, Theater und Musik. **Wie das Wetter wird**, sagt Ihnen das Wetteramt Kapstadt – ganz wichtig für den Tafelbergbesuch! **www.southafricanweather.co.za**.

# SICHERHEIT

Vorsicht geboten!

Durch Videoüberwachung und Sicherheitsdienste ist besonders das Zentrum Kapstadts erheblich sicherer geworden. Dennoch ist generell Vorsicht geboten! Noch ist Südafrikas junge Demokratie nicht so weit, dass jeder sich überall in gewohnter Weise frei bewegen kann. Zwar liegt die Kriminalitätsrate deutlich niedriger als in Johannesburg, doch viele Häuser und Stadtviertel sind massiv gesichert. Townshiptouren sollten ausschließlich mit professionellem Führer unternommen werden. Informieren Sie sich im Hotel über die konkrete Situation vor Ort. Tragen Sie nur das Notwendigste an Geld, Papieren, Kreditkarte usw. mit sich und die Kamera nicht offen. Tauschen Sie Geld nur in gesicherten Banken oder an videoüberwachten Bankomaten. Nach Einbruch der Dunkelheit sollte man nur in sicheren Stadteilen zu Fuß unterwegs sein. Für abendliche Restaurant-, Theater- oder Kinobesuche sollte man immer ein vom Hotel empfohlenes Taxi benutzen. Wertsachen gehören in den Hotelsafe, bei Autofahrten in den Kofferraum.

# SPRACHE

Sprachführer

**Englisch** ist die Amtssprache im alltäglichen Leben und wird überall in Kapstadt verstanden. Sehr gut, einfach zu handhaben und hilfreich sind die Apps »Mondly Afrikaans« und »uTalk Zulu« für iPhone und Android (iTunes Store und Google Play).

## SPRACHFÜHRER ENGLISCH

### AUF EINEN BLICK

| | |
|---|---|
| Vielleicht. | **Perhaps./Maybe.** |
| Bitte. | **Please.** |
| Danke./Vielen Dank! | **Thank you./Thank you very much.** |
| Gern geschehen. | **You're welcome.** |
| Entschuldigung! | **I'm sorry!** |
| Wie bitte? | **Pardon?** |
| Ich verstehe Sie/dich nicht. | **I don't understand you** |
| Ich spreche nur wenig English ... | **I only speak a little bit of English ...** |
| Können Sie mir bitte helfen? | **Can you help me, please?** |
| Ich möchte ... | **I'd like ...** |
| Das gefällt mir (nicht). | **I (don't) like this.** |

| | |
|---|---|
| Haben Sie ...? | **Do you have ...?** |
| Wie viel kostet es? | **How much is it?** |
| Wie viel Uhr ist es? | **What time is it?** |

## KENNENLERNEN

| | |
|---|---|
| Guten Morgen! | **Good morning!** |
| Guten Tag! | **Good afternoon!** |
| Guten Abend! | **Good evening!** |
| Hallo! Grüß dich! | **Hello!/Hi!** |
| Mein Name ist ... | **My name's ...** |
| Wie ist Ihr/dein Name? | **What's your name?** |
| Wie geht es Ihnen/dir? | **How are you?** |
| Danke. Und Ihnen/dir? | **Fine, thanks. And you?** |
| Auf Wiedersehen! | **Goodbye!/Bye-bye!** |
| Tschüs! | **See you!/Bye!** |

## AUSKUNFT UNTERWEGS

| | |
|---|---|
| links/rechts | **left/right** |
| geradeaus | **straight on** |
| nah/weit | **near/far** |
| Bitte, wo ist ...? | **Excuse me, where's ..., please?** |
| ... die Bushaltestelle | **... the bus stop** |
| ... der Hafen | **... the harbour** |
| ... der Flughafen | **... the airport** |
| Wie weit ist das? | **How far is it?** |
| Ich möchte ... mieten. | **I'd like to hire ...** |
| ... ein Auto | **... a car** |
| ... ein Fahrrad | **... a bike/bicycle** |

## EINKAUFEN

| | |
|---|---|
| Wo finde ich ... eine/ein ..? | **Where can I find a ...?** |
| Apotheke | **chemist/pharmacy** |
| Bäckerei | **bakery** |
| Kaufhaus | **department store** |
| Lebensmittelgeschäft | **grocery store** |
| Markt | **market** |
| Was kostet ...? | **How much is ...?** |

## ÜBERNACHTUNG

| | |
|---|---|
| Können Sie mir ... empfehlen? | **Could you recommend ... ?** |
| ... ein Hotel/Motel | **... a hotel/motel** |
| ... eine Pension. | **... a guest house** |
| Ich habe ein Zimmer reserviert. | **I have reserved a room.** |
| Haben Sie noch ...? | **Do you have ...?** |
| ... ein Einzelzimmer | **... a single room** |
| ... ein Doppelzimmer | **... a double room** |
| ... mit Dusche/Bad | **... with a shower/bath** |

| | |
|---|---|
| ... für eine Nacht | **... for one night** |
| ... für eine Woche | **... for a week** |
| Was kostet das Zimmer | **How much is the room** |
| ... mit Frühstück? | **... with breakfast?** |
| ... mit Halbpension? | **... with half board?** |

## ARZT

| | |
|---|---|
| Ich brauche einen Arzt/Zahnarzt. | **I need a doctor/dentist.** |
| Ich habe hier Schmerzen. | **I've got pain here.** |

## BANK/POST/KOMMUNIKATION

| | |
|---|---|
| Wo ist hier bitte eine Bank? | **Where's the nearest bank, please?** |
| Ich möchte ... Euro (Franken) wechseln. | **I'd like to change ... Euro (Swiss Francs).** |
| Was kostet ... | **How much is ...** |
| ... ein Brief ... | **... a letter ...** |
| ... eine Postkarte ... | **... a postcard ...** |
| nach Deutschland? | **to Germany?** |
| nach Österreich? | **to Austria?** |
| in die Schweiz? | **to Switzerland?** |
| Mobiltelefon | **mobile phone, cell phone, cellular** |
| Wo ist das nächste Internetcafé? | **Where is the next internet café?** |
| Ich brauche eine Prepaid-Karte | **I need a prepaid card** |

## SPEISEKARTE

| | |
|---|---|
| **Breakfast** | **Frühstück** |
| coffee (with cream/milk) | **Kaffee (mit Sahne/Milch)** |
| hot chocolate | **heiße Schokolade** |
| tea (with milk/lemon) | **Tee (mit Milch/Zitrone)** |
| scrambled eggs | **Rühreier** |
| poached eggs | **pochierte Eier** |
| bacon and eggs | **Eier mit Speck** |
| fried eggs | **Spiegeleier** |
| hard-boiled/soft-boiled eggs | **harte/weiche Eier** |
| (cheese/mushroom) omelette | **(Käse-/Champignon-) Omelett** |
| bread/rolls | **Brot/Brötchen/Toast** |
| brown/white toast | **Körnertoast/Weißbrottoast** |
| honey | **Honig** |
| jam/marmalade | **Marmelade/Orangenmarmelade** |
| yoghurt | **Joghurt** |
| fruit | **Obst** |

| | |
|---|---|
| **Starters and Soups** | **Vorspeisen und Suppen** |
| clear soup/consommé | **(Fleisch-) Brühe** |
| cream of chicken soup | **Hühnercremesuppe** |
| cream of tomato soup | **Tomatensuppe** |

| | |
|---|---|
| mixed/green salad | **gemischter/grüner Salat** |
| onion rings | **frittierte Zwiebelringe** |
| seafood salad | **Meeresfrüchtesalat** |
| shrimp/prawn cocktail | **Garnelen-/Krabbencocktail** |
| smoked salmon | **Räucherlachs** |
| vegetable soup | **Gemüsesuppe** |
| **Fish and Seafood** | **Fisch und Meeresfrüchte** |
| cod | **Kabeljau** |
| crab | **Krebs** |
| eel | **Aal** |
| haddock | **Schellfisch** |
| herring | **Hering** |
| lobster | **Hummer** |
| mussels | **Muscheln** |
| oysters | **Austern** |
| plaice | **Scholle** |
| salmon | **Lachs** |
| scallops | **Jakobsmuscheln** |
| sole | **Seezunge** |
| squid | **Tintenfisch** |
| trout | **Forelle** |
| tuna | **Thunfisch** |
| **Meat and Poultry** | **Fleisch und Geflügel** |
| barbequed spare ribs | **gegrillte Schweinerippchen** |
| beef | **Rindfleisch** |
| chicken | **Hähnchen** |
| chop/cutlet | **Kotelett** |
| fillet | **Filetsteak** |
| duck(ling) | **(junge) Ente** |
| gammon | **Schinkensteak** |
| gravy | **Fleischsoße** |
| ham | **gekochter Schinken** |
| kidneys | **Nieren** |
| lamb (with mint sauce) | **Lamm (mit einer sauren Minzsoße)** |
| liver (and onions) | **Leber (mit Zwiebeln)** |
| minced meat | **Hackfleisch** |
| mutton | **Hammelfleisch** |
| pork | **Schweinefleisch** |
| rabbit | **Kaninchen** |
| sausages | **Würstchen** |
| turkey | **Truthahn** |
| veal | **Kalbfleisch** |
| venison | **Reh oder Hirsch** |
| **Dessert and Cheese** | **Nachspeisen und Käse** |
| apple pie | **gedeckter Apfelkuchen** |
| cheddar | **kräftiger Käse** |
| cottage cheese | **Hüttenkäse** |
| cream | **Sahne** |

| | |
|---|---|
| custard | **Vanillesoße** |
| fruit salad | **Obstsalat** |
| goat's cheese | **Ziegenkäse** |
| ice-cream | **Eis** |
| pastries | **Gebäck** |

| | |
|---|---|
| **Vegetables, Salad & Fruit** | **Gemüse, Salat & Obst** |
| baked beans | **gebackene Bohnen in Tomatensoße** |
| baked potatoes | **gebackene Kartoffeln mit Schale** |
| cabbage | **Kohl** |
| carrots | **Karotten** |
| cauliflower | **Blumenkohl** |
| chips | **Pommes frites** |
| cucumber | **Gurke** |
| fritters/hash browns | **Bratkartoffeln** |
| garlic | **Knoblauch** |
| leek | **Lauch** |
| lettuce | **Kopfsalat** |
| mashed potatoes | **Kartoffelpüree** |
| mushrooms | **Pilze** |
| onions | **Zwiebeln** |
| peas | **Erbsen** |
| peppers | **Paprika** |
| spinach | **Spinat** |
| sweetcorn | **Mais** |
| tomatoes | **Tomaten** |
| apples | **Äpfel** |
| apricots | **Aprikosen** |
| blackberries | **Brombeeren** |
| cherries | **Kirschen** |
| grapes | **Weintrauben** |
| lemon | **Zitrone** |
| oranges | **Orangen** |
| peaches | **Pfirsiche** |
| pears | **Birnen** |
| pineapple | **Ananas** |
| plums | **Pflaumen** |
| raspberries | **Himbeeren** |
| strawberries | **Erdbeeren** |

| | |
|---|---|
| **Beverages** | **Getränke** |
| beer on tap | **Bier vom Fass** |
| cider | **Apfelwein** |
| red/white wine | **Rot-/Weißwein** |
| dry/sweet | **trocken/lieblich** |
| sparkling wine | **Sekt** |
| soft drinks | **alkoholfreie Getränke** |
| fruit juice | **Fruchtsaft** |
| lemonade | **Zitronenlimonade** |
| mineral water | **Mineralwasser** |

# TELEKOMMUNIKATION · POST

In Südafrika kann man problemlos und kostengünstig mit dem Handy telefonieren und im Interet surfen, wenn man sich eine **südafrikanische Prepaid-SIM-Karte** kauft. In den Vodacom Stores am Flughafen gibt es preiswerte Prepaid-Packages. Mit »Airtime« wird telefoniert, mit »Data« kann man Emails verschicken, im Internet surfen oder Apps nutzen. Unter https://b4i.travel/ sind die SIM-Karten schon vor der Abreise erhältlich. Die meisten Hotels bieten inzwischen kostenfrei **WLAN/WiFi**. Weitere Prepaid Vouchers für mehr Guthaben können unterwegs in Supermärkten, Shopping Malls, Mobilfunkläden, an Tankstellen oder online beim Anbieter gekauft werden. Telefonieren, Simsen und Surfen

**Postämter** haben Mo., Di., Do. und Fr. 8 – 16.30, Mi. 8.30 – 16.30, Sa. 8 – 12 Uhr geöffnet, die Hauptpost (General Post Office) befindet sich an der Parliament Street. **Briefkästen** sind rot. Das **Porto** per Luftpost (Air mail) nach Europa beträgt für eine Postkarte R 12,75, für einen Brief R 14,90. 1857 verkehrte erstmals ein reguläres Postschiff zwischen Kapstadt und England – je nach Wetter brauchte es damals gut 42 Tage. Heute dauert eine Briefsendung weniger als eine Woche. Post

LÄNDERVORWAHLEN

VON DEUTSCHLAND, ÖSTERREICH UND DER SCHWEIZ
nach Südafrika: Tel. 0027
nach Kapstadt: Tel. 0027 21

VON SÜDAFRIKA
nach Deutschland: Tel. 0049
nach Österreich: Tel. 0043
in die Schweiz: Tel. 0041

TELEFONAUSKUNFT
Für Kapstadt: Tel. 1023
National: Tel. 1025
International: Tel. 0903

# VERKEHR

Taxifahren ist in Kapstadt **günstig und nachts ein absolutes Muss.** Reguläre Taxis besitzen geeichte Taxameter und kosten etwa R 12 pro Fahrkilometer. Taxistände gibt es an zentralen Plätzen der Stadt wie der V & A Waterfront, dem Green Market Square oder der Grand Pa- Taxi rade. Da es gelegentlich auch zu Überfällen durch Taxifahrer kommt, lässt man sich am besten im Hotel oder Restaurant einen Wagen rufen bzw. empfehlen. Seit der Taxi-Dienstleister **Uber** in Südafrika vertreten ist, gelten dessen Fahrer als besonders zuverlässig und vertrauenswürdig. Bestellt werden sie per App (www.uber.com).

Busse in Kapstadt

**MyCiTi-Busse** pendeln zwischen Flughafen, Innenstadt und Tafelberg, fahren aber auch zur West Coast und bis nach Hout Bay (http://myciti.org.za). Mit den **offenen Doppeldeckerbussen** von City Sightseeing kann man »Hop-on, Hop-off« alle wichtigen Sehenswürdigkeiten ansteuern (►S. 333).

Fernbusse

Schneller als die Bahn sind die Fernbusse, die zwischen den größeren Städten verkehren. Ticketpreise, Bus-Ausstattung, Haltestellen und ZOBs, Abfahrtszeiten sowie die genaue Reisedauer finden Sie unter **www.checkmybus.de/suedafrika**. Einen legendären Ruf bei Backpackern genießt **Baz Bus** (https://bazbus.com): »Hop on, Hop off« kann man in 22-sitzigen Mercedes-Sprintern entlang der Garden Route reisen, z. B. von Kapstadt nach Port Elizabeth. Sie fahren einige Backpacker Hostels an, man kann ein- und aussteigen, wo und wie oft man will, doch man muss **früh telefonisch buchen** – meist über das Hotel möglich. **Greyhound** (www.greyhound.co.za) bedient ab Kapstadt die Langstrecken via Bloemfontein/Mangaung oder via Kimberley nach Johannesburg und Pretoria/Tshwane. Von Mossel Bay startet Greyhound nach Johannesburg. In bequemen Schlafsesseln reist man in den Bussen von **Intercape Mainliner** (www.intercape.co.za) von Kapstadt quer durch Südafrika.

Minibusse

Die Minibusse sind das billigste und praktisch überall verbreitete Verkehrsmittel, abseits der Zug- und Busrouten auch das einzige. Sie pendeln vor allem zwischen der Stadt und den Townships, man kann aber auch lange Strecken mit ihnen zurücklegen. Das Auswärtige Amt rät aus Sicherheitsgründen von der Benutzung der **Minibus-Taxis** ab: Zu hohe Geschwindigkeit, zu viele Passagiere, Fahrzeuge in schlechtem Zustand sowie aggressives Fahrverhalten verursachen häufig Unfälle. Auch der Stauraum für Gepäck ist sehr begrenzt. Wer viel Gepäck hat, sollte sich in die Reihe hinter dem Fahrer setzen. Man bezahlt mit Münzen. Ist der Bus voll, geben die anderen Passagiere das Geld an den Fahrer weiter, Rückgeld kommt auf demselben Weg. Will man aussteigen, verkündet man ganz einfach und lautstark: »**Thank you (driver)!**«

## Legendäre Züge

Blue Train

Schon seit 1901 verkehrt der 336 m lange Blue Train zwischen Pretoria/Tshwane und Kapstadt. Für die 1600 km lange Strecke braucht er 54 Stunden. Befördert werden maximal 74 Gäste in 37 Suiten mit Vollpension inklusive einem exquisiten Dinner. Die Preise – los geht es ab R 95 000 für zwei Personen – variieren je nach Reisezeit und Suite. Kleiderordnung: tagsüber gern leger-elegant, zum Dinner allerdings **Abendkleidung**.

Abfahrt Pretoria/Tshwane 12, Ankunft Kapstadt 18 Uhr am übernächsten Tag, mit Besichtigungsstopp in Kimberley. Abfahrt Kapstadt 12, Ankunft Pretoria/Tshwane 18 Uhr am übernächsten Tag. Auch jährlich wechselnde Spezialtouren. Mind. sechs Monate im Voraus buchen: Tel. 012 334 84 59 | www.bluetrain.co.za.

Rovos Rail

Ein ganz besonderes Erlebnis ist eine Fahrt mit dem »**luxuriösesten Zug der Welt**«. Die aufwendig restaurierten Waggons aus den 1930ern, die von alten Dampfloks gezogen werden, bieten allen Komfort und erlesene Küche. Befördert werden höchstens 72 Reisende, die ein 14-köpfiges Personal umsorgt. Ausflüge sind inbegriffen. Kapstadt – Pretoria/Tshwane (3 Tage, ab R 37 500 p. P.), Pretoria/Tshwane – Durban (3 Tage, ab R34 000 p. P.). Darüber hinaus gibt es Spezialreisen wie von Kapstadt nach Dar-es-Salaam (Tansania, 14 Tage).

Mindestens sechs Monate im Voraus reservieren
1 Adderley Street, Central | Tel. 021 421 40 20 | www.rovos.com

Shongololo Express

Früher die preiswertere Luxuszug-Variante mit Touren bis nach Namibia. Durch die Eingliederung in das Rovos Rail Portfolio wurden beliebte Routen wie die 13-tägige Tour »Good Hope Adventure« upgegradet und in das Rovos-Netz integriert.

Mietwagen

Am besten buchen Sie Ihr Auto schon zu Hause: Zum einen bekommen Sie sicher ein Fahrzeug, zum anderen sind in Südafrika die Preise höher. Das Mindestalter liegt in der Regel bei 21 Jahren. Für Kaution und Abrechnung wird eine **Kreditkarte** verlangt. Vorgeschrieben sind **nationaler plus internationaler Führerschein**. Im heißen Sommer ist eine Klimaanlage kein Luxus. Lassen Sie sich bei Rückgabe des Mietwagens sicherheitshalber schriftlich den vollen Tank bestätigen und dass kein Schaden am Auto festgestellt wurde.

Im Auto unterwegs

In Südafrika herrscht **Linksverkehr**! Alle Insassen müssen sich anschnallen, die Alkoholgrenze ist 0,5 ‰. Südafrika besitzt ein relativ dichtes und gut ausgebautes Straßennetz. Die wichtigen Verbindungen sind geteert, und auch die ungeteerten Straßen lassen sich in der

Regel gut befahren. **Höchstgeschwindigkeiten** sind auf Autobahnen 120 km/h, auf Landstraßen 100 km/h, in geschlossenen Ortschaften 60 km/h. Missachtungen der Verkehrsregeln werden streng geahndet. Geschwindigkeits- und Alkoholkontrollen sind häufig. Kein Auto darf ohne Haftpflichtversicherung (»Third Party«) gefahren werden, die aber nur Personenschäden abdeckt. Beim Fahren telefonieren darf man nur mit Freisprecheinrichtung. Eine Spezialität des südafrikanischen Verkehrs ist der **4-Way-Stop**: An Kreuzungen ist jede Einmündung mit einem Stoppschild versehen; derjenige darf zuerst fahren, der als Erster an der Kreuzung angehalten hat. Die Automobilclub AA leistet **Pannenhilfe** rund um die Uhr (AA, ► S. 344).
Auch wenn die Südafrikaner nicht gerade als begnadete Autofahrer gelten und Minibusse sich wenig nach Straßenverkehrsregeln richten, Konkurrenzverhalten in puncto Höchstgeschwindigkeit ist eher selten. Auf Überlandstraßen wird bereitwillig Platz gemacht und auf den Standstreifen ausgewichen, wenn ein schnelleres Fahrzeug von hinten naht. Der Überholende bedankt sich mit kurzer **Betätigung der Warnblinkanlage**. Allerdings erwartet auch der im Überholvorgang befindliche Gegenverkehr, dass man ihm Platz macht und auf die Standspur wechselt. Am Freitag und Samstag ist bei Überlandfahrten prinzipiell erhöhte Vorsicht geboten. Trotz strikter **Alkoholkontrollen** wird man insbesondere am späteren Nachmittag Fahrern, Fußgängern und Kutschern begegnen, die, mit Spirituosen gut versorgt, unkalkulierbar sind. In ländlichen Gebieten sollten Sie auf Viehtrieb gefasst sein, mit Wildwechsel ist besonders in den Dämmerungsstunden zu rechnen.

Bitte volltanken!

Bei Fahrten in dünn besiedelten Gebieten sollten Sie bei jeder Tankstelle volltanken, die Tankstellen liegen oft weit auseinander. Nehmen Sie mindestens 2 l Wasser pro Person mit, Taschenlampe und Erste-Hilfe-Set. Die meisten Tankstellen haben 7 bis 18 Uhr geöffnet, viele an den Fernstraßen auch rund um die Uhr. Es gibt **keine Selbstbedienung**, der Tankwart bekommt für seine Dienste wie Scheiben reinigen, Öl- und Wasserstand kontrollieren ca. 10 % Trinkgeld. An größeren Tankstellen kann man mit Kreditkarte zahlen, in abgelegenen Orten gibt es zumindest einen Bankautomaten in der Nähe.

Parken

Kapstadts Zentrum bietet Parkhäuser sowie bewachte Parkplätze. Offiziell bestellte **Parkwächter** (Car Guards) sind durch ihre gelbe Weste gekennzeichnet. Ihnen wird die Parkgebühr ausgehändigt. Mitunter ist die Parkdauer auf ein oder zwei Stunden begrenzt. An fast allen Straßen und auf öffentlichen Parkflächen helfen den Parkplatzsuchenden Einheimische, indem sie einwinken, das Auto bewachen und **für diesen Dienst einen Obolus** erwarten. In Kapstadt ist man dazu übergegangen, den Leuten Automaten an die Hand zu geben, mit denen sie Parktickets ausstellen. Meist jedoch erhält man einen kleinen Zettel mit dem Namen des Bewachers und der Organisation. Zahlen sollte man erst bei Abholung des Fahrzeuges und Rückgabe des Zettels. Eine Gewähr, dass nichts passiert, hat man nicht. Dennoch ist das Autobewachen inzwischen ein wichtiges **soziales Instrument**, das die Protagonisten nicht als Bettler dastehen lässt, sondern als Servicepersonal.

**Inlandsflüge**

Die mit der Insolvenz kämpfende South African Airways (SAA) hat bis auf die Verbindung Johannesburg – Kapstadt alle Inlandsflüge eingestellt. Verschiedene Billigairlines wie FlySafair (www.flysafair.co.za) operieren innersüdafrikanisch, doch gibt es hier häufige Wechsel.

# REGISTER

## A



## B

## C

# D

# H



# I

# L



# M

## T

# U



# V

# BILDNACHWEIS

**Titelbild:** Ein Surfer geht mit seinem Brett vor den bunten Holzhäuschen am Muizenberg Beach auf der Kap-Halbinsel entlang.

12 Apostles Hotel & Spa: S. 80, 300 o., 312 o.
akg-images: S. 276 (Adine Sagalyn); 267 (Africa Media Online/Paul Weinberg/South Photos)
Belmond Mount Nelson: S. 62, 339 u.
Cape Grace Hotel: S. 300 u.
Claire Gunn: S. 285 (Cape Grace)
DUMONT Bildarchiv: S. 223 (Arthur F. Selbach); 7, 8/9, 19, 24/25, 27 o., 29, 48, 76/77, 90 o., 95, 96 re., 105, 174/175, 177, 212, 225, 233, 246, 268, 286, 289, 306, 325, 328/329 (Tom Schulze)
getty images: S. 280 o. (AFP Contributor); 262 (ALEXANDER JOE/Staff); 331 (Education Images); 316 (Gallo Images); 106 (JOSE JORDAN/Freier Fotograf); 282 (Kontributor/Gallo Images); 278 (Kontributor/Louise Gubb); 79, 309 (Kontributor/Per-Anders Pettersson); 14 (PeopleImages)
Gutowski, Jürgen: S. 3 o., 50/51
Hotel Cape Grace : S. 339 o.
HUBER IMAGES: S. 191 (Justin Foulkes); 2, 43 (Massimo Ripani); 166 (Timo Bierbaum)
Kayak Cape Town: S. 299
La Colombe: S. 67 (c Andrea van der Spuy)
laif: Titelbild (hemis.fr/Rene Mattes)
Lookphotos: S. 102, 147 (Holler, Hendrik)
Maboneng Township Tour: S. 271
Mama Africa Restaurant: S. 312 u.
mauritius images: S. 47 u. (Alamy/Edwin Remsberg); 319 (Alamy/Eric Nathan); 136 (Alamy/Greatstock); 260 (Alamy/M&N); 192/193 (Alamy/Peter Adams Photography Ltd); 55 (Alamy/Peter Schickert); 71 (Alamy/RosalreneBetancourt 10); 121 (Alamy/TRVL/Horizons WWP); 84 (imageBROKER/Werner Dieterich); 315 (John Warburton-Lee/Michele Falzone); 170 (photononstop/Daniele Schneider); 164 (Reinhard Fasching); 118/119 (robertharding/Christian Kober)
Norval Foundation: S. 93
picture-alliance: S. 261 (AP Photo/Denis Farrell); 265 (Christophe Ena); 20/21 (dpa/Sputnik/Phandulwazi Jikelo)
Reincke, Madeleine: Umschlagklappe hinten, 11 o., 11 u. li., 11 u. re., 30, 34, 40, 44, 47 o., 58 o., 58 u., 61, 68, 83 o., 83 u., 89, 90 u., 109 o., 109 u., 110, 113, 135, 143, 149, 153, 154, 159, 169, 183, 195, 198 o., 198 u., 207, 211, 217, 220 o., 220 u., 239, 243 o., 243 u., 253, 258, 272, 296/297, 343
SA Tourism: S. 347; 228/229 (A. Honey)
Sanbona Wildlife Reserve: S. 203
shutterstock.com: S. 240/241 (4upho-to_Valeria De Mattei); 144 (A. Mertens); 204 (Andrea Willmore); 12/13 (Aqua Images); 307 li. o. (AS Food studio); 163 (Athol Lewis); 132 (Benjamin B); 139 (Dreamer Company); 305 (e2dan); 72, 295 (Grobler du Preez); 64/65 (Ilonde van Hoolwerff); 22/23 (Kiev Victor); 179 (lou armor); 16/17 (Magdalena Paluchowska); 209 (michaeljung); 27 u. (MichaelPotter1); 99 (Moobatto); 322, 332 (Patrick Messier); 114/115 (R.A.R. de Bruijn Holding BV); 125 (Rich T Photo); 280 u. (Sunshine Seeds); 5, 186 (Tomas Kotouc); 307 re. u. (Wild Drago); 130/131 (wolffpower)
Südafrikanische Botschaft Berlin: S. 264

Twelve Apostles: S. 334/335
Von Aichberger, Michael: S. 122/123

**3D-Illustrationen:**
jangled nerves, Stuttgart

**Infografiken:**
Golden Section Graphics GmbH, Berlin

# VERZEICHNIS DER KARTEN UND GRAFIKEN

# IMPRESSUM

**Baedeker Kapstadt, Garden Route**
6., aktualisierte Auflage 2026
ISBN 978-3-575-00325-6


**Text:**
Daniela Schetar, Friedrich Köthe, mit Beiträgen von Madeleine Reincke und Jürgen Sorges

**Redaktion:**
Miriam Muschkowski

**Kartografie:**
© KOMPASS-Karten GmbH, A-6020 Innsbruck; MAIRDUMONT, D-73760 Ostfildern (Reisekarte); Christoph Gallus, Hohberg; Klaus-Peter Lawall, Unterensingen

**Gestaltung:**
RUPA GbR, München

Printed in China

**Lob oder Kritik?** Wir freuen uns auf eine Nachricht! Trotz gründlicher Recherche schleichen sich manchmal Fehler ein. Wir bitten um Verständnis, dass der Verlag dafür keine Haftung übernehmen kann.

Baedeker-Redaktion · MAIRDUMONT
baedeker@mairdumont.com

MIX
Papier | Fördert gute Waldnutzung
FSC® C124385

## ATMOSFAIR

Reisen verbindet Menschen und Kulturen. Doch wer reist, erzeugt auch $CO_2$. Der Flugverkehr trägt in erheblichem Maße zur globalen Erwärmung bei. Wer das Klima schützen will, sollte sich nach Möglichkeit für eine schonendere Reiseform entscheiden (wie z.B. die Bahn) oder zumindest mit atmosfair klimafördernde Projekte unterstützen.
atmosfair ist eine gemeinnützige Klimaschutzorganisation. Flugpassagiere spenden einen kilometerabhängigen Betrag und finanzieren damit Projekte in Entwicklungsländern, die den Ausstoß von Klimagasen verringern helfen. Auch die Mitarbeiter von Baedeker fliegen mit atmosfair.
www.atmosfair.de

# Meine persönlichen Notizen

Malmesbury
R304
Melkbosstrand
Kreefte Bay
R27
N7
Robben Island
Ex-Häftlinge führen durch das ehemalige Gefängnis für Apartheid-gegner.
S. 94
Big Bay
Robben Island
Blouberg Strand
Table View
Durbanville
R27
Table Bay
Vergrößerung Innenstadt siehe Umschlag vorne
Milnerton
Good-wood
Bell-ville
Parow
Victoria & Alfred Waterfront
N1
Kirsten-bosch National Botanical Garden
Ein Kontinent in einem Garten
S. 86
Cape Town · Kapstadt
Camps Bay
Pinelands
Elsies River
N2
Langa
Cape Town International Airport
Table Mtn.
TMNP
Rondebosch
Athlone
Constantia Valley
Schneeweiße Herrenhäuser, wun-derbare Weine und exquisite Kochkunst
S. 63
Kirstenbosch Nat. Botanical Gardens
M3
Guguletu
Constantia
Nyanga
R300
Llandudno
Wynberg
Townships · Cape Flats
Ikwezi Pa
M6
M63
Constantia Valley
Duiker Point
Hout Bay
Mitchells Plain
Chapman's Peak Drive
114 aussichts-reiche Kurven, die es in sich haben
S. 85
Norval Foundation
Chapman's Peak Drive
R310
Strand-fontein
Table Mountain National Park
Muizenberg
Chapman's Bay
St. James
False Ba
Noord-hoek
Kalk Bay
Fish Hoek
Kommetjie
Seal Island
Table Mountain National Park
Proteen, Orchideen, Erika – das König-reich des Fynbos ist Weltnatur-erbe.
S. 117
Scarborough
Schuster's Bay
M65
Simon's Town
ATLANTIC OCEAN
Lamberts Bay
M4
West Coast
Table Mountain National Park
ATLANTIC OCEAN
Buffels Bay
Cape of Good Hope
Wasser, Wind und Weite – einmal am Kap der Guten Hoffnung stehen!
S. 50
Hermanus
Walhaupt-stadt der Welt
S. 179
Cape Point
Cape of Good Hope